JÜRGENS / STANDOP
WAS IST »GUTER« UNTERRICHT?

W0084361

WAS IST »GUTER« UNTERRICHT?
Namhafte Expertinnen und Experten geben Antwort

herausgegeben von
Eiko Jürgens und Jutta Standop

VERLAG
JULIUS KLINKHARDT
BAD HEILBRUNN • 2010

Foto auf der Umschlagseite 1:
© Dirk Krüll, Düsseldorf

Bibliografische Information der Deutschen Nationalbibliothek
Die Deutsche Nationalbibliothek verzeichnet diese Publikation in der Deutschen
Nationalbibliografie; detaillierte bibliografische Daten sind im Internet abrufbar über
http://dnb.d-nb.de.

2010.1.Kk. © by Julius Klinkhardt.
Das Werk ist einschließlich aller seiner Teile urheberrechtlich geschützt.
Jede Verwertung außerhalb der engen Grenzen des Urheberrechtsgesetzes ist ohne
Zustimmung des Verlages unzulässig und strafbar. Das gilt insbesondere für Vervielfältigungen,
Übersetzungen, Mikroverfilmungen und die Einspeicherung und Verarbeitung in elektronischen
Systemen.

Druck und Bindung: Friedrich Pustet, Regensburg.
Printed in Germany 2010.
Gedruckt auf chlorfrei gebleichtem alterungsbeständigem Papier.

ISBN 978-3-7815-1725-7

Inhaltsverzeichnis

Vorwort der Herausgeber

Keine Lehrer(aus)bildung kommt um die Frage nach dem »guten« Unterricht herum. Vermutlich werden schon Klärungsversuche unternommen, seitdem Unterricht als geeignetes Medium und Organisationsform zur Weitergabe kulturellen Wissens die Menschheitsgeschichte begleitet. Zu den Erfahrungen, die sich aus dieser historischen Tatsache gewinnen lassen, gehört anscheinend notwendig die erkenntnistheoretische Ambivalenz, dass es einerseits bereits viele Antworten auf diese Frage gibt und andererseits noch viele weitere Antworten gefunden werden, weil neue wissenschaftliche Befunde zu neuen Theorien führen oder aber zur Modifikation bereits bestehender. Mitunter gelangen auch scheinbar vergessene oder an den Rand des wissenschaftlichen Diskurses gedrängte, bisher nicht mit »harten« empirischen Daten belegbare theoretische Konzeptionen, durch den Einsatz modernster empirischer Verfahren und Instrumente posthum zu jener Anerkennung, die ihnen bislang verwehrt wurde.

Die Auseinandersetzung mit der Frage nach dem »guten« Unterricht ist deshalb immer wieder aktuell, spannungsgeladen und inspirierend. Aber die Suche nach Antworten auf diese Frage, an der sich im Rahmen einer öffentlichen Ringvorlesung an der Universität Bielefeld renommierte Expertinnen und Experten aus unterschiedlichen wissenschaftlichen Fachdisziplinen beteiligt haben, hält auch widersprüchliche, verunsichernde und unbequeme Erfahrungen bereit. Und das nicht, weil es *den einen* »guten« Unterricht nicht gibt, sondern vor allem deshalb, weil es auf der einen Seite zwar immer mehr gelingt, eine Reihe wichtiger Einflussfaktoren nachweislich aufzuspüren, es auf der anderen Seite dennoch schwierig bleibt, Unterricht in seiner Ganzheit, d.h. im Zusammenwirken der einzelnen Komponenten, zu erfassen.

Die Lektüre dieses Buches hält diese ewige Spannung aufrecht und gibt der Leserschaft über zahlreiche Denkanstöße die praxisbedeutsame Hoffnung, den Reichtum der Erkenntnisse für eigene Wege zum »guten« Unterricht zu nutzen.

Bielefeld im Januar 2010   Jutta Standop und Eiko Jürgens

Auf einen Blick – Kurzzusammenfassungen der Beiträge

Heinz Mandl
Lernumgebungen problemorientiert gestalten –
Zur Entwicklung einer neuen Lernkultur

Ausgehend vom »Lernen im Kontext der Wissensgesellschaft« entwickelt Heinz Mandl Anforderungen an die Schule. Der Problematik, dass zwar einerseits sehr viel Wissen vermittelt wird, dieses aber andererseits oft »träge« bleibt, wenn es nicht in konkreten Problemsituationen des Alltags angewendet wird, will Mandl mit seinem Theoriemodell entgegenwirken. Dessen konzeptionelles Gerüst bilden sechs Kriterien: der *aktive*, der *konstruktive*, der *selbstgesteuerte*, der *emotionale*, der *soziale* und der *situative* Prozess. Der Lernende soll sich aktiv in das Lerngeschehen einbringen, das neue Wissen mit bereits vorhandenem verknüpfen können und die Kontrolle über das zu Lernende haben. Überdies spielen besonders für die Motivation des Lernens die Emotionen eine große Rolle. Außerdem erfolgt der Erwerb von Wissen auch im Kontext sozialer Interaktionen mit anderen. Und letztlich ist der situative spezifische Kontext für den Wissenserwerb von großer Bedeutung.
Mithilfe von zwei Beispielen – dem virtuellen Hochschulseminar „Einführung in das Wissensmanagement" und dem Unterrichtsprojekt „Tatfunk" – veranschaulicht Mandl sein Konzept und erörtert Formen der Umsetzung. In diesem Zusammenhang wird stets betont, dass vor allem das selbstgesteuerte Lernen, sowie das soziale und kommunikative Miteinander für das Gelingen problemorientierter Lernumgebungen grundlegend sind. Damit verbunden werden hohe Anforderungen an die Kompetenzen der Lernenden gestellt, so dass Heinz Mandl mahnend fordert, die Balance zwischen Instruktion und Konstruktion nicht aus den Augen zu verlieren, um zu einer gezielten Passung zwischen Lernvoraussetzungen der Schülerinnen und Schüler und Unterstützungsmaßnahmen zu kommen.

Eiko Jürgens
Was ist guter Unterricht aus der Perspektive »der« Reformpädagogik?
Vom Aktivitätsparadigma zum »Schüleraktiven Unterricht«

Aus zwei reformpädagogischen Perspektiven entwickelt Eiko Jürgens sein Modell »Schüleraktiven Unterrichts«. Auf der einen Seite werden kategoriale bildungs- und schulpädagogische Grundsatzpositionen der »klassischen« reformpädagogischen Bewegung herausgearbeitet und zu einer komplexen Argumentationsfigur zusammengefügt. Darunter sind Merkmale zu finden wie

Pädagogischer Bezug; Alltagsbezug und schulische Lernwelt; pädagogisches Prinzip der Selbsttätigkeit und Erziehung zur Selbstständigkeit; die Schülerfrage und die Lehrkraft als Organisator und Moderator. Auf der anderen Seite werden erstrangige wissenschaftliche Erkenntnisse als Katalysatoren der »modernen« Reformpädagogik in die Argumentation deshalb eingeführt, weil diese zu »pragmatischen« Umorientierungen in der Frage nach dem »guten«Unterricht geführt haben. Dabei handelt es sich um diese drei wechselseitigen Kontexte: Zusammenwirken von Instruktion und Konstruktion; Beziehung zwischen Emotion und Kognition; Verflechtung von Bedürfnissen und Lernerfolg.

Über die Klärung der Bildungsfrage auf dem Hintergrund der schulischen Qualitätsdiskussion und die differenzierte Aufschlüsselung des Selbstständigkeitsbegriffs im Lichte des »Mündigkeitspostulats« entwirft Jürgens seine Heuristik zum »guten« Unterricht, in der das *»Aktivitätsparadigma«* lern und handlungstheoretisch die zentrale Rolle einnimmt. Das Modell unterteilt sich in vier Ebenen: 1. Inhalts- und Zielebene; 2. Erkenntnistheoretische Ebene; 3. Lerntheoretische Ebene; 4. Konzeptionelle Ebene und wird gerahmt von pädagogischen Überzeugungen von Lehrerinnen und Lehrern, die im »optimistischen Menschenbild« ihren gemeinsamen Ausdruck finden.

Annette Scheunpflug
Guter Unterricht aus Sicht evolutionärer Didaktik

Der viel diskutierten Frage, welchen Einfluss Lehrerinnen und Lehrer auf den Lernerfolg von Schülerinnen und Schülern haben kann, geht Annette Scheunpflug aus Sicht evolutionärer Didaktik auf den Grund. Mit einem historischen Abriss zur Diskussion um die vermeintliche Konkurrenz zwischen »Kausalität« und »Freiheit« wird anschaulich dargestellt, welche Problematik bei der Planung von Unterricht vordergründig ist: Zum einen hegt die Lehrkraft die subjektiv begründete Erwartung, mit ihren Absichten auf Schüler und Schülerinnen einwirken zu können (Kausalität), zum anderen bestimmt das Individuum – besonders bei einem nicht emotional gebundenen Lerninhalt – selbst die Quantität und Qualität seines Lernens (Freiheit).

Mit der evolutionären bzw. teleonomen Didaktik gelingt es, diese »Rivalität« zu überwinden, indem ein neues Verständnis von Kausalität entworfen wird, dergemäß dieser Begriff als indirektes Wirkverhältnis über die Mechanismen von Variation und Selektion definiert wird. Besonders bedeutsam erweist sich dieses Konzept für die moderne Unterrichtsforschung, weil das Verhältnis von Kausalität und Freiheit in einem systemtheoretischen Verständnis von Komplexität aufgehoben wird. Die biologisch bedingten Mechanismen der Variation und Selektion ergänzt Scheunpflug schließlich mit der Komponente der Stabilisierung und entwirft ein spannendes Bild über den Unterricht, der von ihr als lebendiges Geflecht der Kommunikation unterschiedlicher Systeme interpretiert wird und das der Lehrkraft auf der einen Seite Entlastungen zugesteht, von ihr aber auf der anderen Seite ein hohes Maß an Verantwortung für einen guten Unterricht fordert.

Werner Sacher
Guter Unterricht aus der Sicht der Didaktik der Lernökologie

Werner Sacher entwickelt eine Theorie der Lernarrangements, d.h. all jener Umgebungsbedingungen, die Lernen ermöglichen und veranlassen. Zu bedenken gibt er jedoch, dass Lernen zwar angeregt und erleichtert, nicht aber mit Sicherheit bewirkt werden kann. Dabei ist eine „Lernumgebung [...] ein Gefüge von Faktoren in der sachlich-materiellen *[z.b. Arbeitsmaterialien, Schulgestühl, Beheizung und Lärmpegel]* und personell-sozialen *[z.b. Mitschüler, Lehrkräfte und Erziehungsberechtigte]* Umwelt eines Lerners". Zur Erklärung gibt Sacher das Beispiel, dass eine Lernwerkstatt als Ansammlung von Lernmaterialien und -medien keine Lernumgebung sein kann, denn um sie als eine solche zu verstehen, bedarf es der Verbindung mit einem bestimmten sozialen Kontext, in welchem die Kinder lernen können, beispielsweise allein oder in der Gruppe.
Im Verlauf des Textes wird der Begriff der Lernumgebung von Sacher in spezifische Bereiche untergliedert und genauer erläutert. Dazu *gehören Lernakte, Lebenspraxen, Lernaufgaben, Lernsituationen, Lernarten, Lerneinheiten und Lerntätigkeiten, Lernarrangements, Grade und Varianten der Offenheit* und *Innen und Außen.*
„Gute" Lernarrangements bewirken laut Sacher eine geeignete Ausgangslage für „guten" Unterricht und sind daher essentiell. Dabei ist wichtig, dass Entscheidungen in Bezug auf die Elemente (Lernumgebungen, Lernaufgaben, Lerntätigkeiten) bewusst getroffen werden, dass über einen gewissen Zeitraum alle Lernakte abgearbeitet werden und dadurch vollständiges Lernen ermöglicht wird, dass die Anordnung von Lerneinheiten in den Lernarrangements sowohl fakultative als auch obligatorische Angebote zulässt und »über- sowie auch unterdeterminierte« Lerninhalte enthalten. Ebenso ist die Berücksichtigung der Innen-Perspektive des Lernens von großem Belang, wie schließlich die Verständigung der Schülerinnen und Schüler untereinander, mit sich selbst und den Lehrenden.

Meinert A. Meyer
Guter Unterricht aus der Perspektive der Bildungsgangdidaktik

Meinert A. Meyer skizziert in seinem Beitrag durch einen historischen Rückblick auf Comenius, Schleiermacher und Havighurst, die dem Leitgedanken der Bildungsgangdidaktik den Weg bereitet haben, sein theoretisches Grundgerüst. Auf Grundlage einer empirischen Untersuchung und angelehnt an das Entwicklungsaufgabenkonzept Havighursts sollen Informationen über eine professionelle Entwicklung für den Lehrerberuf aufgezeigt werden. In Auseinandersetzung mit den Theorien Comenius' und Schleiermachers über Erziehung und Bildung zieht Meinert A. Meyer als Fazit, dass zu deren gegensätzliche Positionen – Comenius sieht den primären Auftrag der Erziehung in der Sozialisation des Kindes, Schleiermacher legt die Gewichtung auf die Förderung der Individualität – die Entwicklungsaufgaben von Havighurst einen Ausgleich schaffen (können). Denn Entwicklungsaufgaben sind im Unterschied zu Bildungsstandards der *Motor des Lernens*, mit denen das Lernen und auch die Freiheit der Individualität vorangetrieben werden. Meyer schließt seine theoretischen Überlegungen, indem er konstatiert, dass Entwicklung, Lehren-Lernen und Bildung zusammen kommen müssen.

Mit einer eigenen Untersuchung versucht Meyer zu klären, wie Lehrerinnen und Lehrer den durch das Zusammenspiel von Fremd- und Selbstregulation bestimmten Lernprozess der Schülerinnen und Schüler unterstützen können. Um zu veranschaulichen, welche Rolle in diesem Kontext Entwicklungsaufgaben spielen, wird das Bild von der Entwicklungstreppe gewählt, in dessen Zentrum sich die drei biographischen Stationen des Lehrerberufes abbilden. Mit dem Ergebnis, dass die Professionalisierung von Lehrerinnen und Lehrern nicht ungeachtet der Perspektive ihres Bildungsgangs und ihrer beruflichen Entwicklung gesehen werden kann. Schließlich wird aus den Erkenntnissen der Historie und den empirischen Ergebnissen ein Modell konstruiert, welches die Interaktion zwischen Lehrenden und Lernenden aus der Perspektive der Bildungsgangforschung darstellt. In diesem Modell erarbeitet Meyer drei Niveaustufen der didaktischen Interaktion und Kooperation.

Kersten Reich
Konstruktivistische Didaktik – oder
weshalb Unterrichtsratgeber nicht reichen

Unterrichtsratgeber können für die Praxis unterstützend sein, sind aber für einen guten und nachhaltigen Unterricht nicht hinreichend. Es genügt nicht, sich als Lehrerin oder Lehrer mit Hilfe von Ratgeberliteratur auf schnelle Lösungen für die Bewältigung von Unterricht zu begrenzen, sondern jede Lehrkraft muss zu einer bewussten und umfassenden didaktischen Haltung finden.

Kersten Reich nennt aus der Sicht konstruktivistischer Didaktik fünf Spannungsverhältnisse, die sich zwischen Ratgebern und der Didaktik abbilden, um schließend mit kurzen Hinweisen das Konzept der konstruktivistischen Didaktik vorzustellen. Das 1. Spannungsverhältnis „pragmatische Nutzung vs. Komplexe Theoriebildung" hebt die Notwendigkeit einer vielschichtigen Herleitung einer didaktischen Theorie hervor, um einerseits dem, aus seiner Sicht nicht hinreichenden, prinzipienhaften Wissen über Didaktik in der Lehrerausbildung entgegenzuwirken, anderseits die Entwissenschaftlichung der Didaktik zu verhindern. Das 2. Spannungsverhältnis „Praktizismus vs. Praxisferne" erschließt sich aus der Tatsache, dass die Entwicklung didaktischer Theorien häufig fernab erforschter Anwendungsbezüge in der Praxis erfolgt. Beim 3. Spannungsverhältnis „Technischer Habitus vs. didaktischem Habitus" kommt es darauf an, nicht einen starren und instrumentellen Habitus auszubilden, sondern einen, der vielfältige Rollen (z.B. Bezugsperson, Ermöglicher od. Evaluierer) zulässt, dem Lehrenden die Entwicklung einer Beziehungs(-didaktik) eröffnet und ihm ermöglicht, eine umfassende und reflektierende Vorbildfunktion einzunehmen. Das 4. Spannungsverhältnis „Tabellarische Übersicht vs. forschender Einstellung" hebt den hohen Reflexionsanspruch gegenüber Lehrerinnen und Lehrern hervor. Sie müssen das wirksame, nachhaltige Lernen bei den Lernenden, aber auch bei sich selbst im Fokus haben. Keine Lernrezepte, sondern Multiperspektivität, Multimodalität und Multiproduktivität können dem Lerner unterschiedliche Lösungswege für Unterrichtsinhalte bieten. Das 5. Spannungsfeld nach Reich lautet: „Instruktionspädagogik vs. konstruktivistischer Didaktik". Die Beliebigkeit, mit der die Ratgeberliteratur der Instruktionspädagogik begegnet, lässt sich an deren Fehlorientierungen aufzeigen, zu denen die Methodendominanz, die Prinzipienorientierung und die Schematisierungen zählen. Die Vermeidung derartiger Fehlorientierungen sucht Reich – wie könnte es auch anders sein – mit Hinweisen des konstruktivistischen Ansatzes zu erreichen.

Hilbert Meyer
Merkmale guten Unterrichts – ein Kriterienmix

Guter Unterricht ist nach Hilbert Meyer auf förderliche Rahmenbedingungen
wie z.b. die sechsjährige Grundschule, Einführung der Ganztagsschule, Neu-
strukturierung des Lehramtsstudiums u.Ä. angewiesen. Da diese Kriterien
jedoch (noch) nicht alle erfüllt sind, ist es umso wichtiger, darüber nachzudenken und dazu Aussagen zu machen, welche empirisch mehr oder weniger
gut abgesicherten Merkmale alltäglichen Unterrichts zu dauerhaft kognitiven,
methodischen und sozialen Lernerfolgen beitragen. Insgesamt haben sich
zehn Merkmale herausgeschält, die Hilbert Meyer als »Kriterienmix« bezeichnet. Alle Merkmale sind gleichzeitig lehrer- und schülerzentriert, fachdidaktisch »neutral« und gelten für alle Schulstufen und -formen. Des Weiteren sind sie bewusst abstrakt gehalten, da sie keine Rezepte darstellen sollen,
sondern von den Lehrerinnen und Lehrern mit Phantasie umgesetzt werden
sollen. Hilbert Meyer weist aber auch darauf hin, dass es keinen Königsweg
für eine hohe Unterrichtsqualität gibt. Ein Vorgehen, mit dem die eine Lehrkraft gute Ergebnisse erzielt, kann für die andere kontraproduktiv sein. Daher
sollte jede Lehrerin oder jeder Lehrer dort beginnen, wo er den größten Erfolg vermutet.
Insgesamt hängen 25-30 % des unterrichtlichen Lernerfolgs nach neuester
Meta-Analyse von Einflussfaktoren des Lehrerhandelns und der Qualität des
Unterrichts ab. Aber auch andere Faktoren wie Klassengröße, Unterrichtsfach
und situative Faktoren (z.b. Tagesform der Lehrkraft, das Fehlen von Leistungsträgern oder „Verhaltensgestörten", persönliche Sympathien und Antipathien) spielen eine nicht unbedeutende Rolle.
Die zehn Merkmale guten Unterrichts können beispielsweise als Orientierungsgrundlage für die Unterrichtsentwicklung, für eine persönliche Stärken-
Schwächen-Analyse oder für die Arbeit in Fachgruppen und -konferenzen
genutzt werden.

Maria B. Spychiger
Fehlerkultur und Reflexionsdidaktik

Spychigers Beitrag thematisiert den gegenwärtigen Umgang mit Fehlern im
Unterricht. Sie stellt dar, dass das konstruktive, fruchtbare Aufgreifen eines
aufgetretenen Fehlers durch die Lehrerinnen und Lehrer im Unterricht viel zu
selten geschieht, obwohl ein derartiges Vorgehen sehr wohl dazu geeignet ist,
Lernprozesse zu fördern. Gleichzeitig sollte die Lehrkraft aber ebenso das
Aufkommen von Fehlern zu vermeiden wissen, wo diese die kognitiven und
sozialen Lernprozesse erschweren oder gefährden würden.

Es wird unterschieden zwischen der *Fehlerermutigungsdidaktik* und der *Fehlervermeidungsdidaktik*. Zeichnet sich das erste Konzept durch Fehleroffenheit und einen lernenden Umgang mit dem Fehler aus, ist das zweite dadurch charakterisiert, dass der Fehler durch die Lehrkraft selbst bloß kurz und schnell korrigiert oder vollkommen ignoriert wird. Diese fehlerentmutigende Umgangsweise kann sich auf die gesamte Lernatmosphäre negativ auswirken und letztlich sogar dazu führen, dass Schülerinnen und Schüler sich nicht mehr trauen, aktiv am Unterricht teilzunehmen. Hingegen werden in der *Fehlerermutigungsdidaktik*»Fehler« als nützliche Schritte auf dem Weg zur Wissensaneignung und zum Verstehen von Wissen betrachtet. Zum Zulassen von Fehlern gehört auch die Anerkennung der eigenen Fehlbarkeit. Auf Rückmeldungen von Schülerinnen und Schülern und Hinweise von Dritten zu beruflichen Fehlern bzw. fehlerhaften pädagogischen Entscheidungen sollten Lehrerinnen und Lehrer deshalb mit der Bereitschaft reagieren, eigenes Handeln zu reflektieren, um dadurch ein *professionelles Selbst* zu entwickeln.

Jutta Standop
Guter Unterricht aus der Perspektive schulischer Werteerziehung

Werteerziehung in der Schule will Schülerinnen und Schüler dazu befähigen, moralische Grundüberzeugungen sowie Prinzipien zu entwickeln und diese im Alltag angemessen anwenden zu können. Zugleich hat sie das Ziel, die Gemeinsamkeiten unterschiedlicher Werttraditionen aufzuzeigen und bei den Heranwachsenden Respekt vor unterschiedlichen Werthaltungen sowie Empathie anzubahnen. Ein mündiges moralisch-demokratisches Verhalten hängt aber nicht nur von den moralischen Idealen und Vorsätzen eines Menschen ab, sondern insbesondere von seiner Fähigkeit, diese im Alltag konsistent und differenziert anzuwenden.

Werteerziehung ist eng an Schulkultur und Schulprogramm gebunden und findet insbesondere über die tägliche Unterrichtsgestaltung Eingang in das Schulleben. Ihr Fundament baut auf wesentlichen wissenschaftlichen Erkenntnissen zum Lernen auf: beispielsweise der Einsicht, dass Lernen im konstruktiven, weltaufschließenden Sinne nur dann stattfindet, wenn der Lernende sich in seiner personalen Würde geachtet und angenommen fühlt. Darüber hinaus ist die Entwicklung moralischer Urteilsfähigkeit auf ein Emotion und Kognition beziehungsreich und zielführend miteinander verbindendes Lernen angewiesen. Und schließlich kommt es auf die Frage an, nach welchen Grundwerten in der Schule ‚gelebt‘ wird.

Allmählich scheint die Einsicht zu überzeugen, dass das eigene und gemeinsame Wohlergehen sich auf Dauer nur über die gleichzeitige Beachtung der

Bedürfnisse der »Mitwelt« sichern lässt. Dazu bedarf es einer Werteerziehung, die das Paradigma der eigenaktiven Konstruktion von Wissen explizit in ihr (allgemein-didaktisches) Konzept aufnimmt und durch entsprechende Unterrichtsverfahren realisiert.

Gerald Hüther
**Auf dem Weg zu einer anderen Schulkultur: Die Bedeutung von Geist
und Haltung aus neurobiologischer Sicht**

»Tausendmal probiert, tausendmal ist nichts passiert«. Das ist das Fazit,
welches der Neurobiologe und Hirnforscher Gerald Hüther aus den zahlreichen Reformbemühungen der letzten Jahre im Bildungssektor zieht. Den
zentralen Aspekt in seiner Argumentation nimmt dabei der viel zu selten the-
matisierte »Geist« in unserer multikulturell geprägten Bildungslandschaft ein.
So werden laut Hüther aus Lehrkräften Maschinen und aus Schülern und
Schülerinnen Objekte, die nicht die Möglichkeit haben, zu den Maßnahmen,
weil von oben verordnet und deshalb oft nicht verstanden, eine eigene Haltung als »innere Überzeugung« zu entfalten. Besonders perspektivenreich für
die Auseinandersetzung mit der Frage nach »gutem« Unterricht ist seine
These deshalb, da sie den Fokus nicht auf thematische Inhalte oder Organisationsformen des Unterrichts richtet, sondern vornehmlich auf die geistige
Haltung, mit welcher die Akteure in der Schule agieren *müssen*. Da diese
Haltungen ein stabilisierendes Dach brauchen und dieses Dach der in der
Schule herrschende Geist ist, ist es unbedingt notwendig, positive Erfahrungsräume zu schaffen, um die Herausbildung eines »guten Geistes« der
gegenseitigen Wertschätzung, Achtung und Unterstützung, des Herausforderns und Förderns zu ermöglichen. Postuliert wird von Hüther ein Umden-
ken, das neue positive Erfahrungen ermöglicht und somit auch einen neuen
Geist in die Schule trägt.

Gerhard Roth
Die Bedeutung von Motivation und Emotionen für den Lernerfolg

Lehren und Lernen werden von einer Reihe sehr unterschiedlicher Faktoren
bestimmt. In diesem Kontext nehmen die Motiviertheit des Lernenden und
dessen Emotionen eine, wenn nicht sogar die zentrale Rolle ein. Mit entsprechenden neurowissenschaftlichen Forschungsergebnissen wird diese Position gestützt, wie auch eine weitere hochrelevante These in seiner Diskussion untermauert, dass durch das Fehlen des Bedeutungskontextes für den
Lernenden die Aneignung von Wissen erschwert oder zumindest stark eingeschränkt wird. Entscheidend ist diese Aussage sowohl für die Unter-

richtsforschung als auch die wissenschaftliche Schulpädagogik und die schulische Praxis, da sie im Kontext der Frage nach dem »guten« Unterricht hervorhebt, wie ausschlaggebend eine subjektiv-bedeutsame, emotional-positive Bindung zum Lerninhalt ist, um einen erfolgreichen und nachhaltigen Lernprozess zu ermöglichen.

Seine neurowissenschaftlichen Forschungen fasst Gerhard Roth in dem Fazit zusammen, dass hohe kognitive Leistungen immer nur dann erfolgen, wenn die grundlegende emotional-motivationale Frage positiv beantwortet wird „Welches ist *für mich* der Sinn dessen, was ich gerade tue?"

Aljoscha Neubauer
Intelligenzforschung

Aljoscha Neubauer befasst sich mit dem Einfluss der Schule auf die Intelligenzentwicklung. Studien haben gezeigt, dass Kinder mit zunehmendem Alter nicht allein deshalb »intelligenter« werden, da sie älter werden, sondern weil sie länger durch Schulunterricht gefördert wurden. Schulunterbrechungen, ein späterer Einschulungszeitraum sowie ein vorzeitiger Schulabbruch führen dagegen zu einer Verringerung der »gemessenen« Intelligenz (testmethodisch als »Intelligenzquotient« expliziert).

Weil nach derzeitigem Kenntnisstand Differenzen in kognitiver Intelligenz zu ca. 50 % durch die genetische Ausstattung und ca. 50 % durch Umwelteinflüsse bedingt sind, spielen Einflüsse von Schule, Elternhaus, Freundeskreis, Bildung u.Ä. eine außergewöhnlich große Rolle. In einer Gesellschaft ohne Schule kann sich nach Neubauer dementsprechend keine Intelligenz entwickeln.

In Verknüpfung der Erkenntnisse zur menschlichen Intelligenzentwicklung und analog zu neurowissenschaftlichen Forschungsergebnissen werden Empfehlungen für erfolgreiches schulisches Lernen abgeleitet. In der Neuropädagogik bzw. Neurodidaktik werden zehn Gebote gehirngerechten Lernens formuliert, auf die sich Neubauer in diesem Kontext ausdrücklich beruft: Danach sind fächerübergreifendes, projektorientiertes und selbsttätiges Lernen wichtige Konzepte für die Intelligenzentwicklung. Aber ebenso das Lernen mit allen Sinnen, schnelle Rückmeldungen über die Richtigkeit des Gelernten und ein positives emotionales Klima sowie das Wecken von Interesse und mutmaßliche Neugierde üben eine hochwirksamen Einfluss aus.

Titus Guldimann
Adaptive Lehrkompetenz –
das Wissen der Lehrpersonen über guten Unterricht

Titus Guldimann erörtert in seinem Beitrag vier Dimensionen, die eine Lehrperson für guten Unterricht entwickeln und anwenden soll. Diese sind zugleich die Kernelemente adaptiver Lehrkompetenz: Sachkompetenz, diagnostische Kompetenz, didaktische Kompetenz und Klassenführungskompetenz. Es sind unterschiedliche Kompetenzen und sie können deshalb nicht zusammenfassend als ganzheitliche Lehrkompetenz betrachtet werden. Das metakognitive Wissen über das Lernen der Schülerinnen und Schülern ermöglicht es der Lehrkraft, die vier Dimensionen zu koordinieren.

Das adaptive Konzept hat einen prozesshaften Charakter. Die Lehrerinnen und Lehrer übernehmen aufgrund eines metakognitiven Vorsprungs die Steuerung und Kontrolle des Lernens beim Lernenden. Ziel ist aber die Eigenaktivierung und Selbstständigkeit der Heranwachsenden.

Die empirischen Erkenntnisse zur adaptiven Lehrkompetenz (Befunde einer eigenen Forschungsstudie) lassen (zwar) keine eindeutigen Aussagen über das Zusammenspiel und die Gewichtung der einzelnen Dimensionen zu. Festzuhalten ist aber, dass die diagnostische und die didaktische Kompetenz sowie die Klassenführung signifikant korrelieren.

Im Vergleich der vier Kompetenzen untereinander wird deutlich, dass die diagnostische Kompetenz bei den Lehrkräften, diese Erkenntnis deckt sich mit den Ergebnissen aus PISA 2000, bei der adaptiven Planungs- und Handlungskompetenz am wenigsten ausgeprägt ist. Das Konzept der „adaptiven Lehrkompetenz soll nicht nur die Unterrichtsqualität erhöhen, sondern auch Impulse für Schule insgesamt und für die Aus- und Weiterbildung der Lehrkräfte geben. Das Konzept der „Adaptiven Lehrkompetenz", sieht die Vielfalt und Heterogenität einer Klasse nicht als Belastung, sondern als eine Chance gemeinsamen Lernens.

Heinz Mandl

Lernumgebungen problemorientiert gestalten –
Zur Entwicklung einer neuen Lernkultur

1 Lernen im Kontext der Wissensgesellschaft

Der rasante Zuwachs an Informations- und Wissensbeständen in der Gesellschaft ist eine Entwicklung, die neue Anforderungen und Herausforderungen an das Individuum und an die Gesellschaft stellt. Für das Individuum stellt das Wissen den zentralen Ausgangspunkt für den persönlichen Lebensweg und den gesellschaftlichen Status dar.

Gerade in der Diskussion um die Ergebnisse der PISA-Studie hat sich gezeigt, dass der Bildungsstand eng mit dem sozialen Status verwoben ist: Der soziale Status bedingt das Bildungsniveau und umgekehrt. Somit ist Wissen zugleich wesentlicher Bestimmungsfaktor der sozialen Anerkennung und des wirtschaftlichen Erfolgs, aber auch des Selbstkonzepts (Mandl u. Krause 2002). Für die Gesellschaft dient Wissen als wesentlicher Faktor für die Wertschöpfung und als Produktionsfaktor. Damit gewinnt Wissen auch als wirtschaftlicher Standortfaktor an Bedeutung.

Die Wissensgesellschaft kann unter zwei verschiedenen Sichtweisen betrachtet werden: unter einer deskriptiven und einer normativen Perspektive. Der deskriptive Ansatz fokussiert die Zunahme an Informations- und Wissensbeständen und die ständige Weiterentwicklung von Informations- und Kommunikationstechnologien. Wissen dient unter diesem ökonomischen Gesichtspunkt vor allem als Produktionsfaktor, der im Rahmen des nationalen und internationalen Wettbewerbs und der zunehmenden Globalisierung eine zentrale Rolle spielt. Der normative Ansatz beschreibt die Wissensgesellschaft als eine Gesellschaft, die ihre Lebensgrundlage aus reflektiertem und bewertetem Wissen gewinnt und von neuen Möglichkeiten des Wissens einen bewussten und lebenserleichternden, sozial nicht zerstörenden Gebrauch macht (Frühwald 1996).

Beide Ansätze sind für die Beschreibung der Wissensgesellschaft von Relevanz. Über die reine ökonomische Betrachtung hinaus ist jedoch bei der Bearbeitung komplexer Probleme der verantwortungsbewusste Umgang mit
Wissen von Bedeutung (Mandl u. Krause 2002; Mandl u. Kopp 2003). Gerade in ihrem Anspruch, das Wissen innerhalb der Gesellschaft verantwortungsbewusst, sozial und ethisch verträglich zu nutzen, unterscheidet sich die
*Wissens*gesellschaft von der *Informations*gesellschaft. Die Forderung, die aus
diesen Perspektiven für Individuum und Gesellschaft erwächst, muss daher
lebenslanges Lernen lauten: Nur wenn sich der Einzelne stets weiterbildet, ist
er dem dauernden Zuwachs an Wissen gewachsen und kann sich innerhalb
der sich ständig wandelnden Gesellschaft zurechtfinden. Zugleich ermöglicht
lebenslanges Lernen dem Einzelnen das Nutzbarmachen von Wissen für
individuelle, aber auch soziale Ziele.

2 Anforderungen an das Bildungssystem

Damit dem Einzelnen die Möglichkeit gegeben werden kann, Wissen nicht
nur wiedergeben, sondern auch anwenden zu können, muss das Bildungssystem verschiedene Anforderungen erfüllen.

Gerade in Zusammenhang mit traditionellen Formen der Wissensvermittlung
wird sehr häufig der Vorwurf erhoben, dass hier zwar sehr viel Wissen vermittelt werde, dieses jedoch „träge" bleibe (Gruber, Mandl u. Renkl 2000); es
kommt in konkreten Problemsituationen, die unseren Alltag bestimmen, nicht
zur Anwendung.

Dieses Phänomen des trägen Wissens (Renkl 1996) findet man an Universität
und Schule gleichermaßen. Der Grund für die Nichtanwendbarkeit gelernter
Inhalte auf konkrete Anwendungskontexte liegt vor allem in der traditionellen Auffassung vom Lehren und Lernen begründet, Wissen könne von einer
Person zu einer anderen eins zu eins weitergegeben werden.

Der Fokus liegt bei dieser Form der Wissensvermittlung auf der *Instruktion*:
Der Unterricht wird vom Lehrenden geplant, organisiert und gesteuert, um
den Lernenden den systematischen Erwerb von Inhalten zu ermöglichen
(Reinmann u. Mandl 2006). Damit befindet sich der Lehrende in einer aktiven, der Lernende in einer passiven Position.

Dieser instruktionale Ansatz ist zwar bei der Vermittlung von Faktenwissen,
bei dem der Umfang und das Ziel des Wissenserwerbs genau festgelegt sind,
unter bestimmten Umständen geeignet, erweist sich aber beim Transfer auf
Problemstellungen als wenig hilfreich. Daher ist es in Anbetracht der aktu-

ellen Anforderungen an das Bildungssystem notwendig, weiter gehende Ansätze des Lehrens und Lernens bei der Wissensvermittlung zu realisieren.

3 Konstruktivistische Grundlagen des problemorientierten Lernens

Im Ansatz des „problemorientierten Lernens" (Reinmann-Rothmeier u. Mandl 1997; Reinmann u. Mandl 2006) wird dieser Frage gezielt nachgegangen. Theoretisch basierend auf einem gemäßigten Konstruktivismus stehen dort die konstruktive Eigenaktivität des Lernenden und der Kontext, in dem gelernt wird, im Vordergrund (Gerstenmaier u. Mandl 1995). Es wird davon ausgegangen, dass der Lernende sein Wissen aktiv konstruiert, während ihm der Lehrende Problemsituationen und „Werkzeuge" zur Problembearbeitung zur Verfügung stellt. Das konzeptuelle Rückgrat des Ansatzes bilden folgende fünf konstruktivistisch geprägte Prozessmerkmale (Reinmann u. Mandl 2006):

– Lernen ist ein aktiver Prozess: Effektives Lernen ist nur über die aktive Beteiligung der Lernenden möglich. Dazu sind Motivation und Interesse notwendige Voraussetzungen.
– Lernen ist ein konstruktiver Prozess: Wissen kann nur erworben und genutzt werden, wenn es in die bereits vorhandenen Wissensstrukturen implementiert wird und auf der Basis individueller Erfahrungen interpretiert werden kann.
– Lernen ist ein selbstgesteuerter Prozess: Die Auseinandersetzung mit einem Inhaltsbereich erfordert die Kontrolle des eigenen Lernprozesses durch den Lernenden.
– Lernen ist ein emotionaler Prozess: Beim Lernen haben sowohl leistungsbezogene als auch soziale Emotionen starken Einfluss. Insbesondere im Hinblick auf die Motivation für Lernen ist die emotionale Komponente wesentlich.
– Lernen ist ein sozialer Prozess: Der Erwerb von Wissen erfolgt durch Interaktion mit anderen. Lernen ist somit als Prozess zu sehen, der in einer bestimmten Lernkultur stattfindet, in der Wissensinhalte – aber auch Werthaltungen und Einstellungen – miteinander ausgehandelt werden.
– Lernen ist ein situativer Prozess: Der Erwerb von Wissen weist stets situative und kontextuelle Bezüge auf und ist immer an einen spezifischen Kontext gebunden.

4 Balance zwischen Konstruktion und Instruktion

Lernen läuft nun nicht automatisch nach diesen idealtypischen Prozess-
merkmalen ab. Vielmehr gilt es, Unterrichtsumgebungen so zu gestalten, dass
Aktivität und Selbststeuerung angeregt und unterstützt, vorhandenes Wissen
integriert und situative und soziale Bezüge geschaffen und einbezogen werden.
Problemorientierung bedeutet nicht den Verzicht auf Instruktionen seitens der
Lehrenden. Vereinfacht ausgedrückt ist eine Lernumgebung dann problemorientiert, wenn die Lernenden während oder nach dem Unterricht sagen
können: „Wir haben nun Antworten auf unsere Fragen, wir haben Anregungen erhalten für die Bewältigung relevanter Aufgaben, wir haben Neues
erfahren, das uns in unserem Denken und Handeln weiterhilft, und wir haben
neue Fragen, auf die wir Antworten suchen." Mit anderen Worten, das erworbene Wissen darf nicht träge sein, sondern es muss zur Lösung anstehen-
der oder zukünftiger Probleme direkt oder indirekt nutzbar sein, und/oder die
Lernenden müssen den potenziellen Nutzen des erworbenen Wissens für
reale Herausforderungen kennen und verstehen. Problemorientierung ist ein
Leitkonzept für die Gestaltung von Lernumgebungen, das eine Balance zwischen Konstruktion und Instruktion einfordert (Reinmann-Rothmeier u.
Mandl 2001; Reinmann u. Mandl 2006). Mit dem Begriff der Konstruktion
sind letztlich alle aktiv-konstruktiven Leistungen der Lernenden sowohl allein als auch in der Gruppe gemeint (Abb. 1 – nächste Seite).
Konstruktion umfasst somit Eigen- bzw. Gruppeninitiative, (kooperative)
Selbststeuerung und Selbstverantwortung. Dabei heißt „aktiv" nicht unbedingt sichtbare Aktivität; auch nicht unmittelbar beobachtbare kognitive und
motivationale Aktivitäten sind in die Konstruktion einbezogen. Mit dem Begriff der Instruktion sind die anleitenden und unterstützenden Aktivitäten der
Lehrenden gemeint, zu denen nicht nur kognitive, sondern auch emotional-
motivationale Maßnahmen gehören.

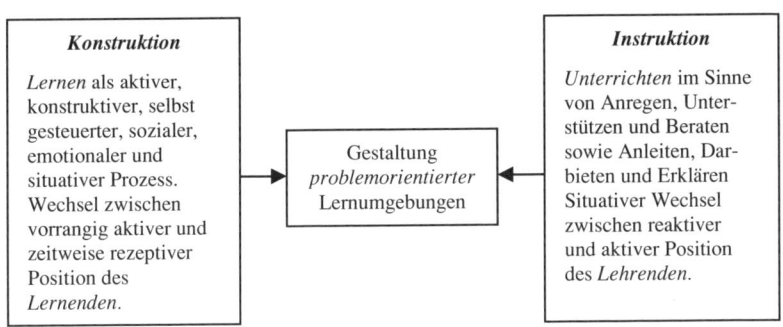

Abb. 1: Problemorientiertes Lernen: Balance zwischen Konstruktion und Instruktion (Reinmann-Rothmeier u. Mandl 2001)

In problemorientierten Lernumgebungen findet kein radikaler Funktionswandel des Lehrenden vom *didactic leader* zum *coach*, sondern eine gezielte Verschiebung der Aufgaben in einem komplexen System- und Rollenprofil statt. Lehrerinnen und Lehrer, die problemorientiert unterrichten, nehmen eine Vielzahl von professionellen Funktionen gleichzeitig, abwechselnd und nacheinander wahr und sind dabei vieles in einem: Sie präsentieren, erklären und strukturieren, ohne die Lernenden ständig zu kontrollieren; sie geben Anregungen, unterstützen und beraten, ohne die Lernenden zu gängeln.

5 Gestaltungsprinzipien für problemorientierte Lernumgebungen

Aus dem Leitkonzept der Problemorientierung können eine Reihe von Gestaltungsprinzipien abgeleitet werden, die sicherstellen, dass die Lernumgebung insgesamt dem Anspruch der Problemorientierung genügt. Diese Gestaltungsprinzipien stellen keine Rezepte dar, sondern Leitideen für die Auswahl und Kombination verschiedener Lernmodule. Die wichtigsten Prinzipien lassen sich zu richtungsweisenden „Mikro-Kontexten" für das Lehren und Lernen zusammenfassen, für deren Realisierung stets eine Vielfalt von Möglichkeiten in Frage kommt (Reinmann-Rothmeier u. Mandl 2001). Problemorientiertes Lernen verlangt nach *authentischen Kontexten*: So oft es geht, ist eine Lernumgebung so zu gestalten, dass sie den Umgang mit realen Problemen und authentischen Situationen ermöglicht und/oder anregt. Lernen anhand von relevanten Problemen, die Interesse erzeugen oder betroffen machen, ist motivationsfördernd und sichert einen hohen Anwendungsbezug. Situiertes Lernen und Authentizität lassen sich z.b. über medienbasierte Fallbeispiele oder handlungsorientierte Projektarbeit realisieren.

Problemorientiertes Lernen erfordert *multiple Kontexte*: Um zu verhindern, dass situativ erworbenes Wissen auf einen bestimmten Kontext fixiert bleibt, ist eine Lernumgebung möglichst so zu gestalten, dass spezifische Inhalte in verschiedene Situationen eingebettet werden können. Multiple Kontexte fördern einen flexiblen Umgang mit dem Gelernten und unterstützen dessen Transfer. Neben dem Einüben oder Anwenden des Gelernten in mehr als einer Situation ist auch die Berücksichtigung mehrerer Sichtweisen zu einem Inhalt (wie dies z.b. in der Gruppe der Fall ist) für die Realisierung multipler Kontexte von Bedeutung. Problemorientiertes Lernen macht *soziale Lernkontexte* notwendig. Auch wenn Lernen auf den ersten Blick vor allem ein individueller Prozess ist, spielen soziale Aspekte eine große Rolle. Bei der Gestaltung einer Lernumgebung sollten möglichst oft soziale Lernarrangements integriert werden, um kooperatives Lernen und Problemlösen sowie Prozesse zu unterstützen, die die Entwicklung einer Lern- und Praxisgemeinschaft fördern. Gruppenarbeit, teamorientierter Handlungsunterricht, aber auch die Öffnung der Schule nach außen, etwa über Expertenkontakte, sind Beispiele dafür, wie sich soziale Kontexte realisieren lassen.

Problemorientiertes Lernen verlangt darüber hinaus auch nach einem *instruktionalen Kontext*: Die instruktionale Unterstützung seitens des Lehrenden in Form von Modellieren und Anleiten, Unterstützen und Beraten ist von gleich großer Bedeutung wie die Gewährleistung von Authentizität, multiplen Anwendungskontexten und sozialen Lernarrangements. Der Umgang mit komplexen Aufgaben, die Berücksichtigung verschiedener Perspektiven sowie Kooperation sind Wege und Ziele problemorientierten Lernens zugleich. Wo Anleitung und Unterstützung erforderlich sind, müssen sie den Lernenden gegeben und bei Bedarf ausgeblendet werden. Flexible Lernumgebungen stehen und fallen mit einer adaptiven Instruktion.

Dem problemorientierten Lernen kommt, wenn man es vor dem Hintergrund der von Bransford, Brown und Cocking (1999) vorgeschlagenen Kategorien zur Gestaltung von Lernumgebungen betrachtet, eine integrative Funktion zu. Unter problemorientiertem Lernen werden vor allem solche Lernumgebungen verstanden, die lernerzentriert (learner-centered) ausgerichtet sind und den Lernenden komplexe authentische Problemstellungen zur Bearbeitung anbieten (Zumbach 2003). Diese Problembearbeitung erfolgt häufig in Gruppen (community-centered). Den Lernenden wird vom Lehrenden instruktionale Unterstützung und tutorielle Begleitung angeboten, um eine optimale

Aktivierung des Vorwissens und eine Verknüpfung von vorhandenem mit neuem Wissen zu ermöglichen (knowledge-centered). Werden die Probleme gelöst, findet zugleich eine Überprüfung des Lernzuwachses bzw. Lernerfolgs statt (assessment-centered).

Eine Lernumgebung, die diese verschiedenen Prinzipien berücksichtigt, setzt zum einen voraus, dass die Lernenden über ein gewisses Maß an *Selbststeuerungs- und Kooperationskompetenzen* verfügen, die jedoch zugleich durch die Gestaltung der Lernumgebung gefördert werden, da sie als notwendige Voraussetzungen für lebenslanges Lernen angesehen werden (Reinmann u. Mandl 2006). Nur wenn der Lernende weiß, wie er sich Informationen besorgen, diese verarbeiten und für Problemlösungen nutzen kann, wird er anwendungsrelevantes und nützliches Wissen erwerben. Damit gelten metakognitive Strategien, die das Lernen planen, überwachen und steuern, als zentrale Bedingung für jeden erfolgreichen Lernprozess. Gleichfalls zentral sind motivationale, volitionale und metavolitionale Bedingungsfaktoren für das selbst gesteuerte Lernen (Weinert 1996). So müssen Lernende über geeignete Strategien verfügen, sich selbst zum Lernen motivieren oder bei Misserfolgen ein positives Selbstkonzept bewahren. Zugleich sollten soziale – kommunikative wie kooperative – Kompetenzen gefördert werden: Die Arbeit in Gruppen weist nur dann Synergieeffekte auf, wenn die einzelnen Gruppenmitglieder wissen, wie sie miteinander kommunizieren und interagieren müssen, um die gestellte Aufgabe zufrieden stellend zu bewältigen. Strategien zur Lösung von Konflikten sind hier ebenso bedeutsam wie pro-soziales Verhalten und eine teamorientierte Werthaltung.

Auch diese Kompetenz kann durch sinnvolle Vorbereitung zur Kooperation, durch eine adäquate Unterstützung währenddessen und durch eine umfassende Nachbereitung des kooperativen Lernens in Form von Feedback seitens des Lehrenden verbessert werden (Weinert 1996). Über diese beiden Kompetenzen hinaus wird zunehmend eine dritte Komponente wesentlich: der *sinnvolle und kritische Umgang mit Medien*. Um diesen zu ermöglichen, ist ein fundiertes Wissen über den Nutzen, den Gebrauch und Einsatz von alten wie neuen Medien Grundvoraussetzung. Erst auf dieser Basis können Auswahl- und Reflexionsprozesse stattfinden, die kritisch prüfen, inwieweit die Informationen aus dem jeweiligen Medium richtig und für die Verwertung im Rahmen einer bestimmten Problemlösung sinnvoll sind. Im Folgenden soll die konkrete Umsetzung des Ansatzes des problemorientierten Lernens am Beispiel einiger netzbasierter Lernumgebungen dargestellt werden.

6 Das virtuelle Hochschulseminar:
„Einführung in das Wissensmanagement"

Das virtuelle Hochschulseminar „Einführung in das Wissensmanagement"
wurde im Kontext der Virtuellen Hochschule Bayern entwickelt. Ziel des
virtuellen Seminars ist es, die Studierenden der Psychologie, Pädagogik und
Betriebswirtschaft in das komplexe Themenfeld des Wissensmanagements
einzuführen (Reinmann-Rothmeier, Nistor u. Mandl 2001). Da die Veranstaltung als virtuelles Seminar durchgeführt wird, haben die Studierenden die
Möglichkeit, erste Erfahrungen in der Nutzung netzbasierter Lernangebote zu
machen. Um die Inhalte des Seminars näher kennen zu lernen, folgt nun ein
kurzer Exkurs zu einem pädagogisch-psychologischen Wissensmanagement-
Modell (Abb. 2).

Ein pädagogisch-psychologisches Modell zum Wissensmanagement
Wissensmanagement kann als ein Regelkreis aufgefasst werden, dessen An-
fangspunkt eine unternehmensrelevante Zielsetzung und dessen Endpunkt eine entsprechende Evaluation ist. Zwischen Zielsetzung und Evaluation liegen verschiedene Prozesse des Wissensmanagements, die zu vier zentralen
Prozessen zusammengefasst werden: Wissensrepräsentation, Wissenskommunikation, Wissensgenerierung und Wissensnutzung (Abb. 2). Diese vier
Prozesse sind eng miteinander verbunden und beeinflussen sich gegenseitig.

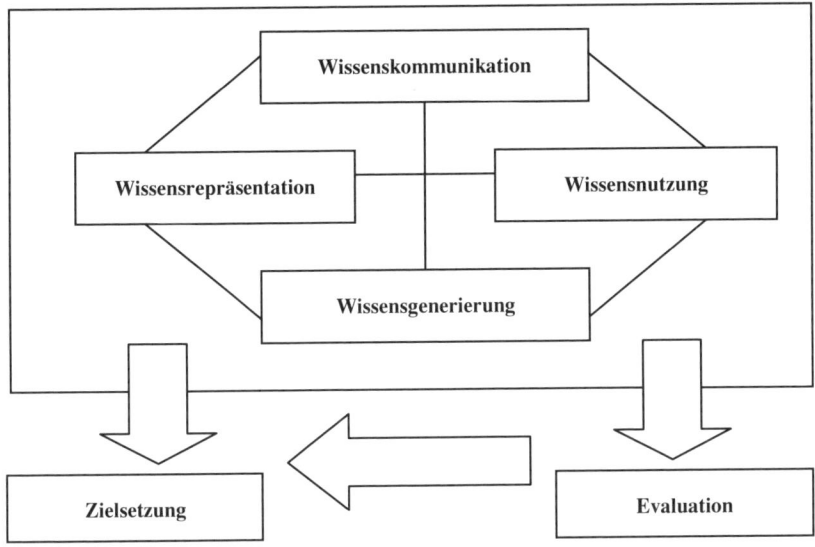

Abb. 2: Das Münchener Wissensmanagement-Modell (Reinmann-Rothmeier, Mandl, Erlach u. Neubauer 2001)

– *Wissensrepräsentation:* Die Wissensrepräsentation beschreibt zum einen den Prozess der Identifikation von Wissen, das heißt z. B. das in der Organisation vorhandene Wissen wird erhoben oder Wissenslücken und Fähigkeitsdefizite werden analysiert (Reinmann-Rothmeier, Mandl, Erlach u. Neubauer 2001). Zum anderen geht es darum, Wissen sichtbar und gleichzeitig besser verständlich zu machen, das heißt Wissen wird sinnvoll strukturiert und aufbereitet (z.b. über Mind Mapping). Eine gut durchdachte Wissensrepräsentation bildet den Ausgangspunkt für die Wissensgenerierung, die Wissensnutzung und nicht zuletzt für die Wissenskommunikation.
– *Wissenskommunikation:* Im Rahmen der Wissenskommunikation geht es z. B. darum, das gut strukturierte Wissen im Unternehmen zu verteilen. Der Austausch und die Vermittlung von Informationen und Wissen stehen hier im Vordergrund. Es wird der Frage nachgegangen, wie Wissen in einem Unternehmen kommuniziert wird, das bedeutet vor allem auch, wie die Mitarbeiter im Unternehmen Wissen untereinander austauschen.
– *Wissensgenerierung:* In der dritten Prozesskategorie, der Wissensgenerierung, geht es nun darum, das Wissen zu „verarbeiten" und daraus neues Wissen zu entwickeln und aufzubauen. Hierunter fällt z. B. die Entwick-

lung neuen Wissens durch externe Berater (externe Wissensbeschaffung) oder die Wissensentwicklung in Forschungs- und Entwicklungsabteilungen. Nun hat man gezielt Wissenslücken identifiziert, Wissen dazugekauft und auch selbst entwickelt, das Wissen im Unternehmen verteilt – doch niemand nutzt es (Probst, Raub u. Romhardt 2000).

– *Wissensnutzung:* Sie befasst sich mit der tatsächlichen Umsetzung des Wissens in Produkte und Dienstleistungen. Diese Prozesskategorie ist von besonderem Interesse für Unternehmen, da hier deutlich wird, inwieweit die vorangegangenen Maßnahmen zur Wissensrepräsentation, zur Wissenskommunikation und Wissensgenerierung gegriffen haben.

Die angestrebte Einführung in das Thema Wissensmanagement, wie es hier kurz skizziert wurde, erfolgt im Rahmen der Veranstaltung über eine eigenverantwortliche Bearbeitung von Fällen und Aufgaben innerhalb von Kleingruppen in der virtuellen Lernumgebung. Zusätzlich erhalten die Teilnehmenden ausgewählte Literatur. Das Seminar findet durchgängig virtuell statt, wird allerdings von zwei Präsenzveranstaltungen, nämlich von einem Einführungs- und einem Abschluss-Workshop flankiert (Abb. 3). Die Gruppen werden in Bezug auf örtliche Herkunft und Hochschulzugehörigkeit möglichst heterogen zusammengesetzt, damit virtuelle Zusammenarbeit einen (wenn auch zu Seminarzwecken konstruierten) Sinn hat.

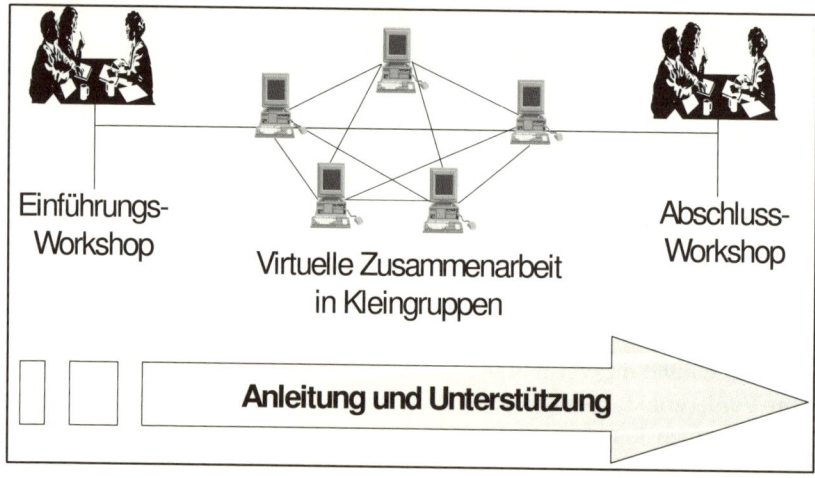

Abb. 3: Grobablauf des virtuellen Hochschulseminars

Im Einführungs-Workshop erfolgt erstens die verbindliche Anmeldung zum Seminar. Es wird zweitens eine Einführung in die Netzumgebung gegeben, und es wird drittens ein kleines Planspiel durchgeführt, dessen Zweck vor allem darin besteht, dass sich die Studierenden kennen lernen und erste Erfahrungen in gemeinsamen Gruppenprozessen sammeln können (Reinmann-Rothmeier, Nistor u. Mandl 2001). Ziel des Abschluss-Workshops ist es, dass sich die Studierenden zusammen mit den Seminarleitenden über ihre Erfahrungen im Umgang mit dem virtuellen Lernangebot und mit der Arbeit in virtuellen Kleingruppen austauschen.

Die Leitlinien zur Gestaltung von problemorientierten Lernumgebungen wurden im Rahmen des virtuellen Seminars folgendermaßen umgesetzt:

– *Lernen in einem authentischen Kontext:* Die Einführung in das Wissensmanagement erfolgt anhand mehrerer kurzer authentischer Fälle, die dazu geeignet sind, einzelne Teilbereiche des Wissensmanagements exemplarisch anschaulich zu machen. Auch bei der Auswahl der für die Fallbearbeitung heranzuziehenden Literatur wurde darauf geachtet, dass diese konkrete Beispiele und Anschauungsmaterial enthält. Neben der fallbasierten Gruppenarbeit wird durch insgesamt vier Teilaufgaben versucht, die Seminarteilnehmenden zur Anwendung der neu erworbenen Wissensinhalte auf fiktive, aber realitätsnahe Kontexte anzuregen und praxisrelevante „Produkte" (z. B. in Form von Veranstaltungskonzepten) zu erarbeiten.

– *In multiplen Kontexten lernen:* Sowohl das angebotene Fallmaterial als auch die konstruierten Anwendungskontexte eröffnen den Teilnehmenden die Möglichkeit, neue Inhalte zum Thema Wissensmanagement jeweils aus mehreren unterschiedlichen Perspektiven und in verschiedenen Kontexten zu beleuchten. So wird z.B. jeder der dargebotenen Fälle in einem unterschiedlichen Kontext (z.B. Unternehmensberatung, Technologieunternehmen etc.) präsentiert. Auch durch die Arbeit in Kleingruppen lernen die Teilnehmer die Sichtweisen der anderen Gruppenmitglieder kennen.

– *Lernen in einem sozialen Kontext:* Die Bearbeitung der Fälle erfolgt während des gesamten Seminars in Kleingruppen, die zu Beginn des Seminars gebildet werden und bis zum Ende des Seminars bestehen bleiben. Die während des Seminars erarbeiteten Gruppenlösungen werden als Gruppenleistung interpretiert und auch entsprechend bewertet. Zudem haben die Teilnehmer die Möglichkeit, sich gruppenübergreifend in Chaträumen oder Foren auszutauschen.

– *Mit instruktionaler Unterstützung lernen:* Die Teilnehmer erhalten zur Unterstützung auf der einen Seite schriftliches Textmaterial und auf der anderen Seite direkte Unterstützung durch die Seminarleitenden, z.B. durch

Rückmeldung zu den jeweiligen Aufgaben oder durch eine Vergleichs-
lösung zu den Fällen. Zudem geben die Seminarleitenden den Studierenden z.b. Gruppenregeln an die Hand, um die Zusammenarbeit innerhalb
der virtuellen Kleingruppen zu erleichtern.

Der in diesem Seminar realisierte Ansatz kann als zirkulares problemorientiertes Lernen (Closed-Loop bzw. Reiterative Problem-Based Learning) bezeichnet werden (Zumbach, Haider u. Mandl 2008). Dies ist eine Form des
problemorientierten Lernens, bei dem die in Falldarstellungen enthaltenen
Probleme ebenfalls zunächst in Kleingruppen erörtert und differenziert werden. Im Anschluss daran sind die Lernenden allerdings weiterhin aufgefor-
dert, sich das thematische Hintergrundwissen im virtuellen Selbststudium zu
erarbeiten. Dies erfolgt durch vorgegebene Literatur, begleitende Kurse und
Vorlesungen, Gespräche mit Experten oder eigene Literaturrecherche. In er-
neuten Kleingruppensitzungen werden dann mögliche Lösungsansätze auf
einer theoretischen wie praktischen Basis diskutiert. Prototypische Falllösun-
gen können hier als Expertenmodell herangezogen werden. Um eine kontinuierliche Verbesserung des Seminars zu gewährleisten und die Prozesse und
Abläufe in virtuellen Seminaren zu analysieren, wird das Seminar kontinuierlich evaluiert (Reinmann-Rothmeier, Mandl, Nistor, Neubauer, Erlach, Weinberger u. Lerche 2001). Die Evaluationsmaßnahmen des Seminars konzentrieren sich bisher auf schriftliche Online-Fragebogen sowie Gruppendis-
kussionen in den Abschlusstreffen und unstrukturierte, aber kontinuierliche
Beobachtungen der Teilnehmeraktivitäten. Erste Evaluationsergebnisse verweisen darauf, dass die virtuelle Lernumgebung bei den Teilnehmenden auf
sehr hohe Akzeptanz traf. Gelobt wurden Übersichtlichkeit, Funktionalität
und Benutzerfreundlichkeit.

In Bezug auf den Lernprozess zeigte sich, dass die virtuelle Zusammenarbeit
die Teilnehmer vor große Herausforderungen stellte, so war zum Beispiel die
Koordination der gemeinsamen Aufgaben teilweise problematisch. In diesem
Zusammenhang erwiesen sich besonders die Gruppenregeln als nützlich. Im
Hinblick auf die Lernergebnisse ergab sich ein sehr positives Bild. Neben den
inhaltlichen Lehr-Lern-Zielen des Seminars wurden aus Sicht der Teilnehmer
auch wertvolle Erfahrungen zur virtuellen Zusammenarbeit gemacht und Fertigkeiten zum Zeitmanagement erworben.

Insgesamt betrachtet stieß das Seminar mit wenigen Ausnahmen auf hohe positive Resonanz (Reinmann-Rothmeier, Mandl, Nistor, Neubauer, Erlach,
Weinberger u. Lerche 2001). Das virtuelle Seminar wird seit 2000 erfolgreich durchgeführt (s. a. Nistor, Schnurer u. Mandl 2005).

7 Beispiel „Tatfunk": Ein problemorientiertes Unterrichtsprojekt in der Sekundarstufe

Wie kann nun die Umsetzung einer neuen Lernkultur in der Sekundarstufe konkret aussehen? Beispielhaft wird das Projekt „Tatfunk" vorgestellt, das im relativ engen Korsett der gymnasialen Sekundarstufe II entwickelt und verwirklicht wurde (Mandl u. Hense 2004; Hense, Mandl u. Schratzenstaller 2005).

7.1 Ziele, Konzept und Ablauf des Projekts

Das Projekt „Tatfunk" ist ein innovatives Schulprojekt, das die Förderung wichtiger Aspekte unternehmerischen Denkens und Handelns in der Schule zum Ziel hat. Kern des Projekts ist ein einjähriger Wahlpflichtkurs, der in der Regel im 12. Schuljahr (Kollegstufe) an Gymnasien durchgeführt wird. Aufgabenstellung für die Schülerinnen und Schüler des Kurses ist die gemeinsame und weitgehend selbstständige Produktion einer Radiosendung. Um das nötige journalistische und medientechnische Know-how beizusteuern, erfolgt eine Betreuung durch externe Mediencoaches, die in der Regel Radiojournalisten mit langjähriger Praxiserfahrung sind. Zu Beginn des Schuljahres müssen die Schüler nach der gemeinsamen Themenfindung einen Projektplan erstellen. Nach dessen Begutachtung wird anschließend über das beantragte Projektbudget entschieden und eine vertragliche Vereinbarung zwischen Stiftung und dem jeweiligen Tatfunk-Kurs geschlossen. Während der Durchführung des Projekts managen die Schüler das Projekt und das Projektbudget eigenständig und eigenverantwortlich. Gleichzeitig müssen regelmäßige Zwischenberichte angefertigt werden. Auch die abschließende Vermarktung des Produkts „Radiosendung" erfolgt eigenständig, da die Schule selbst einen geeigneten Sender für die Ausstrahlung des Beitrags finden muss.

Wichtigstes Lernziel auf individueller Ebene ist die Förderung von Aspekten des unternehmerischen Denkens und Handelns bei den beteiligten Schülerinnen und Schülern. Unternehmerisches Denken und Handeln lassen sich nach Mandl und Hense (2004) als eine spezifische Kombination von Teilkompetenzen auf kognitiver Ebene (z.b. Kreativität), auf motivationaler Ebene (z.b. Eigeninitiative), auf sozialer Ebene (z.b. Verantwortungsbereitschaft) und auf organisationaler Ebene (z. B. Zielanalyse) operationalisieren.

Auf unterrichtlicher Ebene ist das Ziel des Projekts die Umsetzung einer innovativen Didaktik und Unterrichtsorganisation durch Problemorientierung und Projektunterricht. Dadurch soll eine Lernumgebung geschaffen werden, welche geeignete Lernanlässe für den Erwerb der oben genannten Kompetenzbereiche schafft. Dazu gehört v. a. die Abkehr vom traditionellen Frontalunterricht zugunsten des kooperativen und selbstgesteuerten Lernens der Schüler.

7.2 Problemorientierung im Projekt Tatfunk

Inwiefern stellt das Projekt Tatfunk eine problemorientierte Lernumgebung dar und warum repräsentiert es eine neue Lernkultur in der Sekundarstufe? Analysiert man das Projekt anhand der oben dargestellten Richtlinien für die Gestaltung von problemorientierten Lernumgebungen, so lassen sich diese Fragen folgendermaßen beantworten:

Ein *authentischer Kontext* liegt im Projekt mindestens in dreifacher Hinsicht vor. Zunächst ist die konkrete Aufgabenstellung zu nennen. Sie besteht im Produzieren einer Radiosendung, die in einer Radiostation ausgestrahlt werden soll. Dabei ist das Medium Radio den Schülern als regelmäßig genutztes Medium gut vertraut und knüpft damit an ihre außerschulische Erfahrungswelt an. Zweitens provoziert die Arbeit im Projekt vielfältige Situationen und Erfordernisse, die ähnlich auch in realen Arbeitszusammenhängen zu finden sind. Beispielhaft können hier etwa die Notwendigkeit zur Projektplanung, zielorientiertes Arbeiten unter Zeitdruck und die verschiedenen Kontakte mit externen Personen und Institutionen genannt werden. Unter diesen ist als dritter authentischer Aspekt des Projekts die enge Zusammenarbeit mit den Mediencoaches hervorzuheben. Deren praxiserprobte Ratschläge und ihr kritischer professioneller Blick konfrontieren die Lernenden mit einer hochgradig realitätsnahen Arbeitssituation.

Auch *multiple Kontexte und Perspektiven* sind gegeben. Zunächst erfordert die journalistische Arbeit in der Regel eine ausgewogene Darstellung der Inhalte. Sie macht es nötig, die behandelten Inhalte immer aus mehreren Perspektiven zu beleuchten. Auch die Diskussion in der Gruppe und mit externen Personen bringt eine Auseinandersetzung mit verschiedenen Ansichten über einen Sachverhalt mit sich. Am wichtigsten scheint aber, dass das Projekt in starkem Maße fachübergreifend angelegt ist. So sind Aspekte der Fächer Deutsch, Sozialkunde, Arbeitslehre und informationstechnische Grundbildung in jedem Falle vertreten; je nach Themenwahl können Fächer wie etwa Geschichte, Geographie, Naturwissenschaften, Musik oder Wirtschaftskunde hinzukommen.

Der *soziale Kontext* im Projekt ist primär durch die ein Schuljahr dauernde Zusammenarbeit in einer festen Kursgruppe gegeben. Besonders diese lange, kontinuierliche Kooperation bietet vielfältige Gelegenheit zum sozialen Lernen. Mit den Merkmalen klare Aufgabenstruktur, verteilte Aufgaben und gemeinsame Verantwortung für das Endprodukt sind zentrale Voraussetzungen für ein produktives kooperatives Lernen gegeben (Renkl u. Mandl 1995; Slavin 1995).

Weitere soziale Aspekte ergeben sich durch die Medienarbeit. Im Rahmen der Recherche (z.B. Interviewpartner) und bei der Projektabwicklung (z.b. Stiftung, Radiosender) müssen vielfältige Kontakte zu Externen hergestellt und gepflegt werden. Außerdem bedingt die Kommunikationssituation des Mediums Radio (einkanalig, synchron und in der Regel unidirektional) eine ganz eigene soziale Konstellation.

Der *instruktionale Kontext* im Projekt wird vor allem durch den Lehrer hergestellt. Er hat zwar gegenüber dem herkömmlichen Unterricht eine stark zurückgenommene Rolle, die aber dadurch nicht weniger wichtig ist. Besonders zu Beginn des Kurses ist seine Moderation bei der Projektinitiative erforderlich. Danach hat er quasi als Supervisor der Projekttätigkeit des Kurses die Verantwortung dafür, dass keine unrealistische Projektplanung aufgestellt wird und Fehlentwicklungen im organisatorischen und zeitlichen Ablauf und in der Kooperation nicht zu einem Scheitern des Projekts führen. Gleichzeitig fungiert er als Ratgeber in inhaltlichen Fragen.

Wichtig ist für die Lehrkraft ein sorgfältiges Abwägen der eigenen Rolle im Kurs, da einerseits Fehlentwicklungen bei einzelnen Schülern oder der ganzen Gruppe aufgefangen werden müssen. Andererseits darf den Lernenden aber nicht zu viel Verantwortung abgenommen werden, damit sie wichtige eigene Erfahrungen machen können. In diesem Spannungsverhältnis zeigt sich, wie Konstruktion und Instruktion beim problemorientierten Lernen verknüpft werden müssen. Auch die zeitweise Anwesenheit eines externen Experten in Person des Mediencoaches stellt eine neue Herausforderung an das Rollenverständnis des Lehrers dar. Lehrer, die in der Lage sind, sich auch als Lernpartner ihrer Schüler zu sehen, werden dabei vermutlich weniger Probleme haben.

Betrachtet man die konkreten Umsetzungsformen der Problemorientierung im Tatfunk-Projekt, so erkennt man deutlich, wie diese durch eine Kombination kooperativen, selbstgesteuerten und mediengestützten Lernens realisiert wird. Die Schüler lernen *kooperativ*, da die Radiobeiträge in Kleingruppen konzipiert und produziert werden. Sie lernen in weiten Phasen *selbstgesteuert*, da zwar mit der Produktion einer Sendung das Ziel konkret vorgegeben ist, nicht aber der Weg zum Ziel, der im Rahmen des Projektmanagements selbst zu gestalten ist. *Mediengestützt* ist das Projekt nicht allein durch das Zielmedium Radio, sondern auch durch die Verwendung neuer digitaler

Medien bei der Projektplanung, bei der Recherche von Inhalten, bei der Kommunikation mit Externen, bei der Dokumentation des Projekts sowie schließlich bei der Produktion der Beiträge.

7.3 Evaluationsergebnisse zum Projekt Tatfunk

Eine umfangreiche Evaluation des Projekts konnte Umsetzbarkeit und Erfolge des Projektkonzepts belegen. So zeigte sich eine im Projektverlauf konstant hohe Motivation der Kursteilnehmer. Die Akzeptanz bei Schülern, Lehrern und externen Beteiligten des Projekts war ebenfalls hoch. Die Lernenden haben sowohl nach eigener Einschätzung als auch nach Einschätzung der Lehrkräfte wichtige Aspekte des unternehmerischen Denkens und Handelns im Kurs gelernt, und zwar in deutlich stärkerem Maße als in anderem Unterricht.

Auch im sozialen und im motivationalen Bereich ist ein gegenüber herkömmlichem Unterricht erhöhter Lernzuwachs festzustellen. Auch die Nachhaltigkeit dieser Effekte wurde untersucht. Es zeigte sich, dass das Gelernte außerhalb der Schule und teils auch in anderen Kursen angewendet werden konnte. Als bleibende Veränderung wird vor allem das Erlernen von Team- und Kommunikationskompetenzen genannt. Auch in Bezug auf die zukünftige Berufswahl konnte das Projekt für die meisten Projektbeteiligten zusätzliche Klarheit herstellen. Der Erfolg des Projekts zeigt sich auch darin, dass das Konzept ausgehend von der Münchener Pilotschule inzwischen in einer Reihe von Schulen im gesamten Bundesgebiet übernommen wurde. In Bayern diente es seit 2007 in der Erprobungsphase der Einführung so genannter Seminarfächer als exemplarisches „P-Seminar" (Projekt-Seminar). Diese „P-Seminare" haben gemeinsam mit den parallel eingeführten „W-Seminaren" (wissenschaftspropädeutische Seminare) zum Ziel, die gymnasiale Oberstufe stärker studien- und berufsorientiert zu gestalten, um den Übergang auf Ausbildung, Universität oder Berufsleben zu verbessern.

8 Verbreitung, Wirksamkeit, Grenzen

Problemorientiertes Lernen anhand authentischer Probleme hat zusehends in den verschiedensten Disziplinen und über alle Ebenen von Bildungsinstitutionen an Bedeutung gewonnen (Zumbach, Weber u. Olsowski 2007). Mit Beginn der 1970er-Jahre wurden problemorientierte Lernumgebungen in verschiedenen Ausbildungsbereichen wie Management, Wirtschaft, Recht, Psychologie, Erziehung, Sozialarbeit, Architektur, Technik entwickelt und implementiert (Barrows 1996).

Zahlreiche empirische Studien verweisen auf die Wirksamkeit problemorientierten Lernens (Dochy et al. 2003; Capon u. Kuhn, 2004; De Grave, Schmidt u. Boshuizen 2001; Schmidt et al. 1989). In einer Zusammenfassung empirischer Ergebnisse der Unterrichtsforschung zum „Problem-Based-Learning" (PBL) kommt Weber (2007) zu folgenden Aussagen (S. 29):

1. Das PBL ist an den Lernenden orientiert, ist für Lernende interessant und herausfordernd, führt zu einer hohen Zufriedenheit bei den Lernenden (und Lehrenden), die Studienabbruchquote ist tief.

2. Die Motivation, die Akzeptanz, die Selbstlernfähigkeiten und die Verantwortung für das eigene Lernen der Studierenden sind beim PBL stärker entwickelt.

3. Kommunikative und soziale Fähigkeiten und Teamfähigkeit sind beim PBL tendenziell besser.

4. Die Analysefähigkeit, die Transferwirksamkeit, das nachhaltige Lernen und die Integration des Lernens sind beim PBL tendenziell überlegen.

5. Die Handlungskompetenz bzw. Performanz der PBL-Studierenden ist deutlich besser.

6. Der Stand der Kenntnisse und des Wissens ist in etwa derselbe wie bei einer herkömmlichen Ausbildung, in einigen Fällen ist er beim PBL sogar besser.

7. Der Übersicht, der Systematik und den fachlichen Grundlagen muss beim PBL besondere Beachtung geschenkt werden, da in der Regel nicht mehr nach Fächern, sondern interdisziplinär gelernt wird.

8. PBL-Lernende erwerben nachweislich hohe Fähigkeiten im Umgang mit Quellen und mit ICT, beides wichtige Voraussetzungen für lebenslanges Lernen."

Trotz der positiven Befunde bergen Formen problemorientierten Lernens auch Hemmnisse. So stellen authentische Problemstellungen aufgrund ihrer Komplexität hohe Anforderungen an die Lernenden, wie z.B. Eigenaktivität, Kooperationsfähigkeit und kognitive Verarbeitungskapazität. Verfügen die Lernenden nicht über entsprechende Kompetenzen, können komplexe Problemstellungen innerhalb problemorientierter Lernumgebungen schnell zu einer Überforderung und damit zur Einschränkung oder sogar zum Abbruch von Lernhandlungen führen. Der Lehrende kann diese Probleme auffangen oder ihnen vorbeugen, indem er den Lernenden nicht nur bei inhaltlichen Problemen zur Seite steht, sondern ihnen zusätzlich Strategien an die Hand gibt, die sie zum selbst gesteuerten und kooperativen Lernen benötigen. Problemorientiertes Lernen stellt somit auch hohe Anforderungen an den Lehrenden. In der aktuellen Diskussion haben Kirschner, Sweller und Clark (2006) die fehlende oder mangelnde Unterstützung von Lernenden in problemorientierten Lernumgebungen einer kritischen Betrachtung unterzogen. Die Anforderungen der Lernumgebungen sind oft nicht kompatibel mit den kognitiven Lernvoraussetzungen, wodurch der Lernerfolg beeinträchtigt wird. Es zeigt sich, dass die notwendige Balance zwischen Konstruktion und Instruktion des Öfteren nicht beachtet wird. Kirschner et al. (2006) diskutieren das Problem unter dem Aspekt der Cognitive Load Theory. Der kognitiven Überlastung der Lernenden in komplexen Lernumgebungen wurde bisher zu wenig Beachtung geschenkt. Die kognitiven Überforderungen können aber durch passende instruktionale Maßnahmen minimiert werden (Schmidt et al. 2007; Hmelo-Silver et al. 2007). Allerdings mangelt es – so die Kritik von Kirschner et al. (2006) – an Forschungsergebnissen, die es erlauben, den Umfang der Unterstützung präziser als bisher zu bestimmen. Kirschner et al. (2006) plädieren für eine Erweiterung des problemorientierten Ansatzes durch Einbeziehung der Cognitive Load Theory, um zu einer gezielteren Passung von Lernvoraussetzungen und Unterstützungsmaßnahmen zu kommen. In diesem Kontext der Förderung des problemorientierten Lernens sind nicht nur die Fördermaßnahmen für den jeweils Lernenden zu beachten, sondern auch die darüber hinaus gegebenen Rahmenbedingungen zu berücksichtigen. Diese umfassen neben dem Vorhandensein gewisser Ressourcen, wie die zur Verfügung stehenden Medien, auch das jeweilige Curriculum und die damit verbundenen Prüfungen. Da insbesondere die streng vorgegebenen Lehrpläne und Prüfungen die Einflussfaktoren darstellen, die die jeweilige Lernform prägen und nachhaltig beeinflussen, stellt die Einführung eines neuen Lehr-Lern-Konzepts kein leichtes Unterfangen dar. Schließlich müssen Lerninhalte, Lernform und Lernerfolgskontrolle aufeinander abgestimmt sein. Dies erfordert aber nicht nur eine Anpassung der jeweiligen Curricula, sondern auch eine neue Auffassung von Lehren und Lernen. Damit wird ein zunehmend systemischer Gedanke bei der Implementierung einer neuen *Lehr-Lern-Kultur* notwendig. Diesen auch im Alltag um- und durchzusetzen, stellt noch große Herausforderungen an den einzelnen Lernenden ebenso wie an Lehrende und Bildungsinstitutionen.

Literatur

Barrows, H. S. (1996): Problem-based learning in medicine and beyond: A brief overview. New Directions for Teaching and Learning, 68, S. 3-12

Bransford, J. D.; Brown, A. L.; Cocking, R. R. (1999): How people learn: Brain, mind, experience and school. Washington D.C.

Capon, N.; Kuhn, D. (2004): What's so good about problem-based learning? Cognition and Instruction, 22, S. 61-79

De Grave, W. S.; Schmidt, H. G.; Boshuizen, H. P. A. (2001): Effects of problem-based learning discussion on studying a subsequent text: A randomized trial among first year medical students. Instructional Science, 24, S. 87-114

Dochy, F.; Segers, M.; Van den Bossche, P.; Gijbels, D. (2003): Effects of problem-based learning: A meta-analysis. Learning and Instruction, 13, S. 533-568

Frühwald, W. (1996): Die Informatisierung des Wissens. Stuttgart

Gerstenmaier, J.; Mandl, H. (1995): Wissenserwerb unter konstruktivistischer Perspektive. Zeitschrift für Pädagogik, 41, S. 867-888

Gruber, H.; Mandl, H.; Renkl, A. (2000): Was lernen wir in der Schule und Hochschule: Träges Wissen? In: Mandl, H.; Gerstenmaier, J. (Hrsg.): Die Kluft zwischen Wissen und Handeln. Göttingen, S. 139-156

Hense, J.; Mandl, H.; Schratzenstaller, A. (2005): Bildungscontrolling in der Schule? Möglichkeiten und Grenzen des Prozess-, Output- und Transfercontrollings am Beispiel eines innovativen Unterrichtsprojekts. Unterrichtswissenschaft, 33, S. 334-358

Hmelo-Silver, C. E.; Duncan, R. G.; Chinn, C. A. (2007): Scaffolding and achievement in problem-based and inquiry learning: A response to Kirschner, Sweller and Clark (2006). Educational Psychologist, 42, S. 99-107

Kirschner, P. A.; Sweller. J.; Clark, R. E. (2006): Why minimal guidance during instruction does not work: An analysis of the failure of construction, discovery, problem-based, experiential, and inquiry-based teaching. Educational Psychologist, 41, S. 75-86

Mandl, H.; Hense, J. (2004): Evaluationskonzept für das Projekt Tatfunk. Ludwig-Maximilians-Universität, Lehrstuhl für Empirische Pädagogik und Pädagogische Psychologie. München

Mandl, H.; Kopp, B. (2003): Auf dem Weg zu einer neuen Lehr-Lern-Kultur. Ein Beitrag zum situierten Lernen. In: Altenberger, H.; Schettgen, P.; Scholz, M. (Hrsg.): Innovative Ansätze konstruktiven Lernens. Augsburg: ZIEL Zentrum für interdisziplinäres erfahrungsorientiertes Lernen, S. 70-88

Mandl, H.; Krause, U.-M. (2002): Lernkompetenz für die Wissensgesellschaft. In: Bund-Länder-Kommission für Bildungsplanung und Forschungsförderung (Hrsg.): Lernen in der Wissensgesellschaft. Innsbruck, S. 239-266

Nistor, N.; Schnurer, K.; Mandl, H. (2005): Akzeptanz, Lernprozess und Lernerfolg in virtuellen Seminaren: Wirkungsanalyse eines problemorientierten Seminarkonzepts. MedienPädagogik, 5 (2)

Probst, G.; Raub, S.; Romhardt, K. (2000): Wissen managen. Wie Unternehmen ihre wertvollste Ressource optimal nutzen. Wiesbaden

Reinmann-Rothmeier, G.; Nistor, N.; Mandl, H. (2001): Ein virtuelles Hochschulseminar zur Einführung in das Wissensmanagement. In: Reinmann-Rothmeier, G.; Mandl, H. (Hrsg.): Virtuelle Seminare in Hochschule und Weiterbildung. Bern, S. 27-67

Reinmann-Rothmeier, G.; Mandl, H.; Nistor, N.; Neubauer, A.; Erlach, C.; Weinberger, A.; Lerche, T. (2001): Evaluation virtueller Seminare in Schule und Hochschule. In: Reinmann-Rothmeier, G.; Mandl, H. (Hrsg.): Virtuelle Seminare in Hochschule und Weiterbildung. Bern, S. 129-150

Reinmann-Rothmeier, G.; Mandl, H.; Erlach, C.; Neubauer, A. (2001). Wissensmanagement lernen. Weinheim u. Basel

Reinmann-Rothmeier, G.; Mandl, H. (2001): Unterrichten und Lernumgebungen gestalten. In: Weidenmann, B.; Krapp, A.; Hofer, M.; Huber, L.; Mandl, H. (Hrsg.): Pädagogische Psychologie, 4. Aufl., Weinheim u. Basel, S. 603-648

Reinmann, G.; Mandl, H. (2006): Unterrichten und Lernumgebungen gestalten. In: Krapp, A.; Weidenmann, B. (Hrsg.): Pädagogische Psychologie. 5. Aufl., Weinheim u. Basel, S. 613-658

Renkl, A.; Mandl, H. (1995): Kooperatives Lernen: Die Frage nach dem Notwendigen und dem Ersetzbaren. Unterrichtswissenschaft, 23, S. 292-300

Renkl, A. (1996): Träges Wissen: Wenn Erlerntes nicht genutzt wird. Psychologische Rundschau, 47, S. 62-78

Schmidt, H. G.; De Grave, W. S.; De Volder M. L.; Moust, J. H. C.; Patel, V. L. (1989) (Hrsg.): Explanatory models in the processing of science text: The role of prior knowledge activation trough small-group discussion. Journal of Educational Psychology, 81, S. 610-619

Schmidt, H. G.; Loyens, S. M. M.; van Gog, T.; Paas, F. (2007): Problem-based learning is compatible with human cognitive architecture: Commentary on Kirschner, Sweller, and Clark (2006). Educational Psychologist, 42, S. 91-97

Slavin, R. E. (1995): Cooperative learning: Theory, research and practice. Needham Heights, MA

Weber, A. (2007): Problem-Based Learning. Eine Lehr- und Lernform gehirngerechter und problemorientierter Didaktik. In: Zumbach, J.; Weber, A.; Olsowski, G. (Hrsg.): Problembasiertes Lernen. Konzepte, Werkzeuge und Fallbeispiele aus dem deutschsprachigen Raum. Bern, S. 15-32

Weinert, F. E. (1996): Lerntheorien und Instruktionsmodelle. In: Ders. (Hrsg.): Psychologie des Lernens und der Instruktion. Enzyklopädie der Psychologie. Göttingen, S. 1-48

Zumbach, J. (2003): Problembasiertes Lernen. Münster

Zumbach, J.; Weber, A.; Olsowski, G. (2007): Problembasiertes Lernen. Konzepte, Werkzeuge und Fallbeispiele aus dem deutschsprachigen Raum. Bern

Zumbach, J.; Haider, K.; Mandl, H. (2008): Fallbasiertes Lernen. Theoretischer Hintergrund und praktische Anwendung. In: Zumbach, J.; Mandl, H. (Hrsg.): Pädagogische Psychologie in Theorie und Praxis. Ein fallbasiertes Lehrbuch. Göttingen, S. 1-11

Eiko Jürgens

Was ist guter Unterricht aus der Perspektive »der« Reformpädagogik? Vom Aktivitätsparadigma zum »Schüleraktiven Unterricht«

1 Vorbemerkungen zum Begriff Reformpädagogik

Der Begriff Reformpädagogik ruft für die Leserschaft unterschiedliche gedankliche Assoziationen hervor, was hauptsächlich auf dessen uneindeutige Verwendung zurückzuführen sein dürfte. Hilfreich, jedoch letztlich nicht hinreichend für eine unmissverständliche Klärung, ist die Unterscheidung in eine »enge« und »weite« Definition.

Als »Reformpädagogik« im engeren Sinne wird in der einschlägigen Fachliteratur jener weltweite seit dem späten 19. Jahrhundert erfolgte Aufbruch zur Umwälzung und Neubestimmung des gesamten Erziehungs- und Bildungswesens verstanden. Weil es sich dabei um einen Sammelbegriff für unterschiedliche, mitunter sogar vollkommen kontroverse Begründungskontexte, bildungs- und schulpolitische Ziele wie ebenso Problembewältigungen handelt, die trotz allem verbindende Kerne aufweisen, wird schon von Anfang an der übergreifende Ideengehalt, der dieser »Reform« Elan und Antrieb geben sollte, rhetorisch zu akzentuieren versucht. Zur Kennzeichnung des besonderen Wesens und der virulenten Dynamik dieser »Reformpädagogik«, inzwischen auch als »klassisch« interpretiert, wird auf den Begriff der *Bewegung* zurückgegriffen. Spätestens seit Hermann Nohl (1957) einen Überblick über die Vielzahl pädagogischer Richtungen jener Zeit gegeben hat, war das Wort von der »Bewegung« sowohl in der »Fachwelt« als auch in den an dieser Thematik interessierten gesellschaftlichen Kreisen fest etabliert. Wenn also zu jener Zeit, aber ebenso auch noch heute, von »*der*« Reformpädagogik gesprochen wurde bzw. wird, war und ist damit in zwar stiller doch offener Übereinkunft die »Reformpädagogische Bewegung«

gemeint, deren Hauptepoche in Deutschland von Ende des 19. Jahrhunderts bis zur Machtergreifung durch die Nationalsozialisten im Jahr 1933 währte. Wenn auch noch heute die Verwendung des Begriffs der »Reformpädagogik« überwiegend im semantischen Kontext der »Reformpädagogischen Bewegung« erfolgt, dann sind dafür zwei Gründe entscheidend. Erstens gelang es dieser Bewegung, radikale Kritik an den (nationalen) gesellschaftlichen Zuständen in Erziehung und Bildung unter Beteiligung unterschiedlicher Strömungen und Richtungen international zu kommunizieren und zu vernetzen, und zwar durch theoretische Grundlegung und dem Präsentieren alternativer (Praxis-)Konzepte. Vieles von dem, was in jener Zeit gedacht, entwickelt, ausprobiert, verworfen oder übernommen wurde, hat noch heute beispielsweise für die Schul- und Sozialpädagogik in Gestalt aktueller Reformkonzepte große Bedeutung. Aus dem Gedankengut und den Praxismodellen der »Reformpädagogischen Bewegung« schöpfen sich weiterhin ungebrochen, zwar konfrontiert mit und modifiziert bzw. angereichert durch neue wissenschaftliche Erkenntnisse und gesellschafts- bzw. schulpolitische Zeitströmungen, manche gegenwärtig propagierte Reformvorhaben. Die deutsche »Reformpädagogik« kann somit überhaupt nicht als beendet bezeichnet werden. Allenfalls hat der Nationalsozialismus eine zeitweise Unterbrechung ihres Wirkens ausgelöst. Diese Sachlage leitet unmittelbar zum zweiten Argument über.

Folgt man der »phasenhaften« inhaltlichen Beschreibung der Reformpädagogik, wie sie Röhrs (1986) vorgenommen hat, dann lässt sich begründet davon ausgehen, dass es sich bei der Reformpädagogischen Bewegung um ein permanentes Unterfangen handelt, für das der Vollzug der vierten und fünften Phase derzeitig kennzeichnend ist, die u. a. in der Bundesrepublik Deutschland seit etwa 1970 zur Gründung von Freien Alternativschulen führte (vgl. Eickhorst 2001, S. 422). Von daher kann die Reformpädagogik sensu »Reformpädagogische Bewegung« als eine überdauernde Erneuerungsidee verstanden werden, deren propagierten Empfehlungen, Zukunftsentwürfe und Implementationsprojekte noch heute als »exemplarisch« für Neuorientierungen herangezogen werden, um gesellschaftliche Entwicklungsprobleme im Bildungswesen, unter besonderer Beachtung der Schule, zu lösen.

Wenn in enger Sinndeutung die »Reformpädagogik«, die sich am Ende des 19. Jahrhunderts zu formieren begann, synonym mit dem Begriff der »Reformpädagogischen Bewegung« verwendet wird, dann ist auf der einen Seite damit eine gewisse semantische Klarheit erzielt worden. Auf der anderen Seite bleibt aber noch die Frage offen, was unter einer »weiten« Interpretation des Ausdrucks von der Reformpädagogik zu verstehen ist. Weil im Grunde inzwischen fast alle Bestrebungen, zu grundlegenden Veränderungen im Schul- und Bildungssystem zu kommen, mit dem Begriff der »Reformpädagogik« in Zusammenhang gebracht bzw. belegt werden, ist es sehr viel diffiziler, gemeinsame Erkennungsmerkmale für diese Neuerungen ausfindig zu machen. Ebenso wie der Begriff der »Reform« etwa ab Mitte des 20. Jahrhunderts inflationierte, „als man »Reformen« für alle Bereiche der Erziehung, von der Vorschule bis zur Universität, im Alltag und in Institutionen für Lehrpläne und Erziehungsstile" empfahl (Tenorth/Tippelt 2007, S. 599), erging es dem Begriff der »Reformpädagogik«. Er wurde gleichsam zur formelhaften Chiffre für jedwede Veränderung im Feld der (schulischen) Pädagogik, d.h. in praktischen oder praxisbezogenen Problemlagen und Konflikten der Profession. Durch diesen wahllosen Umgang verliert die Rede von »Reform« oder »Reformpädagogik« sowohl ihre positive Konnotation als auch ihre Einzigartigkeit und Unwechselbarkeit.

Wenn man die Frage nach dem »guten« Unterricht aus der Sicht »der« Reformpädagogik (im Grunde müsste es besser heißen reformpädagogischer Ideen), betrachten will, ist es aus Gründen der inhaltlichen Eindeutigkeit und der »theoretischen« Vernetzung unbedingt erforderlich darzulegen, worauf die unterstellte Beziehung zwischen diesen beiden Segmenten bzw. Aktionsformen pädagogischer Inanspruchnahme gründet. Der Begriff Reformpädagogik wird im wissenschaftlichen und bildungspolitischen Diskurs – wie oben beschrieben – mit zwei grundsätzlich kontrastierenden Bedeutungskontexten in Verbindung gebracht. Zum einen wird der Begriff »Reformpädagogik« benutzt, um systematischen Wandel, der als Reaktion auf Bildungsprobleme erfolgt, terminologisch zu markieren. Dementsprechend werden – um ein Beispiel zu nennen – Programme, die auf der Grundlage neuester wissenschaftlicher Befunde und Einsichten dazu dienen sollen, die Unterrichtspraxis in den Schulen zu modernisieren, mit dem Etikett »Reformpädagogik« versehen. »Guter« Unterricht wird somit unter reformpädagogischen Vorzeichen geprägt durch eine permanente Veränderungs- und Entwicklungsdynamik, die sowohl durch den gesellschaftlichen Umbruch in den Lebens- und Aufwachsensbedingungen von Kindern und Jugendlichen in heutiger und zukünftiger Zeit als auch den veränderten gesellschaftlichen Erwartungen und pädagogischen Qualitätsforderungen an schulische Leistungen angetrieben wird. Starke Wirkung dürfte deshalb von den (neuen) Erkenntnissen der Neurowissenschaften ausgehen. Ebenso auch von der gegenwärtig zu beobachtenden gravierenden Umbruchsituation im Erwerbs- und Beschäftigungssystem, die durch die Krisenanfälligkeit der Ökonomie und globalisierter Märkte zusätzlich an Brisanz gewonnen hat (vgl.

Bildungskommission NRW 1995, S. 23 ff., Nationaler Bildungsbericht 2008, S. 21 ff.). Infolgedessen besteht die Notwendigkeit, neue Qualifikationsanforderungen und -profile zu definieren und in den schulischen Bildungsprozess zu integrieren. Gleiches gilt für die Neubestimmung bzw. Weiterentwicklung eines bisher als sicher geltenden Bildungsbedarfs und den damit in Zusammenhang stehenden sowohl fachlichen als auch überfachlichen Kompetenzen.

Um zu Klärungen und Orientierungen zu gelangen, nimmt die bildungstheoretische und allgemeindidaktische Auseinandersetzung mit dem Modell »guten« Unterrichts, das Gegenstand der weiteren Ausführungen sein soll, Bezug auf die Reformpädagogik im »weiten« Bedeutungshorizont in folgender Weise. Um dieser Variante der Reformpädagogik entgegen der anscheinenden oder tatsächlichen begrifflichen Entwertung doch noch ein schärferes Profil zu geben, wollen wir den Versuch unternehmen, von Reformpädagogik im weiteren Sinne nur dann zu sprechen, wenn über übliche oder nachträgliche Anpassungen hinaus tatsächliche »paradigmatische« Wechsel mit der pädagogischen Um- und Neuorientierung verbunden sind. Konkret heißt das, danach zu suchen, welche wissenschaftlichen Erkenntnisse aus der Erziehungswissenschaft bzw. ihren Bezugswissenschaften für die Weiterentwicklung von theoretischen Begründungszusammenhängen zum »guten« Unterricht im Allgemeinen und unserem Modell des »Schüleraktiven Unterrichts« im Besonderen heranzuziehen sind.

Hingegen manifestieren sich die aktuellen Möglichkeiten der Rezeption von Erfahrungen, „neuen Auffassungsweisen und Stilformen" (Scheibe 1960, S. 5) der »Reformpädagogischen Bewegung« in der Art der Nutzung von Erinnerung für die gegenwärtige wissenschaftliche Arbeit der Schulpädagogik. Primär geht es dann um eine gleichermaßen »konservierende« wie »inspirierende« Vorgehensweise (vgl. Tenorth 1994, S. 453). „Sie (die Reformpädagogische Bewegung – E. J.) hält eine Erfahrung bereit, die zur Erneuerung der Erziehung führen kann ..." (ebenda). Vor allem scheint es vor diesem Hintergrund wichtig zu sein, historische Sachverhalte zu aktuellen Argumenten für die heutige Diskussion um »guten« Unterricht werden zu lassen. Dieses Vorgehen macht es allerdings erforderlich, profundes Wissen aus seinem historischen Erkenntnis- und Begründungszusammenhang herauszulösen, um es ggf. unter neuen Fragestellungen im Lichte heutiger Wissenschaft zu bewerten und zu nutzen.

2 Elemente klassischer »reformpädagogischer« Unterrichtskultur

Die Reformpädagogische Bewegung hat sich aus unterschiedlichen Beweg-
gründen und »normativen« Orientierungen mit der Frage des »guten« Unterrichts beschäftigt (vgl. u.a. Ellen Key, Fritz Gansberg, Heinrich Scharrel-
mann, Maria Montessori, Peter Petersen, Hugo Gaudig, Berthold Otto; siehe
Scheibe 1994). Genauso wie heute wussten ihre Protagonisten schon damals,
dass es »den« guten Unterricht allein als methodische Figur nicht geben wird,
sondern immer zuerst zu klären und zu begründen ist, wie »Bildung« zu
verstehen ist, d.h. aufgrund welcher Bildungstheorie in der Schule das gemacht werden soll, was ausgehend von der Gründungsidee bis heute ihr gesellschaftlicher Auftrag ist. Nämlich Kindern und Jugendlichen Angebote zu
machen und Hilfen zu geben für den systematischen Erwerb von Wissen und
Können (vgl. u.a. das Angebots-Nutzungsmodell der Wirkungsweise von
Unterricht nach Andreas Helmke 2005, S. 42; vgl. ebenso Meyer 2004, S.
14). Doch es wird nicht der Versuch gemacht, aus – auch nur bestimmten –
kritischen Stellungnahmen und Motiven der verschiedenen Richtungen, Päd-
agogiken und Schulkonzepten wie auch Projekten (vgl. Scheibe 1994) praktische Anforderungen und ideelle Leitvorstellungen einer »reformpädagogischen« Bildungstheorie herauszufiltern. Um trotzdem zu einer vertretbaren
Orientierung zu gelangen, werden aber Zielvorstellungen pädagogischen
Handelns beschrieben, in denen kategoriale Grundsatzpositionen der »klassischen« Reformpädagogik deutlich werden.

2.1 Pädagogischer Bezug

Für Herman Nohl (vgl. Bartels 1968) spielt die Beziehung zwischen Lehrer
und Schüler eine zentrale Rolle für das Gelingen aller schulischen Erzie-
hungs- und Bildungsprozesse. Als Kern der Erziehung betrachtet er die innere Beziehung, die den Erzieher und das Kind bzw. den jungen Menschen
miteinander in spezifischer Weise verbindet. Er nennt diese Relation den
»pädagogischen Bezug« und sagt darüber: „Die Grundlage der Erziehung ist
also das leidenschaftliche Verhältnis eines reifen Menschen zu einem werdenden Menschen, und zwar um seiner selbst willen, dass er zu seinem Leben
und seiner Form komme" (zitiert nach Wolfgang Scheibe 1994, S. 390).
Erziehung und Unterricht werden nur dann Bildung als »pädagogisches
Werk« (ebenda) akzeptabel ermöglichen, wenn – selbst legitime – gesellschaftliche Anforderungen an das Kind vor der alles entscheidenden Frage
bestehen können: „Welchen Sinn bekommt diese Forderung im Zusammenhang dieses Kindes für seinen Aufbau und die Steigerung seiner Kräfte und

welche Mittel hat dieses Kind, um sie zu bewältigen?" (Nohl 1957, S. 127).
Zwei Einsichten ragen aus dieser Position heraus, die u. a. beispielsweise
kürzlich Schratz (2009) im Perspektivenwechsel von der Individualisierung
zur Personalisierung aufgegriffen hat. Zum einen verweist Nohl auf eine
Beziehungsfähigkeit von Lehrerinnen und Lehrer, die über Wertschätzung
und Achtung gegenüber Individuen und dessen Bedürfnisse hinaus davon
getragen wird, sensibel für Unterschiedlichkeit zu sein. Nach Juul und Jensen
(2005) drückt sich diese Sensibilität in der Kompetenz und den Willen der
Erwachsenen aus, „neugierig, erstaunt, einfühlsam, empathisch und reflektierend auf das Selbstverständnis des Kindes zu reagieren." (S. 290). Dass
Bildung als Ziel von Schule der Ausgestaltung und Ausformung eines kind-
orientierten bzw. vom Kind aus gedachten Beziehungshandelns bedarf,
scheint eine Einsicht zu sein, die zwar in der Reformpädagogischen Bewegung radikale Umdenkungsprozesse auslöste, bis heute aber weiterhin keine
praktische Allgemeingültigkeit erlangt zu haben scheint. Wenn man Bauer
(2007) folgt, dann scheitert Schule „an der Unfähigkeit der Beteiligten", die
wichtigste Voraussetzung für gelingende Bildung zu schaffen: „konstruktive,
das Lernen fördernde Beziehungen" (S. 12). Zum anderen greift Nohl mit
seiner These die Frage nach dem Sinn von Lernen, (Sich-)Bilden, Erziehen
etc. auf, die ebenfalls bis in die heutige Schule virulent geblieben ist. Lernen
als ein Prozess, in dem es um die Bewältigung von Herausforderungen im
Sinne von Fremd- und Selbstanforderungen geht (vgl. Sacher 2009, S. 14 ff.),
benötigt vor allen weiteren Voraussetzungen eines: Sinn (vgl. Holzkamp
1995). „Die Sinnfrage" ist nach Schratz (2009) deshalb „der Ursprung jeder
pädagogischen Interaktion: Was keinen Sinn macht, wird als Unsinn wahrgenommen" (S. 130).

2.2 Alltagsbezug und schulische Lernwelt
Ebenfalls Nohl zählt zu den reformpädagogischen Kräften, die dem Trend
entgegentreten, schulische Bildung vom gesellschaftlichen Alltag und der
Lebenswelt der Schülerinnen und Schüler abzutrennen. Wie schwer es ist,
diese »künstliche« Separierung von Lern- und Lebenszusammenhängen zu
überwinden, belegen nicht nur unzählige Publikationen zum Projektunterricht, sondern gleichfalls Kommissionsberichte wie jener zur »Zukunft der
Bildung« und »Schule der Zukunft« (1995). In den Überlegungen zur Weiterentwicklung der heutigen Schule als »Lern- und Lebensraum« findet sich
beispielsweise dort die folgende Perspektive: „Fachliches Lernen wird sich
aber anders vollziehen, als es heute in der Regel noch der Fall ist: es wird
stärker auf überfachliche Zusammenhänge bezogen werden, Sinnhaftigkeit

und Anwendungsbezug werden erfahrbar sein müssen, wenn Lernen dauerhafte Bildungswirksamkeit haben soll. *Alltagsfragen, Alltagserfahrungen* und *Lebensprobleme*, die Schülerinnen und Schüler mitbringen, sollen die Lernsituationen in stärkerem Maße mitbestimmen, sie realitätsnäher werden lassen" (Bildungskommission NRW 1995, S. 82/83, Hervorhebungen – E. J.).

2.3 Bildungsziel: Persönlichkeitsentwicklung

Hugo Gaudig (1922) vertritt die Auffassung, dass derjenige eine Persönlichkeit ist, „der geistig selbstständig und damit auch kritisch ist gegenüber Überkommenem, ebenso gegenüber Neuerungen. Zur Entwicklung der Persönlichkeit gehört die Entfaltung aller Kräfte" (Scheibe 1994, S. 190). Persönlichkeit bzw. Persönlichkeitsentwicklung sind für Gaudig Leitbegriffe in seiner gesamten pädagogischen Arbeit, die in seinem Modell der *neuen* Schule zu höchst erstrebten Zielen werden. In heutiger Zeit korrespondiert mit diesem Verständnis das auf dem »Mündigkeitspostulat« basierende Ideal der Erziehung zur Selbstbestimmungsfähigkeit (vgl. Klafki 1996), das in Prozessen des (selbst)distanzierten analytischen Durchdenkens und experimentellen Handelns sowohl seinen Ausdruck findet als auch seine Souveränität entwickelt. In Anlehnung an Ruhloff (1997) lässt sich diese geforderte, treibende Grundhaltung als Wille verstehen, sich kritischer Vernunft zu bedienen, d.h. sich grundsätzlich prüfend gegenüber allen behaupteten »Gewissheiten« zu verhalten.

2.4 Pädagogisches Prinzip der Selbsttätigkeit und Erziehung zur Selbstständigkeit

Die Akzentuierung von Selbstständigkeit und Selbsttätigkeit als pädagogische Bildungsleitsätze durchzieht die gesamte Reformpädagogische Bewegung. Vorstellungen von der neuen Schule werden von Anfang an mit dem Moment der Selbsttätigkeit verbunden. In der »aktiven« Schule soll den Schülerinnen und Schülern ermöglicht werden, ihr eigenes (angeborenes) Aktivitätsbedürfnis in der Bearbeitung von unterrichtsthematischen Phänomenen, Sachverhalten, Experimenten u. v. m. auszuschöpfen. Als einer der wichtigsten Repräsentanten sieht Gaudig „in der Selbsttätigkeit den Ausgangspunkt und darüber hinaus das zentrale Prinzip aller Bildung" (Scheibe 1994, S. 192). Unterricht sollte so geplant und angeboten werden, dass möglichst viele und unterschiedliche Komponenten von Selbsttätigkeit benötigt und angesprochen werden. Klafki stimmt im Zusammenhang mit seiner »Theorie der kategorialen Bildung« und der darauf gründenden »kritisch-konstruktiven Didaktik« mit Hugo Gaudig überein, indem er fast wortgleich

die *Selbsttätigkeit als zentrale Vollzugsform des Bildungs*prozesses betrachtet (Klafki 1986, S. 458). Auch hat er in elaborierter Form die schlüssige Beziehung zwischen »Selbsttätigkeit« und der Befähigung zur Selbstständigkeit herausgearbeitet (vgl. Klafki 1991, S. 147 ff.). In diesem kausalen Verhältnis ist Selbsttätigkeit „erst dann ein Indiz für Selbstständigkeit, wenn es einhergeht mit der Möglichkeit zu eigenen Entscheidungen bezüglich des Lernprozesses" (Bräu 2002, S. 42). Damit ist zugleich beantwortet, wie sich »Selbsttätigkeit« und »Selbstständigkeit« gemäß Klafki zum Begriff der Bildung verhalten. „Bildung muss heute als selbsttätig erarbeiteter und persönlich verantworteter Zusammenhang dreier Grundfähigkeiten verstanden werden:
– als Fähigkeit zur Selbstbestimmung ...
– als Mitbestimmungsfähigkeit ...
– als Solidaritätsfähigkeit ..." (Klafki 1991, S. 52).
Wenn auch Erziehung zur Selbstständigkeit heute als übergeordnetes Ziel von Schule nicht mehr in Frage steht, bleiben doch noch offene Fragen zu dessen unterschiedlicher Umsetzung und zur begrifflichen Interpretation dessen, was genau unter »Selbstständigkeit« zu verstehen ist und was davon (wenn schon nicht alles) Gegenstand schulischer Bildungsprozesse sein soll bzw. sein kann (vgl. Bräu 2002, S. 12 ff.).

2.5 Die Schülerfrage im Kontext der Selbstständigkeitserziehung

Aufgrund der herausragenden Stellung, die Hugo Gaudig der »Selbsttätigkeit« bzw. der »freien geistigen Tätigkeit« für den gesamten Unterricht einräumt, ist seine Kritik an der traditionellen Form des Fragemodus in der Schule zwingend. Für ihn und ebenso beispielsweise Berthold Otto (1912) ist die *Schüler*frage der ständig weiterführende Impuls für die Auseinandersetzung des Lernenden mit den schulischen Bildungsinhalten in den verschiedenen Arbeits- und Aktivitätsformen." Die Frage des Lehrers, bis heute beliebtes Mittel der Stoff„erarbeitung", lehnt Gaudig entschieden ab, er hält sie für »das fragwürdigste Mittel der Geistesbildung« (Bräu 2002, S. 56). Im Grunde wird damit eine frühe Kritik an frontalen Unterweisungsmustern, wie sie im fragend-entwickelnden Unterricht auftreten, geübt. Grell/Grell (2003) monieren und argumentieren ebenso wie Gaudig, dass die Lehrerfrage eigene Denkwege unterbricht oder unterbindet, die Freiheit und die Neugierde der Schülerinnen und Schüler, Neues entdecken zu wollen, untergräbt, weil nicht sie es sind, die fragen. „Nicht der Unwissende, Neugierige fragt, sondern der Wissende lockt mit seinen Fragen peu à peu die Antworten aus einzelnen Schülermündern und meint damit den Stoff erarbeitet zu haben." (Bräu 2002, ebenda). Daraus folgt, dass der fragend-entwickelnde Unterricht auf »unech-

ten« Lehrerfragen aufbaut und somit statt den Schülerinnen und Schülern
Möglichkeit zur (geistigen) Selbsttätigkeit zu eröffnen, sie zur kritiklosen
Aufnahme und Nachahmung von »Vor-Gedachtem« zwingt. Weil wir in unserem Leben Erfahrungen machen, die sich in unserem Gehirn niederschla-
gen (vgl. Spitzer 2003, S. 457) und wir oft nicht bestimmen können, welche
diese sind, kommt es in der Schule darauf an, Schülerinnen und Schüler Erfahrungen machen zu lassen, die den Erziehungs- und Bildungsauftrag, d. h.
der gesellschaftlichen und pädagogischen Option zur Persönlichkeitsentwicklung, nicht entgegenwirken. Soll folglich Selbstständigkeitserziehung einen herausragenden Platz in der Schule haben, dann darf die Idee von der
Mündigkeit nicht im Widerspruch zum praktizierten Unterrichtsalltag ge-
raten. Unechte Lehrerfragen sind demnach nicht nur einer Selbstständigkeitserziehung abträglich, sondern sie lassen Kinder und Jugendliche wiederholt die Erfahrungen machen, dass passiv konsumiertes Denk- und Arbeits-
verhalten sowohl erwartet als auch goutiert wird. Letztlich sogar wesentlich
die Schülerrolle charakterisierte.

2.6 Die Lehrkraft als Organisator und Moderator

Die klassische »Reformpädagogik« will die traditionellen Unterrichtsformen,
in denen die fremdbestimmte Stoffdarbietung durch die Lehrerinnen und
Lehrer im Vordergrund steht, durch Organisations- und Gestaltungselemente
verändern bzw. erweitern, in denen eigenaktiven, selbstgesteuerten und
selbstbestimmten Lernprozessen eine große Bedeutung zufällt. Damit erhält
die Schülerselbsttätigkeit eine Schlüsselfunktion. Gleichzeitig verändert sich
die Interpretation der Lehrerrolle. „Die damit dem Lehrer gestellte Aufgabe
war eine andere als in der Schule der Vergangenheit. Er war nicht mehr derjenige, der Inhalte in Form des vortragenden Verfahrens vermittelte, der
dozierend und methodisch explorierend den Unterricht führte, sondern er
bekam die Stellung eines Helfers, der einführt und anleitet – mit dem Ziel, so
weit als möglich zugunsten der selbstständigen Schülerarbeit zurückzutreten"
(Scheibe 1994, S. 194).
Schwerpunkte verschieben sich, einige neue kommen hinzu. Sowohl die
Organisation und Moderation von Unterrichtsarrangements als auch die Beobachtung, Beratung und Betreuung von Schülertätigkeiten werden zunehmend wichtiger bzw. rücken ins Zentrum des Lehrerhandelns. Wie aktuell
dieser Veränderungsanspruch noch oder besser, vor allem heute ist, belegt
exemplarisch eine Passage aus der Denkschrift der Bildungskommission
NRW (1995): „»Selbstgesteuerte Formen des Lernens verändern die Rolle
von Lehrerinnen und Lehrern im ›Haus des Lernens‹. Sie können nicht mehr

vorrangig Wissensvermittler sein«. Ihr professionelles Selbstverständnis muss sich in der neuen Rolle des »Coaching«, der Kompetenz von Lernberatern und »Lernhelfern« (learn-faciliators) ausdrücken, die gegenüber den Lernenden als Lernerfahrene, als Experten einen gewissen Vorsprung haben. So kann Schule für Lehrende und Lernende zum gemeinsamen sozialen Erfahrungsraum werden" (S. 85).[1]

Um eine planmäßige Erziehung zur Selbstständigkeit implementieren zu können, ist den Repräsentanten der »Reformpädagogischen Bewegung« sehr wohl bewusst, dass man die gesamte Lehrer-Schüler-Beziehung überdenken und unter Umständen vollkommen neu bestimmen muss.

Die einzelnen Ausführungen haben es schon deutlich gemacht. Es ist versucht worden, theoretische Ansätze, ideelle Auffassungen und praktische Konzeptionen der »Reformpädagogischen Bewegung« darauf zu überprüfen, ob sie für den heutigen wissenschaftlichen Diskurs zur Frage nach dem »guten« Unterricht noch Beiträge liefern können, die sowohl für den Begründungszusammenhang als auch die Entwicklung von zukunftsfähigen Konzepten bedeutend sind, d. h. als »Gütekriterien« (vgl. Meyer 2004, S. 20) fungieren können.[2]

Zu den schwierigsten Problemen gehört in diesem Zusammenhang fraglos das Treffen von Entscheidungen darüber, auf welche Aspekte bzw. Leitvorstellungen zurückgegriffen werden soll, und auf welche nicht. Um zu einer einsichtigen Klarheit zu kommen, werden reformbewegte Zeitsignaturen beschrieben, in denen langfristige unterrichtspädagogische Entwicklungsprozesse deutlich werden.

3 Was ist »guter« Unterricht?

Es spiegelt sich in den Definitionen zum »guten« Unterricht wider, wie unsicher der Umgang mit qualitativen Maßstäben ist.[3] Wenn trotz allem einige

---

[1] Diese Position stimmte mit jener von Rolf Dubs (1999) darin überein, dergemäß Lehrerinnen und Lehrer ihr pädagogisch-didaktisches Handlungsrepertoire verbreitern müssen, wenn sie den Erwerb von Selbststeuerungs- und Selbstregulationskompetenzen in dementsprechend komplexen Lehr-/Lernarrangements anbahnen wollen.

[2] Als Gütekriterien werden von Hilbert Meyer „theoretisch begründete und in Kenntnis empirischer Forschungsergebnisse formulierte Maßstäbe zur Beurteilung der Unterrichtsqualität" bezeichnet (ebenda).

[3] Weil es »den« guten Unterricht nicht gibt, wie mit den Ausführungen zur Relativität von Güte belegt werden sollte, wurde zur graphischen Veranschaulichung das Adjektiv gut in Klammern gesetzt » «. Zur besseren Lesbarkeit wird im weitern Text darauf allerdings verzichtet, so dass man die beidseitige Klammer gedanklich mitlesen muss.

ausgewählt und näher betrachtet werden sollen, dann geschieht das einzig in der Absicht, herauszuarbeiten, welche inhaltlichen Aspekte derzeit einen besonderen Stellenwert innerhalb der Fachdiskussion einnehmen. Auf die verschiedenen Abgrenzungsversuche wird auch deshalb Bezug genommen, weil sich mit ihnen ein eindrucksvoller Überblick darüber gewinnen lässt, wie Argumentationen bzw. Auffassungen zum »guten« Unterricht sowohl auf bildungstheoretische Orientierungen als auch auf Befunde der empirischen Unterrichtsforschung und den diversen Bezugswissenschaften der Schulpädagogik gründen.

Hans-Jürgen Apel und Uwe Sandfuchs (2003) haben in einem Zeitschriftenartikel verschiedene – durchaus subjektiv gefärbte – Sichtweisen zum »guten« Unterricht zusammengetragen.

„Ein guter Unterricht basiert auf einem gekonnten didaktischen Arrangement und fordert zum Lernen heraus. Er ist variierend angelegt. Vor allem, er aktiviert die Lernenden zu einem Problemlöse- oder Übungsverhalten", ist Hans-Jürgen Apel überzeugt. Dabei ist es seiner Meinung nach notwendig, „Lernvoraussetzungen zu beachten, eindeutige Ziele mit klaren Problemen oder Aufgabenstellungen zu verbinden (und) aktivierende Lernformen und Lernmethoden variabel anzuwenden" (Apel/Sandfuchs 2003, S. 6). Reformpädagogisch geprägt ist der Standpunkt von Uwe Sandfuchs, der zum Leitziel seines »guten« Unterrichts den Schulerfolg möglichst aller Schülerinnen und Schülern erhebt. „Jeder soll möglichst oft und lange an seiner oberen Leistungsgrenze arbeiten und entsprechende Ziele erreichen, Hochleister ebenso wie Schülerinnen und Schüler mit ausgeprägten Lernschwächen" (2003, S. 7). Doch auch in Sichtweisen von Personen, die nicht beruflich mit der Schule verbunden sind, weder als Repräsentant der Praxis noch aus der wissenschaftlichen Perspektive der Hochschule, kommen vergleichbare Begriffe zum Tragen, wie exemplarisch die fünf Punkte umfassende Definition von Arbeitgeberpräsident Dieter Hundt (2003) belegt.

„1. Guter Unterricht stellt das Lernen der Schüler in den Mittelpunkt und nicht das Lehren des Lehrers. Das mag zunächst paradox klingen, ist aber bei genauerem Hinsehen nur logisch. Erst aktiv entdeckendes Lernen setzt eigene Lernprozesse frei. Selbst organisiertes Lernen, sei es in Wochenplanarbeit, Frei- und Projektarbeit [...] ist daher von entscheidender Bedeutung. Das steht nicht im Gegensatz zu einem lehrergesteuerten Unterricht, wenn er nur schülerzentriert und lernaktivierend angelegt ist. [...]

2. Guter Unterricht knüpft an die Fragen und Erfahrungen an, die Schüler schon mitbringen. [...] Wir brauchen einen handlungsorientierten Unter-

richt, mehr aufbauendes Lernen, eine Konzentration auf wesentliche Inhalte und ein wirkliches Verstehen von Zusammenhängen. [...]
3. Guter Unterricht schult die persönlichen und sozialen Kompetenzen der
   Schüler. Eigeninitiative und Verantwortungsbewusstsein, Kooperations-
   und Kommunikationsbereitschaft, Zuverlässigkeit und Gemeinsinn, Ent-
   scheidungsfähigkeit und Offenheit sind solche Kompetenzen, die junge
   Menschen im Laufe der Schulzeit entwickeln müssen, um ihr Lernen erfolgreich und sinnvoll gestalten zu können. [...]
4. Guter Unterricht schafft ein stimulierendes Lern- und Leistungsklima [...]
   Ich bin überzeugt, dass nichts die Begabungen der jungen Menschen
   mehr fördert, als eine anspruchsvolle und fordernde Arbeitsatmosphäre,
   die Erfolgserlebnisse schafft und vielfältige Bewährungsmöglichkeiten
   für jeden Einzelnen eröffnet. [...]
5. Guter Unterricht ist durch Respekt und Partnerschaft gekennzeichnet [...]
   Auch die Zuneigung zu Kindern und die Freude an der Begegnung mit
   Heranwachsenden prägen den guten Unterricht" (zitiert nach Apel/Sand-
   fuchs 2003, S. 5 ff.).
Was direkt auffällt ist die große inhaltliche Affinität der Hundtschen Position zu einer wissenschaftlichen Erkenntnis, die der Bildungsforscher Franz
E. Weinert (1998) u.a. als eine zentrale Quintessenz aus seinen vielen empirischen Forschungen gezogen hat: „Guter Unterricht ist ein Unterricht, in dem
mehr gelernt als gelehrt wird" (S. 9; Hervorhebungen – E. J.).
Ebenso an anderer Stelle scheint sich Hundt explizit auf wissenschaftliche
Befunde der Lehr-Lernforschung, u. a. auch wiederum von Weinert, bezogen
zu haben, und zwar dort, wo von der didaktischen Verbindung zwischen
»Lehrersteuerung« und »Schülerzentrismus« die Rede ist. Der Bezug zu Weinert ist vor allem deshalb betonenswert, weil es ihm zu verdanken ist, immer
wieder auf grundlegende Unterschiede zwischen der »Direkten Instruktion«
und der Methodik »klassischen« Frontalunterrichts hingewiesen zu haben.
Allenfalls existiert eine auf einige Elemente beschränkte Synonymie zwischen diesen beiden didaktischen Organisationsformen (vgl. Jürgens 2006, S.
29 ff.). Die »Direkte Instruktion« wird dementsprechend als eine „lehrer-
gesteuerte, aber schülerzentrierte, also die Lernenden aktivierende, verständ-
nisförderliche [...] Unterrichtsform" charakterisiert (S. 76). Damit werden
Unterrichtsarrangements dieser Art ausdrücklich vom einfallslosen Frontal-
oder Paukunterricht unterschieden, „der in gutem Unterricht eh keinen Platz
(hat)" (Apel/Sandfuchs 2003, S. 6).
Was weiter die Definition »guter« Unterricht von Dieter Hundt hervorhe-
benswert macht, ist der Vertrauensvorschuss, den er den Heranwachsenden

entgegenbringt. „Kinder und junge Menschen sind neugierig, *wollen* lernen, sich entfalten und zeigen, was in ihnen steckt" (zitiert nach Apel/Sandfuchs 2003, S. 7; Hervorhebungen – E. J.).

Ein auf diese Weise zum Ausdruck gebrachtes *positives Menschenbild* vom Kind bzw. Jugendlichen ist gebunden an langfristige und tiefe pädagogische Überzeugungen, die dem jungen Menschen signalisieren sollen, Erziehung und Bildung finden in einer »Grundstimmung« statt, die von Hoffnung und Ermutigung, Zeit und Geduld, Vertrauen und Zutrauen geprägt ist (vgl. Marchtaler Plan 1990).

Hundt greift mit der Kommentierung seiner Begriffsbestimmung noch eine weitere aktuelle wissenschaftliche Erkenntnis auf, die für die praktische Umsetzung der Gleichung »guter« Unterricht ist ein »lernerfolgreicher«, Kompetenzen entwickelnder Unterricht bemerkenswert ist.

Wer Menschen voranbringen will, muss ihnen einerseits Angebote zum »Wachsen« machen, muss andererseits in seinen Forderungen anspruchsvoll sein, und zwar auf jedem Lernniveau. Eine Erkenntnis, die Nummela und Geoffrey Caine (1994) in ihr neurowissenschaftlich basiertes Konzept zum sinnvollen Lernen aufgenommen haben, und was sich mit den Ansichten von Dieter Hundt deckt. „Komplexe Lernprozesse werden durch Herausforderungen gefördert, jedoch durch *übermäßige* Angst und Bedrohung verhindert, da dies Gefühle der Hilflosigkeit und Erschöpfung erzeugt. Dies führt wieder zu dem Punkt, dass *high challenge* (Herausforderung, deren optimaler Grad jedoch sehr individuell ist) für Kinder überaus wichtig ist und bestärkt die These, dass Kinder *öfter unter-* als *überfordert* werden"[4] (zitiert nach Braun/Meier 2006, S. 107)

Die Bedeutung pädagogischer und allgemeiner Überzeugungen von Lehrerinnen und Lehrern für den Umgang mit Kindern und Jugendlichen ist in der Schule immer groß gewesen. Dies hängt vor allem damit zusammen, dass für eine förderliche und vertrauensstiftende Beziehung zwischen Lehrkraft und Schüler Einstellungen eine wichtige Rolle spielen, die sich aggregiert im

---

[4] Die beiden führen weiter aus: „Es sei bereits an dieser Stelle ausdrücklich betont", halten Anna Katharina Braun und Michaela Meier in ihren Überlegungen zu einer interdisziplinären Forschungsrichtung »Neuropädagogik« fest, „dass absolut kein Grund zu der Befürchtung besteht, dass das kindliche Gehirn in seiner Leistungskapazität »überfordert« werden könnte! Was im landläufigen Sinne als »Überforderung« oder Lernproblem bezeichnet wird, erweist sich bei näherer Betrachtung entweder als Unterforderung oder, schlimmer noch, als das Ergebnis von Pauken (z. B. zu viel Lernstoff in zu langen Unterrichtseinheiten), Drill (z. B. zu lange Phasen des Stillsitzens), Entmutigung, Frustration und dadurch ausgelöschte Wissbegier und Verlust der angeborenen Freude am Lernen" (ebenda, S. 101)

Verständnis vom »Menschenbild« (vgl. Fend 1998) finden. Weil u. a. mit einem positiv gestimmten Menschenbild Kriterien wie Achtung, Wärme und Rücksichtnahme, Echtheit und Aufrichtigkeit (vgl. Tausch/Tausch 1977/1991) konnotieren, ist es nahe liegend, wenn Definitionen zum guten Unterricht auch auf die zwischenmenschlichen Beziehungen fokussieren. Vor dem Hintergrund der Gretchenfrage »Müssen Lehrerinnen und Lehrer Kinder mögen?« wird eine Antwort zur Bedeutsamkeit der Lehrer-Schüler-Beziehung gesucht und gegeben. Beispielsweise für Martin Bretschneider, Leiter einer Werbeagentur und Vater, ist diese Frage zwar einerseits eine rhetorische, doch andererseits eine überaus schwerwiegende, schon gar nicht eine überflüssige. „Guter Unterricht", so deshalb seine Überzeugung, „hat *irgendwie mit Liebe* zu tun. Das fängt eigentlich schon *damit* an, dass man sich selbst einigermaßen sympathisch sein sollte. [...] Es ist aber ziemlich wichtig für guten Unterricht, dass man die, die man unterrichtet, gerne hat. *Wer Kinder nicht leiden kann, darf kein Lehrer sein*" (zitiert nach Apel/Sandfuchs 2003, S. 13 – Hervorhebungen von E. J.). Diese Betrachtungsweise liegt auf einer Linie mit den Arbeiten des Reformpädagogen Herman Nohl. Die Lehrer-Schüler-Beziehung fasst er als eine »innere Beziehung« auf, „die den Erzieher und das Kind bzw. den Menschen miteinander in spezifischer Weise verbindet". Sie ist der Kern der Erziehung, die gar nicht »beseelt« wäre ohne die »Liebe« des Erziehers zum Kind bzw. Jugendlichen.[5]

---

[5] Selbstverständlich ist damit nicht die »erotische« Liebe gemeint. Sondern diese »Liebe« zeigt sich in Grundwerten wie Fürsorge, Verantwortungsgefühl, Achtung vor dem anderen und Erkenntnis (Fromm 1999, S. 46). Fürsorge beweist sich in der tätigen Sorge „für das Leben und das Wachstum dessen, was wir lieben" (ebenda, S. 47). Hingegen zeigt sich Verantwortungsgefühl darin, „fähig und bereit zu sein zu »antworten«" (ebenda, S. 49). Um das Verantwortungsgefühl nicht als Mittel zu missbrauchen, „den anderen beherrschen und ihn für sich besitzen zu wollen", bedarf es des Auftretens einer dritten Komponente: der Achtung vor dem anderen. „Sie bezeichnet die Fähigkeit, jemanden so zu sehen wie er ist, und seine einzigartige Individualität wahrzunehmen. Achtung bezieht sich darauf, dass man ein *echtes Interesse* daran hat, dass der andere *wachsen* und *sich entfalten* kann" (ebenda – Hervorhebungen von E. J.). Die vierte und letzte Komponente dient als »Verbindungselement«. Fromm sagt dies so: „Achtung vor einem anderen ist nicht möglich ohne ein wirkliches Kennen des anderen. Fürsorge und Verantwortungsgefühl für einen anderen wären blind, wenn sie nicht von *Erkenntnis* geleitet würden. Meine Erkenntnis wäre leer, wenn sie nicht von der Fürsorge für den anderen motiviert wäre" (ebenda, S. 50).

Für Nohl und andere Reformpädagogen ist damit geklärt (vgl. Scheibe 1994), dass Lehrerinnen und Lehrer ihre Schülerinnen und Schüler »leiden« können müssen. Auch für die Gegenwartspädagogik scheint es überhaupt keine Veranlassung zu geben, von dieser Überzeugung abzuweichen. Neben Befunden aus der Unterrichtsforschung (Fend 1998) sind es hauptsächlich Belege aus den Neurowissenschaften (vgl. Hüther 2006), die angeführt werden können, um diesem Standpunkt von Martin Bretschneider, einem *Nicht(Erziehungs)-Wissenschaftler*, den Status einer *Conditio sine qua non* einzuräumen. Wenn man zugesteht, dass Fürsorge für den anderen, Verantwortungsgefühl und Achtung vor dem anderen, sich auch darin zeigen, Mutlosigkeit, Verzagtheit oder Furcht (alles Angstsymptome) gar nicht erst entstehen zu lassen, dann wünschen sich Schülerinnen und Schüler ebenfalls einen »pädagogischen Bezug«, von dem »echte« Zuwendung ausgeht. Das ist zumindest ein Ergebnis einer Schülerbefragung, die Doris Bocka durchgeführt hat (2003a). Insgesamt lassen sich ihre Resultate zu fünf Kernaussagen zusammenfassen:

1. „Guter Unterricht bereitet den Schülerinnen und Schülern Freude am Lernen.
2. Guter Unterricht ermöglicht den Schülerinnen und Schülern Lernerfolge.
3. Guter Unterricht findet in einer geordneten und *angstfreien* Umgebung statt. (Hervorhebung von E. J.)
4. Guter Unterricht soll verständlich, anschaulich und abwechslungsreich aufgebaut sein.
5. Guter Unterricht regt die Aktivität der Schülerinnen und Schüler an" (2003b, S. 48).

Fraglos ließe sich noch die Reihe weiterer Bestimmungsversuche fortsetzen, Vollständigkeit wäre allerdings auch damit nicht zu erreichen. Deshalb soll auf dieser Basis ein Resümee gezogen werden, indem aus den gesammelten Aussagen und Forderungen die gemeinsamen Kerngedanken herausgefiltert werden.

1. Lernwirksamkeit verstetigen

Das offenkundigste und simpelste, aber nicht per se stets erfüllte Kriterium ist die »Lerneffektivität«, die einen »guten« Unterricht charakterisiert. »Guter« Unterricht ist *lernwirksam*, d. h. er fördert alle Schülerinnen und

Schüler auf individuell anspruchsvollem Niveau[6] und verschafft ihnen Lernerfolge.

2. *Bildung durch fachliche und überfachliche Kompetenzen ermöglichen*

»Guter« Unterricht ist dem Leitziel Bildung verpflichtet, d.h. Wissensvermittlung und Wissensaufbau, Kompetenzentwicklung und Erwerb von Qualifikationen und Persönlichkeitsbildung sollen zusammen gesehen und aufeinander bezogen werden. Der Anspruch des jungen Menschen auf Allgemeinbildung im Sinne einer zeitaktuellen normativen Interpretation des »klassischen« Bildungsideals (vgl. beispielsweise Messner 2004, Jürgens 2004, Klafki 1996) bleibt weiterhin die Hauptsäule zur Legitimation der Schule als wichtigste gesellschaftliche Institution. Alle Schulgesetze der Länder in der Bundesrepublik Deutschland enthalten ohnehin in ihren Präambeln umfangreiche Passagen zum Erziehungs- und Bildungsauftrag, die sich explizit auf die Kernideen des »klassischen« Bildungsideals beziehen, so dass auch von bildungspolitischer und kultusadministrativer Seite kein Zweifel am grundsätzlichen Festhalten an dieser Orientierung bestehen sollte.

3. *Beziehungskultur entwickeln*

»Guter« Unterricht findet in einem Klima statt, in dem der Einzelne wohlgelitten ist. Lehrerinnen und Lehrer verfügen über ein positives Menschenbild, sind bereit und fähig, einen »pädagogischen Bezug« herzustellen und zu pflegen, der auf Vertrauen, Achtung, Fürsorge, Verantwortungsgefühl etc. gründet. Kinder und Jugendliche können sich willkommen fühlen, weil niemand zurückgelassen wird und jedem Glauben geschenkt wird, lernen zu wollen und zu können.

4. *Lernanforderungen gewachsen sein*

Weil das, was erwartet wird, (mit einer gewissen Wahrscheinlichkeit) eintritt (Self-fulfilling-prophecy), sollte »guter« Unterricht für alle »herausfordernde« Lernarrangements vorhalten, um *Unterforderung* zu vermeiden.

---

[6] Die Qualitätsstufe eines Niveaus resultiert aus den individuellen Lernvoraussetzungen und dem individuellen Ausgangsniveau. Für lernschwächere Schülerinnen und Schüler wird es gegebenenfalls schon sehr ambitioniert sein, wenn man Lernziele auf der Gütestufe »Mindeststandard« erreicht. Das wäre allerdings auch die unterste Qualitätsstufe, die von jedem Kind bzw. jedem Jugendlichen in fachlichen und überfachlichen Arbeitskontexten erreicht werden sollte. Darauf aufbauend sollten Kompetenzstufen folgen, die über eine Regel- bzw. Durchschnittsqualität bis zur Höchstqualität reichen können.

5. Erziehung durch Aktivität

»Guter« Unterricht stellt das »Lernen«, nicht das »Lehren« in den Mittelpunkt. Schülerinnen und Schüler werden als »Subjekte« ihres Lernens und Arbeitens wahrgenommen (vgl. Jürgens 2006), die fähig bzw. *befähigbar* sind, eine aktive Rolle in schulischen Erziehungs- und Bildungsprozessen zu übernehmen.

Was guter Unterricht ist bzw. sein soll, wird auf der Basis von ausgewählten Begriffsbestimmungen zu fünf Merkmalsbereichen »verdichtet«, die zusammen die Grundlage einer Arbeitsdefinition bilden. Dieses Vorgehen ist nicht ungewöhnlich, kann doch die Frage nach dem »guten« Unterricht trotz Vorliegens zahlreicher Forschungsbefunde aus verschiedenen wissenschaftlichen Domänen wie der Lehr-Lern-Forschung, der Unterrichtsforschung, der neuro-wissenschaftlichen Forschung oder Forschungen der Pädagogischen Psychologie etc. letztlich nur »normativ« beantwortet werden (vgl. Meyer 2004, S. 12). Aufschlussreich ist deshalb sicherlich der Vergleich mit der Arbeitsdefinition, die Hilbert Meyer (2004) zum »Guten« Unterricht entworfen hat. Danach ist guter Unterricht ein Unterricht, „in dem

1. im Rahmen einer demokratischen Unterrichtskultur
2. auf der Grundlage des Erziehungsauftrags
3. und mit dem Ziel eines gelingenden Arbeitsbündnisses
4. eine sinnstiftende Orientierung
5. und ein Beitrag zur nachhaltigen Kompetenzentwicklung aller Schülerinnen und Schüler geleistet wird" (S. 13).

Wie der Gegenüberstellung zu entnehmen ist, zeigen sich Übereinstimmungen, aber auch Differenzen. Während wir in unsere Betrachtungen die (emotionale) Beziehungsebene zwischen den Akteuren einbeziehen, fehlt dieser Merkmalsbereich in der Definition von Meyer. Ebenfalls findet sich zur Prononcierung, mit der wir die Aktivitätsdimension für die Entwicklung guten Unterrichts herausstreichen, keine inhaltliche Entsprechung. Auch wenn zu berücksichtigen ist, dass die Entfaltung einer demokratischen Unterrichtskultur im Kontext des Erziehungsauftrages verbunden sein wird mit der Eröffnung von eigenaktiv zu bewältigenden Lerngelegenheiten, ist damit nicht zwangsläufig verbunden, dass in der gesamten Schul- und Unterrichtskultur dem Grundgedanken, »Schülerinnen und Schüler zu Subjekten ihres Lernens« zu machen, entsprochen wird.

Hingegen wird in beiden Arbeitsdefinitionen übereinstimmend die Frage nach dem guten Unterricht mit der Bildungsdiskussion verbunden. Unterricht als Ort und Instrument zur Implementation des Prozesses der individuellen Aneignung von Kultur als Aufgabe schulischer Bildung (vgl. Bildungskom-

mission NRW 1995, S. 79) macht es notwendig, sich des engen Wechsel-
bezugs zwischen Qualitätsansprüchen und den Dimensionen eines modernen
zukunftsorientierten Bildungsbegriff bewusst zu werden und zu erkennen,
dass sowohl die Sicherung als auch die Entwicklung von Qualität zuerst von
der Auswahl der inhaltlichen Kriterien (Teilaufgaben) abhängig ist, die dem
Begriff zugeordnet sind. Nachrangig, jedoch nicht unbedeutend, sind zugrunde legende Qualitätsmaßstäbe, mit denen geprüft werden kann, in welcher
Güte eine bestimmte Qualität vorliegt.

4 Unterrichtsqualität im Kontext der Bildungsfrage

Qualität ist etwas »Relatives«, „weil sie immer nur das Ergebnis einer Bewertung der Beschaffenheit eines Objektes ist" (Dubs 2006, S. 1212) und
diese »Beschaffenheit« ergibt sich allein aus normativen Zielsetzungen, denen oft Aushandlungsprozesse zugrunde liegen. Qualität ist dementsprechend eine über den Zeitverlauf wandelbare »Verabredung« oder »Einigung«.
„Mit den Veränderungen des Umfelds und den Ansprüchen der am Bildungswesen Interessierten sowie deren individueller Wahrnehmungsfähigkeit verändern sich auch die Qualitätsansprüche" (ebenda, S. 1213).
Demnach meint »Unterrichtsqualität« die bewertete Beschaffenheit von Unterricht, gemessen an den in einem bildungs- und gesellschaftspolitischen
Aushandlungsprozess vereinbarten Ansprüchen und Zielvorstellungen unter
Beteiligung aller (relevanten) am Schulsystem interessierten Gruppierungen
und Personen (vgl. ebenda). Demzufolge sind Aussagen darüber zu treffen,
was als »qualitativ« hochwertig eingeschätzt und deshalb als unbedingt er-
strebenswert betrachtet werden soll. Das wiederum hängt vor allem davon ab,
welche Personengruppe (mit welchen Interessen) auf der Basis welcher
Wertvorstellungen bzw. welchen Gesellschaftsbildes beurteilt, welche Ziele
das Bildungswesen vorrangig erreichen soll bzw. welche Aufgaben der schulischen Bildung obliegen. Unabhängig davon, dass damit auch Interessen-
und Machtfragen ins Spiel kommen, wird deutlich, wie schwierig es ist, über
»guten« Unterricht einen »dezisiven« Diskurs zu führen, mit dem »endgül-
tig« geklärt werden könnte, was wenigstens auf dem Hintergrund des derzei-
tigen schulischen Erziehungs- und Bildungsauftrages einerseits und den
durch wiederholte empirische Studien und metaanalytische Vergleiche abgesicherten Befunden der Unterrichtsforschung andererseits als unverzichtbar
für »guten« Unterricht zu gelten hätte. Weil selbst das nicht zu klaren Entscheidungen führt, bleibt lediglich als Ausweg, die Frage nach den richtung-
gebenden »Standpunkten« zur Unterrichtsqualität nicht auszuklammern,

sondern dadurch zu beantworten, dass maßgebliche Grundpositionen herausgearbeitet und in ihrer Programmatik aufgeschlüsselt werden.
Die von uns vertretene Position lehnt sich – wie weiter oben schon zu erfahren war – an die Denkschrift der Kommission „Zukunft der Bildung – Schule
der Zukunft" (1995) an, auf die deshalb zurückgegriffen wird, weil ihr ein
»Menschenbild« zugrunde liegt, das »kritische« Vernunftfähigkeit mit Persönlichkeitsbildung und Identitätsentwicklung verbindet und in dieser Argumentation nahtlos an den Anfang der siebziger Jahre publizierten UNES-
CO-Bericht »Wie wir leben lernen« anknüpft. Die dort erhobene Forderung
lautet: „Jeder Mensch muss befähigt werden, eigenständiges, kritisches Denken zu entwickeln und zu einem eigenen Urteil zu gelangen, um für sich
selbst zu bestimmen, was er oder sie in verschiedenen Lebensumständen tun
sollte [...]. Mehr denn je ist die wesentliche Aufgabe von Bildung, den Menschen Gedankenfreiheit, Urteilsvermögen, Gefühl und Phantasie zu vermitteln [...]. Die Erfahrungen aus jüngster Zeit zeigen, dass die Art und Weise,
wie Individuen sich gegen wirkliche oder vermeintliche Entfremdung durch
das System verteidigen, manchmal auch ganzen Gesellschaften Innovations-
chancen bietet" (S. 81/82, zitiert nach Jürgens 2004, S. 57). Besonders zu
beachten gilt, dass dieser Bildungsanspruch universell gilt, d. h. nicht nur für
gute, leistungsstarke oder sozial privilegierte Schülerinnen und Schüler, sondern für alle, die hochbegabten genauso wie diejenigen mit sonderpädagogi-
schem Förderbedarf.
Angesichts der normativen Bedeutsamkeit dieses Bildungsverständnisses für
die inhaltliche Auseinandersetzung mit »Unterrichtsqualität« lassen sich die
damit verbundenen Forderungen exemplarisch in vier Kernpunkten resümie-
ren:
Erstens wird leicht erkennbar nachzuvollziehen sein, dass ein ausschließlich
bzw. überwiegend fremdbestimmter Unterricht diametral selbstregulierten
bzw. selbstbestimmten Lern- und Arbeitskonzepten widerspräche, deren Einsatz aber unverzichtbar wäre, wenn menschliche Fähigkeiten mit dem Ziel
und in Prozessen der Selbstregulation und -verantwortung wie der Mit- und
Selbstbestimmung entwickelt werden sollen.
Zweitens trägt der Begriff der Bildung „das Erbe großer Traditionen in sich,
Elemente der Antike, des Christentums, der Aufklärung und des Humanismus" (Messner 2004, S. 35), woran auch die Kommission »Zukunft der Bildung – Schule der Zukunft« anknüpft. Sowohl Aussagen wie die „Entwicklung eigener Lebens-Sinnbestimmungen zu verwirklichen" als auch
„diesen Anspruch für alle Menschen anzuerkennen", wie weiter „Mitverantwortung für das Gestalten der ökonomischen, gesellschaftlichen, poli-

tischen und kulturellen Verhältnisse zu übernehmen", sind Postulate, deren
Wurzeln der Aufklärung und dem Humanismus entstammen. Weil für diese
beiden »sozialphilosophischen« Bewegungen die Suche nach Antworten auf
Fragen nach dem Lebenssinn des Individuums im Zentrum des Interesses
steht, ist es nicht weiter bemerkenswert, wenn »der« Bildungsbegriff dieser
Tradition folgend stets eine orientierende – „regulative" – Idee darüber enthält, „was einen Menschen überhaupt zum Menschen macht" (ebenda; vgl.
hierzu auch Blankertz 1974, S. 65 ff.; Klafki 1986; v. Hentig 1996). „Wissen
und Fähigkeiten gehören dazu, aber auch Haltungen und Wertvorstellungen!" (Messner 2004, S. 35). Ein ausschließlich »kognitiv« ange-
legter Unterricht, der sich auf die Wissensvermittlung und Wissenseignung
gemäß einem festen, geschlossenen Wissenskanon (vgl. zur Kritik Bildungskommission NRW 1995, S. XIV) beschränkte, würde diesem Bildungsverständnis ebenso wenig gerecht werden, wie eine Unterrichtsorganisation und
-methodik, mit der die Schülerinnen und Schüler autoritärer Lenkung und
überwiegender Fremdbestimmung unterworfen würden. Die Handlungsim-
pulse konzentrieren sich in diesen Lehrer-Schüler-Beziehungen, wie beispielsweise Untersuchungen frontaler Unterweisungsmuster in Form des
fragend-entwickelnden Unterrichtsgesprächs belegen (vgl. Jürgens 2006, S.
15 ff.), fast ausschließlich auf die Lehrkraft, während nolens volens dem
einzelnen Schüler lediglich der Part des »richtigen« Reagierens und Einord-
nens in die »vorgedachten Strukturen« zufällt. Ein solcher Unterricht würde
die Entwicklung von Kindern und Jugendlichen zu selbstständig denkenden
und handelnden Menschen entscheidend behindern, ebenso Bildung als „kul-
turelle und soziale Menschwerdung, wie sie in Auseinandersetzung mit Mitmenschen, Welt und Gesellschaft erfolgt" (Messner 2004, S. 35).
Aus der Perspektive von Bildung als ein „aktiver, letztlich selbstorganisierter
Prozess des Subjekts, der allerdings angeregt werden muss" (EKD 2003, S.
16), verdichtet sich die Frage zur Unterrichtsqualität auf die Relation zwischen Fremd- und Selbstbestimmung. Inwieweit entsteht eine schulische
Lern- und Arbeitskultur, damit »Räume« zur individuellen Entfaltung und
sozialen Kompetenzentwicklung vorhanden sind als notwendige Voraussetzungen „für eine erforderliche eigenverantwortliche Lebensplanung und
-führung" (Gräsel/Mandl 2002, S. 183) wie für die Auseinandersetzung mit
Wertorientierungen und die Übernahme von Einstellungen, die das demokratische Leben in unserer Gesellschaft stärken und weiterentwickeln helfen?
Für die Gestaltung von Unterricht, der optimale Entwicklungs- und Entfal-
tungsmöglichkeiten für die Kinder und Jugendlichen bieten will, ist es *drittens* unverzichtbar, statt für Themen und Fächer Interessen vorauszusetzen,

derartige zu »entflammen«. Durch die internationalen Schulleistungs-
vergleiche in den letzten Jahren wurde deutlich, dass die Schülerinnen und
Schüler hinsichtlich ihres »Interesses« hinter den Erwartungen zurückblieben
(vgl. Baumert/Bos/Lehmann 2000; Baumert et al. 2001), was ein Indiz dafür
sein kann, dass das schulische Lernen zu oft ohne innere Beteiligung »abläuft«, wodurch eine gründliche und intensive Begegnung mit der unterrichtlichen Thematik unterbleibt.

Als eine *vierte* Konsequenz aus dem vertretenen Bildungsverständnis (vgl.
Messner 2004, S. 37) ergibt sich die Forderung, den »Umgang mit Heterogenität« als Normalfall »guter« Unterrichtsdidaktik zu akzeptieren und daraus die nötigen pädagogischen Entscheidungen abzuleiten. Beispielsweise
unterstützt das »Prinzip der Modularität« „die auf individuelle Voraussetzungen zugeschnittene Auswahl und Ausgestaltung von Lernsituationen
und Lernhilfen" (Bildungskommission NRW 1995, S. 95). Damit eng verbunden tritt die Bedeutung eines der Heterogenität Rechnung tragenden
„Lernzeitmanagements" offen zutage. Gleichzeitig ist damit eine klare Abkehr von bekannter Unterrichtsmethodik, wie sie im nachfolgenden Zitat zum
Ausdruck kommt, verknüpft. „Weiterhin herrscht die Fiktion, dass gleiche
Lernangebote für alle in einer Lerngruppe mit der Vergabe einer gleichen
Lernzeit für alle identisch mit Gleichbehandlung seien. Das Gegenteil ist der
Fall. Steht allen die gleiche Lernzeit zur Verfügung, müssen gravierende
Leistungsunterschiede die Folge sein" (Bildungskommission NRW 1995, S.
88). Zu Bildung gehört stets Individualität und mit den vielfältigen Er-
scheinungsformen zugleich auch Heterogenität. „So gesehen ist Heterogenität
nicht eine zu überwindende Besonderheit, sondern der Normalfall von Unterricht." (Messner 2004, S. 37).

5 Erziehungsziel
Funktionelle und produktive Selbstständigkeit

Anknüpfend an diese bildungstheoretischen Leitvorstellungen ist eine Erziehung zur »Selbständigkeit« sowohl an gesellschaftliche Forderungen als auch
individuelle Bedürfnisse gebunden. Vereinseitigungen in die eine oder andere
Richtung werden von vornherein als unerwünscht ausgeschlossen. Ein moderner, kritisch-konstruktiver Selbstständigkeitsbegriff hat demzufolge diese
Dialektik zu berücksichtigen, gerade in Zeiten, in denen die Idee der europäischen Aufklärung mit ihrem allgemein gültigen Mündigkeitspostulat blass zu
werden droht (Bildungskommission NRW 1995, S. 31). Deshalb ist die differenzierte Betrachtung des Selbstständigkeitsbegriffs, wie sie Rülcker (1990)

vorschlägt, von wegweisender bildungspolitischer, -theoretischer und -praktischer Bedeutung. „Wer selbständig lernen kann, nutzt diese Fähigkeit vielleicht nicht nur, um nach jedem wegrationalisierten Beruf wieder einen neuen zu lernen, sondern auch, um diesem Lauf der Gesellschaft auf die Schliche zu kommen" (S. 23), schreibt er und gibt damit bereits ein Beispiel dafür, was es am Selbstständigkeitsbegriff überhaupt auseinander zu halten gilt.

Tatsächlich verläuft die semantische Trennlinie zwischen einer als besonders flexibel geltenden Fähigkeit der Selbstregulation zur Anpassung an vorgefundene bzw. vorgegebene Wirklichkeiten, vor allem in beruflichen Zusammenhängen und konsumtiv-ökonomischen Verhältnissen einerseits, und einer auf kritischem Vernunftgebrauch basierenden Selbstständigkeit, die prinzipiell nach dem Sinn und der Sinnhaftigkeit von Handlungen und Geschehnissen fragt, andererseits. Gemäß dieser Differenzierung wird im ersten Fall von der »funktionellen« und im zweiten von der »produktiven« Selbstständigkeit gesprochen.

Unbestreitbar finden sich in den schulischen Bildungsplänen z.T. recht allgemein gehaltene Ausführungen, die die Relevanz der Selbstständigkeitserziehung betonen. Auch in der Öffentlichkeit wird die Bildungspolitik zusammen mit der Wirtschaft und anderen gesellschaftlich einflussreichen Kreisen wie den Kirchen, Gewerkschaften, Elternverbänden etc. nicht müde, auf die große Bedeutung schulischer Bildung für die Entwicklung von Eigenverantwortlichkeit und Souveränität der Menschen hinzuweisen. Allerdings meist ohne auf diese feinsinnige Unterscheidung von Selbstständigkeit auch nur ansatzweise einzugehen. Aus mutmaßlich durchsichtigem Grund, wie scharfsinnige Kritiker meinen (vgl. Ribolits 1996), weil die Rede von der »Selbstständigkeit« im Allgemeinen lediglich die »funktionelle Selbstständigkeit« im Blick hat, deren Auftreten einhergeht mit dem Kalkül oder Risiko, je nach Betrachtungsweise, der fremd bestimmten Verzweckung des Menschen in so wichtigen Bereichen wie den ökonomischen, gesellschaftlichen, politischen und kulturellen Verhältnissen in der Gesellschaft. Deshalb soll an dieser Stelle klar gesagt werden: Der schulische Bildungsauftrag schließt beide Seiten der Selbstständigkeitserziehung ein, auch jene aufklärerische (»unbequeme«) der produktiven Selbstständigkeit, die sich am Persönlichkeitsideal des »autonomen Individuums« sowohl im Denken als auch im Handeln orientiert (vgl. Terhart 1990).

Funktionelle und produktive Selbstständigkeit, Selbstbestimmung und Selbstveantwortung sind alle zusammen Ziele und Aufgaben eines Schulsystems in einer demokratischen, humanen Gesellschaft, die sich durch die (selbst-)kritische Mündigkeit ihrer Bürger legitimiert (vgl. Bräu 2002, S. 12) und weiter-

entwickelt. »Erziehung zur Mündigkeit« entspricht sowohl dem philo-
sophisch-anthropologischen Gedanken, Erziehung als Hilfe zur individuellen
Selbstfindung und Selbstentfaltung zur verstehen (vgl. Jürgens 2007, S.
4) als auch dem kulturellen und politischen Selbstverständnis einer »echten«, um
die kritisch-konstruktive Mitwirkung breiter Gesellschaftsschichten bemüh-
ten Demokratie (vgl. Adorno 1971).

Zusammenfassend ist festzuhalten: Die These, den Schüler als Subjekt seines
Lernens wahrzunehmen, lässt sich mit dem Rückgriff auf »Bildung als Befähigung zu vernünftiger Selbstbestimmung« (vgl. Klafki 1991, S. 19) plausibel begründen. Sie erschöpft sich allerdings darin nicht. Ansonsten könnte
die Befähigung zur Freiheit des Denkens und zu eigenen moralischen Entscheidungen durchaus »subjektivistisch« verkürzt aufgefasst werden. Deshalb bedarf die erste Gruppe zur Bestimmung von Bildung, wie „Selbstbestimmung, Freiheit, Emanzipation, Autonomie, Mündigkeit, Vernunft,
Selbsttätigkeit" der unbedingten regulativen Ergänzung durch eine zweite
Gruppe von Bestimmungen, wie „Humanität, Menschheit und Menschlichkeit, Welt, Objektivität, Allgemeines" (vgl. ebenda, S. 19 ff.). Bildung ver-
zweckt sich nicht selbst, sondern das oberste Ziel der »Befähigung zu vernünftiger Selbstbestimmung« liegt in der Gewinnung von Humanität und
Menschlichkeit, wie es unter anderem Herder (1982) auf den Punkt gebracht
hat und auf den sich ebenso Klafki (1991) beruft. „So ist der Mensch zwar
ein schwaches Kind, aber doch ein Freigeborener; wenn noch nicht vernünf-
ftig, so doch einer besseren Vernunft fähig; wenn noch nicht zur Humanität
gebildet, so doch zu ihr bildbar" (S. 65/66).

6 Perspektive schüleraktiven Unterrichts:
Selbstregulation *und* Selbstbestimmung

Als »selbstreguliertes Lernen« wird ein Handlungsmodell charakterisiert, mit
dessen Anwendung die Lernenden zeigen, dass sie kompetent sind, „sich
selbständig Lernziele zu setzen, dem Inhalt und Ziel angemessene Techniken
und Strategien auszuwählen und sie auch einzusetzen. Ferner halten sie ihre
Motivation aufrecht, bewerten die Zielerreichung während und nach Abschluss des Lernprozesses und korrigieren – wenn notwendig – ihre Lernstra-

tegien" (Artelt u.a. 2001, S. 271)[7]. Selbstregulation wird »theoretisch« in der wissenschaftlichen Literatur von unterschiedlichen Standpunkten aus betrachtet. Besonders bekannt dürfte das »sozial-kognitive Selbstregulationsmodell« von Zimmermann (2000) sein, das deutliche Übereinstimmungen mit dem »Drei-Ebenen-Modell« des selbstregulierten Lernens nach Boekarts (1999) aufweist. „Self-regulation refers to self-generated thoughts, feelings and actions that are planned and cyclically adapted to the attainment of personal goals" (Zimmermann 2000, S. 14). Dieser Definition zufolge wird Selbstregulation als ein Zusammenspiel von Person, Verhalten und Umwelt verstanden. Der Akteur steuert seine Kognitionen und Affekte (zum Beispiel Kontrollüberzeugungen), seine Handlungen (zum Beispiel Lernmethoden) und beobachtet und verändert die Bedingungen in der Umwelt so, dass er seine Ziele systematisch und adaptiv verfolgen kann. Drei zyklische Selbstregulationsphasen liegen dem Modell zugrunde: Handlungsplanung, Handlungsausführung und Selbstreflexion (ebenda, S. 16). Zur Handlungsplanung gehört die Aufgabenanalyse mit Zielsetzung und Strategieplanung. Im Zentrum der Handlungsausführung sind Selbstkontrolle und Selbstbeobachtung angesiedelt, während die Selbstreflexion Selbstbeurteilungsprozesse und Selbstreaktionen beinhaltet. Innerhalb der Selbstkontrolle spielen Selbstinstruktion und Lernstrategien eine herausragende Rolle. Die Entscheidung über die »richtigen« Ziele sowie die Wahl »geeigneter« Aufgabenbewältigungsstrategien scheinen in Selbstregulationsmodellen generell von größter Bedeutung zu sein (vgl. hierzu auch das »Prozessmodell der Selbstregulation« nach Schmitz 2001). Das Theoriemodell von Boekarts (1999, S. 448) folgt nämlich ebenfalls dieser Schwerpunktsetzung, wie sich der Darstellung der drei Ebenen, die vom Lernenden nacheinander zu durchlaufen sind, entnehmen lässt: Wahl kognitiver Strategien (Regulation des Verarbeitungsmodus), Gebrauch metakognitiven Wissens zur Steuerung des Lernprozesses (Regulation des Lernprozesses) und Wahl von Zielen und Ressourcen (Regulation des Selbst). Zusammengefasst beruht selbstreguliertes Lernen hauptsächlich auf der Fähigkeit, sich Ziele zu setzen, Strategien zur Aufgabenbewältigung planen und anwenden, seine Motivation durch Selbstwirksam-

---

[7] Selbstregulation weist über die Handlungsform der »Selbstorganisation« hinaus. Im Gegensatz zu dieser, die sich ausschließlich auf operative Dimensionen, d. h. methodische und instrumentelle Entscheidungen im (schulischen) Lern- und Arbeitsprozess bezieht (vgl. Bannach 2002, S. 51), schließt der Begriff der »Selbstregulation« inhaltliche Entscheidungen auf der Zielebene in einem schulischen Rahmencurriculum ein. Ebenso weist Selbstregulation über die Handlungsform der »Selbststeuerung« hinaus. Nach Kiper / Mischke (2008) stellt diese einen Teilbereich in der umfassend gedachten Selbstregulation dar (vgl. S. 63).

keitsüberzeugung aufrechterhalten und die Erarbeitungsprozesse fortlaufend selbst kontrollieren und reflektieren zu können. Fraglich ist allerdings, ob das Kriterium der »Zielsetzung« die Einflussnahme auf inhaltlich-thematische Entscheidungen impliziert oder nicht (vgl. Anm. 6). Das geht nicht (immer) eindeutig aus den theoretischen Modellen hervor. Augenscheinlich spricht einiges dafür, Selbstregulation bzw. »selbstreguliertes Lernen« der »funktionellen Selbstständigkeit« zu subsumieren. Was bedeuten würde, dass schulische Inhalte bzw. Themen, Aufgaben und Anforderungen und Evaluationskriterien überwiegend von außen (das heißt von der Lehrkraft) vorgegeben sind, und der Lernende hauptsächlich über das »Wie« der Problemlösung »selbstregulierend« verfügen kann, was je nach Modell auch die eigenverantwortliche Zielformulierung mit beinhaltet. In unmissverständlicher Unterscheidung dazu soll das schulische Lernen, das Schülerinnen und Schüler systematisch in die Möglichkeiten der Selbstwahl und Selbstdefinition von Aufgaben, Vorhaben oder Themenstellungen einführt, hingegen als »selbstbestimmtes Lernen« definiert werden. „Es lässt sich als eine qualitative Erweiterung des selbstregulierten Lernens verstehen" (Jürgens 2006, S. 58). Allerdings weist Klafki (1991, S. 77) zu Recht darauf hin, dass dem Prinzip der Selbstbestimmung in der Schule Grenzen gesetzt sind, *während demgegenüber Mitbestimmungsmöglichkeiten relativ zahlreich vorliegen dürften.*

Die Entwicklung einer Kultur des eigenverantwortlichen (selbstregulierten *und* selbstbestimmten) Lernens[8] bei anspruchsvollen Leistungserwartungen ist eine zentrale und realistische Zukunftsaufgabe im Zuge der Selbstständigkeitserziehung und (Persönlichkeits-)Bildung von Kindern und Jugendlichen in der Schule. Hauptsächlich wird es dann um die Anerkennung und Stärkung des Schülers als Sachverwalter und Bevollmächtigten seines (eigenen) Lernens gehen. Das setzt allerdings die Bereitstellung von Unterrichtsarrangements voraus, die über die nötigen Freiräume und Angebote verfügen, um den Schülerinnen und Schülern vielfältige Chancen zur Entwicklung wachsender Eigenverantwortlichkeit einzuräumen.

---

[8] Zur Klarstellung: Sollen Schülerinnen und Schüler Verantwortung für ihr eigenes Lernen übernehmen (können), dann brauchen sie »Freiheit« im Sinne von »Autonomie«. Damit überträgt die Lehrkraft allerdings nicht ihre vertragliche Verantwortung auf den Lernenden. Die gesetzliche Verfasstheit von Schule garantiert gleichermaßen gegenüber Schülern und Eltern die volle vertragliche Verantwortung (rechtlich und pädagogisch) als ein gemäß Erziehungs- und Bildungsauftrag definiertes, nicht-reziprokes Verhältnis.

7 »Aktives« Lernen: Begriff und Bedeutung

Obwohl die Modelle zur Erklärung menschlichen Lernens vielfältig sind und es bisher nicht gelungen ist, mit einer Theorie oder Theoriegruppe dieses »Phänomen« abschließend aufzuhellen, kann man dennoch die derzeitige Entwicklung in etwa so zusammenfassen (vgl. Lefrançois 2006): „Idealisiert dargestellt ist der lernende Mensch eher flexibel als starr, eher offen als geschlossen, eher erfinderisch als rezeptiv, eher veränderlich als festgefügt und eher poetisch als prosaisch. Modelle des Lernens und resultierende Theorien sollten dies reflektieren" (S. 351). Zu dieser Feststellung passt dann auch, dass sich moderne Lerntheorien einhellig am »Aktivitätsparadigma« ausrichten und demgemäß die selbstmotivierende, konstruktive und »tätige« Rolle des Lernenden in den Vordergrund stellen (vgl. Niggli 2000, S. 32).

Allerdings bedarf die Metapher vom »aktiven« Lerner einer begrifflichen Klärung. Entscheidendes Kriterium, um von einem »aktiven« Lernen zu sprechen, ist nämlich die Frage, ob und in welchem Maße der Lernende Gelegenheit hat, auf die Gestaltung der lerninitiierenden Situation durch aktives (Mit-)Tun direkten Einfluss nehmen zu können, und zwar durch eigenes Experimentieren, eigene Steuerung oder Wissensproduktion, durch eigene Interessen, Äußern und Erweitern eigener (Vor-)Erfahrungen, durch eigene Vorschläge, Fragen und Problemlösungen, durch Neugierde und Emotionen etc. Denn allein durch diese das Lernen begleitenden Faktoren (vgl. Holzkamp 1995) wird subjektiv bedeutsames Lernen begünstigt, was wiederum sowohl das (selbstmotivierende) Eröffnen von Lernzugängen als auch tieferes und somit nachhaltigeres Lernen erleichtert. In die gleiche Richtung argumentiert der renommierte Bildungsforscher Weinert (1997), der aufgrund seiner langjährigen wissenschaftlichen Auseinandersetzung mit schulischem Lernen zu der Überzeugung gelangte, dass das heutige Schulsystem seinen Bildungsauftrag nur dann erfüllen werde, wenn die „Modi des traditionellen Lernens durch andere Lernmodi und die traditionellen Muster des Unterrichts durch neue Muster" ergänzt bzw. ersetzt werden. Schon deswegen, weil die differenziellen lerntheoretischen Ansätze nahe legen, dass verschiedene Lernformen sich als nützlich erweisen (können) und demgemäß Lernen (auch) „passiv, rezeptiv, ergebnisorientiert" etc. erfolgen kann, aber sich unter bestimmten Lernumständen (vorzugsweise) „aktiv, konstruktiv, prozessorientiert" vollzieht (vgl. S. 13). Nicht minder ist es Weinert (1997) ein wichtiges wissenschaftliches Anliegen, klarzustellen, was er unter »aktivem Lernen« verstehen will. Nicht gemeint sind äußere Aktivitäten, sondern vielmehr geht es ihm darum, „dass sich Schüler mit den Lerninhalten und mit den Lernsituationen aktiv auseinandersetzen und ihr eigenes Wissen konstruktiv aufbauen" (ebenda). Damit trifft er sich mit unserem zuvor unternommenen Klärungsversuch zur Unterscheidung zwischen »passivem« und »aktivem« Lernen. Ebenso unterstreicht Weinert (1997) mit seinen Ausführungen die »Subjektrolle« des Kindes, indem er mahnt und zugleich dazu aufruft, dass „*gute Lehrer"* (Hervorhebung – E. J.) durch ihren Unterricht Schüler nicht passiv (das heißt zu Objekten der rezeptiven Wissensvermittlung – E. J.) machen, sondern dafür sorgen, dass möglichst alle Lernenden in einer je geeigneten Weise sich mit den Lernaufgaben aktiv auseinandersetzen. Lehrer müssen dabei helfen und auch dafür verantwortlich sein, dass Schüler motiviert aktiv lernen" (S. 15). So betrachtet stärkt »Schüleraktiver Unterricht« generell die Mitwirkungsmöglichkeiten des Kindes, weil erwiesenermaßen selbstgesteuertes und mit- bzw. selbstbestimmtes schulisches Lernen opportune Bewältigungsstrategien darstellen, um das »Was« und das »Wie« schulischen Lernens, das heißt die Unterrichtsinhalte *und* -methoden, zur eigenen Sache zu machen. Wohlgemerkt handelt es sich um »Angebote« im Sinne des schon genannten Angebots-Nutzungs-Modells zur Wirkungsweise von Unterricht nach Helmke (2005). Ohne diesen Hinweis bestünde allzu leicht die Gefahr, die Aktivierung mit dem erwünschten (systemischen) Lernen gleichzusetzen. Doch damit die sachrelevanten Effekte eintreten, bedarf es pädagogischer Unterstützungsleistungen und Klärungen zu den Gelingensbedingungen von aktiven (selbstregulierten und selbstgesteuerten) Lernprozessen (vgl. Kiper/ Mischke 2008, S. 57).

7.1 Entdeckendes, problemorientiertes Lernen
Anknüpfend an die Klärung von Weinert, was unter »aktivem« Lernen zu verstehen ist, ist schnell eine Brücke geschlagen zu wichtigen lerntheoretischen Prinzipien, die im Diskurs zum Wandel schulischer Lernkultur(en) immer wieder eine zentrale Rolle einnehmen. Die Rede ist von Begriffen wie *Entdeckung, Erfahrungs- und Handlungsorientierung, Problemlösung.* Allen gemeinsam ist ihre Einordnung in das Aktivitätsparadigma. Unter entdeckendem Lernen werden nach Neber (2008) verschiedene Versionen aktiver Lernformen subsumiert, die sich im Unterricht aller Fächer realisieren lassen. „Für den Ablauf und die Ergebnisse des Lernens sind dabei stets *eigene Denkprozesse* bzw. durch Denken gesteuertes Handeln (*nicht Aktionismus*) der Schülerinnen und Schüler entscheidend" (S. 145). Ausgelöst werden die zu Handlungen führenden eigenen Denkprozesse durch ein wahrgenommenes, für mich – und das ist entscheidend – *subjektiv bedeutsames Problem* (vgl. Holzkamp 1995), das durch Lernen gelöst werden soll. Dabei ist Erfah-

rung*sorientierung* von ausschlaggebender Bedeutung. Warum? Ein Grundproblem traditioneller schulischer Lernkultur besteht darin, Wissen vermitteln zu wollen, „das von wahrnehmbaren und erlebbaren Phänomenen abstrahiert ist und sich so nur schwer in den subjektiven Kontext aktueller und früherer Erfahrungen einordnen, verstehen und zum Lösen von Problemen in realen Kontexten verwenden lässt" (ebenda). Entdeckendes Lernen will solchen Defiziten entgegenwirken, indem Wissensstrukturen generiert werden, „in denen Einzelerfahrungen und darauf bezogene Abstraktionen (wie etwa Begriffe), integriert sind" (ebenda). Phänomene u.a. aus der Lebenswelt der Schülerinnen und Schüler, d.h. Erlebnisse, Begegnungen, Beobachtungen und anderes mehr werden als Anlass und Ausgang für eigene Denkprozesse mit dem Ziel genommen, eigene Anschauungen zu abstrakterem Wissen zu verarbeiten. Dafür ist allerdings die Durchführung eines Zwischenschritts erforderlich. Es bedarf der Formulierung einer Problemstellung. Diese kann den Lernenden durch eine Aufgabenstellung vorgegeben werden. Oder besser noch, selbst aus dem eigenen Erfahrungshorizont »abgeleitet« bzw. herausgeformt worden sein. Durch die Verknüpfung von Erfahrungs- und Problemorientierung wird ein bestimmendes Kriterium entdeckenden Lernens realisiert, nämlich, dass es sich stets um einen intentionalen, auf Erkenntnisziele fokussierten Lernprozess handelt. Durch den Bezug zur Erfahrungsorientierung gelingt es mit dem entdeckenden Lernen, schulisches Lernen stärker auf außerschulisches (informelles, nonformelles) Lernen und Leben zu beziehen.[9] Doch ebenso sind Beziehungen zwischen entdeckendem Lernen und aktuelle Bestrebungen nach kompetenzorientiertem Unterricht unübersehbar. Entscheidendes Merkmal einer dergemäßen Unterrichtsdidaktik ist nämlich der Erwerb »anwendungsorientierten Wissens«, das Transferleistungen ermöglicht und zur Handlungsfähigkeit innerhalb eines fachlichen und/oder überfachlichen Kontextes führt.

7.2 Handlungsorientiertes Lernen

So wenig wie entdeckendes Lernen mit »Aktionismus« zu verwechseln ist, so wenig trifft dies auch auf handlungsorientiertes Lernen zu. Gleich dem entdeckenden Lernen zielt handlungsorientierter Unterricht nicht vordergründig auf »Tun« und dem Entstehen materieller Produkte, „sondern auf Kognition,

---

[9] Die Einbeziehung von Alltagsfragen, Alltagserfahrungen und Lebensproblemen, auch als »Öffnung zur außerschulischen Welt« bezeichnet, lässt fraglos schulisches Lernen »realitätsnäher« werden, doch darf dabei nicht außer acht gelassen werden, dass die Schule genauso der Distanzierung von der Außenwelt bedarf, um eigene Akzente der Wissensvermittlung und Persönlichkeitsbildung setzen zu können.

auf Denken, Verstehen, Lernen" (Gudjons 1997, S. 8). Im Konzept der Handlungsorientierung wird die Selbsttätigkeit (Eigenaktivität) des Heranwachsenden ins Zentrum gerückt. „Mit dem Begriff »handlungsorientierter [...]
Unterricht« wird ein Unterrichtskonzept bezeichnet, das den Schülern einen
handelnden Umgang mit den Lerngegenständen und -inhalten des Unterrichts
ermöglichen soll. Die *materiellen Tätigkeiten* der Schülerinnen und Schüler
bilden dabei *den Ausgangspunkt* des Lernprozesses" (Enzyklopädie Erziehungswissenschaft 1986, Bd. 3, S. 600; Hervorhebung – E. J.) Lernthe-
oretisch und entwicklungspsychologisch (vgl. auch Tätigkeitstheorie nach Wy-
gotski, Leontjew, Galperin oder die kognitive Handlungstheorie von Piaget
und Aebli[10]) ist handlungsorientierter Unterricht dem »Aktivitätsparadigma«
zuzuordnen und bedarf zu seiner Implementation schüleraktiver Lernarrangements, d.h. der Gewährung von Freiräumen und Freiheiten, um sich »selbsttätig« mit subjektiv bedeutungsvollen Bildungsinhalten im *Rahmen* (kern-)
curricularer Vorgaben auseinandersetzen zu können. Die Überschneidungen
zwischen »entdeckendem« und »handlungsorientiertem« Lernen sind evident. Beide Lernformen bieten diverse wechselseitige Verbindungsmöglich-
keiten. *Erfahrungsorientierung* und *Lebensweltbezug* sowie *Problemformu-
lierung* und *Handlungsplan* sind didaktische Prinzipien bzw. Komponenten,
die sowohl der einen als auch der anderen Form inhärent sind.

Hinsichtlich der Verortung der »materiellen Tätigkeit« in die Chronologie
der diesbezüglichen Denk- und Arbeitsprozesse gibt es eine wichtige Klärung
durch Meyer (1987). Der handlungsorientierte Unterricht nimmt materielle
Tätigkeiten als Anlass, hat diese allerdings ebenso zum Ziel und Ergebnis.
Von daher kann aber muss nicht die materielle Tätigkeit unbedingt Ausgangspunkt des Lernprozesses sein. Sondern ebenso gut kann die Vereinbarung zur Herstellung eines Handlungsprodukts am Anfang des Denk- und
Lernprozesses stehen.

Nimmt auch im handlungsorientierten (resp. entdeckenden) Lernen das didaktische Prinzip der »Selbsttätigkeit« als Grundvoraussetzung zur Entwicklung von Selbstständigkeit eine herausragende Rolle ein, so bleiben schüleraktive Lernarrangements aus guten didaktischen Gründen für ein flexibles,

---

[10] Die Grundstruktur der kognitiven Handlungstheorie, die die Grundlage für handlungsorientierte Denk- und Lernprozesse bildet, entwickelt sich in vier Schritten: „1. Es gibt ein Pro-
blem/eine Dissonanz/einen Anlass, mich zielgerichtet mit einer Sache auseinander zu setzen
und zu lernen; 2. eine Planung wird entwickelt, wie dabei vorzugehen ist; 3. diese Planung
wird (auch mit Sackgassen und Rückkopplungen zum Ziel) durchgeführt; 4. das Ergebnis
wird überprüft und der Handlungsverlauf reflektiert." (Gudjons 2000, S. 394)

den Lernausgangslagen der Schülerinnen und Schüler wie der Unterrichtssituation angepasstem Zusammenspiel zwischen *Instruktion* und *Konstruktion* »offen«.

Mit der Heraushebung des Verhältnisses zwischen Instruktion und Konstruktion wird auf wissenschaftliche Erkenntnisse der Lernpsychologie Bezug genommen, die für den Begründungsdiskurs zum »guten« Unterricht im Besonderen von hervorstehender Bedeutsamkeit sind. In unserem Ansatz spielt der
Erkenntnisgehalt dieser Relation deshalb eine so große Rolle, weil damit die
falsche, d.h. wissenschaftliche widerlegbare, Gegenüberstellung von »Direk-
ter Instruktion« und »Offener Unterricht«, wie sie u.a. Hilbert Meyer (2004,
S. 8) behauptet, korrigiert werden kann.

8 Zusammenwirken von Instruktion und Konstruktion

Das Gegenstück zur Selbstregulation bzw. Selbst- und Mitbestimmung ist
mitnichten das klassische frontale Unterweisungsmuster, sondern die »*direkte
Instruktion*« (vgl. beispielsweise die Entwicklung der Instructional-De-
sign(ID)-Ansätze der 1. und 2. Generation nach Reinmann-Rothmeier /
Mandl (2001), S. 607 ff.). *Instruktion* und *Konstruktion* ergänzen sich und
machen gemeinsam erfolgreichen Unterricht aus (vgl. den Beitrag von Heinz
Mandl in diesem Band). Wegen ihres unbestreitbaren Nutzens kann es gar
nicht um die Verbannung der »Direkten Instruktion« aus den Schulen gehen.
Vermutlich ist sie sogar die »natürliche« *Vermittlungsform zur Weitergabe
von Wissen* zwischen Menschen in jedweder unterrichtlichen Situation. Während aber der »klassische« Frontalunterricht so gut wie überhaupt nicht an
individuelle Bedürfnis- und Interessenlagen der Schülerinnen und Schüler
angepasst werden kann (und damit die anthropologischen Erkenntnisse zur
Bedeutung der Berücksichtigung menschlicher Bedürfnisse für schulischen
Lernerfolg ignoriert), ermöglicht dies die »Direkte Instruktion« sehr wohl.
Nach Weinert (1996) ist dies sogar eine ihrer besonderen Stärken und lässt
sie deshalb auch für Differenzierungszwecke geeignet sein. „Die Festlegung
der Instruktionsziele erfordert die Berücksichtung interindividueller Differenzen des kognitiven Entwicklungsstandes, des Vorwissens, der Lernmotivation und der Handlungskontrolle" (S. 148). Durch Führung und Lenkung
werden in schüleraktiven Lernarrangements Freiräume und Freiheiten *vo-
rübergehend* eingeschränkt, um zunehmende Selbstständigkeit auf sichere
Füße zu stellen. Der dialektische Widerspruch zwischen Führung und Selbsttätigkeit resp. Instruktion und Konstruktion ist im Grunde in jedem Unterricht enthalten, der darauf zielt, heranwachsende Menschen zu vernünftiger

Selbstbestimmung zu befähigen (vgl. Klafki 1986, Klingberg 1987). In allen Unterrichtsarrangements »Schüleraktiven Unterrichts« tritt dieser Widerspruch auf und muss deshalb immer wieder auf das Neue gelöst werden. Für die Entwicklung von Unterricht sollten zwei weitere Befundlagen von großer Bedeutung sein. Zum einen haben sowohl die Emotionspsychologie als auch die Neurobiologie in den letzten zwei Jahrzehnten aufgrund umfangreicher Forschungsarbeiten aufschlussreiche Erkenntnisse über den Zusammenhang zwischen Emotionen und Kognitionen geliefert, woraus sich nun Fragen ableiten und potentielle Rückschlüsse für den weiterentwickelten Diskurs zum »guten« Unterricht ziehen lassen. Zum anderen scheint es für eine wirksame Unterrichtskultur von erheblichem Einfluss zu sein, inwieweit es gelingt, schulische Lernanforderungen mit den individuellen Bedürfnissen zu verbinden, d.h. in einen harmonischen Gleichklang zu bringen.

9 Beziehung zwischen Emotion und Kognition

Wirksamkeit und Dauerhaftigkeit menschlichen Lernens werden beeinflusst durch begleitende Prozesse. Dabei spielen Emotionen und somit das limbische System eine zentrale Rolle, das insofern grundlegend über den Lernerfolg entscheidet, „als es bei jeder Lernsituation fragt: »Was spricht dafür, das Hinhören, Lernen, Üben usw. sich tatsächlich lohnen«? Dies geschieht überwiegend aufgrund der vergangenen, meist unbewusst wirkenden Erfahrung. Kommt das System zu einem positiven Ergebnis, so werden über die neuromodulatorischen Systeme in der Großhirnrinde vorhandene Wissens-Netzwerke so umgeleitet, dass neues Wissen entsteht" (Roth 2002, S. 5). Bewertungs- und Gedächtnissystem sind untrennbar miteinander verbunden (Standop 2002, S. 149). Aufgrund der Erkenntnisse zur positiven Einflussnahme von Emotionen auf Lern- bzw. Gedächtnisprozesse ist zu folgern, dass Lernen sowohl überhaupt als auch umso besser gelingt, wenn Schülerinnen und Schüler mit Lern*angeboten* (vgl. Angebots-Nutzungs-Modell der Wirkungsweise von Unterricht nach Helmke 2005, S. 42) konfrontiert werden, die positive Reaktionen hervorrufen bzw. in einem emotional positiven Situationskontext erfolgen. Dazu zählt auch das Gefühl, dass das, was gelernt werden soll, für mich und mein Leben belangvoll und deshalb sinnhaft ist.
Doch »die enorme Bedeutung emotionaler Begleittöne beim menschlichen Lernen« (Gudjons 2006, S. 48) kommt nicht nur in curricularen Arbeits- und Bildungsprozessen zum Tragen, sondern gewinnt darüber hinausgehend selbstverständlich beachtliche Relevanz in unterrichtsklimatischen Zusammenhängen. Die Entwicklung einer vertrauensbildenden, sozial-integrativen

Unterrichtsatmosphäre hat demzufolge erhebliche Einflüsse auf den individuellen Lernerfolg aller Gruppen- bzw. Klassenmitglieder. Im Zusammenhang emotionaler Prozesse nimmt übrigens das, was mit dem Begriff »Vertrauen« umschrieben wird, eine sehr bemerkenswerte Funktion ein. Die sozial-emotionale Erfahrung von Vertrauen und das Erleben einer vertrauensvollen Beziehung stärken die Lernfreude und die Bereitschaft, sich auf Neues einzulassen. »Vertrauen ist das Fundament, auf dem alle unsere Entwicklung-, Bildungs- und Sozialisierungsprozesse aufgebaut werden. Vertrauen braucht ein Kind auch später, wenn es erwachsen geworden ist, *mehr als alles andere* (Hervorhebung von E. J.), um sich der Welt und anderen Menschen gegenüber offen, ohne Angst und Verunsicherung zuwenden und auch schwierige Situationen meistern zu können«, mahnt der Neurologe Gerald Hüther (2006, S. 46) nachdrücklich.

(Versagens-)Angst, Stress, äußerer Druck oder Verunsicherung behindern »die Herausformung komplexer Verschaltungen im kindlichen Gehirn« (S. 47), also jene »physiologischen« Prozesse, die für die Verarbeitung und Verknüpfung von Lernerfahrungen unerlässlich sind. Deshalb ist es so wichtig, dass dieses Vertrauen während der Kindheit, die ja in großen Teilen in der Schule verbracht wird, auf drei Ebenen entwickelt wird:

– »als Vertrauen in die eigenen Möglichkeiten, Fähigkeiten und Fertigkeiten zur Bewältigung von Problemen,
– als Vertrauen in die Lösbarkeit schwieriger Situationen gemeinsam mit anderen Menschen,
– als Vertrauen in die Sinnhaftigkeit der Welt und das eigene Geborgen- und Gehaltensein in der Welt« (Hüther 2006, S. 46).

Aus dieser Perspektive ist die Schule gefordert, die nötige Sensibilität gegenüber diesen neurowissenschaftlichen Befunden zu zeigen und dementsprechend auf die Entwicklung von Unterrichtskulturen zu achten, in denen vielfältige Begegnungen stattfinden, die zum Aufbau von Vertrauen (auf allen drei Ebenen) bei den Schülerinnen und Schülern führen.

10 Verflechtung von Bedürfnissen und Lernerfolg

Die neuerlich durch neurobiologische Forschung bestätigte Relevanz des »Vertrauens« für das Lernen sollte aus der Sicht der Anthropologie nicht überraschen. Sind doch Zuwendung und Geborgenheit sowie Verständnis, das heißt, dass einem das Gefühl des Angenommenseins in seiner ureigenen unverwechselbaren Individualität entgegengebracht wird, Ausprägungen des menschlichen Grundbedürfnisses nach Sicherheit und Anerkennung (Maslow 1991).

Ebenfalls auf menschliche Grundbedürfnisse fußt die »Selbstbestimmungstheorie der Motivation« von Deci und Ryan (1993). Demzufolge führen eigene Erfahrungen von Selbstwirksamkeit und Eigenverantwortlichkeit zu motivierenden Effekten, und zwar weil angeborene Bedürfnisse des Menschen nach
– Kompetenz und Effizienz,
– Autonomie,
– sozialer Eingebundenheit bzw. sozialer Zugehörigkeit erfüllt werden (Deci und Ryan 1993).
Die Möglichkeit zur Wahrnehmung von »Autonomie«, d. h. eigene Ziel- und Handlungsentscheidungen (frei) wählen zu können, ist etwas, was der Mensch grundsätzlich anstrebt, ist aber, wie bereits dargelegt wurde, u. a. an (relativ) stabile Vertrauensverhältnisse gebunden. Damit kommen wiederum jene unterrichtlichen Lern- und Arbeitszusammenhänge ins Spiel, die sich versammelt und konfiguriert in einer »schüleraktiven« Lernkultur finden und dieser ihre jeweils spezifische »Identität« geben.
„Verantwortlich für alle diese Prozesse (zur Erzeugung von Motivation und ›Entdeckerfreude‹ – Ergänzung E. J.) sind letztendlich die sozialen Bedingungen, die das Bestreben nach Autonomie, Kompetenz und sozialer Eingebundenheit unterstützen oder verhindern" (Deci und Ryan 1993, S. 236).
Dazu »passende« Unterrichtsarrangements bzw. Lernumgebungen haben einerseits die Aufgabe zu erfüllen, dem Lerner Angebote zu unterbreiten, die kontinuierlich aufbauend den Erwerb von Kompetenzen ganz im Sinne einer Bildung für alle zur Selbstbestimmungsfähigkeit (Klafki 1991, S. 25) im Rahmen sozialer Erfahrungen fördern. Andererseits gilt es die Bedingungs- und Wirkungszusammenhänge des schulischen Lernens selbst zum Thema zu machen, d. h. beispielsweise Wissen über den effektiven Einsatz von Erarbeitungs- und (Selbst-)Reflexionsverfahren oder die Nützlichkeit und Nutzbarkeit sogenannter »metakognitiver Kompetenzen« aufzubauen (vgl. Bildungskommission NRW 1995, S. 90; Friedrich/Mandl 1997).
Da Emotionen sowohl auf das Wissen und seine Verarbeitung (vgl. Dörner 2004; Standop 2002) als auch auf motivationale und volitionale Prozesse Einfluss haben, hängt in hohem Maße die Frage, ob etwas zu einer persönlichen Lernproblematik wird oder nicht, von emotionalen »Reizen« ab.
Emotionale Relevanz einer Lernsituation bzw. Lernproblematik schlägt sich nieder dem Grad der subjektiven Aufmerksamkeit. Diese entsteht insbesondere dadurch, „dass etwas in meiner Umgebung bedeutsam für mich wird. Was für eine enorme Energie muss es also kosten, meine Aufmerksamkeit auf etwas zu lenken (und dort zu halten), das für mich selbst ohne Belang scheint, dem ich für mich selbst keine Bedeutung vermitteln kann! Ein Unter-

richt, der für Schülerinnen und Schüler unangenehm, langweilig ist und/oder
ihnen keinen Sinn für das Lernen vermittelt, kostet diese erhebliche Anstrengungen in dem Bemühen, ihm weiterhin (›aufmerksam‹) zu folgen!" (Standop 2002, S. 164).
Vereinfachend könnte man es auch so sagen: Wenn eine (unterrichtliche)
Lernkultur nicht »menschengerecht« gestaltet ist, d.h. den wissenschaftlichen
Erkenntnissen über den Menschen nicht gerecht wird, und das beinhaltet nun
mal die Beachtung der Verbindung von Emotion und Kognition sowie die
Beachtung menschlicher Grundbedürfnisse, wird es sehr viel schwieriger
sein, bei Schülerinnen und Schülern »Lernlust« und »Entdeckerfreude« (vgl.
Hüther 2006) aufrecht zu halten.

11 Das »Aktivitätsparadigma« im Fokus des reformpädagogischen Modells »guten« Unterrichts

In Anlehnung an die schon in anderen Kontexten vorgestellte Heuristik zum
»guten« Unterricht (vgl. Jürgens 2008) sollen die erörterten Überlegungen
Eingang in ein Modell finden, das sich über verschiedene Ebenen erstreckt
(vgl. Abbildungen 1-4).

11.1 Inhalts- und Zielebene
Auf der Basis der zusammengetragenen »klassischen« und »neuen« reformpädagogischen Ideen und Forderungen geht es auf der ersten Ebene um jenes
Verständnis von Erziehung und Bildung, das einerseits als Legitimation für
alle schulischen Lernprozesse und -ergebnisse dient. Darüber hinaus andererseits unmittelbare pädagogisch-didaktische Relevanz hat für die Entwicklung und Gestaltung diesbezüglicher Lehr-/Lernarrangements. Die Orientierung in unserem Modell am klassischen Bildungsideal dürfte demzufolge
unübersehbar sein.

11.2 Erkenntnistheoretische Ebene
Auf der erkenntnistheoretischen Ebene werden drei als erstrangig eingestufte
wissenschaftliche Erkenntnisse angesiedelt. Eine Schlüsselstellung kommt
dem Ansatz zu, der die Kohärenz von Instruktion und Konstruktion postuliert. Diese »integrierte« Position zum Lehren und Lernen, die von Reinmann-Rothmeier und Mandl (2001) vertreten wird, ist für die weiteren Ebenen deshalb von größter Wichtigkeit, weil beide Perspektiven (Instruktion
und Konstruktion – Ergänzung E. J.) im Hinblick auf die Schulpraxis gleichermaßen bedeutsam sind. „Die gemäßigt konstruktivistische Auffassung

von Lernen versucht die Prinzipien von *Instruktion* und Konstruktion miteinander zu verbinden". Das geschieht aus zwei Gründen: „Aus *pragmatischer Sicht* (Hervorhebung E. J.) erscheint es zum einen weder möglich noch sinnvoll, im Unterricht ständig fertige Wissenssysteme nach feststehenden Regeln vermitteln wollen: auf der anderen Seite hätte es wenig Sinn, allein auf die Konstruktionsleistungen der Lernenden zu vertrauen" (S. 626-627). Die Pragmatik, die diesem Ansatz zugrunde liegt, ist nicht wie Bohl/Kucharz (2010) annehmen, einem Kompromiss (lat. Übereinkunft) „zwischen einer eher kognitiv und einer eher konstruktiver Auffassung" (S. 106) geschuldet, sondern Ausdruck der Erkenntnis, dass Unterricht nicht (mehr) ohne die gegenseitige Ergänzung von »Instruktion« und »Konstruktion« auskommt.

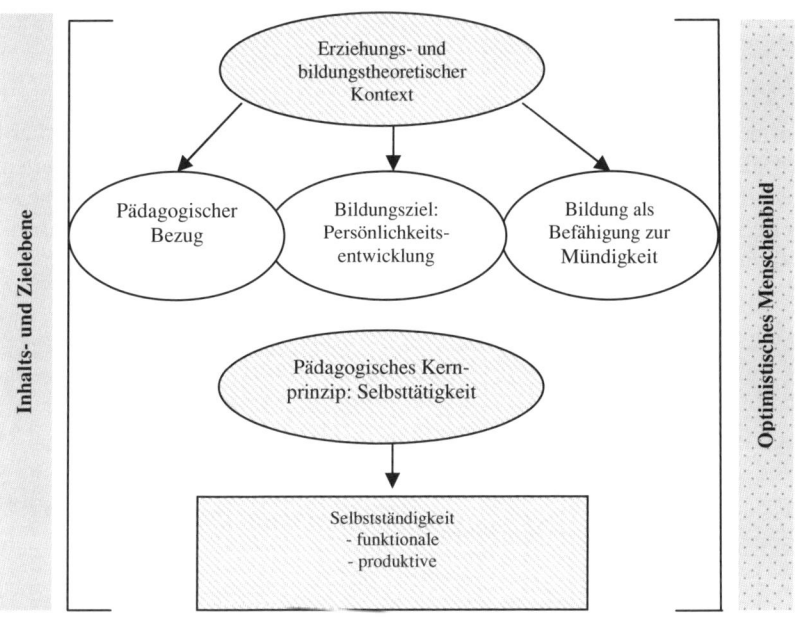

Abb. 1: Heuristisches Modell zur Entwicklung »guten« Unterrichts aus der Sicht der Reformpädagogik (1. Ebene).

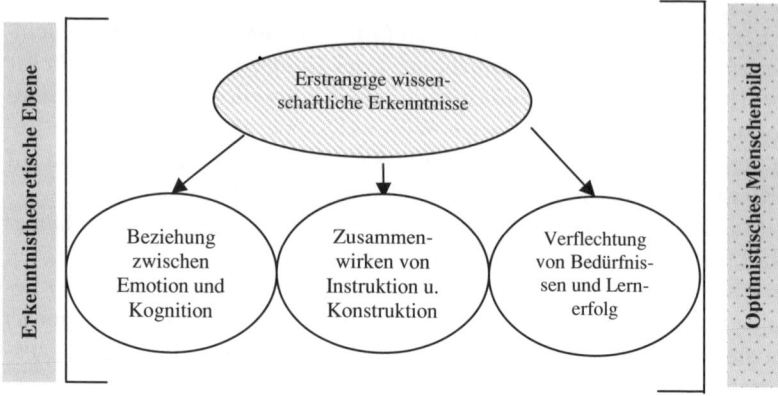

Abb. 2: Heuristisches Modell zur Entwicklung »guten« Unterrichts aus der Sicht der Reformpädagogik (2. Ebene)

11.3 Lerntheoretische Ebene

Auf der lerntheoretischen Ebene realisiert sich die Integration zwischen Lernen als (eigen-)aktiver Prozess und expliziter Instruktion in differenzierten Ausprägungen und mit spezifischen Schwerpunktsetzungen, wie beispielsweise im Konzept des handlungsorientierten Lernens oder im lehrgangsorientierten Unterricht.

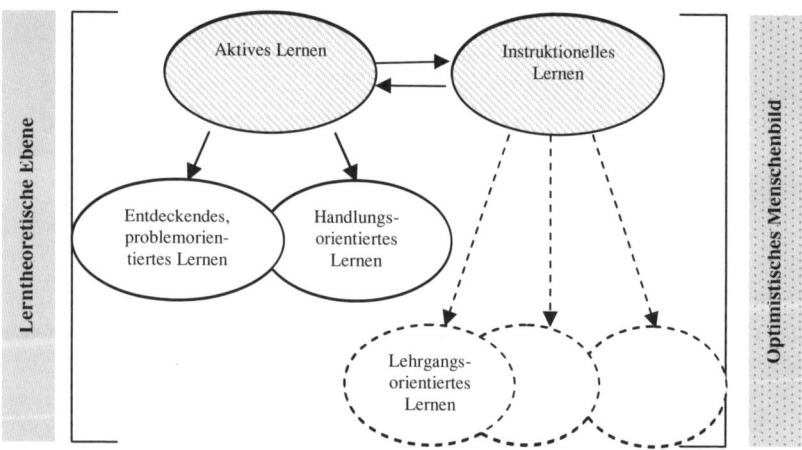

Abb. 3: Heuristisches Modell zur Entwicklung »guten« Unterrichts aus der Sicht der Reformpädagogik (3. Ebene)

Wenn zwar eingeräumt wird, dass von einer »Komplementarität« zwischen Instruktion und Konstruktion im Unterricht sinnvollerweise auszugehen ist, dann wird damit noch nichts über die Dynamik dieses Zusammenhangs ausgesagt. Denn man wird sich vorstellen können, dass abhängig von Situation und Gegenstand Ausmaß und Grad von wissensbasierter Konstruktion und instruktionaler Anleitung variablen Ausprägungen unterliegen dürften.[11] Trotz allem in makrodidaktischen Konzepten das »Aktivitätsparadigma« als dominant angesehen wird (vgl. Lefrançois 2006).

11.4 Konzeptionelle Ebene

Da wir Helmke (2005) in seiner Auffassung gefolgt sind, dass man »Lernen« nicht machen kann, da die Schülerinnen und Schüler Subjekte ihres eigenen Aneignungsprozesses sind (vgl. Klingberg 1989) und demzufolge im und mit Unterricht dem Lernenden Angebote gemacht werden, ist es von ausschlaggebender Bedeutung für die Motivation, von diesem Angebot tatsächlich Gebrauch zu machen, ob es in seinen Zielsetzungen und Forderungen individuell angemessen ist. Alle »mikrodidaktischen« Konzepte unterliegen somit den Universalprinzipien von *Passung* und *Adaptivität*.

Die »schüleraktiven« Lernkulturen entwickeln sich als systematisch geplantes und strukturiertes Zusammenwirken von didaktischen Merkmalsbereichen, die der gemäßigt konstruktivistischen Auffassung von Lernen neben den weiteren erstrangigen wissenschaftlichen Erkenntnissen in hohem Maße Rechnung tragen. Mit Blick auf das vorgestellte Modell müssen die offerierten Lehr-Lern-Arrangements einerseits zum Vorwissen des Lernenden passen und andererseits »aktives« Lernen für die Entwicklung von funktioneller und produktiver Selbstständigkeit nutzen. Zur Implementation gehört die Beachtung sechs didaktischer Komponenten: 1. Medien- und Materialangebot, 2. Aufgabenkultur, 3. Adaptive Pädagogische Diagnostik, 4. »Symmetrische« Kommunikation, 5. Feedbackkultur und Lernberatung, 6. Lernortgestaltung.

---

[11] In Übereinstimmung mit Gerald Straka (2005) können Prozesse der Fremd- und Selbststeuerung in Analogie zur Instruktion und Konstruktion als auf einem Kontinuum angelegt gedacht werden „mit dem Ziel, jeweils passend zur Zielsetzung des Lernens sinnvolle Varianten von fremdgesteuertem und selbstgesteuertem Lernen auswählen zu können" (Kiper / Mischke 2008, S. 60).

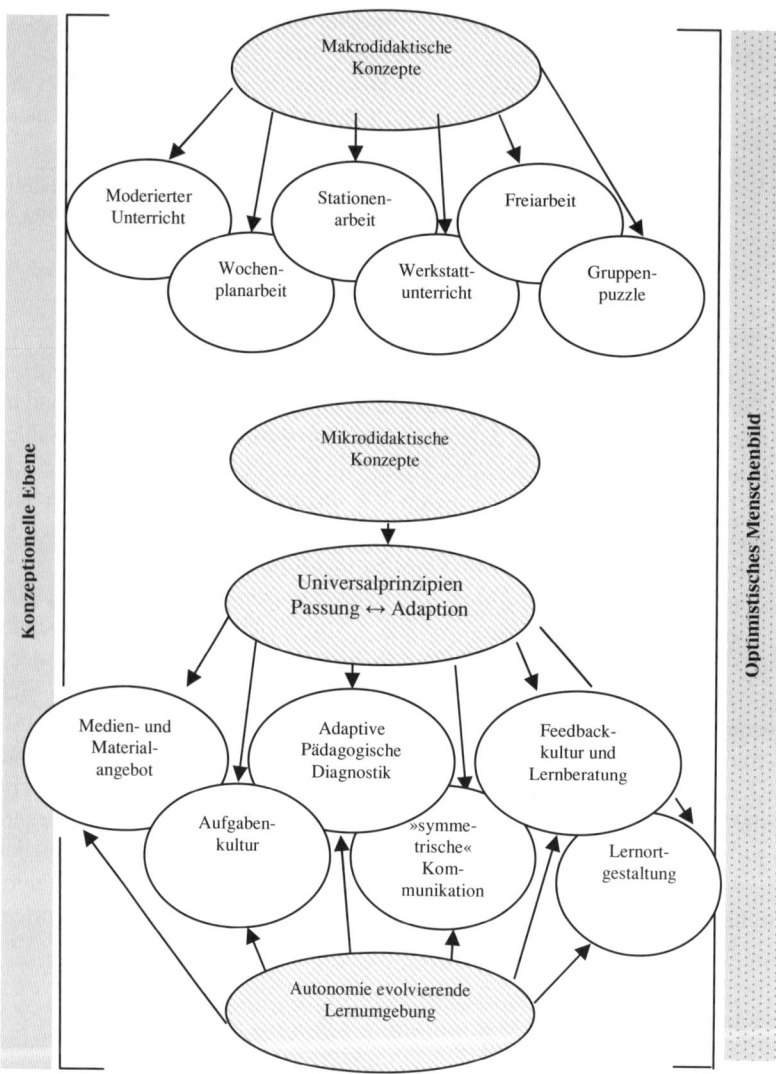

Abb. 4: Heuristisches Modell zur Entwicklung »guten« Unterrichts aus der Sicht der Reformpädagogik (4. Ebene)

Überlegungen zum »Schüleraktiven Unterricht« dürfen über eine sehr grundlegende Entscheidung nicht hinwegsehen, auf die verschiedentlich hingewiesen wurde, u.a. im Kontext des Bildungsbegriffs. Sämtliche denkbaren Lehr-/Lernarrangements, die sich durch das Zusammenspiel der sechs didaktischen Komponenten gestalten lassen, finden im Medium der (*relativen*) Freiheit statt bzw. ermöglichen die Erfahrung und Verwirklichung von *Freiheit(sgraden)*.

Doch die Gewährung von Frei(heits)räumen, d.h. die Zu-Mutung von Autonomie ist nicht zuerst eine didaktische Problemstellung, sondern maßgeblich abhängig von persönlichen und berufsrelevanten, pädagogischen Überzeugungen, die als handlungsrelevante »Orientierungswerte« verstanden werden können. Zusammen finden sie Eingang im Begriff des (schülerbezogenen) Menschenbildes von Lehrerinnen und Lehrern. Folgt man der Auffassung von Fend (1998), dann wird das optimistische Menschenbild u.a. dadurch charakterisiert, dass Lehrerinnen und Lehrer die Heranwachsenden als vernunftmäßige und einsichtsfähige Personen betrachten, denen Vertrauen entgegengebracht und Freiheiten zustanden werden können. Selbstverständlich werden mit diesen Aussagen nicht die anderen wichtigen Prinzipien und Erkenntnisse zum Lernen in schulischen Erziehungs- und Bildungshorizonten abgewertet werden. Vielmehr geht es hier darum, einen mit dem Modell des Schüleraktiven Unterrichts in Wechselwirkung stehenden Schlüsselfaktor herauszuarbeiten. Dazu gehört auch die notwendige Unterscheidung von »unterrichtsrelevanter Expertise« (vgl. Helmke 2005, S. 56 ff.) und »pädagogischen (berufs)biographischen Handlungs- und Interpretationsmustern«, wofür wir zuspitzend den Begriff des »Menschenbildes« herangezogen haben. Auch wenn es nicht hinreichend geklärt werden kann, so soll doch angedeutet werden, dass der Zusammenhang zwischen »Freiheit« und »Menschenbild« von großer Tragweite für den Wandel der Unterrichtskultur auf dem Hintergrund des »Aktivitätsparadigmas« ist. Um es mit Dewey (1939) auszudrücken, besteht die ernste Gefahr für die Demokratie, d.h. für Selbstbestimmung in unseren eigenen persönlichen Einstellungen, wenn wir Angst vor der Freiheit haben, der Freiheit für uns und die anderen Menschen misstrauen (vgl. Fromm 2006). Weil im »pessimistischen Menschenbild« von Fend (1998) diese Skepsis gegenüber dem Freiheitsgedanken zum Ausdruck gebracht wird, kann bei aller zurückhaltenden Interpretation angenommen werden, dass Lehrerinnen und Lehrern, die sich eher im »pessimistischen« Menschenbild verorten, dem Modell des »Schüleraktiven Unterrichts« aus Angst vor der (eigenen) Freiheit vermutlich zögerlich bis ablehnend gegenüberstehen werden. Positiv resümierend hieße es dann: Das Modell des »Schüleraktiven Unterrichts« korrepondiert mit pädagogischen Überzeugungen von Lehrerinnen und Lehrern, die zusammenfassend im »positiven Menschenbild« zum Ausdruck kommen.

Literatur

Adorno, Th. (1971): Erziehung zur Mündigkeit. Frankfurt/M.

Apel, H.-J.; Sandfuchs, U. (2003): Guter Unterricht. Sichtweisen, Befunde, Hinweise. In. Lernchancen, Heft 31, S. 4-13

Artelt, C. u.a. (2001): Selbstreguliertes Lernen. In: Deutsches PISA-Konsortium (Hrsg.): PISA 2000. Basiskompetenzen von Schülerinnen und Schülern im internationalen Vergleich. Opladen, S. 271-298

Bannach, M. (2002): Selbstbestimmtes Lernen. Grundlagen der Schulpädagogik. Band 41. Hohengehren

Bartels, K. (1968): Die Pädagogik Herman Nohls. Weinheim

Bauer, J. (2007): Lob der Schule. Hamburg

Baumert, J.; Bos, W. ; Lehmann, R. (2000): TIMSS/III Dritte Internationale Mathematik- und Naturwissenschaftsstudie. Mathematische und naturwissenschaftliche Bildung am Ende der Schullaufbahn (2 Bände). Opladen

Baumert, J. et al. (2001): PISA 2000. Basiskompetenzen von Schülerinnen und Schülern im internationalen Vergleich. Opladen

Bildungskommission NRW (1995) (Hrsg.): Zukunft der Bildung. Schule der Zukunft. Neuwied

Blankertz, H. (1974): Bildung, Bildungstheorie. In: Wulf, C. (Hrsg.): Wörterbuch der Erziehung. München

Bocka, D. (2003a): „... viel Spaß und zugleich lehrreich". Guter Unterricht aus Schülersicht. In: Lernchancen 2003, H. 31, S. 48-49

Bocka, D. (2003b): »... guter Unterricht ist schwer zu halten«. Eine explorative Studie über Unterrichtsqualität unter besonderer Berücksichtigung der Schülersicht in der Sekundarstufe I. Hamburg

Boekarts, M. (1999): Self-regulated learning. Where we are today. In: International Journal of Educational Research. H. 31, S. 445-457

Bohl, T.; Kucharz, D. (2010): Weiterentwicklung des Offenen Unterrichts. Weinheim und Basel

Braun, A. K.; Meier, M. (2006): Wie Gehirne laufen lernen, oder: „Früh übt sich, wer ein Meister werden will". In: Herrmann, U. (Hrsg.): Neurodidaktische Grundlagen und Vorschläge für gehirngerechtes Lehren und Lernen. Weinheim u. Basel

Bräu, K. (2002): Selbstständiges Lernen in der gymnasialen Oberstufe. Hohengehren

Deci, E. L.; Ryan, R. M. (1993): Die Selbstbestimmungstheorie der Motivation und ihre Bedeutung für die Pädagogik. In: Zeitschrift für Pädagogik, 39. Jg., H. 2, S. 223-238

Dewey, J. (1939): Freedom and Culture. New York

Dörner, D. (2004): Emotion und Wissen. In: Reinmann, G.; Mandl, H. (Hrsg.): Psychologie des Wissensmanagements. Göttingen et al.

Dubs, R. (1999): Lehren und Lernen – ein Wechselspiel. In: Dietrich, St.; Fuchs-Brüninghoff, E. u.a.: Selbstgesteuertes Lernen. Auf dem Weg zu einer neuen Lernkultur. Frankfurt/M.: Deutsches Institut für Erwachsenenbildung, S. 57-70

Dubs, R. (2006): Qualitätsmanagement. Grundbegriffe und Systematik. In: Buchen, H.; Rolff, H.-G. (Hrsg.): Professionswissen Schulleitung. Weinheim

Eickhorst, A. (2001): Freie Schulen und ihre pädagogischen Konzeptionen. In: Roth, L. (Hrsg.): Pädagogik. Handbuch für Studium und Praxis. 2. Aufl., München

Evangelische Kirche in Deutschland (EKD) (2003): Maße des Menschlichen. Evangelische Perspektiven zur Bildung in der Wissens- und Lerngesellschaft. Denkschrift. 2. Aufl., Gütersloh

Enzyklopädie Erziehungswissenschaft (1986) hrsg. von Lenzen, D. Bd. 3, Stuttgart

Fend, H. (1998): Qualität im Bildungswesen. Weinheim u. München

Friedrich, H. F.; Mandl, H. (1997): Analyse und Förderung selbstgesteuerten Lernens. In: Weinert, F. E.; Mandl, H.: Psychologie und Erwachsenenbildung. Göttingen, S. 237-293

Fromm, E. (1998): Die Kunst des Liebens. 52. Aufl., Berlin

Fromm, E. (2006): Die Furcht vor der Freiheit. 13. Aufl. München

Gaudig, H. (1922): Freie geistige Schularbeit in Theorie und Praxis. Breslau

Gräsel, C.; Mandl, H. (2002): Qualitätskriterien von Unterricht: Ein zentrales Thema der Unterrichts- und Lehr-Lern-Forschung. In: Apel, H.-J.; Sacher, W. (Hrsg.): Studienbuch Schulpädagogik. Bad Heilbrunn/Obb., S. 181-208

Grell, J.; Grell, M. (2003): Der erarbeitende Unterricht. Eine Hypothek für das Lernen. In: Schulleitung Neue Länder. Aktualisierungslieferung 28. Neuwied

Gudjons, H. (1997): Handlungsorientierter Unterricht. In: Pädagogik, H.1, S. 5-10

Gudjons, H. (2000): Was ist handlungsorientierter Unterricht? Argumente und Prinzipien. In: Katechetische Blätter. 125, S. 398-398

Helmke, A. (2005): Unterrichtsqualität erfassen, bewerten, verbessern. 4. Aufl., Seelze

Hentig, H. v. (1996): Bildung. München

Herder, J. G. (1982): In: Herders Werke in 5 Bänden. Ausgewählt und eingeleitet von Regine Otto. 6. Aufl. Berlin u. Weimar

Holzkamp, K. (1995): Lernen. Subjektwissenschaftliche Grundlegung. Frankfurt/M. und New York

Hüther, G. (2006): Die Bedeutung sozialer Erfahrungen für die Strukturentwicklung des menschlichen Gehirns. In: Herrmann, U. (Hrsg.): Neurodidaktische Grundlagen und Vorschläge für gehirngerechtes Lehren und Lernen. Weinheim u. Basel

Juul, J.; Jensen, H. (2005): Vom Gehorsam zur Verantwortung. Für eine neue Erziehungskultur. Weinheim u. Basel

Jürgens, E. (2004): Pädagogische Implikationen der KMK-Entwürfe für Bildungsstandards. In: Die Deutsche Schule. 8. Beiheft, S. 48-65

Jürgens, E. (2006): Lebendiges Lernen in der Grundschule. Ideen und Praxisbausteine für einen schüleraktiven Unterricht. Weinheim u. Basel

Jürgens, E. (2007): Schulische Erziehung im Fokus der Pädagogischen Anthropologie. In: Erziehungswissenschaft und Beruf. 55(2), S. 3-21

Jürgens, E. (2008): Was ist »guter« Unterricht? Neue Zusammenhänge in der Unterrichtsentwicklung. In: Stadler-Altmann, U.; Schindele, J.; Schraut, A. (Hrsg.): Neue Lernkultur – neue Leistungskultur. Bad Heilbrunn

Kiper, H.; Mischke, W. (2008): Selbstgesteuertes Lernen – Kooperation – soziale Kompetenz. Stuttgart

Klafki, W. (1986): Die Bedeutung der klassischen Bildungstheorien für ein zeitgemäßes Konzept allgemeiner Bildung. In: Zeitschrift für Pädagogik, 32 (1986), S. 455-476

Klafki, W. (1996): Neue Studien zur Bildungstheorie und Didaktik. 5. Aufl., Weinheim u. Basel

Klafki, W. (1991): Neue Studien zur Bildungstheorie und Didaktik. 2., erw. Aufl., Weinheim u. Basel

Klingberg, L. (1987): Überlegungen zur Dialektik von Lehrer- und Schülertätigkeit im Unterricht der sozialistischen Schule. In: Potsdamer Forschungen der Pädagogischen Hochschule „Karl Liebknecht". Erziehungswissenschaftliche Reihe, H. 74

Klingberg, L. (1989): Einführung in die Allgemeine Didaktik. 7. Aufl., Berlin

Lefrançois, G. R. (2006): Psychologie des Lernens. 5. Aufl., Heidelberg

Marchtaler Plan (1990): Erziehungs- und Bildungsplan für die Katholischen Freien Grund- und Hauptschulen im Diözese Rottenburg-Stuttgart. 2. Aufl., Rottenburg Band 1 und 2

Maslow, A. H. (1991): Motivation und Persönlichkeit. Reinbek bei Hamburg

Messner, R. (2004): Was Bildung von Produktion unterscheidet. In: Die Deutsche Schule. 8. Beiheft, S. 26-47

Meyer, H. (1987): UnterrichtsMethoden. Bd. 1. Frankfurt/M.

Meyer, H. (2004): Was ist guter Unterricht. Berlin

Neber, H. (2008): Entdeckung, Erfahrungsorientierung und Problemlösung. In: Jürgens, E.; Standop, J. (Hrsg.): Taschenbuch Grundschule. Band 3: Grundlegung von Bildung. Hohengehrten, S. 144-153

Niggli, A. (2000): Lernarrangements erfolgreich planen. Aarau

Nohl, H. (1957): Die pädagogische Bewegung in Deutschland und ihre Theorie. Frankfurt/M., 4. Aufl.

Nationaler Bildungsbericht (2008): Autorengruppe Bildungsberichterstattung. Bildung in Deutschland 2008. Bielefeld

Otto, B. (1912): Die Reformation der Schule. Leipzig

Reinmann-Rothmeier, G.; Mandl, H. (2001): Unterrichts- und Lernumgebungen gestalten. In: Krapp, A.; Weidenmann, B.: Päd. Psychologie. Göttingen, S.

Ribolits, (1996): Schlüsselqualifikationen. Gesucht: Beschäftigte ohne Eigenschaften. In: Psychologie heute. 23(4), S. 52-57

Röhrs, H. (1986): Die Schulen der Reformpädagogik – Glieder einer kontinuierlichen internationalen Bewegung. In: Röhrs, H. (Hrsg.): Die Schulen der Reformpädagogik heute. Düsseldorf, S. 13-64

Roth, G. (2002): Warum sind Lehren und Lernen schwierig? Ein Erklärungsversuch aus der Sicht der Hirnforschung. In: http://www.uni-bremen.de/vortraege/festvortragroth02.pdf [Abruf: 2008]

Ruhloff, J. (1997): Bildung heute. In: Pädagogische Korrespondenz. Zeitschrift für kritische Zeitdiagnostik. H. 21, S. 23-31

Rülcker, T. (1990): Selbstständigkeit als pädagogisches Zielkonzept. In: Preuss-Lausitz, U. u.a. (Hrsg.): Selbstständigkeit für Kinder – die große Freiheit? Weinheim u. Basel, S. 20-27

Sacher, W. (2009): Leistungen entwickeln, überprüfen und beurteilen. Bewährte und neue Wege für die Primar- und Sekundarstufe. 5. Aufl., Bad Heilbrunn/Obb.

Scheibe, W. (1960): Die Pädagogik im XX. Jahrhundert. Eine enzyklopädische Darstellung ihrer Grundfragen, geistigen Gehalte und Einrichtungen. Stuttgart

Scheibe, W. (1994): Die reformpädagogische Bewegung. 10. Aufl., Weinheim u. Basel

Schmitz, B. (2001): Self-Monitoring zur Unterstützung des Transfers einer Schulung in Selbstregulation für Studierende. Eine prozessanalytische Untersuchung. In: Zeitschrift für Päd. Psychologie. 15. Jg., H. 3-4, S. 181-197

Schratz, M. (2009): Individualisierung und „personalised learning". Vom lehrergesteuerten Unterricht zum schülergesteuerten Unterricht. In: Pädagogische Führung. Zeitschrift für Schulleitung und Schulberatung. Heft 3, 20. Jg., S. 128-131

Sennett, R. (1988): Der flexible Mensch. Die Kultur des neuen Kapitalismus. Berlin

Spitzer, M. (2003): Lernen. Gehirnforschung und die Schule des Lebens. Heidelberg u.Berlin

Spitzer, M. (2004): Selbstbestimmen. Heidelberg u. Berlin

Standop, J. (2002): Emotionen und kognitives schulisches Lernen aus interdisziplinärer Perspektive. Frankfurt/M.

Straka, G. A. (2005): Selbstgesteuertes Lernen als Chance lebenslangen Lernens? Konzept, empirische Ergebnisse und Konsequenzen. In: Wiesner, G.; Wolter, A. (Hrsg.): Die lernende Gesellschaft. Weinheim u. München, S. 161-179

Tausch, R.; Tausch, A. (1977/1991): Erziehungspsychologie. Begegnung von Person zu Person. 9. u. 10. Aufl., Göttingen, Toronto, Zürich

Tenorth, H.-E. (1994): Nachwort. Reformpädagogik, ihre Historiographie und Analyse. In: Scheibe, W.: Die reformpädagogische Bewegung, 10. Aufl., Weinheim u. Basel

Tenorth, H.-E.; Tippelt, R. (2007): Lexikon Pädagogik. Stichwort Reform. Weinheim u. Basel

Terhart, E. (1990): Selbstständigkeit. Notizen zur Geschichte und Problematik einer pädagogischen Kategorie. In: Pädagogik, 42. Jg. (1990), H. 6, S. 6-9

Weinert, F. E. (1996): Psychologie des Lernens und der Instruktion. Göttingen

Weinert, F. E. (1997):): Lernkultur im Wandel. In: Beck, E. u. a. (Hrsg.): Lernkultur im Wandel. Tagungsband der Schweizerischen Gesellschaft für Lehrerbildung und der Schweizerischen Gesellschaft für Bildungsforschung St. Gallen, S. 11-30

Weinert, F. E. (1998): Entwicklung im Kindesalter. Weinheim u. Basel

Zimmermann, B. J. (2000): Attaining self regulation: A social cognitive perspective. In: Boekarts, M. u.a. (eds): Handbook of self-regulation. San Diego, S. 13-39

Annette Scheunpflug

Guter Unterricht aus Sicht evolutionärer Didaktik

Lässt sich aus Perspektive einer evolutionstheoretischen Reflexion etwas über »guten« Unterricht sagen? Der folgende Beitrag widmet sich dieser Frage. Dazu werden zunächst einige Grundgedanken evolutionstheoretischer didaktischer Reflexion – kurz: evolutionärer Didaktik – dargestellt, dann diskutiert, inwiefern sich normative Aussagen eines »guten« Unterrichts mit dieser Theorie darstellen lassen und abschließend die Frage nach »gutem« Unterricht beantwortet.

1 Das Problem: Das Balancieren von Verfügbarkeit und Unverfügbarkeit des Unterrichtserfolgs

1.1 Die praktische Erfahrung

Lehren und Lernen sind Prozesse der Koproduktion: Neben der Kompetenz der Lehrkraft, ein »gutes« Unterrichtsangebot zu machen, sind die Schülerinnen und Schüler gefordert, aktiv zu lernen. Andreas Helmke (2009) hat diese Koproduktion im Angebot-Nutzungsmodell zusammengefasst. Mit den Möglichkeiten der quantitativen Bildungsforschung lassen sich die Wahrscheinlichkeitskorridore dieses Zusammenspiels über Indikatoren der Qualität des Unterrichtsangebots auf der einen wie der kognitiven Grundfertigkeiten der Schülerinnen und Schüler, der Motivation und des elterlichen Bildungshintergrunds auf der anderen Seite abschätzen. Gleichwohl lassen sich aus solchen Wahrscheinlichkeiten seitens der Lehrkraft keine sicheren Erwartungen für eine einzelne Unterrichtsstunde oder gar Unterrichtssituation ableiten. „Ob der Lehrer lehrt mit List, ändert sich der Schüler oder er bleibt, wie er ist" – diese etwas ironisch gefasste »Bauernregel des Lehrberufs« spielt in einfachen Worten auf die Erfahrung an, dass gleiche Unterrichtsstunden auf unterschiedliche Resonanz stoßen können. Die Freiheit des Lernenden, zu lernen oder an etwas völlig anderes zu denken, begrenzt aus Sicht der Lehrkraft deren Verfügungsmöglichkeit über den jeweiligen Unterrichtserfolg. Lehrerfolg ist in diesem Sinne unverfügbar. Gleichzeitig ist es aber nicht so, dass Unterricht damit beliebig wäre. Mit Hilfe der empirischen Unterrichtsforschung sind in den letzten Jahren präzise Indikatoren für »guten« Unterricht erarbeitet worden (vgl. die Beiträge in diesem Band). Für die einzelne Lehrkraft bleibt es jedoch eine tägliche Herausforderung, die Erfahrung von gelingenden und nicht gelingenden Lehrsituationen zu deuten und in Unterrichtsplanung zu übersetzen. Schließlich wird in Modellen der Unterrichtsplanung auf Planbarkeit und Verfügbarkeit gesetzt, die sich spezifischer Mittel (wie Unterrichtsmethoden, inhaltlicher Akzentuierungen und Medieneinsatz) unter Berücksichtigung der jeweiligen Klassensituation bedient. In einer linearen Folge von Zielen zu Mitteln wird die Umsetzung der Absichten von Lehrkräften in bestimmte Unterrichtsergebnisse erwartet, auch wenn das Lernen von Schülerinnen und Schülern hingegen als ein freier, selbstbestimmter Bildungsvorgang gedacht wird.

Mit einem evolutionstheoretisch fundierten Reflexionsangebot wird auf das Problem didaktischer Theorie reagiert, kausales Bewirken im Unterricht unter der Perspektive der Freiheit des Zöglings sprachlich mit den Mitteln teleonomer Theoriebildung zu fassen.

1.2 Der didaktische Diskurs

Das Problem der Unverfügbarkeit des Lernergebnisses bei gleichzeitiger Nichtbeliebigkeit des Lernarrangements ist in der Erziehungswissenschaft schon lange bekannt. Jede Lehrkraft muss von der Vorstellung ausgehen, dass sie die Möglichkeit hat, die Person, die sie erzieht, zu verändern, das heißt kausal auf sie einzuwirken. Allerdings setzt Erziehung gleichzeitig den Menschen als selbsttätiges und freies Wesen voraus. „Der Erzieher will ein freies Wesen für die Freiheit erziehen. Er will die Selbsttätigkeit nur anregen, ausweiten, modifizieren, will aber nicht selbst an ihre Stelle treten." (Luhmann u. Schorr 1982, S. 7) Wie ist also ein kausales Einwirken auf Freiheit zu denken?

Diese Frage wird im pädagogischen Denken seit langem bearbeitet und kann hier nur in wenigen Schlaglichtern angerissen werden. *Platon* thematisiert das Verhältnis von Kausalität und Freiheit im pädagogischen Kontext über die Darstellung der Bedeutung der persönlichen Auseinandersetzung. Im sokratischen Dialog entstehen Lernprozesse über die Beschäftigung mit eigenen Fragen, und nicht durch das bloße Lehrangebot. *Augustinus* hat Ende des 4. Jahrhunderts n. Chr. in seinen sprachphilosophischen Überlegungen „Über den Lehrberuf" („De magistro") das kausale Einwirken auf Freiheit im Lernprozess über den Rückgriff auf die göttliche Wahrheit aufgelöst: Wissen und Lernen wird bei ihm durch die Weisheit Christi ermöglicht; diese ist die für den Menschen nicht durchschaubare Verbindung zwischen dem Lehrangebot und dem Lernergebnis. Das kausale Einwirken auf Freiheit ist damit für den Menschen unverfügbar und stellt eine Gnade Gottes dar. *Immanuel Kant* hat das Problem der Kausalität im Erziehungsprozess in der berühmt gewordenen Frage „Wie kultiviere ich die Freiheit bei dem Zwange?" (A 32, Über Pädagogik) eine neue Form gegeben. Er löst diese Antinomie über die Autonomie des Subjekts, indem Erziehende das, was sie zu erreichen wünschen, bereits voraussetzen.

In der Kant'schen Tradition hat die *geisteswissenschaftliche Pädagogik* diese Antinomie von Freiheit und Zwang so aufgelöst, dass sie sie in zwei unterschiedliche Kategorien fasste: auf der einen Seite in den Bildungsbegriff, auf der anderen Seite in didaktische Modelle. Während im Bildungsbegriff das Einwirken auf Freiheit über die dialektische Verschränkung von Bildungsangebot und Bildungsprozess – etwa bei Wolfgang Klafki – beschrieben wird (vgl. Klafki 1970; Wilhelm 1966; Flitner 1950; Meyer, M. 2008) wird in didaktischen Modellen – etwa der didaktischen Analyse, der kritisch-konstruktiven Didaktik oder anderen Modellen (vgl. z. B. Klafki 1983; 1985; v. Cube 1970; 1986; Klauer 1974; Meyer, H. 2008) – ein Verfahren zur Unterrichtsplanung entwickelt, das Verfügbarkeit suggeriert indem keine Kategorien für Unverfügbarkeit eröffnet werden.

Der Bildungsbegriff markiert die Selbsttätigkeit des Individuums im Lernvorgang und damit die Unverfügbarkeit des Lernens aus der Perspektive des Lehrenden, während hingegen das Unterrichtsplanungsmodell eine Unterrichtskausalität anbietet und die Nichtbeliebigkeit des Unterrichtsarrangements suggeriert. Die unterstellte Nichtbeliebigkeit wurde durch die häufig rezeptologische Anwendung in der zweiten Phase der Lehrerbildung bis mindestens in die neunziger Jahre sogar zum Teil in eine strenge Kausalität überführt (etwa in der Ausarbeitung von Unterrichtsstunden, in denen über das fragendentwickelnde Unterrichtsgespräch jede kleinste Form der Schüleräußerung planerisch vorweg genommen wurde).

Ein Durchgriff vom Bildungsbegriff auf die pädagogische Handlung konnte mit dieser Form der Theoriebildung kaum gelingen. Vielmehr wurde die Erfahrung dominierend, dass auf der einen Seite der in der didaktischen Theorie unterstellte kausale Durchgriff auf Freiheit durch Unterrichtsplanung in vielen pädagogischen Situationen zu orientieren verhalf. Wenn damit unterrichtliche Situationen nicht mehr hinreichend reflektiert werden konnten, wurde dieses – wie der Pädagoge Eduard Spranger in seiner Schrift „Das

Gesetz der ungewollten Nebenfolgen der Erziehung" treffend bemerkte (Spranger 1962) – auf Nebeneffekte, wie nicht beachtete Voraussetzungen im Erziehungsprozess, oder Zufälle zurückgeführt. Niklas Luhmann und Karl-Eberhard Schorr hatten diese Entwicklung der Bildungstheorie als ein „Umschlagen" des durch Freiheit entstehenden Technologiedefizits in ein „Technologieverdikt" kommentiert (vgl. Luhmann u. Schorr 1982). Solange die Schülerschaft homogen, die dominierende Unterrichtssituation der Frontalunterricht und die Lernerfolgserwartung die Wissensreproduktion waren, konnten mit dieser theoretischen Figur, die auf Freiheit über die Bildungstheorie setzte, ein Technologieverdikt proklamierte und über didaktische Modelle Kausalmuster zur Verfügung stellte, die Anforderungen der Praxis hinreichend aufgelöst werden. Spätestens in den neunziger Jahren wurde dieser Zugang jedoch sowohl durch die Anforderungen der Praxis als auch durch neue Theorieangebote aus Bezugsdisziplinen der Erziehungswissenschaft brüchig:

– Im Hinblick auf die schulische Praxis bestand die Herausforderung in einem Unterrichtsverständnis, das hinreichend heterogenitätssensibel ist und die Vielfalt der Lernvoraussetzungen und Denkmuster der Schülerinnen und Schüler abzubilden in der Lage ist, ohne jene zu homogenisieren.

– Im Hinblick auf die Theoriebildung galt es, die kognitive Wende der Psychologie – und damit ein konstruktivistisches Verständnis von Lehren und Lernen – sowie die Erkenntnisse der empirischen Unterrichtsforschung angemessen in eine handlungsanleitende Theorie von Unterricht zu integrieren.

Im didaktischen Diskurs der jüngeren Zeit lassen sich nun verschiedene Strategien beobachten, mit dieser Herausforderung umzugehen, z.B. die konstruk-tivistische Didaktik (Reich 1996; Voss, 1996; vgl. den Beitrag von Reich in diesem Band; kritisch Terhart 1999), mit der der Prozess der Konstruktion von Wissen in den Mittelpunkt didaktischer Überlegungen gestellt wird, oder die Bildungsgangdidaktik (vgl. den Beitrag von Meinert A. Meyer in diesem Band), in der die subjektiven Konstruktionen von Schülerinnen und Schülern auf die Entwicklungsaufgaben des Unterrichts bezogen werden. Zunehmend wird auf das Bedürfnis von Lehrerinnen und Lehrern nach handlungsanleienden Modellen unter Berücksichtigung von Erkenntnissen der empirischen Bildungsforschung reagiert (vgl. den Beitrag von Hilbert Meyer oder Werner Sacher in diesem Band). Die Erkenntnisse der empirischen Bildungsforschung werden so für Lehrkräfte aufbereitet, dass sie handlungsorientierend für den Unterricht sein können (vgl. z.B. Helmke 2009). Auch die Forschung zur Professionalität von Lehrerinnen und Lehrern reagiert auf das Problem von Freiheit und Kausalität, allerdings, wie Heinz-Elmar Tenorth in der Formulierung „Ratlosigkeit der Theorie, gelingende Praxis" (2006) treffend bemerkte, in der Übernahme der soziologischen Diskussion des Technologiedefizits, ohne die „Handhabung professioneller Schemata" angemessen zu würdigen. Mit der *evolutionären Didaktik* (Scheunpflug 2001a) wurde ein weiterer Versuch vorgelegt, das Verhältnis von Freiheit und Kausalität mit den heute möglichen Theorieofferten auszuleuchten. Dabei wurden Anleihen bei naturwissenschaftlich geprägten Theorien zur Beschreibung und Reflexion der Entwicklung komplexer Prozesse genommen.

2 Das Theorieangebot evolutionärer Didaktik

2.1 Das Kausalitätsverständnis

Das Theorieangebot evolutionärer Didaktik ist durch eine nicht-teleologische Perspektive auf Kausalität charakterisiert. Gewöhnlich wird mittels didaktischer Theorien das Unterrichtsgeschehen aus der Perspektive der Lehrkraft teleologisch beschrieben: Danach haben Lehrkräfte ein Ziel und setzen dieses um. Der Blick auf Absichten handelnder Personen ist vertraut. Auch ein komplexes Geschehen, an dem mehrere Personen beteiligt sind – wie zum Beispiel Unterricht eines ist –, wird häufig aus dem Blickwinkel einer handelnden Person beobachtet, indem nach Absichten, Methoden und Zielen gefragt und diese in ein direktes kausales Verhältnis zueinander gesetzt werden. In einem teleonomen Theoriemodell wird Kausalität wie in einem »Schöpfungsprozess« verstanden (ein Urheber hat ein Ziel und formt entsprechend diesem Ziel die darauf zulaufenden Prozesse). Teleologe Kausalitätskonstruktionen werden deshalb auch als „Schöpfungstheorien" bezeichnet (vgl. für die Erziehungswissenschaft im Überblick Baumann u. Treml 1989). Entsprechend dominiert ein Verständnis von Unterricht als Schöpfung: Ein Urheber (die Lehrkraft) formuliert Ziele (Unterrichtsziele), die an einem Objekt (der Schüler, auch wenn dieser bildungstheoretisch als Subjekt des Unterrichts verstanden wird) über bestimmte Medien (die Inhalte, Methoden und Medien des Unterrichts) auf ein Ergebnis hin (Kompetenzerwerb) realisiert werden. Von Bedeutung ist, dass dieses Muster nicht nur bei der Planung von Unterrichtsprozessen zum Einsatz kommt, sondern auch bei deren Reflexion.

Eine solche teleologe oder schöpfungstheoretische Kausalitätsvorstellung wurde in den letzten Jahren in vielen Wissenschaftsbereichen durch ein teleonomes oder evolutionäres Kausalitätsverständnis abgelöst. Der Begriff „Teleonomie" geht auf den Naturwissenschaftler Colin S. Pittendrigh (1965) zurück und ist zunächst auf biologische Sachverhalte hin orientiert. Gerade in den Biowissenschaften ist das Problem gegeben, nichtzufällige aber nicht determinierte Entwicklungen beschreiben zu müssen und damit komplexe Verhältnisse von Freiheit und Kausalität angemessen zu fassen. Prominent wurde der Theorieentwurf Charles Darwins, dem es gelang, die Entwicklung der Arten ohne die Einwirkung eines Schöpfergottes zu beschreiben. Vielmehr beschrieb er die Entwicklung der Arten als einen Prozess der Entwicklung selbstreferentieller zufälliger Variationen, die durch die eine nicht darauf bezogene Umwelt selektiert oder nicht selektiert wurden. Teleonomes Denken geht aus von einem indirekten Wirkverhältnis über die Mechanismen von Variation und Selektion, die jeweils nach eigenen Modi aufeinander wirken.

Variationen und Selektionen sind einander Umwelten, sind also voneinander getrennt. Die Richtung der Entwicklung wird dann nicht mehr durch die Zielperspektiven des Variationsangebots bestimmt, sondern durch das Programm innerhalb dessen ein Angebot selektiert wird. Mit einem teleonomen Entwicklungsverständnis wird also nach der Funktion eines Beobachtungsgegenstandes in einer bestimmten Umwelt gefragt. Es wird von der Zweckmäßigkeit eines Programms (im Gegensatz von der Entscheidung einer zwecksetzenden Instanz) ausgegangen Es geht um eine „programm-gesteuerte [...] Zweckmäßigkeit als Ergebnis eines [...] Prozesses (und nicht als Werk eines planenden, zwecksetzenden Wesens)" (Vollmer 1987, S. 169).

Nach einem evolutionären oder teleonomen Verständnis wird der Unterrichtsprozess demnach als eine Abfolge von Variationen (bedingt durch die beteiligten sozialen Systeme bzw. Personen, durch Zufälle oder das Lernangebot) und Selektionen (der einzelnen Personen, der Klasse oder der Lehrkraft) verstanden, in der die Richtung der Entwicklung (im Hinblick auf den individuellen Kompetenzerwerb, das Klima der Klasse oder den Stress der Lehrkraft) durch das Zusammenspiel von Variationen und Selektionen, von Angeboten und deren Nutzung, bedingt ist.

Ein solches Unterrichtsverständnis ist durch die Allgemeine Evolutionstheorie (vgl. Malik 1984; Mayr 1984, 1991; Luhmann 1997; Treml 1998, 2004) geprägt, ohne dass auf diese Theorieangebote im Rahmen dieses Aufsatzes im Einzelnen eingegangen werden kann (vgl. dazu ausführlich Scheunpflug 1999 a, b; 2001 a). Mit einem evolutionären bzw. teleonomen Verständnis von Kausalität wird das Verhältnis von Freiheit und Kausalität nicht mehr konkurrierend nebeneinander gedacht, sondern in einem systemtheoretischen Verständnis von Komplexität aufgehoben: „Komplex ist ein

System dann, wenn es sich selbst limitieren muss, es also zu viele Elemente besitzt, um alle mit allen verbinden zu können." (Luhmann 1987, S. 6). Die Freiheit von Schülerinnen und Schülern, zu lernen oder nicht zu lernen, erzeugt Variationen eigenen Typs (z.b. Lerneifer, Verweigerung, Desinteresse etc.), die auf das Unterrichtsgeschehen einwirken und so verbunden oder nicht verbunden werden, dass sie die Aufrechterhaltung der Situation im Klassenzimmer oder deren Destabilisierung, Kompetenzerwerb etc. erzeugen.

Wenn Unterricht als eine teleonome Struktur beschrieben wird, wird es möglich, den Entwicklungsprozess, der durch das Aufeinanderprallen verschiedener Handlungsabsichten, Vorerfahrungen, Interessen und Perspektiven zwischen Schülern bzw. Schülerinnen und der Lehrkraft entsteht, entsprechend komplex zu beschreiben. Jeder Schüler wird aus Sicht der umgebenden Umwelt als ein System verstanden, das nach Maßgabe eigener Vorerfahrungen, Interessen, Wissenshintergrund oder dummer Zufälle, aus Sicht der umgebenden Umwelt kommunikative Variationen produziert.

Diese kommunikativen Variationsangebote werden durch die anwesenden Mitschüler und die Lehrkraft selektiert, in dem sie durch Anerkennung oder Lob verstärkt, durch Tadel zurückgewiesen oder einfach überhört werden. Lehrkräfte werden ebenfalls so verstanden, dass sie – auf sich selbst bezogen – Kommunikationen produzieren, die für die anwesenden Schülerinnen und Schüler eine Variation darstellen, die sie selbstbezogen selektieren (durch Aufnahme, d.h. durch Lernen, durch Weghören oder durch zurückweisende Kritik).

So wird Unterricht als ein lebendiges Geflecht der Kommunikation unterschiedlicher Systeme interpretiert werden, die füreinander Umwelten sind (vgl. ausführlich Scheunpflug 1999a,b; 2000a). Die Richtung der Entwicklung wird nach diesem Verständnis nicht mehr durch die Zielperspektiven des Variationsangebots bestimmt (wie dieses in einem schöpfungstheoretisch fundierten Verständnis der Fall wäre), sondern durch die Struktur, in der ein Angebot selektiert wird.

2.2 Unterricht aus einer systemtheoretisch fundierten Beobachterperspektive
Diese Interpretation des Lehr-/Lernprozesses geht von einer Beobachterperspektive aus, die das, was jeweils als System interpretiert wird, als teleologische Beschränkung über Intentionen aus dem jeweiligen Kontext interpretiert, die Umwelt des Systems aber als jeweils teleonome Erweiterung sieht. Auch nach einer teleonomen bzw. evolutionären Perspektive handeln Lehrkräfte wie Schülerinnen und Schüler intentional. Sie haben Vorstellungen

und Ziele und möchten diese im Unterrichtsgeschehen umsetzen. Im Unterschied zu einer schöpfungstheoretisch fundierten Reflexion werden diese jedoch nicht der Beobachtung als Muster unterlegt, sondern als eine Variation unter anderen interpretiert. Lehrkräfte wie Schülerinnen und Schüler handeln aufgrund vielfältiger Vorerfahrungen, Entscheidungen und Intentionen, die ein soziales System teleologisch bedingt beschränken, d.h. ihm eine Richtung geben. Aus der Sicht der Umwelt des Systems wird diese Intention als eine teleonome Erweiterung erfahrbar, denn Lehrkräfte wie Schülerinnen und Schüler erleben diese Intentionen als Angebote, d.h. als Anregung zum Lernen und Verhaltensaufforderung. Mit dieser Interpretation des Unterrichtsprozesses wird das intentionale Handeln von Lehrkräften als Angebot verstanden, das nicht mehr planbar seine Wirkung entfaltet.

Unterricht wird damit als eine nicht beliebige Kommunikationsofferte, deren Resonanz nicht determinierbar ist, verstanden. Unterrichtsprozesse werden in dieser Theoriebildung konsequent als eine Kommunikationsofferte gedacht, deren Präsentation in den Händen der Lehrenden liegt, auf deren Rezeption sie aber keinen unmittelbaren Einfluss nehmen können.

Ein solches Bildungsverständnis nimmt die Einsicht in die Freiheit der Schüler ernst, kann aber dabei gleichermaßen Aussagen zum Gegenstand und den Anforderungen des Unterrichts machen. Die Auswahl des Gegenstands wird als Planung einer Variationsofferte verstanden, als eine Selektion unter vielen Aspekten/Fachaspekten, Zufällen, Bequemlichkeiten, Interessen, Erfahrungen etc. (siehe Abschnitt zur Planung).

Mit diesem Theorieverständnis wird auf eine Durchgriffserwartung von Lehren auf Lernen verzichtet. Mit einem evolutionstheoretisch reflektierten Verständnis von Didaktik wird vielmehr die Erwartung von Vielfalt kultiviert und Misstrauen gegenüber engen normativen Erwartungen gesät.

Eine solche Theoriebildung entlastet, da Lehrende sich damit nicht mehr für das Gelingen des Lehr- und Lernprozesses in jeder Hinsicht verantwortlich fühlen müssen: Die Selektion von Bildungsofferten liegt nicht in ihrer Hand. Gleichzeitig werden aber auch klare Verantwortlichkeiten aufgezeigt; denn schließlich wird auf die Verantwortung von Lehrerinnen und Lehrern für das Variationsangebot, die kommunikative Offerte, verwiesen.

2.3 Variationen, Selektionen und Stabilisierung

Unterricht ist aus evolutionärer Perspektive durch das Zusammenspiel von Variationsangeboten, Selektionsofferten und Stabilisierung gekennzeichnet (vgl. Luhmann u. Schorr 1982; Scheunpflug 2001a; für die unterrichtliche Praxis Sehringer u. Scheltwort 2004). Das, was als Variation oder Selektion verstanden werden kann, ist jeweils dadurch bedingt, was als Einheit eines „sozialen Systems" (Luhmann 1984) zugrunde gelegt wird. Dies kann das Bewusstsein eines Schülers oder einer Lehrkraft, die Person, eine Gruppe in der Klasse, die gesamte Klasse oder eine Schule sein, je nach Perspektive der Beobachtung. Variationen und Selektionen können thematische und nicht-thematische Schüleräußerungen, Lehreräußerungen, Themen, Arbeitsblätter, Schulbücher oder Ereignisse sein. Eine Schüleräußerung kann für das eine soziale System eine Variation darstellen, hingegen aus der Sicht der umgebenden Umwelt als Selektion interpretiert werden – Variationen entstehen aus der Perspektive eines Systems, Selektionen aus der Perspektive der Umwelt. Manche Variationen und Selektionen werden auf Dauer gestellt, z.b. die Form der Gesprächskultur durch das Klima in der Klasse oder eine Meinungsführerschaft einer Gleichaltrigengruppe.

Damit rückt die Form von Unterricht in den Blick: Durch Beschränkung (auf Themen, auf Zeitfenster, auf soziale Gruppe...) wird systematisch eine Erweiterung der Perspektive (durch Kompetenzzuwachs) ermöglicht. Gleichzeitig ermöglicht die Form des Unterrichts Einübung in das Leben, indem sowohl in das Erleben wie das aktive Produzieren von Variationen, Selektionen und Stabilisierungen eingeführt wird. Schülerinnen und Schüler erleben die Einübung in Variationen, indem sie im Vergleich zur Familie kontingente Lebenssituationen kennenlernen, neue Themen und fremde Kontexte. Sie lernen Variationen zu produzieren, indem sie eigene Meinungen formulieren lernen, ihre Individualität ausprägen und Möglichkeiten zur Weiterentwicklung ihrer Kreativität erhalten. Schülerinnen und Schüler erleben durch Unterricht eine Einübung in Selektionen, indem sie durch die Konzentration auf Themen und den Umgang mit Beurteilungen Selektionen erleben, diese aber auch durch eigene Urteilsbildung und das Treffen von Entscheidungen (z.B. in der Ordnung von Aufgaben nach Wichtigkeit) vornehmen. Unterricht ermöglicht das Einüben in gesellschaftliche Stabilisierungen, indem Schülerinnen und Schüler die Bedeutung des Behaltens und Erinnerns von Sach- und Sozialverhalten erleben und über das Lernen des Lernens eine Dimension eigenen Handelns zur Einübung in eine wesentliche Form der Stabilisierung moderner Gesellschaften erlernen.

2.4 Planung von Unterricht

Wie kann man über Planung aus evolutionärer Perspektive sprechen, wenn evolutionäre Ausdifferenzierung aus dem Wechselspiel von Variationen und Selektionen entsteht und nicht als teleologische Entwicklung gedacht werden kann? Oder anders gesagt, wie kann ein teleonomer Zusammenhang teleologisch geplant werden? Mit „Planung" wird im Folgenden nicht der Anspruch verbunden, dass die durch Pläne formulierten Erwartungen auch eintreffen. Pläne sind vielmehr durch kognitives Erwarten gekennzeichnet.

Jedes Lehrarrangement wird so interpretiert, dass es auf fiktiven Kausalannahmen (im Sinne Vaihingers „Als-ob-Annahmen"; vgl. Vaihinger 1927) beruht, die, wenn sie nicht zu den gewünschten Lernerfolgen führen, ausgewechselt werden. Es kann dann zu anderen Arrangements übergegangen werden. Jede Unterrichtsplanung wird damit als eine fiktive Evolution gedacht und ist ein kognitiver Probedurchlauf durch Unterricht im Geiste. Sie beschreibt die Anfangssituation für einen real (im Wechselspiel zwischen Planung und Zufall) ablaufenden Unterrichtsprozess. Es sind damit vor allem Anfangssituationen, die durch Planung manifest werden, also jeweils die Situationen, die den Beginn von Variations- und Selektionsprozessen im Unterricht markieren.

Damit kann es nicht darum gehen, eine Unterrichtsplanung im Unterricht durchzuführen. Vielmehr ist eine Unterrichtsplanung unter dieser Perspektive eine geistige Übung, die das Risiko für den realen Unterricht abdämpft, da sie kognitive Möglichkeiten – und damit verschiedene Handlungsmöglichkeiten – erschlossen hat und der Lehrkraft erlaubt, sich auf die Unterrichtssituation einzustellen.

Eine solche Planung sagt nichts über den tatsächlichen Unterrichtsverlauf aus; sie gibt nur das vage Versprechen, dass mit ihr die potenziellen Handlungsmöglichkeiten der Lehrkraft erweitert werden. Damit kommt es wahrscheinlicher zu einem attraktiven Lehrangebot (das evtl. durch Schüler rezipiert wird) und zu einer stabileren Unterrichtssituation als dies der Fall wäre, wenn keine Unterrichtsplanung vorläge. Die zentrale Funktion von Unterricht ist es, dass systematisches Lernen ermöglicht wird. Es geht um die Vermittlung von Kompetenzen, die Anschlussmöglichkeit an die Weltgesellschaft ermöglichen. Dieses kann nicht ohne Themen erfolgen. Angesichts der zunehmenden Heterogenität im Unterricht kann nicht mehr davon ausgegangen werden, dass die Voraussetzungen der Schülerinnen und Schüler im Hinblick auf den jeweiligen Unterrichtsgegenstand vergleichbar sind.

Für die Unterrichtsplanung könnte aus Sicht einer evolutionären Didaktik diese Heterogenität vorweggenommen werden, indem Lehrkräfte sich vergegenwärtigen, welche Aspekte des Gegenstands auf Ablehnung, vorhergehende Begegnungen, Konflikt oder Desinteresse stoßen könnten (vgl. Scheunpflug 2001a, S. 121 ff.) – oder evolutionstheoretisch gesprochen, wie Selektionskriterien für die thematische Variation aussehen könnten. Dabei ergeben sich folgende Fragen:

– Wie kann auf unterschiedliche Zugänge von Schülerinnen und Schülern methodisch sinnvoll reagiert werden?
– Welche Angebote sind möglich, die die Autopoiese der am Unterricht Beteiligten variieren bzw. anregen könnten?
– Welche unterschiedlichen Wege können zur Bearbeitung eines Themas eingeschlagen werden?

Gleichzeitig lenkt diese Theorie den Blick darauf, dass für die Durchführung des Unterrichts Selektionsinstrumente benötigt werden, um die Autopoiese der am Unterricht beteiligten Personen anzuregen. Dabei geht es vor allem um Formen der Strukturierung und Bewertung von Kommunikation. Für die Planung von Unterricht ergeben sich u.a. folgende Fragen:

– Mit welchen Gesprächsimpulsen kann die Kommunikation strukturiert und auf ein Thema beschränkt werden?
– Wie wird mit Variationsimpulsen verfahren, die nicht der thematischen Entscheidung entsprechen?
– Was kann als ein Ergebnis der Unterrichtskommunikation angesehen werden?

Zudem werden Perspektiven eröffnet, um die Bedingungen der Ermöglichung von Kommunikation einerseits und der Stabilisierung von Gedanken (als Lernerfahrung) andererseits zu reflektieren. Eine stabile Unterrichtssituation ist durch berechenbare (offengelegte) Erwartungen und Anforderungen und die Aufrechterhaltung der Kommunikation gekennzeichnet. Damit ergeben sich für die Planung von Unterricht folgende Fragen:

– Wie können Erwartungen klar und konsequent geäußert werden?
– An welcher Stelle im Unterricht werden diese deutlich?
– Sind die inhaltlichen Anforderungen im Unterricht offengelegt und transparent?
– Werden erreichte Standards festgehalten und damit als Stärken des Systems kommunizierbar gemacht? Sind Feedbacks vorgesehen, um der Lehrkraft eine Chance zu geben, zu überprüfen, ob ihre Darstellung so klar ist, wie sie es beabsichtigte?
– Welche kritischen und instabilen Situationen könnten im Unterricht auftreten? Wird genug auf stabilisierende Faktoren geachtet, um unkontrollierbare Entwicklungen zu vermeiden?
– Wie können die Stärken einer Klasse bzw. der Schülerinnen und Schüler für den Unterricht genutzt werden?

Evolutionäre Didaktik lenkt den Blick darauf, das Zusammenspiel zwischen Variations-, Selektions- und Stabilisierungsofferten, die Unterricht als Prozess bestimmen, zu reflektieren. Dabei geht es letztlich immer darum, Möglichkeiten

des Unterrichts zu denken, aus diesen auszuwählen und dabei die Unterrichts-
kommunikationssituation, die Unterricht erst möglich macht, aufrechtzuerhal-
ten (vgl. ausführlich Scheunpflug 1999b, S. 200 ff.).

3 Die Evolutionstheorie und das Problem der Norm

Kann eine solche Theorie, die Reflexionskategorien für die Beobachtung von
Unterricht bietet und aus diesen heraus Überlegungen zur Planung von Unterricht anstellt, Aussagen zu einem »guten« Unterricht machen? Und wenn ja,
auch welcher Basis? Bevor diese Frage in Abschnitt (4) bearbeitet wird, soll
sie zunächst in einen allgemeinen Horizont gestellt werden: Inwiefern erlaubt
eine evolutionstheoretisch fundierte Theorie normative Aussagen?
Diese Frage ist insofern von großer Bedeutung – und das rechtfertigt ihre zunächst allgemeine Beantwortung auch im Rahmen eines solchen Aufsatzes –
als dass zu dieser Frage häufig Verwirrung entsteht oder historisch entstanden ist und die Dignität der Rezeption von Evolutionstheorien in sozial-
wissenschaftlichen Kontexten sich unter anderem an dieser Frage entscheidet. Bereits ohne den Transfer auf eine Allgemeine Evolutionstheorie ist
diese Frage nicht trivial: Die biologische Evolutionstheorie beschreibt und erklärt biologische Sachverhalte, z.B. die Entstehung der Arten.
Damit ist noch keine normative Aussage gemacht: Das, was sich in der Natur
ereignet, ist weder gut noch schlecht. Spätestens die nationalsozialistische
Ideologie (bzw. bereits zuvor einige Vertreter der Evolutionstheorie) haben
die Evolutionstheorie normativ überdehnt und mit dieser Theorie unsägliche
Gräueltaten legitimiert (vgl. z.B. die kritische Aufarbeitung bei Kaupen-Haas
u. Saller 1999; Vogel 2000; Hoßfeld 1998). Aus empirischen Beschreibungen
lassen sich grundsätzlich keine Normen ableiten. Dies wäre ein typischer
naturalistischer Fehlschluss. Dann, wenn die Evolutionstheorie als allgemeine Theorie eher erkenntnistheoretisch verwendet wird, ist eine normative
Wendung nochmals problematischer, da die Beziehung zu einer konkreten
empirischen Grundlage nicht mehr gegeben ist.
Von daher ist zunächst festzuhalten: Es ist also schwierig, aus einer evolutionstheoretisch fundierten Theorie normative Aussagen abzuleiten. Bedeutet
dies, dass sich gar keine normativen Aussagen treffen lassen? Nein, das nun
wiederum auch nicht. Vielmehr bedarf eine evolutionäre Theorie normativer
Prämissen aus anderen Theoriezusammenhängen, die eine normative Legitimation ermöglichen (vgl. Klafki 1996). An deren Normen lassen sich die Erkenntnisse aus evolutionstheoretischen Überlegungen anlegen und vor diesem Hintergrund dann Aussagen machen. Ein einfaches Beispiel aus einem

anderen thematischen Kontext mag dies zunächst verdeutlichen: Mit Hilfe evolutionärer Theoriebildung lässt sich empirisch nachweisen und erklären, dass Eltern ihre Kinder nicht gleich behandeln, sondern ihnen (je nach unterstellter Fitnessmaximierung, so das Theoriemuster) unterschiedlich viel Fürsorge zukommen lassen, ja sie – unter bestimmten Umständen – sogar dramatisch vernachlässigen (vgl. für die Pädagogik zusammengefasst Scheunpflug 2001b, 2006).

Aus der Tatsache, dass die Vernachlässigung von Kindern unter bestimmten Umständen biologisch funktional ist, lässt sich aber mitnichten folgern, dass dieses auch „gut" sei. Vielmehr ist das Gegenteil der Fall: Aus empirischen Tatsachen lässt sich gerade keine normative Aussage machen. Vielmehr müssen bei anderen Theorien Anleihen genommen werden (wie Überlegungen zu Allgemeinen Menschenrechten, humanitären Vorstellungen, Bildungstheorien). Wenn diese Theorien dann an den empirischen Befund angelegt werden, so lässt sich schlussfolgern:

Da es nicht wünschenswert ist, dass Kinder vernachlässigt werden, muss alles getan werden, damit die Bedingungen, die mit Hilfe der Evolutionstheorie als diejenigen identifiziert werden konnten, die Vernachlässigungen potenziell wahrscheinlicher werden lassen, nicht eintreten. Die Normen einer anderen Theorie werden also verwendet, um sie an die sich aus einer evolutionstheoretischen Perspektive ergebenden Befunde anzulegen. Aus der sich ergebenden Differenz lassen sich dann Handlungsoptionen für die Herstellung eines normativ gewünschten Zustandes ableiten.

4 Guter Unterricht aus Sicht evolutionärer Didaktik?

Wie lassen sich die Überlegungen aus Abschnitt 3 nun im Hinblick auf das Thema »guter« Unterricht konkretisieren?

Zunächst einmal sind die normativen Prämissen »guten Unterrichts« offenzulegen. Diese lassen sich nicht aus der evolutionären Didaktik selbst bestimmen, sondern sind aus anderen Kontexten zu benennen. Das kann in dem hier vorliegenden Beitrag nur kursorisch dargestellt werden. Als allgemeiner gesellschaftlicher Konsens sind folgende Prämissen zu benennen:

– Schülerinnen und Schüler sollen die für ein Leben in einer Demokratie nötigen Kompetenzen erwerben.
– Schülerinnen und Schüler sollen befähigt werden, ein sinnerfülltes Leben zu führen.
– Dieses sinnerfüllte Leben soll sich schon in der Gegenwart schulischen Lernens zeigen.

Zum Zweiten sind neben diesen normativen Prämissen die Ergebnisse der Unterrichtsforschung von Bedeutung. Sie liefern Erkenntnisse darüber, welche Bedingungen gegeben sein müssen, damit die oben angesprochenen Fragen im Hinblick auf das Prozessieren von Unterricht positiv beantwortet werden können (vgl. die Beiträge von Jürgens und Standop in diesem Band). Zum Dritten sind die Ergebnisse der Hirnforschung (vgl. die Beiträge von Hüther und Roth in diesem Band; vgl. auch Scheunpflug 2001b, 2004 b und 2007), der Verhaltensforschung (vgl. Scheunpflug 2001, Teil III; Scheunpflug 2006), der Lernpsychologie (vgl. die Beiträge von Mandl und Neubauer in diesem Band) und der Soziologie von Bedeutung

Diese Erkenntnisse aus der Bildungstheorie, der empirischen Bildungsforschung und den pädagogischen Bezugstheorien sind der Bezugsrahmen, in den sich jede Didaktik stellen muss. Diese empirischen Ergebnisse können dann für die Unterrichtsplanung herangezogen werden, ohne in rezeptologisches Denken zu münden. Sie liefern die Grundlage für jene Schemata des Prozedierens (vgl. Tenorth 2006, S. 589[1]) von Variations- und Selektionsofferten sowohl in der Planung von Unterricht als auch im konkreten Unterrichten, für die die evolutionäre Didaktik sensibel machen möchte. Damit wird die Hoffnung verbunden, dass eine Unterrichtsplanung, die von anspruchsvollen Kausalitätsüberlegungen geleitet wird, eine Unterrichtsorganisation ermöglicht, die der Lehrkraft eine hohe Absorption von thematischer und sozialer Komplexität ermöglicht.

Eine solche Perspektive bietet im Vergleich zu manch anderen Reflexionsangeboten für Unterricht nur wenig Handlungsanleitung. Gleichwohl vermag sie das Denken über wesentliche Kausalannahmen des Unterrichtens zu präzisieren und damit für das Prozedieren von Unterricht bzw. das Unterrichten selbst Orientierungswissen zu generieren.

---

[1] Tenorth schlägt vor, dass unterrichtliche Handeln von Lehrkräften als Prozedieren von Schemata zu interpretieren: „Angesichts der Vielfalt der Begriffsangebote lautet mein Vorschlag – damit der Bruch mit der Wissensanalogie radikal wird – nicht mehr von Wissen, auch nicht vom „impliziten Wissen", sondern von „professionellen Schemata" zu sprechen und die Organisation der Praxis, d. h. die Bewältigung und das Gelingen des professionellen Alltags als das Lernen, Konstruieren und Prozedieren von Schemata zu sehen. Damit sind neben Wissens- und Erfahrungsbeständen oder normativen Orientierungen auch operative Routinen eingeschlossen, damit ist auch die – erwünschte – Assoziation einbegriffen, dass die Handhabung der Schemata nicht Reflexivität zu jedem Moment unterstellt, dass manches wirklich „schematisch" geht, vor allem aber ist gesagt, dass es Koordinations- und Entscheidungsprobleme gibt, die nicht vom Wissen und Erkennen (gar vom Forschen und seiner Logik, wie beim Wissenschaftler) bestimmt sind, sondern vom Handeln und seinen Zwängen." (Tenorth 2006, S. 589).

Literatur

Augustinus (1998): De magistro. Über den Lehrer. Stuttgart

Arnold, R.; Siebert, H. (1995): Konstruktivistische Erwachsenenbildung. Von der Deutung zur Konstruktion von Wirklichkeit. Hohengehren

Baumann, U.; Treml, A. K. (1989): Schöpfung oder Evolution? Ethische Konsequenzen eines Paradigmawechsels. In: Preul, R.; Scheilke, C.; Schweitzer, F.; Treml, A. (Hrsg.): Bildung – Glaube – Aufklärung. Zur Wiedergewinnung des Bildungsbegriffs in Pädagogik und Theologie. Gütersloh, S. 141-155

Cube, F. v. (1986): Die kybernetisch-informationstheoretische Didaktik. In: Gudjons, H. u.a. (Hrsg.): Didaktische Theorien. Hamburg, S. 47-60

Cube, F. v. (1970): Der kybernetische Ansatz in der Didaktik. In: Kochan, D. C. (Hrsg.): Allgemeine Didaktik, Fachdidaktik, Fachwissenschaft. Ausgewählte Beiträge aus den Jahren 1953-1969. Darmstadt, S. 143-170

Flitner, W. (1950): Theorie des pädagogischen Weges und der Methode. Weinheim u. Basel

Helmke, A. (2009): Unterrichtsqualität und Lehrerprofessionalität. Diagnose, Evaluation und Verbesserung des Unterrichts. Seelze

Hoßfeld, U. (1998): Menschliche Erblehre, Rassenpolitik und Rassenkunde (-biologie) an den Universitäten Jena und Tübingen von 1933-45: Ein Vergleich. In: Engels, E.-M.; Junker, T.; Weingarten, M. (Hrsg.): Ethik der Biowissenschaften. Berlin, S. 361-392

Kant, I. (1960): Über Pädagogik. Werkausgabe Band 10, herausgegeben von Wilhelm Weischedel. Darmstadt 1960 (ÜP)

Kaupen-Haas, H.; Saller, C. (1999): Wissenschaftlicher Rassismus. Analysen einer Kontinuität in den Human- und Naturwissenschaften. Frankfurt u. New York

Klafki, W. (1963): Didaktische Analyse als Kern der Unterrichtsvorbereitung. In: Klafki, W.: Studien zur Bildungstheorie und Didaktik. Weinheim 1963, S. 126-153

Klafki, W. (1970): Der Begriff der ‚Didaktik' und der Satz vom Primat der Didaktik (im engeren Sinne) im Verhältnis zur Methodik. In: Klafki, W.: u.a.: Erziehungswissenschaft. 2. Funkkolleg Erziehungswissenschaft. Frankfurt/M., S. 55-73

Klafki, W. (1985): Grundlinien kritisch-konstruktiver Didaktik. In: Ders.: Neue Studien zur Bildungstheorie und Didaktik. Beiträge zur kritisch-konstruktiven Didaktik. Weinheim, S. 31-86

Klafki, W. (1985): Zur Unterrichtsplanung im Sinne kritisch-konstruktiver Didaktik. In: Klafki, W.: Neue Studien zur Bildungstheorie und Didaktik. Beiträge zur kritisch-konstruktiven Didaktik. Weinheim, S. 194-227

Klafki, W. (1996): Kann Erziehungswissenschaft zur Begründung pädagogischer Zielsetzungen beitragen? In: Beutler, K.; Horster, D. (Hrsg.): Pädagogik und Ethik, Stuttgart, S. 152-163

Klauer, K. J. (1974): Methodik der Lernzieldefinition und Lehrstoffanalyse. Düsseldorf

Luhmann, N (1976): Komplexität. In: Ritter, J.; Gründer, K. (Hrsg.): Historisches Wörterbuch der Philosophie. Band 4. Basel u. Stuttgart, Sp. 939-941

Luhmann, N. (1984): Soziale Systeme. Grundriß einer allgemeinen Theorie. Frankfurt/M.

Luhmann, N. (1987): Archimedes und wir. Hrsg. von Baecker, D.; Stanitzek, G., Berlin

Luhmann, N. (1997): Die Gesellschaft der Gesellschaft. 2 Bände. Frankfurt/M.

Luhmann, N.; Schorr, K. E. (1982): Zwischen Technologie und Selbstreferenz. Fragen an die Pädagogik. Frankfurt/M.

Malik, F. F. (1984): Strategie des Managements komplexer Systeme. Ein Beitrag zur Management-Kybernetik evolutionärer Systeme. Bern u. Stuttgart

Mayr, E. (1984): Die Entwicklung der biologischen Gedankenwelt: Vielfalt, Evolution und Vererbung. Berlin u. Heidelberg

Mayr, E. (1991): Eine neue Philosophie der Biologie. Darmstadt

Meyer, H. (1982): Leitfaden zur Unterrichtsvorbereitung. Frankfurt/M.

Reich, K. (1996): Systemisch-konstruktivistische Didaktik. Eine allgemeine Zielbestimmung. In: Voß, R. (Hrsg.): Die Schule neu erfinden. Systemisch-konstruktivistische Annäherungen an Schule und Pädagogik. Neuwied u. Berlin, S. 70-91

Scheunpflug, A. (1999a): Evolutionäres Denken als Angebot für die Erziehungswissenschaft. In: Zeitschrift für Erziehungswissenschaft, 2. Jg., H. 1, S. 59-72

Scheunpflug, A. (1999b): Evolutionäre Didaktik. Ein Entwurf aus system- und evolutionstheoretischer Sicht. In: Holtappels, H. G.; Horstkemper, M. (Hrsg.): Neue Wege in der Didaktik? Die Deutsche Schule. Zeitschrift für Erziehungswissenschaft, Bildungspolitik und pädagogische Praxis. 5. Beiheft, S. 169-186

Scheunpflug, A. (2001a): Evolutionäre Didaktik. Unterricht aus system- und evolutionstheoretischer Sicht. Weinheim u. Basel

Scheunpflug, A. (2001b): Biologische Grundlagen des Lernens. Berlin

Scheunpflug, A. (2004a): Das Technologiedefizit. Nachdenken über Unterricht aus systemtheoretischer Perspektive. In: Lenzen, D. (Hrsg.): Irritationen des Erziehungssystems. Pädagogische Resonanzen auf Niklas Luhmann. Frankfurt/M., S. 6587

Scheunpflug, A. (2004b): Lernen als biologische Notwendigkeit. In: Duncker, L.; Scheunpflug, A.; Schultheis, K. (Hrsg.): Schulkindheit. Anthropologie des Lernens im Schulalter. Stuttgart, S. 172-230

Scheunpflug, A. (2006): Elterliches Investment – eine Annäherung an für Erziehung relevantes Verhalten aus soziobiologischer Perspektive. In: Zeitschrift für Erziehungswissenschaft, 9. Jg., Beiheft 5, 2006, S. 117-132

Scheunpflug, A. (2007): Gene – Gehirne – Gesellschaft. Erkenntnisse der Biowissenschaften bildungstheoretisch kommentiert. In: Brumlik, M.; Merkens, H. (Hrsg.): Bildung – Macht – Gesellschaft. Beiträge zum 20. Kongress der Deutschen Gesellschaft für Erziehungswissenschaft. Schriftenreihe der Deutschen Gesellschaft für Erziehungswissenschaft. Opladen, S. 95-108

Schulz, W. (1980a): Die lerntheoretische Didaktik. In: Westermanns pädagogische Beiträge, 1980 H. 2, S. 80-85

Schulz, W. (1980b): Unterrichtsplanung. München u.a.

Sehringer, W.; Scheltwort, P. (2004): Unterrichten: Reflexion und Training. Donauwörth

Spranger, E. (1962): Das Gesetz der ungewollten Nebenwirkungen in der Erziehung, veröff. 1962. In: Spranger, E. (1969): Gesammelte Schriften, Band I: Geist der Erziehung. Hrsg. von Bräuer G.; Flitner, A., Heidelberg, S. 348-405

Terhart, E. (1999): Konstruktivismus und Unterricht. Eine Auseinandersetzung mit theoretischen Hintergründen, Ausprägungsformen und Problemen des konstruktivistischen Denkens in der Didaktik. In: Zeitschrift für Pädagogik, H. 4

Tenorth, H.-E. (2006): Professionalität im Lehrerberuf. Ratlosigkeit der Theorie, gelingende Praxis. In: Zeitschrift für Erziehungswissenschaft, H. 4, S. 580-598

Treml, A. K (1998): Die Schule. Form und Funktion einer evolutionären Erfolgsgeschichte. In: Zeitschrift für internationale Bildungsforschung und Entwicklungspädagogik, 22. Jg., H. 2, S. 18-25

Treml, A. K. (2004): Evolutionäre Pädagogik, Stuttgart

Vaihinger, H. (1986): Die Philosophie des Als Ob. 10. Aufl., Aalen

Vogel, C. (2000): Anthropologische Spuren. Zur Natur des Menschen. Stuttgart u. Leipzig

Vollmer, G. (1987): Teleologie – Teleonomie. Lexikon der Biologie. Band 8. Freiburg/Br., S. 168-169

Voß, R. (1996): Die Schule neu erfinden. Systemisch-konstruktivistische Annäherungen an Schule und Pädagogik. Neuwied

Wilhelm, T. (1966): Die enzyklopädische Herausforderung der Schule. In: Wilhelm, T. (Hrsg.): Die Herausforderung der Schule durch die Wissenschaften. Weinheim, S. 11-34

Werner Sacher

Guter Unterricht aus der Sicht der Didaktik der Lernökologie

1 Der Ansatz der Didaktik der Lernökologie

Die Didaktik der Lernökologie ist eine Theorie der Lernarrangements, das heißt aller jener Umgebungsbedingungen, welche Lernen ermöglichen und veranlassen. Sie unterscheidet sich in zweifacher Hinsicht von traditionellen Ansätzen der Didaktik:

Lernen wird von der Didaktik der Lernökologie als autopoietischer Prozess des Lerners gesehen. Das heißt Lernen kann aus ihrer Sicht durch Umgebungsbedingungen zwar angeregt und erleichtert, jedoch nicht mit vorhersehbarer Sicherheit bewirkt werden.

Die Didaktik der Lernökologie ist nicht nur eine Theorie der „Lehre". Lehre als Lernhilfe – und zumal Lehre eines präsenten menschlichen Instruktors – ist für Lernen und Lernende nur eine Umgebungsbedingung unter anderen, oft nicht einmal die mächtigste und manchmal auch eine durchaus entbehrliche. Wir kennen im Zeitalter der informationstechnischen Medien sehr wohl Lernarrangements, die ohne einen präsenten menschlichen Tutor auskommen.

2 Lernumgebung

Eine Lernumgebung ist ein Gefüge von Faktoren in der sachlich-materiellen und personell-sozialen Umwelt eines Lerners, welches das Potenzial hat, sein Lernen anzuregen und zu fördern. Eine Lernumgebung repräsentiert sowohl sachlich-materielle Faktoren wie Arbeitsmaterialien, Medien, Schulgestühl, Beheizung, Belüftung, Lärmpegel usw. als auch personell-soziale Faktoren wie Mitschüler, Lehrkräfte, Erziehungsberechtigte, Freundeskreis etc.

In diesem Verständnis ist eine Lernwerkstatt als Ansammlung von Lernmaterialien und Lernmedien noch keine Lernumgebung. Sie wird zu einer solchen erst durch die Verbindung mit einem bestimmten sozialen Kontext, in welchem Kinder in ihr lernen, also z.b. dadurch, dass jeder für sich oder mit einem Partner oder in einer Kleingruppe arbeitet. Ebenso wie von den Materialien und Medien gehen nämlich auch von der sozialen Struktur wichtige Stimuli und Förderimpulse für das Lernen aus. Das Internet ist normalerweise lediglich eine Informationsumgebung, nur in Ausnahmefällen eine Lernumgebung. Ihm fehlt gewöhnlich der das Lernen anregende und fördernde Charakter. Zudem ist meistens der soziale Kontext nicht definiert, in dem Lernprozesse stattfinden können.

Lernumgebung	
Sachlich-materielle Lernumwelt	*Personell-soziale* Lernumwelt

Abb. 1.: Lernumgebung und Lernumwelt

2.1 Lernakte
Lernen ist ein Gefüge von Akten, die zwar nicht zwingend in einer einzigen, bestimmten Reihenfolge, aber doch vollständig vollzogen werden müssen, wenn gründliches und nachhaltiges Lernen zustande kommen soll:
– Alles Lernen gründet in (eigenen oder fremden) *Erlebnissen* und muss auf Erlebnisse zurückbezogen werden.
– Indem wir Erlebnisse in der Besinnung reflektierend auswerten, machen wir *Erfahrungen*. Oft übernehmen wir auch Erfahrungen von anderen in Form von Informationen, von Verhaltensweisen oder von Werten.
– Erfahrungen und Erkenntnisse sind nicht ohne weiteres auch nachhaltig. Es bedarf meistens eines besonderen Bemühens um *Festigung*.
– Gründliches Lernen bedarf weiterhin der *Integration* in Vorwissen, in vorhandene Fertigkeiten und in bestehende Werte und Einstellungen.
– Diese Integration von Gelerntem geht Hand in Hand mit Prozessen der *Anwendung* und des *Transfers* auf neuartige Situationen und Sachverhalte.
– Darüber hinaus muss das Gelernte die Bewährungsprobe in der *Präsentation* vor anderen bestehen, in der Terminologie des Konstruktivismus: seine soziale Viabilität unter Beweis stellen.

– *Organisieren, Kommunizieren und Kontrollieren* sind integrale Lernakte. Sie kommen in jedem anderen Lernakt vor: Immer sind organisatorische Maßnahmen zu treffen, ist Verständigung in unterschiedlichen Formen herbeizuführen (und sei es in der Form der Reflexion als Verständigung mit sich selbst) und die Qualität des Vollzugs der jeweiligen Lernaufgabe zu sichern.

Der Schulalltag kennt eine Vielzahl abgebrochener Lernprozesse, auf denen weiteres Lernen vergeblich aufzubauen sucht. Die Theorie der Lernakte gibt eine Antwort auf die Frage, wann ein Lernprozess vollständig ist: Er ist dann vollständig, wenn alle Lernakte durchlaufen sind – natürlich in aller Regel nicht in einer einzigen 45-Minuten-Einheit und nicht in einer einzigen Reihenfolge.

2.2 Lebenspraxen

Die Loslösung der Unterrichtsinhalte „aus dem ernsthaften gesellschaftlichen Zusammenhang ihrer Entstehung und Verwendung" ist eines der großen Probleme des Schulunterrichts (Rumpf 1986, S. 70). Die Didaktik der Lernökologie sucht diesem Problem Rechnung zu tragen durch Anbindung des Lernens an sogenannte „Lebenspraxen".

Die Theorie der Lebenspraxen (die Praxeologie) gründet in einer langen philosophischen Tradition, welche bis in die griechische Antike zurückgeht. *Lebenspraxen sind danach normativ durchstrukturierte Handlungsfelder, „die sich um konstitutionelle Aufgabenbereiche des gesellschaftlichen Lebens herum instituiert haben" (Derbolav 1979, S. 420). Es sind darüber hinaus auch Sinnbereiche des individuellen Lebens, auch bereits des Lebens von Kindern und Jugendlichen.* Beispiele solcher Aufgabenfelder und Sinnbereiche sind die technische, ökonomische, medizinische, juristische, journalistische Praxis usw. Und alle diese Lebenspraxen haben eine spezifische Leitnorm bzw. ein besonderes Bereichsethos – Zweckrationalität, Optimierung des Verhältnisses von Aufwand und Ertrag, Gesundheit, Rechtssicherheit, Information der Öffentlichkeit usw. (Abb. 2).

LEBENSPRAXIS	BEREICHSETHOS
▪ Technische Praxis	▪ Zweckrationalität
▪ Ökonomische Praxis	▪ Optimierung des Verhältnisses von
▪ Medizinische Praxis	Aufwand und Ertrag
▪ Politische Praxis	▪ Gesundheit
▪ Juristische Praxis	▪ Macht
▪ Journalistische Praxis	▪ Rechtssicherheit
▪ Künstlerische Praxis	▪ Information der Öffentlichkeit
▪ Ästhetische Praxis	▪ Inszenierung
▪ Wissenschaftliche Praxis	▪ Schönheit (schönes Leben)[1]
▪ Schützende Praxis	▪ Rationalität
▪ Verkehrspraxis	▪ Sicherheit
▪ Familien- und Partnerschaftspraxis	▪ Mobilität
▪ Soziale Praxis	▪ Liebe
▪ Freizeitpraxis	▪ Solidarität
▪ Hegend-pflegende Praxis	▪ Muße
▪ Pädagogische Praxis	▪ Erhaltung und Wachstum
▪ Psychologische Praxis	▪ Entwicklungshilfe
▪ Schul- und Bildungspraxis	▪ Verstehen
▪ Religiöse Praxis	▪ Lernen
▪ Philosophische Praxis	▪ Demut[2]
	▪ Letztsinn und Gesamtverantwortung

Abb. 2.: Lebenspraxen und zugeordnete Ethosformen

Mit dem Anknüpfen an die Praxeologie greift die Didaktik der Lernökologie Robinsohns *Situationsansatz* (Robinsohn 1967) wieder auf und versucht ihn zugleich weiterzuführen:

Wenn Bildung als Ausstattung zum Leben in der Welt gilt, andererseits aber die Zahl der Lebenssituationen (in welchen junge Menschen sich gegenwärtig und künftig bewähren und auf welche sie folglich durch die Schule vorbereitet werden müssen) rasch ins Unendliche wächst[3], dann bleibt immer noch die Möglichkeit, sich an der beschränkteren Zahl der Lebenspraxen zu orientieren, welche normierende Rahmen für die Konstitution konkreter Situationen und für darauf bezogene Lernprozesse darstellen.

---

[1] Im Sinne der Alltagsästhetik, in der wir von schöner Kleidung, schönen Blumen, schönen Erlebnissen usw. sprechen.

[2] Nach Schleiermacher begründet in einem „Gefühl schlechthinniger Abhängigkeit" von einem die subjektive Existenz Umgreifenden, Fundierenden, Höheren (Schleiermacher 1821/1822).

[3] Darin liegt übrigens auch ein ungelöstes Problem von didaktischen Ansätzen des sogenannten situierten Lernens.

2.3 Lernaufgaben

Lernaufgaben sind Triaden aus Themen, Bezügen zu Lebenspraxen und Lernakten.[4] D.h. eine Lernaufgabe ist im Sinne der Didaktik der Lernökologie erst dann vollständig definiert, wenn sie diese drei Elemente aufweist.

Lernaufgabe		
Thema	Bezug auf *Lebenspraxis*	*Lernakt*

Abb. 3.: Thema, Lebenspraxis, Lernakt

Die Aufgabe „Kenntnisse über den Dreißigjährigen Krieg als Wirtschaftskrieg übertragen auf den Irakkrieg" enthält das Thema „Dreißigjähriger Krieg", bezieht sich auf die ökonomische Praxis und intendiert den Lernakt des Übertragens.

Lernaufgabe		
Dreißigjähriger Krieg	Ökonomische Praxis	Übertragen

Abb. 4.: Ökonomische Praxis, Übertragen

Die Aufgabe „Die einzelnen Handgriffe rekapitulieren, die zum Einstellen einer Fahrrad-Gangschaltung erforderlich sind" hat das Thema „Fahrrad-Gangschaltung", verweist auf die technische Praxis und zielt auf den Lernakt des Festigens.

Lernaufgabe		
Fahrrad-Gangschaltung	Technische Praxis	Festigen

Abb. 5: Technische Praxis, Festigen

---

[4] Zu den Lernakten vgl. o. Abschnitt 2.1.

2.4 Lernsituationen

Durch die Verbindung einer Lernumgebung mit einer Lernaufgabe entsteht eine *Lernsituation*. Durch das Hinzukommen einer Lernaufgabe erhält die Lernumgebung gewissermaßen einen spezifischen Sinn.

Lernsituation				
Lernumgebung		*Lernaufgabe*		
Sachlich-materielle Lernumwelt	Personell-soziale Lernumwelt	Thema	Bezug auf Lebenspraxis	Lernakt

Abb. 6: Lernsituation, Lernaufgabe

Ein Beispiel für eine Lernsituation in diesem Verständnis ist: „Mit Unterstützung eines Programmpaketes zur ebenen Geometrie und mit Hilfe einiger Abbildungen aus kunstgeschichtlichen Bildbänden am häuslichen Computer verschiedene Maßwerke gotischer Kirchenfenster entwerfen und dabei den goldenen Schnitt verwenden."

Lernsituation				
Lernumgebung		*Lernaufgabe*		
Programmpaket zur ebenen Geometrie, Abbildungen aus kunstgeschichtlichen Bildbänden, Computer	Einzelarbeit	Maßwerke	Ästhetische Praxis	Erfahren Anwenden

Abb. 7: Einzelarbeit; Erfahren und Anwenden

2.5 Lernarten

Die in der Psychologie geläufigen Einteilungen der Lernarten sind für pädagogische Zwecke nur bedingt brauchbar, weil sie weitgehend von den Inhalten des Lernens und von der Situation des menschlichen Lerners absehen, der in einer Kulturgemeinschaft lernt. Deshalb versuchen wir hier, Unterscheidungen vorzunehmen, die näher an der kulturellen Praxis bleiben.

– *Inzidentelles und intentionales Lernen:* Die meiste Zeit werden Lernergebnisse von uns nicht unmittelbar intendiert, sondern sie stellen sich gewissermaßen als Nebeneffekt im Gefolge von Tätigkeiten ein, die gar nicht auf Lernen abzielen. *Solch inzidentelles Lernen ereignet sich häufig eher zufällig, gewissermaßen als Abfallprodukt anderer Tätigkeiten. Intentiona-*

les Lernen hingegen ist eine Tätigkeit, die unmittelbar auf Lernen abzielt.
Gleichwohl benötigt aber auch intentionales Lernen eine „Trägertätigkeit",
an welcher gelernt werden kann. Wer z.B. lernen will, sich in einer fremden Stadt zu orientieren, muss in ihr herumgehen oder Stadtpläne studier-
en. Wer Fingersätze lernen will, muss Etüden spielen usw.

– *Involviertes und distanziertes Lernen: Wir lernen in Situationen des Invol-
viertseins aus eigenen Tätigkeiten und aus Widerfahrnissen, die uns begegnen, aber auch aus der Distanz, indem wir Tätigkeiten anderer und Wider-
fahrnisse, die ihnen begegnen, beobachten oder auch Sachverhalte, Vorgänge und Ereignisse mitverfolgen, die keine Konsequenzen für uns haben.*
In der Schule kommt notwendiger Weise dem distanzierten Lernen große
Bedeutung zu: Schule kann man geradezu als den Ort definieren, wo junge
Menschen distanziert und deshalb ohne das Risiko des Scheiterns lernen
können. Das geschieht zu erheblichen Teilen über Mediendarstellungen.

– *Unmittelbares und mittelbares Lernen: Lernen kann unmittelbar in der
Auseinandersetzung mit der „Wirklichkeit selbst", mit wirklichen Tätigkeiten, Widerfahrnissen, Ereignissen, Vorgängen und Sachverhalten erfolgen
oder auch mittelbar anhand von „Repräsentanten" der Wirklichkeit, also
in der Auseinandersetzung mit Mediendarstellungen von wirklichen Tätigkeiten, Widerfahrnissen, Ereignissen, Vorgängen und Sachverhalten.*

– *Authentisches und teilnehmendes Lernen: Authentisches Lernen ist ein
Lernen, bei dem der Lerner sich seine Lernergebnisse selbst erarbeitet.
Daneben gibt es ein teilnehmendes Lernen, bei dem er von Lernprozessen
Anderer profitiert,* indem er sie entweder „verstehend" mitvollzieht oder
einfach die Ergebnisse Anderer übernimmt, sie „imitiert". Die Entwicklung
der Hochkulturen ist eng verknüpft mit teilnehmendem Lernen. Es ermög-
licht überhaupt erst das rationelle Tradieren umfänglicher Bestände von
Wissen, Können und Werten.

– *System der Lernarten:*Aus der Kombination dieser Gesichtspunkte gewinnen wir eine Systematik der Lernarten (Abb. 8). Beispiele zu den einzelnen
Lernarten habe ich an anderer Stelle (Sacher 2008, S. 55-62) in großer Zahl
gegeben.

	AUTHENTISCHES LERNEN	
	Intentionales Lernen	*Inzidentelles Lernen*
Involviertes Lernen		
unmittelbar	Lernart 1	Lernart 4
Distanziertes Lernen		
unmittelbar	Lernart 2	Lernart 5
mittelbar[5]	Lernart 3	Lernart 6

	TEILNEHMENDES LERNEN	
	Intentionales Lernen	*Inzidentelles Lernen*
Imitierendes Lernen:		
Unmittelbar	Lernart 7	Lernart 11
Mittelbar	Lernart 8	Lernart 12
Verstehendes Lernen:		
Unmittelbar	Lernart 9	Lernart 13
Mittelbar	Lernart 10	Lernart 14

Abb. 8: Systematik der Lernarten

2.6 Lerneinheiten und Lerntätigkeiten

In Lerneinheiten werden zu Lernsituationen Lerntätigkeiten hinzugefügt, die geeignet sind, die Lernaufgabe zu bewältigen. Unter Lerntätigkeiten verstehen wir Handlungen und Verhaltensweisen, die auf den Vollzug bestimmter Lernarten angesichts spezifischer Lernaufgaben und unter konkreten situativen Bedingungen zielen.

---

[5] Mittelbares Lernen ist immer schon distanziert, so wie involviertes Lernen eo ipso unmittelbar ist. Involviertes mittelbares Lernen wäre ein Widerspruch in sich, sodass diese Kombination in unserer Systematik fehlt.

Lerneinheit					
Lernsituation					*Lerntätig-keiten*
Lernumgebung		*Lernaufgabe*			
Sachlich-materielle Lernumwelt	Personal-soziale Lernumwelt	Thema	Bezug z. Lebens-praxis	Lernakt	...

Abb. 9: Lernumgebung, Lernaufgabe, Lerntätigkeiten

Ein Beispiel für eine Lerneinheit ist: „Schüler versuchen in Kleingruppen mit Hilfe von Geschichtsbüchern und Geschichtsatlanten, die wirtschaftlichen Interessenlagen der Kriegsparteien des Dreißigjährigen Krieges herauszufinden, indem sie Karten über Bodenschätze analysieren und in Schulbuchtexten nach wirtschaftlich relevanten Informationen recherchieren."

Lerneinheit				
Lernsituation		*Lerntätigkeiten*		
Lernumgebung	*Lernaufgabe*	Analysieren, Recherchieren		
Geschichts-bücher, Geschichts-atlanten	Kleingruppen	Dreißigjähriger Krieg	Ökonomische Praxis	Erfahren

Abb. 10: Kleingruppen, ökonomische Praxis, Erfahren

2.7 Lernarrangements
Unter Lernarrangements verstehen wir Anordnungen von Lerneinheiten, die bestimmten Lernern die Bewältigung bestimmter Lernaufgaben ermöglichen und erleichtern. Dabei muss die Anordnung der Lerneinheiten in einem Lernarrangement nicht unbedingt eine solche in einer einzigen verbindlichen Abfolge sein. Daneben gibt es auch Lernarrangements, in denen die Reihenfolge der Lerneinheiten frei wählbar ist und in welchen neben obligatorischen auch fakultative Lerneinheiten vorkommen. Im Extremfall können Lernarrangements – z.B. solche, die multimediale und virtuelle Komponenten einschließen – reich verzweigt sein, wie im folgenden Beispiel:

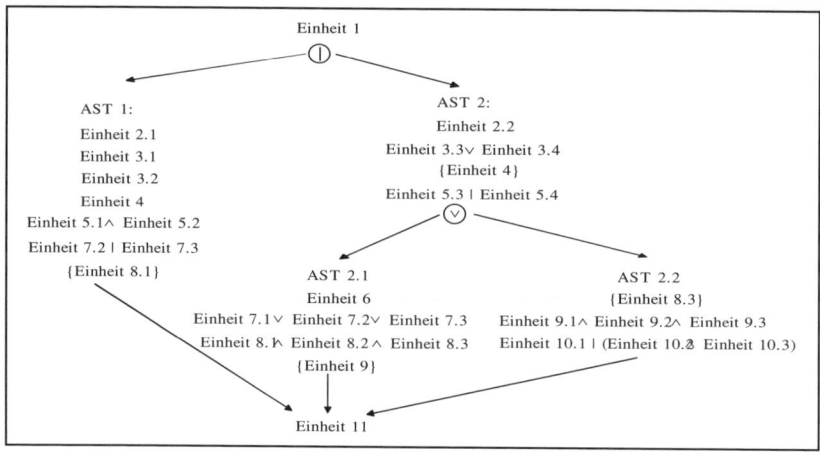

Abb. 11: Komplexe Verzweigung von Lernarrangements

Legende: { }   Einheit darf weggelassen werden.

∧   Logisches Zeichen für „und"

∨   Logisches Zeichen für „und/oder", d.h. es muss mindestens eine der aufgezähl-
ten Einheiten bearbeitet werden. Es können aber auch mehrere oder sogar alle
Einheiten bearbeitet werden.

| Logisches Zeichen für „entweder – oder" („exklusives" oder), d.h. es muss ent-
weder die eine oder die andere der beiden genannten Einheiten bearbeitet werden. Die Bearbeitung beider ist nicht zulässig.

*Traditioneller Schulunterricht, in welchem alle Schüler eine Anzahl von
Lerneinheiten in einer einzigen und verbindlichen Reihenfolge durchlaufen
(sollen), ist offenkundig nur ein ganz spezielles Lernarrangement.*

2.8 Grade und Varianten der Offenheit
Je nach dem Grad, zu dem Abfolgen von Lerneinheiten in einem Lernarrangement verbindlich festgelegt sind und nach dem Maße, in welchem Einheiten obligatorisch oder fakultativ sind, können Lernarrangements unterschiedlicher Grade und Varianten von Offenheit unterschieden werden.
Weitere Differenzierungen erlaubt die Unterscheidung von Über- und Unter-
determinierungen von Lerneinheiten: *Überdeterminierte Lerneinheiten halten
alternativ wählbare Lernumgebungen, Lernaufgaben, Hilfestellungen usw.
vor und unterstützen alternative Lerntätigkeiten.* Je nachdem, ob der Lerner
nur eines der drei Bestimmungsstücke einer Lerneinheit – die Lernumgebung, die Lernaufgabe und die Lerntätigkeiten – oder zwei oder gar alle drei

unter mehreren Angeboten frei wählen kann, lassen sich unterschiedliche Grade der Überdeterminierung unterscheiden. *In unterdeterminierten Lerneinheiten werden die konstituierenden Elemente von Lerneinheiten – Lernumgebungen, Lernaufgaben, Lerntätigkeiten – völlig in die Verantwortung der Lerner gegeben, so dass es ihnen belassen bleibt, selbst geeignete Konkretisierungen zu suchen und zu realisieren und die zunächst unvollständig bestimmten Lerneinheiten zu komplettieren.* Solche unterdeterminierten Lerneinheiten sind manchmal ein Indiz defizitärer Planung und Organisation. Sie können aber auch der Absicht entspringen, den Lernern Gelegenheit zu geben, das selbstständige Organisieren von Lerneinheiten zu üben. Die Festlegung der nicht explizit definierten Elemente kann dann geradezu der eigentlich intendierte Lerneffekt sein. Selbst der extreme Fall, dass sowohl die Lernumgebung als auch die Lernaufgabe und die Lerntätigkeiten vom Lerner erst bestimmt werden müssen, kann durchaus sinnvoll sein. Dieser pure Imperativ, überhaupt auf irgendeine Weise irgendetwas in irgendeiner Umgebung zu lernen, liegt z.b. dem Konzept der Bildungsgutscheine zugrunde. Überdeterminierte Lerneinheiten ermöglichen den Lernern, sich in verschiedenen Lernumgebungen und an unterschiedlichen Lernaufgaben zu erproben und verschiedene Lerntätigkeiten auszuprobieren. Fehlende Bestimmungsstücke unterdeterminierter Lerneinheiten zu ergänzen ist aber erst möglich, wenn Lerner reiche Erfahrungen mit alternativen Lernumgebungen, Lernaufgaben und Lerntätigkeiten gesammelt haben. In der Regel werden ganz am Anfang *Lerneinheiten vom Typ vollständiger Instruktion stehen müssen, die sowohl Lernumgebungen als auch Lernaufgaben und Lerntätigkeiten eindeutig und verbindlich festlegen.*

2.9 Innen und Außen

Die äußere Lernumgebung ist das Insgesamt der personellen und sachlichen Gegebenheiten im Umfeld eines Lerners, die auch ein Beobachter wahrnehmen kann. Unter der inneren Lernumgebung hingegen verstehen wir die Art und Weise, wie der Handelnde selbst diese Gegebenheiten wahrnimmt. Die innere Lernumgebung ist keineswegs nur ein Ausschnitt aus der äußeren. Sie ist auch angereichert um „Zutaten" des Lerners, die in der äußeren keine Entsprechungen haben: Spuren von Erinnerungen, Erlebnissen, reaktivierte Erfahrungen, Vorwissen, Wünsche, Fantasievorstellungen usw. Die innere Lernumgebung wird vom Lerner aus Anlass der äußeren Umgebung autopoietisch konstruiert. Das heißt die innere Lernumgebung wird nicht durch die äußere auf eine vorausberechenbare Weise erzeugt, aber sie ist auch nicht unabhängig von ihr. Diese lose Koppelung zwischen den beiderlei Lernumgebungen bezeichnet Einfluss und die Ohnmacht der Lehre zugleich. *Ausschlaggebend für das Lernen sind jedenfalls letztlich nicht die Gegebenheiten der äußeren Lernumgebung, sondern deren Interpretationen, Selektionen und Ergänzungen durch den Lerner, wie sie sich in seiner inneren Lernumgebung darstellen.*

Entsprechend kann man auch äußere und innere Lerntätigkeiten unterscheiden: Lerntätigkeiten sind in aller Regel mentale Tätigkeiten, die einem Beobachter weitgehend unzugänglich sind. Beobachtbar sind meistens nur die Trägertätigkeiten – das Gleiten der Augen über einen Text, das Abzeichnen einer Grafik, das Aufbauen einer Versuchsanordnung, die Zuwendung zu einer Lehrerkraft, die etwas darbietet usw.

In der pädagogischen Tradition ging man lange irrtümlich den Weg, einfach Trägertätigkeiten der Lerner zu erzwingen und darauf zu vertrauen, dass sich in ihrem Gefolge die gewünschten Lernprozesse einstellen. So bestand in den meisten Kulturen Unterricht lange Zeit hindurch im Vor- und Nachsprechen und Memorieren sowie im Nachahmen von vorgeführten Handlungen. In Wahrheit sind die Möglichkeiten, Lernen zu erzwingen, äußerst begrenzt, so dass man nachgerade von einer Ohnmacht der Lehre sprechen kann. *Letztlich kann ein Außenstehender nur zwei Arten des Lernerverhaltens registrieren und evtl. auch erzwingen:*

– *eigenmotorisches Verhalten* (Bewegungen, Mimik, Gestik, Blickverhalten, Körperhaltung, Proxemik, d.h. Positionierung des Körpers im Raum, auch Einnehmen einer Distanz zum Kommunikationspartner) einschließlich der Betätigung der Sprechwerkzeuge, also vokales Verhalten (Sprechen und dessen paralinguistische Anteile, das heißt Sprechpausen, Hebung und Senkung der Stimme, Lautstärke, Sprechtempo, Intonation usw.)

– *manipulatives Verhalten* (auf Personen, Tiere, Pflanzen oder dingliche Objekte und Medien gerichtete Motorik).

Gewünschte (innere) Lerntätigkeiten und ihre Ausrichtung auf intendierte Lernakte können einigermaßen sicher nur durch Verständigung mit dem Lerner veranlasst werden. Verständigungsprozesse sind gewissermaßen das Nadelöhr, durch welches alle Versuche von Lehrern, das Lernen der Schüler zu beeinflussen, hindurch müssen (Grzesik 1994, S. 54). *Insofern ist die Didaktik der Lernökologie auch eine Verständigungsdidaktik.* Verständigung der Lehrkraft mit dem Lerner und der Lerner untereinander ist aber nur möglich in einer entspannten Situation, so dass auch die Beziehungsebene von Lehr-Lern-Prozessen in den Fokus unserer Aufmerksamkeit rückt.

3 „Gute" Lernarrangements

Die Ausgangsfrage nach »gutem« Unterricht muss aus der Perspektive der Didaktik der Lernökologie umformuliert werden zur Frage nach »guten« Lernarrangements. Als solche können wir bezeichnen:

– Lernarrangements, zu deren sämtlichen Elemente (Lernumgebungen, Lernaufgaben, Lerntätigkeiten mit ihren jeweiligen Bestandteilen) *bewusste Entscheidungen* getroffen wurden;

– Lernarrangements, welche über einen gewissen Zeitraum hinweg alle Lernakte abarbeiten und dadurch *vollständiges Lernen* ermöglichen;

– Lernarrangements mit bewusst gewählter, angemessener Anordnung von Lerneinheiten, das heißt Lernarrangements mit einem geeigneten Maß an *Verzweigungen*, an fakultativen und obligatorischen Lerneinheiten und mehr oder weniger verbindlichen Abfolgen von Lerneinheiten;

– Lernarrangements, welche ein *ausgewogenes Verhältnis* zwischen vollständiger Instruktion, überdeterminierten und unterdeterminierten Lerneinheiten herstellen und im Laufe der Zeit ein Curriculum von vollständiger Instruktion über überdeterminierte Lerneinheiten zu unterdeterminierten Lerneinheiten implizieren;

– Lernarrangements, welche die *Innen-Perspektive* des Lernens berücksichtigen und die dem Lerner Hilfen geben, seine innere Lernumgebung und seine inneren Lerntätigkeiten optimal zu organisieren, und schließlich

– Lernarrangements, welche *Verständigungsprozesse* der Lerner untereinander, mit sich selbst und mit Instruktoren einschließen.

Literatur

Derbolav, J. (1979): Der Beitrag der Praxeologie zu einer „Theorie der Normativität". In: Vierteljahresschrift für Wissenschaftliche Pädagogik 55, S. 420-440

Grzesik, J. (1994): Unterricht: Der Zyklus von Lehren und Lernen. Stuttgart

Robinsohn, S. B. (1967): Bildungsreform als Revision des Curriculum. Neuwied

Rumpf, H. (1986): Unterricht und Identität. Perspektiven für ein humanes Lernen. 3. Aufl., München

Sacher, W. (2006): Didaktik der Lernökologie. Lernen und Lehren in unterrichtlichen und medienbasierten Lernarrangements. Bad Heilbrunn

Meinert A. Meyer

Guter Unterricht aus der Perspektive der Bildungsgangdidaktik

1 Einleitung und Programm: Bildungsgangdidaktik

Die Allgemeine Didaktik ist die Theorie des Lehrens und Lernens (vgl. Terhart 2009). Bildungsgangdidaktik ist die Theorie des Lehrens und Lernens aus der Perspektive des Bildungsgangs der Lernenden und der Lehrenden.[1] Beide Seiten, die Lehrenden und die Lernenden, bringen ihr „biographisches Gepäck", oder, wie das Johann Friedrich Herbart (1776-1841) formuliert hat, ihre „höckerige Individualität" in den Lehr-Lern-Prozess ein, ihre Einzigartigkeit, ihre Fähigkeiten, Wünsche und Befürchtungen, ihre Interessen und Zukunftsperspektiven, aber auch ihre „Macken".

In diesem Beitrag konzentriere ich mich auf die Lehrenden. Mich interessiert, wie sie die Heranwachsenden in ihrer Entwicklung, ihrem Lernen und letztlich in ihrer bildenden Selbstbestimmung unterstützen. Ich beginne nach dieser Einleitung historisch, mit einem Rückblick auf den großen Pädagogen Johann Amos Comenius (1592-1670). Für ihn war das ganze Leben Schule, was ihn zu einem Wegbereiter der Bildungsgangdidaktik macht.

Ich ergänze den Rückblick mit einer zweiten herausragenden Persönlichkeit, mit Friedrich Daniel Ernst Schleiermacher (1767-1835). Er hat sich dafür engagiert, dass die Individualität der Heranwachsenden in Erziehung und Unterricht gewahrt bleibt. Die Fast-Gegenwart ist dann mit dem amerikanischen Pädagogen Robert J. Havighurst (1900-1991) erreicht. Er hat versucht, das Bedürfnis der Heranwachsenden nach Selbstbestimmung mit der Notwendigkeit zu versöhnen, gesellschaftlichen Anforderungen zu genügen. Dafür hat er die Bearbeitung von Entwicklungsaufgaben konzipiert. Mit Bezug auf das Entwicklungsaufgabenkonzept präsentiere ich dann empirische Informatio-

---

[1] In Hamburg setzte ich mich, wie viele Kolleginnen und Kollegen und viele Doktorandinnen und Doktoranden, im DFG-Graduiertenkolleg Bildungsgangforschung für die Bildungsgangdidaktik und die dafür erforderliche Bildungsgangforschung ein.

nen zur professionellen Entwicklung für den Lehrerberuf. Die Analyse stützt sich auf Interviews mit einem Studierenden, einer Referendarin und einer stellvertretenden Schulleiterin. Die Kopplung von historischer Theorie und heutiger Empirie macht es möglich, ein Stufungsmodell für guten Unterricht zu skizzieren. Ich schließe mit einem Kommentar zu der Frage, was das Thema mit mir selbst zu tun hat. Zur Erleichterung für die Identifikation des roten Fadens im nachfolgenden Text verwende ich das folgende Logo.

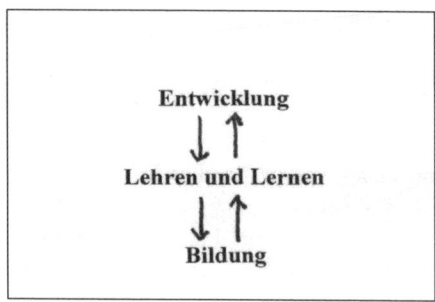

Abb. 1: Grundbegriffe der Bildungsgangdidaktik und -forschung

Wir versuchen in der Bildungsgangforschung und -didaktik, drei Bereiche aufeinander zu beziehen: die Erforschung der Entwicklung der Heranwachsenden im biologisch-psychologisch-sozialisatorischen Prozess, das Zusammenspiel von Lehren und Lernen in Schule und Unterricht und das, was – über das Lernen und Lehren hinausgehend – als Bildung verstanden werden kann: Lehren verlangt nicht nur die Akzeptanz, dass es keine simple Korrelation von Lehren und Lernen gibt, sondern auch die Berücksichtigung von Entwicklungsprozessen, die schulisch nur bedingt beeinflusst werden können. Deshalb sind diejenigen Prozesse von besonderem Interesse, in denen Bildung als Befreiung zu Selbstbestimmung, Urteil, Kritik, Verantwortungsbereitschaft und Solidarität auf den Lehr-Lern-Prozess und die Entwicklung der Kinder und Jugendlichen bezogen werden kann.

2 Johann Amos Comenius (1592-1670):
Das ganze Leben als Schule

Man kann Comenius als ersten Vertreter der These vom lebenslangen Lernen verstehen. Insofern ist er ganz modern. Jedes Lebensalter hat seine Schule.

Comenius konzipierte deshalb in seiner „Pampaedia", in der er die Wieder-
herstellung („restitutio") des menschlichen Geistes in seiner vorbestimmten
Würde und Kultur anstrebte, eine Abfolge von Schulen für jedes Lebensalter:
1. Die Schule des vorgeburtlichen Werdens
2. Die Schule der frühen Kindheit
3. Die Schule des Knabenalters
4. Die Schule der Reifezeit
5. Die Schule des Jungmannesalters
6. Die Schule des Mannesalters
7. Die Schule des Greisenalters
8. Die Schule des Todes

Abb. 2: Rembrandt: Johann Amos Comenius. Das Bild stellt aller Wahrscheinlichkeit nach
Johann Amos Comenius dar und stammt sicher von Rembrandt Harmensz van Rijn.

Erziehung ist notwendig im Hinblick auf Welterkenntnis durch den Verstand
(*intellectus*), im Hinblick auf Erziehung für den Umgang mit den Mitmenschen (*mores*) und im Hinblick auf die Rettung der eigenen Seele für das
ewige Leben (*religio*). Comenius schreibt: *Es scheint ein schwieriges Unterfangen zu sein, alle Menschen dieser vervollkommnenden Pflege (cultura) zu-
zuführen, einer nach Maßgabe des Ganzen geordneten, fest gegründeten
Pflege, dass sie wirklich verwandelt und neue Menschen werden, ein wahres
Abbild Gottes. Aber weil unser Wunsch so schön ist, muß zunächst der Gedanke an seine mögliche Unerfüllbarkeit beiseite gelassen werden; es sei*

*denn, es stelle sich nach der Prüfung von allem und jedem heraus, dass man
es vergeblich durchforscht habe.* (Comenius 1960, S. 11)
Wichtig ist, dass Comenius die heutige Idee der Selbstregulation gar nicht
verstehen würde. Für ihn war es eine Selbstverständlichkeit, dass Erziehung
der *fürsörglichen Führung durch die Erwachsenen* bedarf. Und seien wir ehrlich, auch wir denken normalerweise so. Eltern sollen erziehen und Kinder
sollen sich erziehen lassen. Lehrer sollen lehren und Schüler sollen lernen.
Ich gebe einige wenige Kommentare zu den Schulen:
- Die Erziehung beginnt für Comenius schon im Mutterleib, in der „Schule
  des vorgeburtlichen Werdens" als Auftrag für die Eltern.
- Es folgen dann die Erziehung durch die Mutter, die „Schule der frühen
  Kindheit" (glänzend dargestellt im „Informatorium der Mutter-Schul") und
- die erste richtige Schule, die „Muttersprachschule", in der die Kinder – damals war das nicht selbstverständlich – nicht nur Lateinisch, sondern vor
  allem ihre Muttersprache erlernen sollten.
- Die „Schule der Reifezeit" ist dann die Lateinschule, die auf die Universität
  vorbereitet, auch wenn selbstverständlich nicht alle Heranwachsenden die
  Universität besuchen werden.
- Es folgen die Universität, an der damals nach der Grundbildung, dem „Tri-
  vium", vor allem die Theologie, die Jurisprudenz und die Medizin gelehrt
  wurden,
- die „Schule des Mannesalters", und dann
- die des „Greisenalters" und
- die „Schule des Todes", die auf das ewige Leben vorbereiten soll und in
  der die christliche Perspektive der Erlösung die traditionelle Perspektive
  des Niedergangs durchbricht.
Comenius kommt zu einem sehr optimistischen Fazit bezüglich seiner acht
Schulen: *Ich denke, wir sind uns jetzt darin einig, daß I. eine am Ganzen
orientierte vervollkommnende Pflege des Menschen heilbringend für die Welt
ist, daß eine solche Wartung II. durch die bereits aufgezeigten Mittel erwirkt
werden kann und daß III. eine derartige Verwendungsweise dieser Mittel gefunden ist, die ihren Gebrauch leicht und auch angenehm macht – und daß
infolgedessen eine solche instandsetzende Behandlung (cultura) für das Men-
schengeschlecht ein unverschlossenes Paradies der Freude sein wird.* (Comenius 1960, S. 201). Mit dem Orbis sensualium pictus, dem *gemalten Wel-
tenkreis der sinnlich wahrnehmbaren Dinge (1658/1979),* liefert Comenius
die erste Fibel für den Schulanfang und – indirekt-exemplarisch – die erste
neuzeitliche Allgemeinbildungstheorie. Er beschreibt in 151 Lehrbildern mit
Begleittext, was das Ganze, *omnia,* ausmacht: *omnia, quae necessaria,* alles,

was notwendig ist. Auf den nachfolgenden Schulen wird dann erneut, nun aber auf höherem Niveau, dieses Ganze behandelt. Dafür konzipiert Comenius ein Spiralcurriculum. Die Menschen sollen im Laufe des Lebens jeweils auf höherem Niveau das Gleiche erleben und lernen. Er schreibt:

So unterschiedlich diese Schulen auch sind, so soll in ihnen doch nicht Verschiedenes behandelt werden, sondern vielmehr dasselbe in verschiedener Weise, d.h. alles, was die Menschen zu wirklichen Menschen, die Christen zu wirkichen Christen, Gelehrte zu wirklichen Gelehrten machen kann, nur jeweils nach der Stufe des stets höher strebenden Lebensalters und Vorbereiungsganges (Comenius 1627-32/1954, S. 191). Die Lektionen, die auf jeder Stufe zu bearbeiten sind, erschließen ihrer Struktur nach alles, „*omnia*". Und trotzdem ist das, was jeweils das Ganze ist, das man lernen muss, altersabhängig begrenzt. Im „*Orbis*" erfährt das Kind zum Beispiel, dass jeder Mensch zwei Augen hat. In der „*Janua*" lernt der Knabe, dass das Auge Augenlider hat, die es befeuchten, und dass es die Augenbrauen gibt. In der „*Schola ludus*" erfährt der Jüngling, dass die Augenlider das Auge beim Zwinkern befeuchten und dass die Wimpern gemeinsam mit den Augenbrauen die Augen schützen. Aus meiner Sicht sind wir heute in der Allgemeinbildungsdiskussion bezüglich der Bestimmung des Ganzen nicht weiter, als es Comenius war. Dabei stehen die „Schulen" als Stationen auf einem lebenslangen Bildungsgang. Es handelt sich nur von der dritten bis zur fünften Schule auch um Institutionen.

Ich kann auf mein Logo für diesen Beitrag zurückkommen und den erreichten Argumentationsstand fixieren. Der Bildungsgang bestimmt das ganze Leben. Er kann, wenn wir Comenius folgen, nicht aus eigener Kraft gestaltet werden. Kinder brauchen Unterricht. Sie müssen erzogen werden. Das Lernen kann deshalb nicht nur selbstreguliert sein.[2] Comenius denkt das Zusammenspiel von Entwicklung, Lehren und Lernen und Bildung dabei aus der Perspektive der Erwachsenen, die die Kinder nach ihrer Auffassung formen wollen.

---

[2] Der *Orbis sensualium pictus* beginnt deshalb nach der Einführung mit einer Lektion, in der der Lehrer seinen Schüler zum Lernen auffordert: „*Veni, Puer! Disce Sapere.*" – „*Komm her, Knab, lerne Weisheit*". Das Lernen bedarf der Lehre, und der Lehrer ergreift die Initiative.

3 Friedrich Daniel Ernst Schleiermacher (1768-1834): Individualität im Generationenverhältnis

Eine gleichfalls christlich fundierte, gleichfalls optimistische Position bezüglich der Bedeutung von Bildung und Erziehung im lebenslangen Lernprozess findet man knappe 200 Jahre später bei Friedrich Daniel Ernst Schleiermacher, dem großen Theologen und Pädagogen der Deutschen Klassik. Dabei ist Schleiermacher viel nüchterner und reflektierter als Comenius. Er fragt in seiner „Vorlesung zur Erziehung" aus dem Jahr 1826, was es heißt, die Erziehung aus dem Generationenverhältnis heraus zu bestimmen, und argumentiert dafür ethisch, heute würde er wohl hinzufügen, dass er auch soziologisch bzw. sozialisationstheoretisch denke.

Abb. 3: Friedrich Daniel Ernst Schleiermacher

Er beschreibt das Zusammenleben der Menschen, die jeweils individuell ihren Bildungsgang ins Zusammenleben einbringen, in seiner dialektischen Struktur. Die Erwachsenen haben das Recht und die Pflicht, die Heranwachsenden zu erziehen. Sie haben den Heranwachsenden zu sagen, wo's langgeht, aber dafür braucht man eine Theorie der Erziehung. Schleiermacher schreibt: *Das menschliche Geschlecht besteht aus einzelnen Wesen, die einen gewissen Zyklus des Daseins auf der Erde durchlaufen und dann wieder von derselben verschwinden, und zwar so, dass alle, welche gleichzeitig einem Zyklus angehören, immer jeweils geteilt werden können in die ältere und die jüngere Generation, von denen die erste immer eher von der Erde scheidet. [...]. Ein großer Teil der Tätigkeit der älteren Generation erstreckt sich auf die jüngere, und sie ist um so unvollkommener, je weniger gewusst wird, was man tut und warum man es tut. Es muß also eine Theorie geben, die von dem Verhältnisse der älteren Generation zur jüngeren ausgehend sich die Frage stellt: Was will denn eigentlich die ältere Generation mit der jüngeren?* (Schleiermacher 1826/1957, S. 9). Die Frage mag auf den ersten Blick sehr banal wirken, aber sie hat es in sich: Das Generationenverhältnis wird als in seiner Grundstruktur normativ bestimmt. Schleiermacher gibt nachfolgend eine konkretisierende Antwort auf die Frage, was die ältere Generation eigentlich will, wenn sie sich um die Erziehung der jüngeren bemüht: *Die Erziehung [...] soll den Menschen abliefern als ihr Werk an das Gesamtleben im Staate, in der Kirche, im allgemeinen freien geselligen Verkehr und im Erkennen oder Wissen* (Schleiermacher 1826/1957, S. 28 f.).

Auch dies ist zunächst wieder simpel, hat es aber gleichfalls in sich. Die großen gesellschaftlichen Institutionen der damaligen Zeit, der Staat, die Kirche, das gesellige Leben (damals revolutionär, man traf sich in den Salons, z.B. bei Henriette Herz) und die Wissenschaften sind in ihrer Existenz darauf angewiesen, dass die Heranwachsenden in diese Gemeinschaften aufgenommen werden und dass sie in ihnen agieren können. Schleiermacher stellt nun aber fest, dass die großen Lebensgemeinschaften, in die hinein erzogen werden soll, nicht vollkommen sind und in der Regel zueinander im Widerspruch stehen, was die Erziehung für die Lebensgemeinschaften unvollkommen macht. Dies veranlasst ihn zu einer gewichtigen Erweiterung der oben vorgetragenen Antwort auf die einleitende Aufgabenbestimmung für die Erziehung: *Die Erziehung soll so eingerichtet werden, dass beides in möglichster Zusammenstimmung sei, dass die Jugend tüchtig werde einzutreten in das, was sie vorfindet, aber auch tüchtig in die sich darbietenden Verbesserungen mit Kraft einzugehen. Je vollkommener beides geschieht, desto mehr verschwindet der Widerspruch* (Schleiermacher, 1826/1957, S. 31).

Wichtig ist dabei, dass man nur das, was in den zu Erziehenden, den „Zöglingen" selbst steckt, fördern kann. Noch wichtiger ist, dass sich das Verständnis für das Leben in der Gemeinschaft – Schleiermacher spricht vom „Gemeingefühl" – nicht erzwingen lässt. Es muss gelebt werden! Schleiermacher formuliert seinen hierauf bezogenen Vorbehalt so: *Die Verschiedenheiten, Eigentümlichkeiten der Menschen, die außerhalb des Bösen sind, sollen auch sein. Die menschliche Natur ist nur vollständig, inwiefern diese Verschiedenheiten in ihr heraustreten. Es soll sich uns im Gebiet der menschlichen Natur die ganze Mannigfaltigkeit von Erscheinungen entfalten. Wenn*

der Mensch nur als Selbständiges und Selbsttätiges Gegenstand der Erzieh-
ung sein kann, so ist also was in der Entwicklung begriffen ist, auch zu seiner
Selbsttätigkeit gehörig anzusehen, und muß als solches, insoweit es der Idee
des Guten nicht widerstreitet, auch im Zwecke der Erziehung liegen (Schleiermacher 1826/1958, S. 27). Ich kenne keine bessere Begründung für die
Förderung der Individualität der Heranwachsenden. Wer alles gleichmachen
will, muss sich rechtfertigen, nicht der, der sich um die Individuen kümmert.
Ich beziehe mich jetzt wieder auf das Logo: Im Vergleich zu Comenius bestimmt Schleiermacher die Rolle der Heranwachsenden also als viel macht-
voller. Das Lehren ist substantiell von dem abhängig, was die Heranwachsenden von sich aus in den Lehr-Lern-Prozess einbringen. Nur was sie selbst
wollen, hat eine Realisierungschance.

4 Robert J. Havighurst (1900-1991):
Bearbeitung von Entwicklungsaufgaben

Die Gegensätzlichkeit der Positionen von Comenius und Schleiermacher verlangt einen Ausgleich. Im nun folgenden Abschnitt mache ich hierfür einen
Vorschlag im Anschluss an den amerikanischen Soziologen und Erziehungs-
wissenschaftler Robert J. Havighurst, womit die gesellschaftlichen Anforderungen auf der einen Seite und die Individualität und Freiheit der Lernenden
auf der anderen Seite aufeinander bezogen werden sollen.

Abb. 4: Robert J. Havighurst

Unter Entwicklungsaufgaben verstehe ich im kritischen Anschluss an Havighurst die Konzeption von Entwicklungszielen, die die Lernenden in der Deutung gesellschaftlicher Anforderungen auf der Basis ihrer aktuellen Kompetenzen und ihrer Identität aufbauen (Meyer 2007; vgl. Trautmann 2005). Entwicklungsaufgaben, die Uwe Hericks und Eva Spörlein im Anschluss an Havighurst und andere für die Adoleszenz (12 bis 18 Jahre) ausweisen, sind die folgenden (vgl. Hericks u. Spörlein 2001, S. 35 ff.):

– Tragfähige Beziehungen zu Altersgenossen entwickeln;
– Die eigene Geschlechtsrolle finden;
– Den eigenen Körper akzeptieren („shall I be pretty?");
– Sich allmählich emotional, wertemäßig und ökonomisch von den Eltern lösen;
– Einen Partner/eine Partnerin finden und intime Beziehungen zu ihm/zu ihr vorbereiten oder auch realisieren;
– Sich auf einen Beruf vorbereiten;
– Ein Wertesystem/eine Ethik als Richtschnur für das eigene Verhalten aufbauen;
– Verantwortungsbereitschaft für andere entwickeln;
– Einen tragfähigen Selbstbezug, ein Verständnis für die eigene Rolle und die eigenen Wirkmöglichkeiten entwickeln.[3]

Entwicklungsaufgaben sind, wie wir in Hamburg sagen, *Motor des Lernens*, nicht die Bildungsstandards, wie gegenwärtig in der Kompetenzorientierungssdebatte nach PISA angenommen wird (vgl. Klieme u.a. 2007, S. 10). Havighurst schreibt: *The developmental-task concept occupies middle ground between the two opposed theories of education: the theory of freedom – that the child will develop best if left as free as possible, and the theory of constraint – that the child must learn to become a worthy, responsible adult through restraints imposed by his society. A developmental task is midway between an individual need and a societal demand. It assumes an active learner interacting with an active social environment* (Hav. 1972, S. vi.).

Die Heranwachsenden bereiten sich auf eine zukünftige Berufstätigkeit und auf andere gesellschaftliche Aufgaben vor. Sie bringen ihre eigene Lebensgeschichte, ihre Persönlichkeit, ihre sich entwickelnden Stärken und Schwächen in die unterrichtliche Lernsituation ein. Dabei ist ihnen mehr oder weniger klar bewusst, dass sie lernen, um den gesellschaftlichen Ansprüchen zu

---

[3] Ich weise jetzt nicht aus, wie sich dieser Katalog, den Hericks / Spörlein formuliert haben, von Havighursts Katalog aus dem Anfang der 1970er Jahre unterscheidet. Havighurst betont ausdrücklich, dass er sich an der weißen amerikanischen Mittelschicht orientiert.

genügen. Das Entscheidende dabei ist, dass in der Lösung von Entwicklungsaufgaben individuelle Biographie und Gesellschaft zusammenkommen. Havighurst konkretisiert sein Modell wie folgt: The tasks the individual must
learn – the developmental tasks of life – are those things that constitute heal-
thy and satisfactory growth in our society. *They are the things a person must
learn if he is to be judged and to judge himself to be a reasonably happy and
successful person. A developmental task is a task which arises at or about a
certain period in the life of the individual, successful achievement of which
leads to his happiness and to success with later tasks, while failure leads to
unhappiness in the individual, disapproval by the society, and difficulty with
later tasks* (Havighurst 1972, S. 2).

Havighurst legt das Programm für verschiedene Entwicklungsstufen aus,
ähnlich wie Erik H. Erikson, er konstruiert also eine Entwicklungstreppe, als
Pendant zu den acht Schulen des Lebens von Comenius, worauf ich zurück-
komme. Die Bearbeitung von Entwicklungsaufgaben ist notwendig, ohne sie
kämen die Heranwachsenden bzw. die Studierenden in beträchtliche Schwierigkeiten.[4]

Am Modell von Havighurst haben wir einiges zu kritisieren, was ich hier
aber nur andeuten kann. Am wichtigsten ist meines Erachtens der folgende
Aspekt: Ohne eine partielle Freiheit gegenüber gesellschaftlich vorgegebenen
Anforderungen wären historische Veränderungen im Verständnis von Entwicklung, Lernen und Bildung schlecht vorstellbar. Es ist noch nicht ausgemacht, was die *wirklichen* Entwicklungsaufgaben der nachwachsenden Generation sind, auch wenn wir Erwachsenen uns nur schwer vorstellen können,
dass zum Beispiel Wolfgang Klafkis Schlüsselprobleme – Friedensförde-
rung, Eindämmung der ökologischen Katastrophen, Berufsvorbereitung, Gestaltung der Geschlechterbeziehungen und ähnliches – *nicht* dazu gehören. Es
ist auch noch nicht ausgemacht, ob die etablierte Allgemeinbildung, wie sie
die Schule vermittelt, Heranwachsende in der Lösung ihrer Entwicklungsaufgaben unterstützt, selbst eine Entwicklungsaufgabe beschreibt oder die Bearbeitung von Entwicklungsaufgaben behindert.

Wenn Wolfgang Klafki und alle anderen, die sich an der Idee der Allgemeinbildung orientieren, beanspruchen, dass das Allgemeinbildungsprogramm,
das von den Lehrern als Repräsentanten der Erwachsenenwelt vertreten wird,
die Lernenden so in ihrer Entwicklung voranbringt, dass sie zu verantwort-

---

[4] Insider werden erkennen, dass mit „success" und „happiness" Idealbilder der amerikanischen
Gesellschaft thematisiert werden, deren Übertragbarkeit auf andere Kulturen und in unsere
gegenwärtige Zeit man in Frage stellen kann.

lichen Gliedern der Gesellschaft werden können, dann sagen sie in der Sprache der Bildungsgangforschung, dass Allgemeinbildung eine Entwicklungsaufgabe sei. Ärgerlich ist nur, dass viele Lehrer und noch mehr Schülerinnen und Schüler dies anders sehen. Sie betrachten Allgemeinbildung gerade *nicht* als Motor Ihres Lernens, eher als Hindernislauf bis zum Abschluss der Sekundarstufe I bzw. bis zum Abitur! *Wie* die Schule den Bildungsgang der Heranwachsenden behindert oder fördert, ist eine Fragestellung, die Empirie verlangt. Ich nenne deshalb mit Bezug hierauf einige Erträge der Arbeiten aus unserem Hamburger Graduiertenkolleg „Bildungsgangforschung" und die Erträge von in der Nähe des Kollegs angesiedelten Arbeiten:[5]

– Schon die Schüler der Grundschule verfügen über beträchtliches *Reflexionspotential* bezüglich der Gestaltung ihrer Lernprozesse (Annika Kolb zur Portfolioarbeit für den Fremdsprachenunterricht in der Grundschule).

– Fachunterricht produziert *Befremdlichkeiten*, die sich nicht einfach so durch Unterstützung von Kompetenzerleben, soziale Einbindung und Autonomieerfahrung beheben lassen (Mari Lechte und Andreas Gedaschko zum Physiklernen).

– Schüler verfügen über beträchtliche *didaktische Kompetenzen*, akzeptieren aber die Klischeevorstellung, dass die Lehrer den Unterricht zu „machen" haben. In Umkehrung fehlt es auch oft an der Anerkennung der didaktischen (nicht der fachlichen) Kompetenzen der Schüler durch die Lehrer (Meyer, Kunze, Trautmann 2007).

– Die Berücksichtigung von *Alltagsphantasien* (dokumentiert für den Biologieunterricht) ist nicht das zu vermeidende Eindringen von *misconceptions* in den Lehr-Lern-Prozess, sondern eine plausible Strategie für die effektivere Gestaltung fachlicher Lernprozesse (Barbara Born und Sabrina Monetha zur Gentechnik).

– Ein Projekt von Andreas Petrik, Christian Welniak, Stefan Hahn und anderen, ein Lehrstück zur „Dorfgründung" im Politikunterricht, zeigt, dass die Orientierung der Lehre am subjektiven Bildungsgang der Lernenden didaktisch ertragreich ist. *Lehrkunstdidaktik* ist insofern eine Herausforderung für die Bildungsgangdidaktik, die übrigens auch didaktische Anschlüsse an die Debatte über Bildungsstandards erlaubt.

– *Fehlende wechselseitige Anerkennung* haben wir in großem Umfang in unseren empirischen Untersuchungen zum Fachunterricht gesehen. Eine Schwierigkeit, das hat Christine Ziegler herausgearbeitet, besteht deshalb

---

[5] Für die genauen Belege verweise ich auf Meyer (2008).

darin, dass die Schülerinnen und Schüler ihre Anerkennung *im Fachunterricht* einfordern, nicht nur außerhalb des Unterrichts (Ziegler 2009).
Auf der Basis dieses Katalogs von empirisch abgesicherten Gütekriterien für die Unterrichtsgestaltung aus der Perspektive der Bildungsgangforschung lassen sich – noch einmal abstrahierende – Schlüsselbegriffe für den Theorierahmen der Bildungsgangdidaktik ausweisen:

– Lehrer sind als ganze Persönlichkeiten gefordert, wenn sie lehren. Aber das, was sie lehren, ist inhaltlich erstens Ausdruck der jeweiligen Fachkultur und damit des Kulturellen und zweitens Ausdruck ihrer Berufsbiographie, die über diese Schiene auch als Fachhabitus erfahrbar wird (Lüders 2007).

– Die Schüler bringen ihre Lernbiographie und damit ihre Individualität in den Unterricht ein, ihre Selbstkonzepte, und dies im Kollektiv, und zugleich in ihrer Heterogenität, die sich interkulturell, sozialmilieumäßig, nach Geschlecht, bezüglich der kognitiven Leistungsfähigkeit etc. ausweisen lässt.

– Die unterrichtliche Situation ist aber nicht nur durch das biographische Gepäck bestimmt, das die Schüler mitbringen. Ebenso wichtig ist ihre Zukunftsperspektive, ihr Blick nach vorn. Wir fassen dies im Rahmen der Bildungsgangforschung über das Konzept der Entwicklungsaufgaben.

– Erst wenn das Lernen für die Schüler sinnvoll wird, kann es nachhaltig wirken. Erst wenn die Schüler merken, dass die Lehrer sie nicht von ihren wirklichen Entwicklungsaufgaben ablenken, werden sie dem Lehrangebot etwas abgewinnen.

– Der Schnittpunkt von *Lehren* und *Lernen, Lernbiographie* und *Entwicklungsaufgaben* ist für Schüler und für Lehrer das, was den Unterricht *sinnvoll* macht. Es kommt also darauf an, die Sinnkonstruktionen zu identifizieren, die sich aus den Entwicklungsaufgaben speisen und bei den Lehrern zu professioneller Kompetenz und Identität und bei den Schülern zu vorberuflichem Kompetenzaufbau und zur Identitätsbildung führen können (Combe u. Gebhard 2007; Koller 2008).

Ich meine, dass wir jetzt das Verhältnis von Entwicklung auf der einen Seite und Lehren und Lernen auf der anderen Seite besser beschreiben können, als dies auf der Basis der Arbeiten von Comenius und Schleiermacher möglich ist. Lehren ist also nur dann erfolgreich, wenn das curriculare Programm nicht im Widerspruch zur Bearbeitung der Entwicklungsaufgaben gerät, die

die Heranwachsenden wahrnehmen.[6] Havighurst bringt das auf die Formel
des „teachable moment". Lehrer können nicht einfach mit dem Lehren losle-
gen. Sie müssen kontrollieren, ob das, was sie den Heranwachsenden anbieten, von diesen auch angenommen wird: *When the body is ripe, and society
requires, and the self is ready to achieve a certain task, the teachable moment has come* (Havighurst 1948/1972, S. 7). Ich kann deshalb jetzt wieder
mein Logo deuten, sozusagen auf reflektierterem Niveau: Havighurst verknüpft das Konzept der Entwicklung mit der Gestaltung des Lehr-Lern-Pro-
zesses, wobei er das dialektische Verhältnis von Freiheit und Zwang heraus-
stellt und damit nach der Stärkung der Individualität bei Schleiermacher der
gesellschaftlichen Bedingtheit des Lehrens und Lernens angemessenes Ge-
wicht gibt. Offen bleibt, wie Entwicklung, Lehren und Lernen auf *Bildung*
bezogen werden können.

5 Entwicklungsaufgaben für Studierende, Referendare und Lehrer

Bis jetzt sind wir in unserem historisch-systematischen Rückblick so weit gekommen, dass Entwicklung, Lehren-Lernen und Bildung *irgendwie* zusammen kommen müssen. Lothar Klingberg hat es in seiner Didaktik als das dialektische Wechselspiel von pädagogischer Führung durch die Lehrer und
Selbsttätigkeit der Schüler bestimmt (Klingberg 1987). Lernpsychologisch
kann es als das Zusammenspiel von Fremdregulation und Selbstregulation
gefasst werden (Boekaerts u.a. 2001). Sozialisationstheoretisch lässt es sich als Zusammenspiel von Umwelt und
Persönlichkeitsentwicklung (Tillmann 1989) deuten.[7] Ich veranschauliche die
Fragestellung in diesem Abschnitt an Interviews mit einem Lehramtsstudenten, einer Referendarin und einer stellvertretenden Schulleiterin.

---

[6] Ich sollte darauf hinweisen, dass wir im Graduiertenkolleg Bildungsgangforschung bezüglich
   der Nützlichkeit des Entwicklungsaufgaben-Modells immer wieder kontroverse Diskussionen
   geführt haben. Ob neben den Entwicklungsaufgaben andere „Motoren des Lernens" anzuset-
   zen sind, etwa das interesselose Wohlgefallen an ästhetischen Objekten oder emotionale Dimensionen wie Liebe und Hass, Furcht und Hoffnung im Modell fehlen, haben wir noch nicht
   ausdiskutiert.
[7] Selbstverständlich muss das sozialisatorische Modell von Havighurst aus der Perspektive der
   heutigen Sozialisationsforschung fortgeschrieben werden. Ich gehe aber in Abschnitt 6 bis 9
   nur noch auf den Bezug des Modells zur Bildung ein.

5.1 Entwicklung als Treppe von der Schule bis in den Beruf

Wir können uns eine Entwicklungstreppe (siehe unten) denken, die auf jeder Stufe neu konstruiert wird. Der wirkliche Lernprozess ist natürlich nicht so geradlinig wie die jetzt gezeichnete Treppe; er weist Sprünge, Schleifen, Moratorien und Fossilisierungen auf. Es ist deshalb sinnvoll, einen *objektiven* Bildungsgang von einem *subjektiven* Bildungsgang zu unterscheiden.

Objektiv gestaltet wird der Bildungsgang der Heranwachsenden über die Fachkultur, die Lehrer und ihren Unterricht, die Institutionen und organisatorischen Maßnahmen, die die Schüler von der ersten Klasse bis zum Schulabschluss begleiten

Von diesen Vorgaben hebt sich der subjektive Bildungsgang als das ab, was die Schüler aus dem Lernangebot der Schule herausfiltern und in Kombination mit anderen Lernangeboten nutzen.

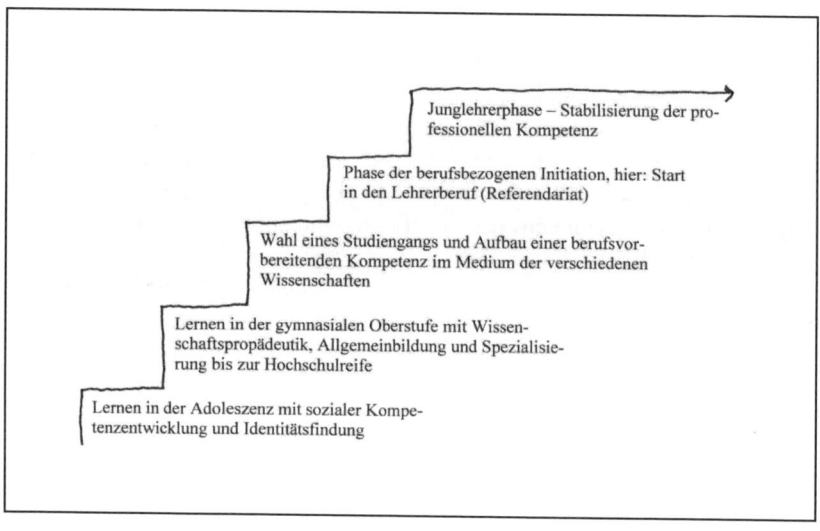

Abb. 5: Entwicklungstreppe

Wir haben damit die Fragestellung für die nachfolgenden Interview-Auswertungen erreicht. Wie kann man als Lehrer den durch Fremd- und Selbstregulation bestimmten Lernprozess der Schüler unterstützen?

5.2 Der Lehramtsstudent Martin H.: „Ich bin ein Fan des Frontalunterrichts"

Das Interview, dem die nun folgenden Auszüge entstammen, ist von einer Studentischen Hilfskraft mit einem Hamburger Studenten geführt hat:

Martin ist 25 Jahre alt. Er studiert im 3. bzw. 4. Semester die Fächer Biologie und Englisch für das Lehramt an Gymnasien. Er weist mehrfach darauf hin, dass er sich als schon weitgehend professionalisiert versteht. Sein Vater ist Lehrer, seine Mutter ist Lehrerin: *„Im Lehrerzimmer meiner Mutter, wenn ich dann mit meiner Schule fertig war, bin ich dann rüber zu meiner Mutter, wenn die noch weiter Unterricht hatte, hab mich dann noch eine Stunde ins Lehrerzimmer gesetzt, hab dann ja schon gehört, wie die Leute geflucht haben oder seltener mit irgendwas richtig zufrieden waren."* Außerdem hat Martin jahrelang Rollenspiele geleitet: *„[...] mit Monster tot hauen und so!"* Völlig geklärt ist die Berufswahl noch nicht: *„Inzwischen habe ich ja meine Sinnkrise bekommen, ob Lehramt überhaupt noch Sinn macht oder ob ich mich dadurch nur noch frustrieren würde. Ich habe ja jetzt schon zwei Stunden ... hospitiert und die Kleinen waren an sich ja doch recht niedlich [...] also ich will da dieses Praktikum abwarten und dann entscheide ich mich."* Zu seinen Fächern ist Martin aufgrund seines fachlichen Interesses gekommen: *„Das sind eigentlich die Sachen, die mir damals als Schüler am meisten Spaß gemacht haben [...]. Das sind Fächer, für die ich mich begeistern kann, und ich hoffe, diese Begeisterung weitergeben zu können..."* Martin weiß schon, worauf es ankommt: *„Er [der Lehrer, M. Meyer] muss soviel Fachwissen haben, dass er einem Schüler Rede und Antwort stehen kann, auch wenn ein Schüler mal ein bisschen tiefer nachbohrt. Und ich glaube, dass diese Autorität auch teilweise aus einem Fachwissen erwächst. [...]. Ja, und der Rest sind dann nur noch didaktisches und fachliches [auf das Unterrichtsfach bezogenes, fachdidaktisches, M. Meyer] Wissen [...] da habe ich mein Bild noch nicht ganz abgerundet. Als didaktisch kompetent betrachte ich einen Lehrer dann, wenn er weiß, wie eine Materie am besten zu vermitteln ist. Dadurch, dass er sich anschaut, wie andere Leute es versucht haben und wo sie Erfolge oder Misserfolge hatten. Das ist im Prinzip ein Aufarbeiten dessen, was andere einem vorgekaut haben [...]"* Das Studium in den Fächern und in der Erziehungswissenschaft soll Martin dazu verhelfen, dass er später im Unterricht durchkommt: *„Dass ich fachlich kompetent genug bin, um mich vor den Schülern sicher zu fühlen [...]. Dass ich Werkzeuge an die Hand kriege, wie ich Schüler, die meinen Unterricht sabotieren wollen, auch soweit wieder rum kriege, dass sie mich nicht daran hindern, den Rest der Schüler zu belehren."* Martin koppelt sein didaktisches Modell deshalb mit Kritik an den Schülerinnen und Schülern, wie er sie jetzt in den schulpraktischen Studien erlebt: *„Ich frage mich, inwieweit sind diese Menschen [Schüler, M. Meyer] noch erziehbar? Ich meine jetzt in meinem Sinne erziehbar. Ich hab da vielleicht ein bisschen sehr altmodisch konservative Ansichten [...] ich hab halt wie gesagt immer gern gelernt und ich war auch glücklich mit Frontalunterricht. Ich hab entsprechend immer aktiv mitgearbeitet und ich kann niemanden verstehen, der es nicht so handhabt. [...] Nach meinem Bild ist ein Lehrer [...] besitzt ein Lehrer eine natürliche Autorität, allein durch sein persönliches Auftreten, das die Schüler von, [...] nicht extra durch irgend-*

welche Disziplinierungsmaßnahmen zur Mitarbeit angeregt werden müssen. Dass er von der Materie so begeistert ist, dass er diese Begeisterung [...], dass die sich auf den Schüler halt mit überträgt. Dass dadurch auch dieses Motivationsproblem gelöst wird [...]. Dass er aber auch z.B. in der Lage ist, Frontalunterricht so anschaulich zu gestalten, dass auch alle Schüler mitmachen [...]. Und dass wenn mal andere Arbeitsmethoden eingeführt werden, dass die dann Hand in Hand mit dem Frontalunterricht gehen [...]". Zur Frage, ob seine erziehungswissenschaftliche Einführungsveranstaltung, in die Praxisanteile integriert waren, ihm geholfen habe, Theorie und Praxis zusammenzubringen, sagt Martin, seine Position konkretisierend: *„Ich bin da vielleicht nicht das Paradebeispiel, weil ich immer ein echter Fan von Frontalunterricht war. ... Ich bin nicht unbedingt der Team-Mensch. Ich fühl mich durch andere Leute immer gebremst. Im Frontalunterricht kann ich mich (als Schüler) im Prinzip alleine mit dem Lehrer unterhalten."* Zu dieser Auffassung passt, dass Martin seine erziehungswissenschaftlichen Lehrveranstaltungen danach auswählt, wo in seinem Stundenplan noch Luft ist, nachdem die beiden Unterrichtsfächer, Biologie und Englisch, versorgt sind. Für einige Lehrveranstaltungen der Erziehungswissenschaft gehe das allerdings nicht. Für die Integrierten Schulpraktika muss man sich in Listen eintragen: *„Und da hab ich jetzt in diesem Vorbreitungsseminar für das Schulpraktikum auch wieder so'ne Frau gezogen. Die hatte noch zwei richtige Lehrer an ihrer Seite, und wenn die dann eine Frage stellt und keine Sau antwortet, dann wird diese Frage halt zurückgenommen. Also da wird nicht überhaupt mal nachgehakt ‚Ihr faulen Säcke, habt ihr das nicht gelesen?', oder Ähnliches. Also das wird total schleifen gelassen [...].Wir arbeiten ja so völlig zwanglos', so kommt das für mich rüber."* Was Martin an der Lehrenden seines Fachbereichs kritisiert, kritisiert er auch an vielen Lehrerinnen und Lehren und an den Schülern: *„Der Schüler von heute ... sitzt seine Zeit ab und macht irgendwelchen Jokus [...] und die Leute [die Lehrer, M. Meyer], die machen sich nur kaputt. Die versuchen ihren Begeisterungs-Enthusiasmus-Striemel da durchzuziehen und fallen permanent auf den Bauch."*

Für mich war die Lektüre dieses Interviews zunächst ein Schock. Nachfolgend habe ich mir aber die Frage gestellt, wie man Lehramtsstudenten wie Martin in ihrem Professionalisierungsprozess *unterstützen* kann. In dieser Unterstützung, das ist für mich nicht nur auf der Basis dieses Interviews klar, dürfen die didaktischen Voreinstellungen der Studierenden, ihre internalisierten Bilder guten Unterrichts, nicht einfach negiert werden. Ich kann deshalb jetzt verdeutlichen, was die Professionalisierung von Lehrern aus der Perspektive ihres Bildungsgangs bedeutet.

Es kann nicht heißen, das, was die zukünftigen Lehrer oder die praktizierenden Lehrer als ihr biographisches Gepäck mitbringen, einfach zu akzeptieren. Ganz im Gegenteil! Aber eine produktive Entwicklung im Professionalisierungsprozess ist nur denkbar, wenn das, was man in seinem biografischen Gepäck mitbringt, bewusst gemacht wird.

Das Interview mit Martin kann verdeutlichen, wie dominant dieser Einfluss – gegen alle didaktischen Bemühungen – sein kann. Studierende, aber auch die Lehrenden, haben in der Regel ein „Bild" des guten Unterrichts und des guten Lehrers/der guten Lehrerin im Kopf, das ganzheitlich-emotional bestimmt ist und als Praxiswissen spontan aktualisiert werden kann, während das Wissenschaftswissen eher praxisfern und träge ist und mühsam aktualisiert werden muss. Zielsetzung muss es deshalb sein, die zwei Arten von Wissen, das Praxiswissen und das Wissenschaftswissen, aufeinander zu beziehen, zumal es sich beide Male um „Empirie" handelt, um *eigene*, als solche zunächst für die Studierenden glaubhaftere Erfahrung und um wissenschaftlich erzeugtes Wissen (vgl. Neuß 2009, im Druck). Uwe Hericks hat das Konzept der Entwicklungsaufgaben von Havighurst auf die Lehrerbildung bezogen. Er identifiziert vier Entwicklungsaufgaben, vor die die sich professionalisierenden Lehrer gestellt sind:

– Aufbau von *Kompetenz* und kontrolliert effektiver Umgang mit den eigenen Kompetenzen, einschließlich des Umgangs mit den Defiziten, die jedes Kompetenzprofil realistischer Weise aufweisen wird;

– Ausbau der Fähigkeit, Wissen und Können, das man selbst erworben hat, zu *vermitteln*, an andere weiterzugeben;

– Fähigkeit und Bereitschaft, die Schülerinnen und Schüler in ihrer Andersartigkeit *anzuerkennen* und nicht parallel zum eigenen Bild guten Unterrichts und zum eigenen Bild des guten Lehrers ein unreflektiertes Bild des guten Schülers zu konstruieren, und

– Ausbau der Fähigkeit, *in der Institution* Schule als einer Praxisgemeinschaft (*„community of practice"* nach Jean Lave und Etienne Wenger) zu *agieren*, nicht nur mit den Ausbildungsleitern, Mentoren und der Schulleitung, sondern auch mit den Kolleginnen und Kollegen. (Hericks 2006, S. 92-138).

Ich versuche eine Anwendung dieses Entwicklungsaufgabenkatalogs auf unseren Fall, den Studenten Martin:

Kompetenz: Martin weiß, dass er als Gymnasiallehrer fachlich kompetent sein muss. Das Lehrprogramm, das ihm in den Fachwissenschaften angeboten wird, nimmt er an. Er erhofft sich von dieser Fachkompetenz eine natürliche Autorität. Dass er als Lehrer dann auch mit Kompetenzdefiziten vernünftig umgehen muss, hat er noch nicht im Blick.

– *Vermittlung*: Martin definiert seine didaktische Aufgabe sehr klar. Ein Lehrer muss seinen Stoff (die „Materie", wie Martin sagt) gut vermitteln können. Wenn ihm dies gelingt, dann kann er die Schüler für seine Fächer und ihre Inhalte begeistern. Er hat dann keine Motivations- und auch keine Disziplinprobleme. Frontalunterricht ist deshalb die angemessene Lehrform.

– *Anerkennung:* Dass Martin bereit wäre, die Schüler in ihrer Andersartigkeit anzuerkennen, ist nicht erkennbar. Er geht von der Begeisterung für die von ihm studierten Unterrichtsfächer aus und verdrängt dabei, dass die Schüler nicht für alle ihre Unterrichtsfächer gleichzeitig begeistert sein können und dass dies ja wohl auch bei ihm selbst in der Schule nicht der Fall gewesen ist.[8]

– *Agieren in der Institution:* Martin sagt explizit, dass er Team Teaching nicht mag. Auch deshalb bevorzugt er offensichtlich den Frontalunterricht. Ansonsten setzt er auf die Erfahrungen, die er im Lehrerzimmer seiner Mutter gesammelt hat. Dabei bleibt die Institution blass, so wie bei den meisten Studierenden. Bedrängend wird diese Entwicklungsaufgabe in der Regel erst im Referendariat oder in der Junglehrerphase.

Die Frage, wie man Martin in seinem Professionalisierungsprozess erfolgreich unterstützen könnte, muss spekulativ bleiben. Er müsste dazu gebracht werden, zu akzeptieren, dass sein Bild von gutem Unterricht, wie er es im Interview zum Ausdruck bringt, aller Wahrscheinlichkeit nach langfristig nicht tragfähig ist. Er müsste etwas über die methodischen Großformen, ihre Vor- und Nachteile lernen. Vor allem müsste er Entwicklungspsychologie, Motivationsforschung und Jugendforschung in seinen Horizont bringen. Ich kann mir aufgrund langjähriger universitärer Praxis vorstellen, dass sich die Arbeit mit *Portfolios* besonders gut eignet, die Entwicklung fachlicher Kompetenz *und* professioneller Identität voranzubringen (Meyer 2009; vgl. auch Kraler 2007). Dabei sollten sie darin unterstützt werden, ihre eigene, *individuelle Didaktik* zu entwickeln, die ihrer Lernbiographie und ihren persönlichen Stärken und Schwächen entspricht. Das folgende Schaubild soll meine Position plakativ darstellen:

---

[8] Besonders deutlich wird das Anerkennungsdefizit an Martins methodischem Interesse. Er will seinen Frontalunterricht „anschaulich" gestalten und erhofft sich von der Erziehungswissenschaft Werkzeuge, um lernunwillige Schüler dazu zu bringen, dass sie den Unterricht nicht weiter stören.

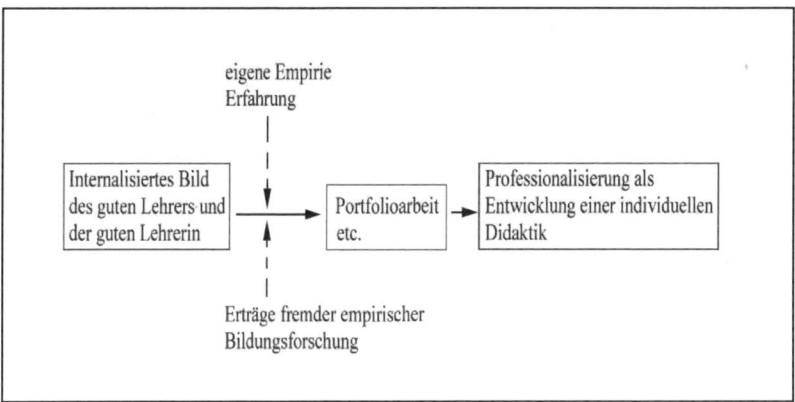

Abb. 6: Die Lehrerrolle aus der Sicht der Bildungsgangforschung

Über Martins weiteren beruflichen Werdegang könnten wir spekulieren. Ich vermute, dass er spätestens im Referendariat Schwierigkeiten bekäme, wenn er bei seinem Bild vom guten Lehrer und von gutem Unterricht bliebe. Es ist beruhigend, dass die nachfolgenden Interviews andere Botschaften vermitteln.

5.3 Anna-Lena Q., eine Referendarin: „Ich sehe mich als Beraterin."
Wenn man Ausbildungsordnungen für das Referendariat liest, kommt der Findung der individuellen beruflichen Rolle große Bedeutung zu. Ich betrachte es als wohltuend, dass sich dies in Interviews mit Referendarinnen und Referendaren nachzeichnen lässt, auch wenn unklar bleibt, wie weit es von den Institutionen, Schule und Studienseminar, tatsächlich gefördert wird. Anna-Lena Q. steht kurz vor dem Abschluss ihres Referendariats. In Duktus und Inhaltlichkeit könnte der Kontrast zum Interview mit Martin H. nicht größer sein.

Anna-Lenas Fächer sind Biologie und Chemie. Ihre Bildungsbiographie ist krumm. Nach dem Abitur an einer Gesamtschule wollte sie zunächst etwas Praktisches machen. Das wurde dann eine Laborantenausbildung bei Bayer Leverkusen. Sie wäre dort gerne Ausbilderin geworden, es gab dafür aber keine Perspektive. Sie hat dann, sozusagen als zweite Wahl, das Studium für das Lehramt an Gymnasien aufgenommen und ist damit rundum zufrieden.

Anna-Lena stellt klar, dass man im Referendariat in allen vier Entwicklungsaufgabenbereichen von Anfang an kompetent sein muss, sonst könnte man nicht unterrichten. Insofern hat das Referendariat die Qualität einer Entwicklungsstufe mit neuartigen Anforderungen. Auf meine Frage, wie sie sich in dieser Lage als Lehrertyp einschätzen würde, sagt Anna-Lena Q.: *„Also ich würde am liebsten eigentlich als Berater in einer Klasse arbeiten. Das ist auch das, was ich auf jeden Fall in der Oberstufe den Schülern auch immer wieder sage, dass ich sage: „Ihr seid nicht hier, um passiv dazusitzen und ich erzähle euch alles, was die Chemie oder Biologie so bringt, sondern ihr sollt aktiv mitarbeiten und an Stellen, wo ihr etwas einfach nicht selber euch erarbeiten könnt, da erklär ich was, aber sonst komme ich dazu und geb´ euch Tipps und ihr arbeitet das irgendwie selber.“ So würde ich das am liebsten nehmen, aber in vollen Klassen von 32 Schülern ist es schon eher so, dass es meistens so in der Stunde eine Frontalunterrichtsphase gibt, wo man Dinge nochmal aufgreift, überhaupt erstmal in die Stunde findet, das finde ich ist immer ganz schwierig für die Schüler, wenn die gerade fünfte Stunde hier andere Fächer schon vorher hatten. Und dann versuche ich aber auch schon, sie selbständig arbeiten zu lassen, in Partnerarbeit oder Gruppen und dann nachher auch präsentieren, also dass diese Kompetenzen einfach auch gefördert werden.“* Man sieht, Anna-Lena steuert ihren Professionalisierungsprozess selbst, sie entwickelt ihre individuelle Didaktik, wie ich das im vorigen Abschnitt gewünscht habe, und in dieser Didaktik kommt der Selbstregulation der Schüler größte Bedeutung zu. Selbstregulation durch Fremdregulation! Zur Anerkennung durch die Schüler sagt Anna-Lena, sie habe schon vor dem Beginn des Referendariats bedarfsdeckend unterrichtet, und das sei durchaus schwierig gewesen: *„Hatte ´ne neunte Klasse auch, wo ich Freitag die sechste Stunde hatte und immer dachte, „ach du meine Güte,“ wenn ich da nachher rauskam, also dass man das am Anfang noch so persönlich nimmt, also wenn Schüler einfach nur ins Wochenende wollen, und es sind schon 27 Grad draußen!“ Ja, dann fühlte ich mich immer so persönlich angegriffen. Und nach den Sommerferien habe ich dieselbe Klasse behalten, und das klappt jetzt viel besser. Ich weiß auch nicht, ich glaube, es kommt so etwas diese Routine des Unterrichtens rein, dass man nicht mehr ganz so nervös ist, also dass man manche Dinge einfach lockerer sieht. Wenn ´ne Stunde mal nicht klappt, dass man einfach sagt: „Da müssen wir uns jetzt, wenn hier ein Problem in der Klasse ist, auch einfach darauf beziehen – und nicht zu versuchen, das durchzudrücken, was man unbedingt jetzt machen wollte, wenn man merkt, das geht einfach nicht.“* Anna-Lena Q. versucht deshalb ganz gezielt, sich immer wieder in ihre Schüler hineinzuversetzen. Sie sagt zu ihrem „Elfer-Kurs Chemie": *„Wieso machen die, wieso sind sie so passiv, obwohl sie sagen, sie wollen Chemie bis zum Abi machen! Aber lassen sich so berieseln, und dann denk ich von mir oft, ich würd' wahrscheinlich mehr machen. Aber wenn ich ganz ehrlich bin weiß ich, ich hab früher auch nicht mehr gemacht. […] Und dann muss man auch bei manchen Schülern einfach akzeptieren, dass sie das abwählen, und nicht versuchen zu überreden.“*

5.4 Brigitte H., eine stellvertretende Schulleiterin: „Ich liebe die Literatur!"

Brigitte H. wird in absehbarer Zeit pensioniert. Sie blickt auf ein langes Berufsleben zurück, in dem sie nicht müde geworden ist. Sie liebt das Unterrichten und erzählt immer wieder von „ihren" Schülerinnen und Schülern. Sie liebt aber ebenso sehr das, was sie unterrichtet, die Literatur ihrer beiden Fächer Deutsch und Philosophie.

Brigitte H. gibt zunächst ein negatives Beispiel für die Vermittlung ihrer beiden Fächer. Gerade wegen ihres Interesses an Literatur war es mehrfach zu einem „clash" mit den Schülern gekommen: *„Ich hab zum Beispiel mir abgewöhnt, Dinge in der Schule zu machen, die mir ganz ganz lieb sind, also meinetwegen Hölderlin-Gedichte zum Beispiel. Die kann ich in der Schule nicht machen, weil immer ein Blödkopp dann sagt: „Brohhh, was hat der dabei sich denn gedacht?" oder „Ist der doof!" oder irgendsowas. […] Zum Beispiel gibt's von Celan die ‚Todesfuge', die mach' ich in der Schule nicht mehr. Die hab ich zweimal in der Schule gemacht und dann sind so von den Kindern so doofe Antworten gekommen, ja teilweise als Provokation, das machen Schüler ganz gerne. Kann ich auch sonst ganz gut mit umgehen, aber bei d e m Gedicht hat's mir wirklich einmal die Sprache verschlagen. Da bin ich aus dem Unterricht rausgegangen und hab' nicht weiter gemacht. Dann kommen so Äußerungen wie „Warum hat der Wichser sich nicht schon gleich nach dem Krieg umgebracht? Warum erst in den 60er Jahren?" Oder sowas […]. Da ist man sehr, ja was soll ich sagen, was einem so ganz ganz lieb ist und wo man auch weiß, da hat man selbst eine starke emotionale Beziehung zu, das mach ich nicht unbedingt mehr [im Unterricht, M. Meyer]."* Eine Anlehnung an eine der etablierten Didaktiken lehnt Brigitte H. ausdrücklich ab. Stattdessen entwickelt sie ihre eigene literatur- und philosophiedidaktische Theorie. *„Für meine Fächer ist eigentlich klar, dass bestimmte Personen […] die gehören zu unserer, ja, das klingt jetzt sehr hochtrabend, Kultur dazu, und die bringen auch dem Individuum sehr viel, wenn es sich damit auseinandersetzt. Also in der Philosophie möchte ich auf Kant und Hegel nicht verzichten. In der Germanistik möchte ich nicht auf Goethe, Schiller und Konsorten verzichten. Aber auch Thomas Bernhard, ganz moderne, weil ich einfach denke, dass die eine ganze Welt öffnen und dass das wichtig für die Kinder ist. Auch wenn sie manchmal störrisch sind, sich dem zu unterziehen. Da denk ich, ist das wichtig."* Aus der Perspektive der Bildungsgangdidaktik ist interessant, was Brigitte H. bezüglich der Anerkennung der Schüler und bezüglich des Agierens in der Institution Schule sagt. Sie ist offensichtlich – aufgrund der langen Berufstätigkeit? – hier viel weiter als die Referendarin. Sie liebt die große Perspektive, die Entwicklung der Schüler an ihrem Gymnasium von der Klasse 5 bis zum Abitur. Aber dafür braucht es Geduld. *„Da ich jetzt schon oft erlebt hab', wie aus so kleinen Würmchen so Persönlichkeiten werden, ahnt man dann schon immer so was, und das stärkt mich sehr, sie, wenn sie fast noch 'n Baby sind, als Person und als Persönlichkeit zu nehmen, und das ist für die Schüler glaub ich auch ganz gut."*

Man sieht: Brigitte H. ist trotz ihrer Begeisterung für Literatur markant schü-lerorientiert. Sie will deren Entwicklung antizipieren, ohne sie zu bevormun-den. Sie argumentiert damit auf einem reflexiven Niveau, das an Schleier-machers Argumentation für Förderung individueller Selbstbestimmung erin-nert und auf dem die Schüler in ihrer Andersartigkeit anerkannt werden. Während die Referendarin sich fragt, wie sie den Unterricht am besten ge-stalten kann – dadurch, dass sie mit den Schülern kooperiert –, interessiert sich Brigitte H. für die Schülerinnen und Schüler, wie sie sich entwickeln, wie sie sich bilden.

Ein Vergleich der Argumentation von Brigitte H. mit der der Referendarin und der des Studenten kann zu der Frage überführt werden, ob es eine typi-sche oder vielleicht sogar eine notwendige Sequenzbildung gibt. Andreas Gruschka hat das für die Erzieherausbildung postuliert. Zu Beginn des Pro-fessionalisierungsprozesses kreist man zunächst einmal um sich selbst. Mar-tin H. stünde für dieses Niveau. Dann erst wird die Vermittlung als Aufgabe entdeckt. Anna-Lena Q. stünde für dieses Entwicklungsniveau. Das dritte Niveau erlaubt dann die Konzeption einer Lehr-Lern-Struktur, in deren Rah-men Bildung möglich wird.

Ich fasse zusammen: Es geht in der Bildungsgangdidaktik nicht nur darum zu erforschen, wie die Heranwachsenden ihre Bildungsgänge gestalten, mehr oder weniger selbstreguliert. Vielmehr geht es auch darum, wie die Lehrer sie in ihrer Entwicklung, in ihrem Lernen und in der Gestaltung ihrer Bildungs-gänge im schulischen Rahmen unterstützen können. Damit haben wir, wie ich meine, das historisch mit Comenius, Schleiermacher und Havighurst vorge-gebene Niveau empirisch eingeholt. Wir haben jetzt Beispiele dafür, wie Lehrer beschreiben, wie sie das Lernen ihrer Schüler unterstützen.

6 Die Lehrer-Schüler-Interaktion aus der Perspektive der Bildungsgangforschung

Es bietet sich an, die Ratschläge aus der Historie und die empirischen Erträge in einem Modell darzustellen. Ich verdeutliche meine Position mit Hilfe eines Gedankenexperiments. Was könnten Fremde, die noch nie eine Schule von innen gesehen haben, erkennen, wenn sie Unterricht beobachteten? Fast im-mer ein Setting, in dem ein Erwachsener, der Lehrer, *Anweisungen* gibt, und die anderen, die Schülerinnen und Schüler, dann *etwas tun*. Dies entspricht Martins Bild des guten Unterrichts.

Die Fremden werden aber irgendwann, wenn sie lange genug beobachtet haben, feststellen, dass es zu Unregelmäßigkeiten kommt, zu *Aushandlungen* zwischen dem Lehrer und seinen Schülern. Sie müssen dann ihr Verständnis von Unterricht erweitern. Notwendig wird ein *kommunikatives Niveau* der Vermittlung. Den Unterricht gestalten heißt dann, dass Lehrer und Schüler in einer Praxis-Gemeinschaft und an Lehr-Lern-Zielen orientiert interagieren und kommunizieren. Dies entspricht dem idealisierten Bild guten Unterrichts, das Anna-Lena Q. vertritt. Aber auch diese Art der Wahrnehmung von Unterricht ist, obwohl sie einen didaktischen Fortschritt impliziert, noch instabil, weil die *Sinnkonstruktionen*, die Lehrer und Schüler mit ihrem Unterricht verbinden, noch nicht berücksichtigt sind. Diese Sinnkonstruktionen, die die Akteure dazu bringen, sich überhaupt am Unterricht zu beteiligen, verweisen auf ein *drittes, genuin pädagogisches Niveau* der Wahrnehmung und Gestaltung von Unterricht. Dieses Niveau muss mit Herwig Blankertz die Eigenstruktur der Erziehung offenlegen, die gemeinsame Anstrengung der Lehrer und der Lernenden, diesen dazu zu verhelfen, transformatorisch ihr eigenes Selbst- und Weltbild zu erarbeiten. Helmut Peukert, auf den wir uns hier berufen, schreibt dazu: *„Gerade wo Erwachsene als Repräsentanten einer historisch ausgearbeiteten Sprache und Kultur auftreten, müssen sie ein nicht eliminierbares subjektives Moment an Handlungsfähigkeit, an Fähigkeit zu kreativer Rekonstruktion und Neukonstruktion beim Kind voraussetzen. Eine transzendentale Analyse jeweils vorauszusetzender möglicher Freiheit gewinnt hier ihren Sinn: Die Bildsamkeit des Heranwachsenden bedeutet nicht Plastizität unter den Händen der Erziehenden, sondern bezeichnet diese Möglichkeitsstruktur von Freiheit [...]. Pädagogisches Handeln muss gerade unter Bedingungen der Asymmetrie eine freie Gegenseitigkeit voraussetzen, die nicht davon entlastet, sondern dazu verpflichtet, dem Heranwachsenden erst die Möglichkeitsräume für die Konstruktion einer eigenen Welt und eines eigenen Selbst innovativ zu erschließen"* (Peukert 2000, S. 520). Lehren und Lernen sind nicht identisch mit Bildung, aber man kann Bildungsprozesse unter günstigen Bedingungen im Unterricht unterstützen. Dass man als Lehrer hierfür sensibel sein kann und deshalb auch sein sollte, lässt die Aussage von Brigitte H. vermuten, sie sei daran interessiert, zu antizipieren, wie „aus Würmchen entwickelte Persönlichkeiten" werden. Ich skizziere meine Position mit dem nun folgenden Schaubild (nächste Seite).

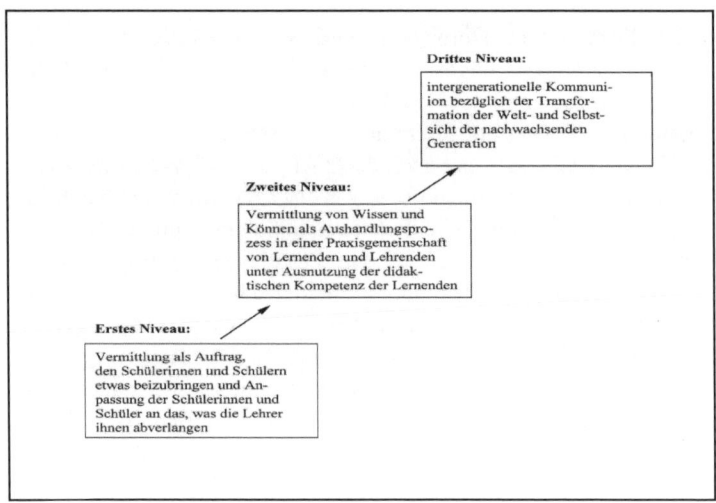

Abb. 7: Niveaustufen der didaktischen Interaktion und Kooperation

Ich hoffe, jetzt gezeigt zu haben, dass es in der Bildungsgangdidaktik möglich wird, das klassische didaktische Paar, *Lehren und Lernen*, ertragreich auf die *Entwicklung* der Heranwachsenden und ihre *Entwicklungsaufgaben* und zugleich auf die gewichtigste Zielsetzung von Schule und Unterricht, auf die Unterstützung des *Bildungsprozesses* der Heranwachsenden, zu beziehen. Als *Fazit* kann ich deshalb formulieren: Was guter Unterricht ist, ergibt sich in der Bildungsgangdidaktik aus der selbstreflexiven Klärung der Frage, was für eine Didaktik man vertritt. Und was für eine Didaktik man vertritt, ergibt sich aus den Sinnkonstruktionen, die man als Lehrer mit seinem Unterricht verknüpft. Sie orientieren sich im günstigsten Fall an den Bildungsgängen der Schülerinnen und Schüler.

Ich könnte jetzt meinen Beitrag beenden, wenn es nicht noch ein Problem gäbe, das ich in diesem Abschnitt noch nicht entfaltet habe. Bildung ist Selbstbestimmung, ja, aber wie kann man sie unterstützen?

7 Schlussbemerkung:
Was das alles mit mir selbst zu tun hat

Ich habe zu Beginn meines Beitrags deutlich gemacht, dass die Steuerung der Lernprozesse durch die Lehrer, wenn man Johann Amos Comenius folgt, nicht im Widerspruch dazu steht, dass die Lerner ihr Lernen selbst regulieren. Dies bringt mich zu folgendem abschließenden Vorschlag. Die erziehungswissenschaftliche Aufgabenbestimmung, die Schleiermacher auf die zunächst harmlos klingende Formel gebracht hat, dass die erwachsene Generation zu klären habe, was sie mit der heranwachsenden Generation eigentlich wolle, bedarf einer Ergänzung. Wir müssen dafür die Schleiermacher-Frage umdrehen. Sie lautet aus der Perspektive der Bildungsgangdidaktik:

Was will eigentlich die heranwachsende Generation mit der Erwachsenengeneration?

An der *Sollbruchstelle* der Vermittlung der Bildung der Erwachsenengeneration an die Generation der Heranwachsenden – Brigitte H. hat vom kulturellen Erbe und der Borstigkeit einiger ihrer Schüler gesprochen – kann die Sache umkippen. Die Heranwachsenden konstruieren ihre Welt und ihr Selbstbild neu, und wir Erwachsene haben das zu akzeptieren. Ich verdeutliche die dadurch erzeuge Problematik mit einem autobiographischen Hinweis, weil daran deutlich werden kann, dass die beiden Elemente, von denen Havighurst spricht, die *Theorie der Freiheit* und die *Theorie der gesellschaftlichen Beschränkungen,* in einem diffusen Verhältnis zueinander stehen. Ich erinnere mich noch ganz schwach an meinen Großvater, der 1874 geboren wurde und 1945 auf der Flucht gestorben ist. Sehr stark ist demgegenüber meine Erinnerung an meine 1877 geborene Großmutter. Sie hat bis 1971 gelebt, als ich, Jahrgang 1941, 29 Jahre alt war. Das folgende Foto (S. 140) zeigt meine Großeltern in etwa dem gleichen Alter.

Abb. 8: Georg und Wilhelmine Meyer (etwa 1905)

Meine Großmutter hat ihren Enkelkindern immer wieder aus ihrer Schulzeit auf dem Dorfe erzählt. Und davon, dass ihr Verlobter, der dann ihr Mann wurde, mit der kaiserlichen Marine 1896/97 und noch einmal 1902/03 nach China fahren musste, gerade vor und dann wieder nach dem Boxer-Aufstand. Sie hat versucht, uns zu erziehen und uns auf ihre moralischen Prinzipien und ihre Frömmigkeit zu verpflichten.[9]

Wir Kinder haben diese Erziehungsversuche meiner Großmutter aber lachend abgefedert. Ich gehe davon aus, dass ich das Allermeiste von dem, was sie uns bezüglich Verhalten und Wertvorstellungen vermitteln wollte, nicht übernommen habe. Und wie sollte ich auch, meine Großmutter lebte in einer anderen Welt! Wenn man sie – wie meinen Lehramtsstudenten Martin, die Referendarin und die stellvertretende Schulleiterin – bezüglich ihrer didaktischen Kompetenzen stufen wollte, käme sie auf das erste, adaptive Niveau.

---

[9] Es gibt einen Brief meiner Großmutter an ihren damaligen Verlobten, in dem sie ihn fragt, wie er's denn mit der Religion halte, die berühmte Gretchen-Frage.

Was hat mich dann aber in meiner Entwicklung, in meinem Lernprozess und bezüglich meiner Bildung bestimmt? Ich bin 1941 geboren worden, in der schlimmsten Zeit des Zweiten Weltkrieges, als sich das vermeintliche Kriegsglück der beiden Anfangsjahre längst verbraucht hatte und die Vernichtungs-KZs eingerichtet wurden. Dass dies meine Sozialisation, Erziehung und Bildung bestimmt hat, ist selbstverständlich. Viel schwieriger ist die Klärung der Frage, *wie* dies mein Verhalten, meinen Habitus und meine Überzeugungen geprägt hat. Anders formuliert: Ich kann mein biographisches Gepäck, das familiäre Erbe in dem, was ich heute didaktisch bin, nicht auf den Begriff bringen; höchstens anekdotisch kann ich etwas beisteuern, mit Erinnerungen, mit einzelnen Szenen, von denen ich vermute, dass sie prägend waren. Eben dies kennzeichnet aber Lernbiographien insgesamt, wenn ich mich nicht irre. Was an mir und meinem Habitus – familiär und im Hochschullehrerberuf – gesellschaftlich bedingt ist und was meiner Freiheit entstammt, bleibt diffus und unklar, und das ist gut so. Ich verdeutliche auch dies an mir und meinem Zwillingsbruder Hilbert Meyer. Wir sind beide dadurch geprägt, dass wir im Krieg geboren wurden und dann als Nachkriegskinder aufgewachsen sind. „Ärmel aufkrempeln und zupacken" – wer kennt nicht das Lied von Rolf Biermann? Für uns in den Jahren nach 1945 und bis in die Gegenwart hinein ist, davon gehe ich aus, das Zupacken kennzeichnend geblieben. Und ein zweites: Wenn ich den Feedback-Botschaften trauen darf, die ich jedes Semester abschließend in meinen Seminaren erhalten habe, dann bin ich ein „kommunikativer Typ", der als Hochschullehrer stark an den Studierenden interessiert ist.

Ich frage mich deshalb, welche prägenden Erlebnisse diesen didaktischen Trend erzeugt oder zumindest gefördert haben. War das familiär bedingt? Hat es etwa mit den allerersten, meiner bewussten Erinnerung verschlossenen Lebensjahren zu tun, als mein Vater im Krieg war und meine Großeltern väterlicherseits, nachdem ihre Wilhelmshavener Wohnung den Bomben zum Opfer gefallen war, mit in der Wohnung der Schwiegertochter und ihrer vier Kinder lebten? Ich sehe mich nicht in der Lage, das vernünftig auseinander zu dividieren, was Havighurst als *theory of constraint* und *theory of freedom* unterscheidet und finde auch in der sonstigen sozialisationstheoretischen Literatur, etwa bei Klaus-Jürgen Tillmann (1989/1993), keine Hilfe, und dies müsste eigentlich meine didaktischen Ambitionen stoppen, tut es aber nicht! Wenn ich mit dem folgenden, letzten Foto in die Gegenwart springe, dann bedeutet das für mich eine merkwürdige Beobachtung bezüglich des Verhältnisses des Lehrens zum Lernen.

Abb. 9: Meinert A. Meyer und Carlotta Meyer (2008)

Meine Enkeltochter, der ich auf diesem Foto aus einem Bilderbuch vorlese, ist 2006 geboren worden. Sie könnte gerade noch im 22. Jahrhundert leben, wenn die Lebenserwartungsprognosen unserer Gegenwart stimmen. Wenn ich auch noch annehme, dass mein Enkelkind Lehrerin wird – völlig abwegig wäre das ja nicht –, dann könnte sie Kinder unterrichten, die ganz gewiss weit ins 22. Jahrhundert hinein leben werden. Dies wird eine Zeit sein, die wir uns heute beim besten Willen nicht vorstellen können, womit ich aber mein großes didaktisches Problem veranschaulichen kann: Wie soll man eigentlich wissen, was man mit der heranwachsenden Generation anstellen soll, wenn die Zukunft so ungewiss ist?
Die Strategie meiner Großmutter scheidet aus. Ich komme deshalb dazu, Schleiermachers Auftrag für die Erziehungswissenschaft, zu klären, was die erwachsene Generation mit der heranwachsenden Generation eigentlich wol-

le, und meine Ergänzung, dass auch die Heranwachsenden fragen können, was sie mit den Erwachsenen wollen, nochmals zu relativieren: Wir müssen akzeptieren, dass die voraussehbare Zukunft irgendwann in eine nicht voraussehbare Zukunft umkippt! Wir wissen nicht, was zukünftig für die „Ablieferung" der Heranwachsenden in den großen Lebensgemeinschaften erforderlich sein wird. Wir müssen also *hypostasieren*, dass wir wissen, was die nachwachsende Generation braucht, obwohl wir wissen, dass wir es nicht wissen können.

An Brigitte H.s Interview wird das für mich deutlich. Sie betrachtet Literatur als ihr ureigenstes Thema und deshalb will sie den Schülern in bildender Absicht Literatur vermitteln, aber sie weiß zugleich, dass der Bildungsprozess, in dem ihre Schüler zu Persönlichkeiten werden, selbstbestimmt ist. Ich verallgemeinere: Gute Lehrer wissen, dass es beim Unterrichten eine spannungsreiche, entwicklungstreibende Balance von Freiheit und Zwang gibt. Deshalb können sie lehren, obwohl die Zukunft ungewiss ist.

Literatur

Boekarts, M.; Pintrich, P. R.; Zeidner M., (Hrsg.) (2000): Handbook of self-regulated learning. San Diego

Combe, A.; Gebhardt, U. (2007): Sinn und Erfahrung. Opladen u. Farmington Hills

Comenius, J. A. (1627 – 1632/1954): Große Didaktik. Übersetzt und herausgegeben von A. Fischer, mit einem Nachwort von K. Schaller

Comenius, J. A. (1658/bibliophiler Nachdruck 2. Aufl. 1979): Orbis sensualium pictus. Dortmund

Comenius, J. A. (1960): Pampaedia. Lateinischer Text und deutsche Übersetzung. Hrsg. v. Dimitrij Tschizewski in Gemeinschat mit Heinrich Geissler und Klaus Schaller. Heidelberg

Havighurst, J. R. (1948/1972): Developmental tasks and Education. New York u. London

Henningsen, J. (1974): Erfolgreich manipulieren. Methoden des Beibringens. Ratingen u.a.

Hericks, U. (2006): Professionalisierung als Entwicklungsaufgabe. Rekonstruktionen zur Berufseingangsphase von Lehrerinnen und Lehrern. Wiesbaden

Hericks, U.; Spörlein, E. (2001): Entwicklungsaufgaben in Fachunterricht und Lehrerbildung. Eine Auseinandersetzung mit einem Zentralbegriff der Lehrerbildung. In: Hericks, U.; Keuffer, J.; Kräft, H C.; Kunze, I. (Hrsg.): Bildungsgangdidaktik. Perspektiven für Fachunterricht und Lehrerbildung. Opladen u. Farmington Hills

Klieme, E., u.a. für das Bundesministerium für Bildung und Forschung (2007): Zur Entwicklung nationaler Bildungsstandards. Eine Expertise. Bonn u. Berlin

Klingberg, L. (1987): Überlegungen zur Dialektik von Lehrer- und Schülertätigkeit im Unterricht der sozialistischen Schule. Potsdamer Forschungen, Reihe C, Heft 74., Potsdam

Koller, H.-Chr. (Hrsg.) (2008): Sinnkonstruktion und Bildungsgang. Zur Bedeutung individueller Sinnzuschreibungen im Kontext schulischer Lehr-Lern-Prozesse. Opladen u. Farmington Hills

Kraler, Chr. (2007): Portfolioarbeit in der LehrerInnenbildung. Eine Standortbestimmung. In: Erziehung und Unterricht. Österreichische Pädagogische Zeitschrift. H. 5-6, S. 441-448

Lüders, J. (Hrsg.): Fachkulturforschung in der Schule Opladen u. Farmington Hills, S. 191-208

Meyer, M. A. (2007): Entwicklung als Aufgabe. Zum Fremdsprachenlernen aus der Perspektive der Bildungsgangforschung. In: Decke-Cornill, H.; Hu, A.; Meyer, M. A., (Hrsg.): Sprachen lernen und lehren. Die Perspektive der Bildungsgangforschung. Opladen u. Farmington Hills, S. 19-42

Meyer, M. A. (2008): Unterrichtsplanung aus der Perspektive der Bildungsgangforschung. In: Perspektiven der Didaktik. Sonderheft 9 der Zeitschrift für Erziehungswissenschaft, S. 117-138

Meyer, M. A. (2009): Kultur, Kompetenzerwerb und Lehrerbildung aus der Perspektive der Bildungsgangforschung. In: Kraler, Chr. u.a. (Hrsg.): Kulturen von LehrerbildnerInnen (in Vorbereitung)

Neuß, N. (2009): Biographisch bedeutsames Lernen. Empirische Studien über Lerngeschichten in der Lehrerbildung. Habilitationsschrift. Opladen u. Farmington Hills

Peukert, H. (2000): Reflexionen über die Zukunft von Bildung. In: Zeitschrift für Pädagogik, H. 4, S. 507-524

Schleiermacher, F. D. E. (1826/1957): Die Vorlesungen zur Erziehung aus dem Jahre 1826

Terhart, E. (2009): Didaktik. Eine Einführung. Stuttgart

Tillmann, K.-J. (1993): Sozialisationstheorien. Eine Einführung in den Zusammenhang von Gesellschaft, Institution und Subjektwerdung. 4. Aufl., Reinbek bei Hamburg

Trautmann, M., Hrsg. (2004): Entwicklungsaufgaben im Bildungsgang. Wiesbaden

Kersten Reich

Konstruktivistische Didaktik – oder weshalb Unterrichtsratgeber nicht reichen

Ratgeber über „guten Unterricht" haben Konjunktur. Sie entsprechen in vielerlei Hinsicht den Erwartungen an eine beschleunigte Information, in der Tipps, Tricks und schnelle Lösungen für jene gefunden werden, die in ihrer Ausbildung einen didaktischen Ansatz eher in theoretischen Kurzbeschreibungen, dabei in rudimentären Formen oder in kompakter Modulform erfahren haben, ohne hinreichend eine didaktisierte Haltung, eine eigene forschende didaktische Einstellung in Blick auf Fallbeispiele oder eine umfassendere didaktische Praxis mit eigenen Unterrichtsversuchen schon vor dem Referendariat entwickeln zu können.

Solche Ratgeber, wie wir sie z.b. in folgenden Titeln finden, versprechen hier eine konkrete Hilfe: „Was ist guter Unterricht?" (Meyer 2004), „Unterrichten lernen mit Gespür" (Mühlhausen 2005), „Frontalunterricht neu entdeckt" (Gudjons 2003; Meyer u. Paradies 1998), „kooperatives Lernen – kein Problem" (Huber u. Haag 2004), „66 Unterrichtsmethoden" (Hugenschmidt u. Technau 2005), „LehrerSein" (Kliebisch u. Meloefski 2006) oder „Zeitgemäße Methodenkompetenz" (Heptimg 2004). In anderer Literatur wie bei Heinz Klippert werden einzelne Methoden aus der Vielzahl von möglichen Unterrichtsmethoden ausgewählt, um so den Schulunterricht vor allem methodisch zu verbessern. Einen ähnlichen Weg geht auch Diethelm Wahl (2006) mit seinem Projekt des selbstorganisierten Lernens, in dem ein systemischer Ansatz für Unterricht durch die Auswahl bestimmter bevorzugter Unterrichtsmethoden in geschickter Kombination angeboten wird.

So sinnvoll viele Tipps in solcher Ratgeberliteratur auch sein mögen, so reichen sie nicht an die Erfordernisse einer Didaktik heran, die mehr leisten muss, um Lehrer nicht nur qualifiziert für Momentaufnahmen von Unterricht auszubilden, sondern auch nachhaltig in ihren didaktischen Haltungen kritisch und veränderungsbereit anzuregen, didaktische Prozesse auf lange Sicht situativ und lernerbezogen zu planen, durchzuführen, zu evaluieren und kontinuierlich zu verbessern. Aus der Sicht der konstruktivistischen Didaktik sind zwischen Ratgebern und Didaktik z.b. immer wieder folgende Spannungsverhältnisse zu beobachten, die nachfolgend kurz betrachtet und mit dem Ansatz der konstruktivistischen Didaktik kontrastiert werden sollen.

1 Pragmatische Nutzung versus komplexe Theoriebildung

Das Zeitalter der Moderne machte didaktische Ansätze notwendig, in denen möglichst umfassend – aus unterschiedlichen Perspektiven – eine Gesamtschau auf Fragen der Bildung und Erziehung, der weltanschaulichen, anthropologischen, soziokulturellen Grundlagen, der Fragen der Entwicklung von Lernen und Verhalten, von Einstellungen und Erwartungen zu geben versucht wurde. Der Anspruch erwuchs daraus, dass sich Didaktik als Wissenschaft diskursiv nur durchsetzen konnte, wenn sie eine wissenschaftliche Basis nach Begründung und Geltung erarbeitete und vorzeigen konnte, die den diskursiven Erwartungen der Moderne genüge tat. Mit der Auflösung der Diskurse der Moderne und dem bunten Nach- und Nebeneinander von Diskursen im postmodernen Zeitalter (oder wie immer wir das gegenwärtige Zeitalter diskursiv als unübersichtlich, vielfältig, widersprüchlich, ambivalent bis beliebig zu beschreiben versuchen) wurden die großen didaktischen Ansätze immer stärker durch Ratgeberliteratur oder Unterrichtskonzepte abgelöst, die in der Herleitung weitaus pragmatischer und stückwerkhafter verfahren.
Sie übernehmen damit die Rolle, die früher den Publikationen so genannter Meisterlehrer vorbehalten war. In der Literatur über Unterricht erscheinen didaktische Ansätze wie die Bildungs- oder Lerntheorie oder neuerdings die konstruktivistische Didaktik daher oft als bloß noch zu nennende Ansätze, mit denen dann jedoch nicht aktiv gearbeitet wird (vgl. z.B. Arnold u.a. 2006; Kiper u. Mischke 2006). Oder die Didaktik wird auf 10 Unterrichtsprinzipien verkürzt, wie es Hilbert Meyer (2004) vorführt, weil die eigentlichen didaktischen Ansätze offenbar als zu kompliziert erscheinen. Zumindest wird keine umfassende Kritik an den Didaktiken gegeben, um neue oder andere Prinzipien zu erheben, didaktische Ansätze wie die drei genannten werden allenfalls zum Überblick für Prüfungen kurz zusammengefasst.
Auch wenn in der Vielfalt gegenwärtiger Ansätze nicht durchgehend so verfahren wird, so ist die Tendenz zu einem pragmatischen Vorgehen, das auf die Nützlichkeit einer schnellen Ausbildung und unmittelbaren praktischen Verwendung aus ist, unübersehbar. Damit jedoch wird ein Nützlichkeitsoptimismus betrieben, den ich – ähnlich zu älteren Aussagen der Didaktiker Wolfgang Klafki, Paul Heimann, Gunther Otto oder Wolfgang Schulz aus

den 1970er Jahren – als wenig zielführend ansehe, weil er das unterschätzt, was er teilweise als Prinzip selbst vertritt: Ein Lernen, das äußeren Prinzipien folgt,
– die in ihrer Herleitung und argumentativen Struktur nicht innerlich vom Anwender nachvollzogen werden,
– in ihrer Tiefe und Bedeutung nicht umfassend verstanden werden,
– die in ihrer Herleitung als Problem und Lösungsmöglichkeit nur praktisch unmittelbar erfasst, aber nicht auch tiefgreifend reflektiert, distanziert und auf verschiedene Situationen transformiert werden,

führt immer wieder zu einem bloß äußerlichen Exerzitium. Eine solche Äußerlichkeit hilft wiederum nicht nachhaltig genug, eine didaktische Haltung auszuprägen, die hinreichend professionell die Lehrerbildung positiv beeinflussen kann. Ratgeber verweigern die Errichtung einer umfassenden theoretischen Herleitung, damit situieren sie sich auch nicht in der Geschichte der Didaktik und machen wenig plausibel, warum, unter welchen Bezügen und unter welchen Vorannahmen sie ihre Bevorzugungen und Entscheidungen für oder gegen bestimmte Einsichten und Entwicklungen treffen. Sie sind zwar nicht gänzlich unbegründet, aber sie haben ein argumentatives Defizit, das, positiv gesprochen, als Vereinfachung gepriesen wird. Sie bleiben in mittlerer theoretischer Reichweite stehen, um so einer vermeintlichen Praxissicht zu huldigen. Aber diese mittlere Sicht ist nicht nur im Blick auf eine Entwissenschaftlichung der Didaktik problematisch, sondern sie unterfordert auch systematisch die auszubildenden Lehrerinnen und Lehrer. Didaktik, egal in welchem Fach sie praktiziert wird, bedarf einer komplexeren Herleitung und kann auch nicht frei von komplexen theoretischen Bemühungen sein, die sich den schwierigen Fragen der Situierung der Didaktik in der Kultur, der Pädagogik, der Lernforschung und insgesamt in Diskursen einer kritischen Reflexion der Erkenntnis und Wissenschaft wie auch der individuellen Möglichkeiten und gesellschaftlichen Bezugssysteme stellt. Lehrende agieren in einem Feld, in dem die Spannungen der Gesellschaft und Kultur, die Selbst- und Fremdzwänge, Machtverhältnisse, individuelle Chancen und Grenzen, pädagogische Notwendigkeiten der Forderung und Förderung komplex zusammentreffen. Wenn Lehrer hier angemessen und für alle Lerner effektiv fördernd wirken wollen, wenn sie hier umfassend didaktisch ausgebildet werden sollen, dann reicht ein prinzipienhaftes Wissen und regelhaftes Anwenden nicht aus.
Didaktische Ansätze sind vielmehr notwendig. Sie müssen sich nach Begründungs- und Geltungsansprüchen wissenschaftlich differenzieren und diskursiv verfahren, um den ohnehin schon problematischen Status der Didak-

tik oder Unterrichtswissenschaft nicht noch weiter zu verunsichern oder gänzlich zu negieren (vgl. dazu weiterführend Reich 2008 126ff.). Hier erscheint heute angesichts der Masse der Ratgeberliteratur und einer Stückwerkdidaktik eine Wende zurück zur Didaktik als notwendig, um die zu kurz greifenden Prinzipienlehren zu überwinden.

Selbstkritisch müssen didaktische Ansätze allerdings darüber nachdenken, inwiefern ihre theoretischen Konzeptionen, so wie sie für die bildungstheoretische Didaktik als „bildungsphilosophisches Stratosphärendenken" oder für den lerntheoretischen Ansatz als äußerlich bleibende Sozialanalyse anthropogener und soziokultureller Voraussetzungen kritisiert wurden, sich auch hinreichend auf die Praxis realistisch beziehen, die sie im Sinne einer Professionalisierung der Lehrenden und Verbesserung der Lernbedingungen erreichen wollen. Didaktische Theoriebildung darf nicht im „Elfenbeinturm" von Universitäten als bloßes Modell entworfen werden, sondern muss sich den Problemen der Praxis konkret stellen.

Deshalb schließt die konstruktivistische Didaktik sowohl an den Pragmatismus von John Dewey als einer kulturellen und pädagogischen Theorie, die stets Theorie und Praxis im Blick hatte, als auch an neuere pädagogisch-psychologische Lernforschungen an, in denen auch empirische Belege für theoretische Aussagen gefunden werden, um die Begründungen nicht in Spekulationen enden zu lassen. Dabei kann, wie bisher in vielen Arbeiten gezeigt wurde, durchaus ein pragmatischer Nutzen aus der Erarbeitung komplexer Theorien erreicht werden, aber es geht nicht umgekehrt: Aus pragmatischen Nutzen allein heraus werden Lehrende zu wenig Distanz, kritische Reflexion und kreative Handlungsumsetzungen entwickeln können, für die immer auch ein theoretisch umfassendes Verständnis, eine Herleitung von Sinn und Problemen, von Lösungen und ihren Vor- und Nachteilen, dabei vor allem die Einnahme auch von Metaperspektiven notwendig sind.

Die konstruktivistische Didaktik steht dabei allerdings vor der Schwierigkeit, das didaktische Lernen in einem Zeitalter der Beschleunigung selbst entschleunigen zu müssen. Die Aneignung pädagogischer, psychologischer, sozialwissenschaftlicher, didaktischer und anderer im Lehrberuf neben den Fächern wichtiger Kompetenzen kostet Zeit und benötigt hinreichenden Raum auch für praktische Versuche, sie benötigt die Hinwendung zu komplexen Theoriebildungen, die umfassend auf Handlungsbezüge, auf konkrete pädagogische und didaktische Situationen bezogen sein müssen. Dies gibt es nicht im Schnelldurchgang.

Der internationale Standard in der Lehrerbildung geht hier hin zu einem Studium, das 4/5 der Zeit für solche Grundlagenbildung aufwendet und 1/5 für die Fächer, die später unterrichtet werden. In Deutschland ist dieses Verhältnis genau umgekehrt, was es jeglicher Didaktik enorm erschwert, überhaupt noch hinreichend jenseits vordergründiger Nützlichkeit auszubilden. Und es täuscht die Lehrenden darüber, was sie später leisten müssen. Sie werden nicht ihr Fach in aller Breite vertreten und Nachabiturstoff unterrichten, sondern müssen auf einer sehr breiten Grundlage das Fach ständig neu erarbeiten und ein Leben lang studieren, sie können und sollen sich nicht auf vier Jahre Fachstudium verlassen. Wird die Ausbildung nicht umgestellt, dann sind Effekte bei den Lehrenden beobachtbar, die zeigen, dass sie auf subjektive Vorannahmen über „guten Unterricht" zurückfallen, was dann oft bloß der Unterricht ist, den sie selbst kennen gelernt haben und von dem wir eher wissen, dass er sehr oft „schlechter Unterricht" war. In ihm dominiert – und dies ist wie auch die fehlende Ganztagsbetreuung und das gegliederte Schulsystem ein deutscher Sonderweg – ein enges Fachdenken und eine frontale Struktur, die es vielen Lernern erschwert, hinreichende Leistungen und Kompetenzen zu erzielen.

2 Praktizismus versus Praxisferne

Das Finnische Leitbild der Lehrerbildung ist konstruktivistisch. Vom ersten Tag der Lehrerausbildung an sind die Studierenden Schulen und Klassen zugeordnet, in denen sie über die Dauer ihrer Ausbildung alles das konstruktiv erproben können, was sie theoretisch lernen. Dies ist der einzig günstige Weg für eine konstruktivistische Didaktik. Der deutsche Weg mit einer Zweiphasigkeit der Lehrerbildung erschwert von vornherein eine konstruktivistische Lehrerbildung, auch wenn sie dadurch nicht verunmöglicht wird (vgl. Reich 2009).
Allerdings trägt die Entwicklung didaktischer Ansätze in Deutschland schwer daran, dass sie meist in der Praxisferne von Universitäten konzipiert werden und ohne direkten, systematischen und kontinuierlich erforschten Anwendungsbezug bleiben. Dies mag neben der Schwierigkeit, heute noch eine umfassendere herleitendende theoretische Begründung zu geben, erklären, dass es kaum zu Neuentwicklungen didaktischer Ansätze in den letzten Jahrzehnten gekommen ist. Aber der Praktizismus der Ratgeberliteratur wie auch der Eklektizismus vieler Unterrichtstheorien oder das Stückwerk empirischer Einzelstudien (besonders, wenn sie sehr enge Fragestellungen erforschen) können keine wirkliche Alternative darstellen. Sofern man die Didaktik überwinden will oder sofern keine didaktischen Traditionen, wie im deutschen Sprachraum, wirken, mag man sich damit trösten, aus der Sicht der

pädagogischen Psychologie Lerntheorien zu konzipieren, die Auswirkungen auf die Lehrtheorien haben. Dies ist der Weg, der im englischen Sprachraum oft gegangen wird (vgl. z.b. Ormrod 2004, 2006; Woolfolk 2005). Aber er wird auch notwendig durch eine Pädagogik ergänzt, die z.b. auf John Dewey verweist oder durch Bezugnahmen auf pädagogische Diskurse erweitert wird, um nicht allein im psychologischen Untersuchungsfeld stecken zu bleiben. Bringt man beide Gesichtspunkte zusammen, und dies könnte eine Stärke der deutschen Diskussion werden, dann landet man doch wieder bei einer didaktischen Theorie, die auch Unterrichtstheorie heißen könnte, die jedoch ebenso weit wie eine Didaktik zu entwickeln wäre.

3 Technischer Habitus versus didaktischem Habitus

Dabei kommt es darauf an, einen engen, instrumentellen und eher punktuell genutzten technischen Habitus, wie er typisch für Lehrende scheint, die sich allein an der Ratgeberliteratur orientieren, zu überwinden. Ein sozialer Habitus ist nach Norbert Elias eine Gemeinsamkeit, die im Denken, Handeln und Fühlen einer sozialen Gruppe auftritt, die dabei Gewohnheiten dieser Gruppe repräsentiert. Für Pierre Bourdieu ist es der gesamte Lebensstil, die Sprache, das Auftreten, der Geschmack, die Kleidung einer Gruppe, alles Merkmale, die zugleich einen Stand und Status innerhalb der Gesellschaft ausdrücken. Dabei sind einerseits im Habitus bestimmte Gewohnheiten verinnerlicht und repräsentiert, andererseits ist der Habitus ein Erzeugungsmechanismus von Verhaltens- und Praxisstrategien desjenigen, der als sozialer Akteur diesen Habitus lebt. Ein didaktischer Habitus im Sinne der konstruktivistischen Didaktik erzeugt ein Verhalten in der Praxis, das sehr vielfältige Rollen, Ansprüche, Erwartungen und Kompetenzen umschreibt. Aus der sehr umfangreichen Begründung der konstruktivistischen Didaktik heraus (vgl. einführend Reich 2005, 2008) gibt es z.B. folgende Aspekte eines solchen didaktischen Habitus (vgl. Abb. 1 – nächste Seite).

Lehrende sind als Vorbild Bezugspersonen in einer Beziehungsdidaktik. Dabei ist ihre kommunikative, interaktive und dialogische Kompetenz entscheidend. Sie sind nie nur Lehrperson, die etwas Fachliches oder Verhalten vermittelt und einen erzieherischen Auftrag hat, sondern zugleich auch Moderator, damit die Lernenden partizipativ Kompetenzen und eigene Entscheidungen in allen Bereichen des schulischen und unterrichtlichen Miteinanders entwickeln können. Zugleich sind sie Teamer und Begleiter dann, wenn die Aktivität bei den Lernern liegt. Vorbild zu sein, ist ein Kernbestandteil des didaktischen Habitus, denn im Lernen kann nie erwartet werden, dass jemand

etwas überzeugt tut, wenn derjenige, der ihn anleitet, nicht ebenfalls eine
Überzeugung hat und als Vorbild lebt.

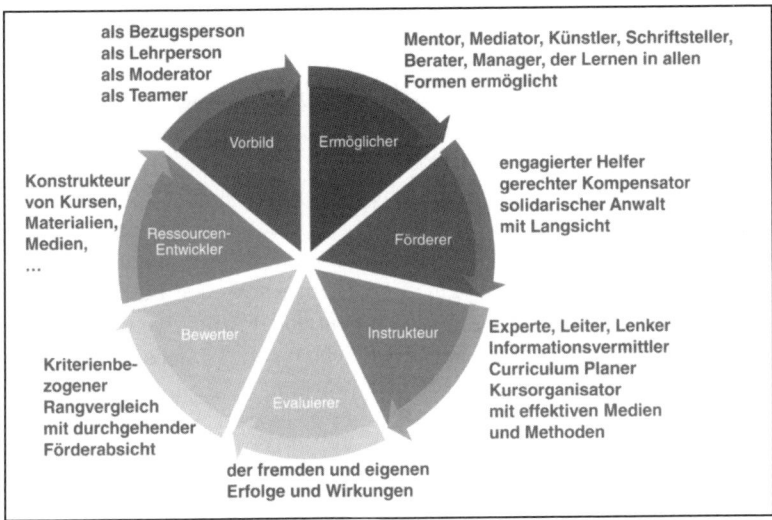

Abb. 1: Lehrerrollen im didaktischen Habitus

Lehrende sind in vielerlei Hinsicht Ermöglicher, so dass Arnold z.B. von
einer konstruktivistischen Didaktik als Ermöglichungsdidaktik spricht (vgl.
Arnold 2005). Der didaktische Habitus eines Ermöglichers ist jeweils individuell sehr unterschiedlich, aber günstig ist eine Haltung, die in sich vielfältig
und nicht langweilig, anregend und nicht monoton, humorvoll und nicht
sarkastisch, selbstironisch und nicht besserwisserisch ist. Hier können und
sollten künstlerische Kompetenzen ebenso zum Tragen kommen wie ein
gutes Management. Es ist ein Glück, dass nicht alle Lehrenden gleich sind,
aber es wäre unglücklich, wenn sie nicht zugleich ihre Besonderheit und Ei-
genart zeigen und Überraschendes immer wieder auf ihre Art ermöglichen
könnten.
Lehrende müssen sich zum Fördern bekennen, sonst verfehlen sie ein wesentliches Berufsziel. Die bedeutet zwar keine Selbstaufgabe, aber ein hohes Engagement, das Hilfe für sozial schwache und bildungsbenachteiligte Lerner
ebenso bietet wie Anregungen für diejenigen, die günstige Voraussetzungen
haben. Hier muss gerecht kompensiert werden, was als Voraussetzung fehlt

und Lehrende müssen solidarisch dafür eintreten, dass Deutschland den viel zu starken Zusammenhang zwischen sozialer Herkunft und Schulerfolg besser überwindet. Hier ist Geduld und Langsicht, ein Durchhaltevermögen gefragt, um Förderung als Habitus erfolgreich zu leben. Lehrende sind auch Instrukteure, allerdings nicht ausschließlich, wie manche leider immer noch denken.

Als Experten, Leiter, Lenker, Planer, Organisatoren und Informationsvermittler sind Lehrende immer Fachleute für etwas, die zugleich effektive Methoden und Medien der Präsentation beherrschen sollten. Aber ihre Tätigkeit kann hierin nicht aufgehen, weil es beim Unterrichten nicht vorrangig darauf ankommt, dass die Lehrer durch immer mehr Erfahrungen immer bessere Vorträge halten können, sondern darauf, dass ihre Lerner einen Zuwachs an Kompetenzen im Lernen durch gute Lernarrangements und Lernumgebungen erfahren. Hierbei sind gut strukturierte Instruktionen, effektive Methoden und anschauliche Medien sinnvoll, aber eben auch nicht ausreichend. Sie müssen mit den anderen Rollenaspekten gemischt werden.

Als Evaluierer müssen Lehrende sich immer wieder Wirksamkeitsstudien stellen, d.h. sie müssen die Erfolge der Lerner wie die eigenen Erfolge in der Praxis überprüfen. Sie benutzen regelmäßig Feedback und andere Formen der Rückmeldung, um Anregungen dafür zu erhalten, wo sie sich kontinuierlich verbessern könnten oder sollten.

Als Bewerter müssen Lehrende oft in bloßem Rangvergleich Noten vergeben, ohne hinreichend Rücksicht auf die besonderen Lernvoraussetzungen der betrachteten und bewerteten Gruppe zu nehmen. Die negativen und ungerechten Folgen solcher Bewertung sind in der Zensurenforschung schon lange bekannt. Lehrende müssen solche Verzerrungen kennen und sich darüber im Klaren sein, dass alle Rangvergleiche mit kriterienbezogenen Verfahren zu mischen sind, in denen die Lernfortschritte der Lerner individuell und nicht an einer Vergleichsnorm mit anderen bemessen werden. Hier ist eine individuelle Förderdiagnostik mit eigenen Zielvereinbarungen und Fördergesprächen wichtig, um die Lerner zu ermutigen und jeweils auf der Stufe ihrer nächsten Entwicklung zu fordern (vgl. dazu auch die Anregungen in Reich 2009). Schließlich, und dies wird oft vergessen, sind Lehrende Ersteller von Ressourcen, von Lernumgebungen, die sie vielfältig in Kursen, Materialien, Medien usw. konstruieren. Auch wenn viele Lehrer solche Vorbereitungen als Last empfinden, so kann besonders hier ihre Kreativität entwickelt werden. Setzen wir den eher technischen Habitus, der in der Ratgeberliteratur meist in der Form von Verhaltenstipps erscheint, gegen diesen weiten didaktischen Habitus, so wird deutlich, dass ein didaktischer Ansatz mehr will als ein prinzipien- oder regelgeleitetes Verhalten. Ein Habitus ist ein didaktischer Stil, er ist wie eine Kleidung, die ich nach außen zeige, eine Demonstration dessen, was ich als Lehrender repräsentieren will. Die Lerner wissen dies längst. Zeige mir deinen Unterricht, und ich weiß, wie ich dich einschätzen kann. Lebst du eher von punktuellen Erfolgen, wenigen Highlights, oder ist in deinem Unterricht eine Haltung mit Langsicht und Überraschungen erkennbar, die uns immer wieder neugierig auf deine Stunden werden lässt? Den Erfolg deines Habitus wirst du immer an unseren Gesichtern ablesen können. Mit bloßen Techniken aber sind wir auf Dauer nicht zu begeistern.

4 Tabellarische Übersicht versus forschender Einstellung

Die Ratgeber sind besonders gut darin, für Anfänger einen ersten Überblick, tabellarische Übersichten, leichte Einstiege in ansonsten komplexe Themen zu geben und dies zugleich in praktische Ratschläge zu verwandeln. Es kann nicht bestritten werden, dass dies sogar positive Effekte haben mag. Aber die Kehrseite ist, dass es auch zu oberflächlichen Einblicken führt, die für den Anwender eher äußerlich bleiben.

Lehrende, die dauerhaft so unterrichten wollen, dass ihre Lerner wirksam lernen, umfassend gefördert und gefordert werden, und die dies zugleich dann als eigenen professionellen und menschlichen Erfolg für sich erleben wollen, benötigen eine Didaktik, die sie umfassender orientiert, ihnen mehr abverlangt und sie selbst in der Rolle eines Lehr- und Lernforschers sieht. Wäre Didaktik auf eine Rezeptologie zu reduzieren, dann würde eine wissenschaftliche Ausbildung überflüssig werden.

Es gibt durchaus innerhalb modularisierter Ausbildungen Tendenzen dazu, Didaktik auf rezepthafte Anwendungen zu verengen, aber dies kann aus meiner Sicht kein erfolgreiches Konzept sein. Je mehr Lehrende selbst einen Sinn dafür entwickeln, Probleme und Chancen des eigenen Unterrichts zu erkennen, zu studieren, zu erforschen und darüber sich untereinander auszutauschen, desto größer werden die Möglichkeiten, Unterricht lernförderlich zu gestalten. Schauen wir im Groben auf das Konzept der Unterrichtsplanung und -durchführung in der konstruktivistischen Didaktik, wie es in Abbildung 2 gezeigt wird, dann erkennen wir, dass umfassende Handlungen vollzogen werden, die nicht ohne reflexive Arbeit geleistet werden können:

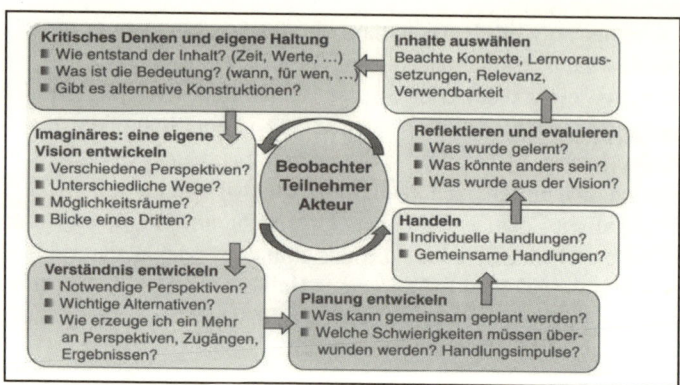

Abb. 2: Unterrichtsplanung im Überblick

Lehrende, die möglichst in Planungen auch Lernende mit einbeziehen sollten, wählen Inhalte aus, wobei sie Kontexte, Relevanz, Verwendbarkeit wie auch die Lernvoraussetzungen ihrer Teilnehmer zu beachten haben. Hier benötigen sie ein Verständnis nicht nur des Curriculums, sondern der Kultur, der unterschiedlichen Lernvoraussetzungen, was auch z.b. Fragen nach Heterogenität, Differenz, Diversität, Multikulturalität mit einschließt. Immer sind Lehrende gefordert, hierbei ein kritisches Denken zu entwickeln, denn kein Inhalt, keine Voraussetzung, keine der gewählten Konstruktionen sind frei von Auslegungen, Widersprüchen, Ambivalenzen. Wir leben in einem Zeitalter, das weder kategoriale noch formale Bildung mehr eindeutig bestimmen lässt, sondern zu einer umfassenden und stets in Veränderung sich befindlichen Deutungsangelegenheit macht, was einen hohen Reflexionsanspruch an Lehrende erforderlich macht. Aber dieser kann nicht nur einseitig kognitiv-rational entwickelt werden, sondern sollte auch Imaginäres mit einschließen, also eigene Visionen, Unterschiedlichkeiten, Möglichkeitsräume, Perspektiverweiterungen usw. Lehrende (und auch Lernende) benötigen ein Verständnis für Lösungen, für unterschiedliche Lösungswege. Hier sind drei Ziele der konstruktivistischen Didaktik besonders entscheidend: Unterricht sollte möglichst dazu beitragen, viele Perspektiven zu eröffnen (Multiperspektivität), viele Zugänge im Lernen zu nutzen (Multimodalität) und viele Ergebnisse zu produzieren (Multiproduktivität). In der Planung schlägt die konstruktivistische Didaktik sowohl engere als auch weitere Planungsmöglichkeiten vor. Enger ist z.B. das Planungsmodell, das aufbauend auf John Dewey in fünf Stufen vorgeht (vgl. Abb. 3).

1 emotionale Reaktion Problem Ereignis	2 Anschluss- fähigkeit	3 Hypothesen Untersuchungen Experimente	4 Lösungen	5 Anwendungen Übungen Transfer
Einstieg: Fall Impuls Fragen Bilder Auftrag usw.	Verknüpfen: Wiederholen Erinnern Fantasieren Assoziieren Erweitern usw.	Inquiry and experience: Gegenstände Material Texte Bilder usw.	Präsentation: Vortrag Referat Visualisierung Portfolio Bilder usw.	Langzeit: Test Prüfungen Kompetenzen Transfer usw.

Abb. 3: Elementares Planungsmodell

Aber dies ist nur eine der Planungsmöglichkeiten, und sie kann auch noch erheblich erweitert werden (vgl. Reich 2008, S. 137 ff., S. 239 ff.). Entscheidend ist immer die Handlung, weshalb aller Unterricht um das Handeln herum zentriert ist. Individuelle und gemeinsame Handlungen, instruktive und konstruktive Anteile im Unterricht in Handlungen miteinander effektiv (also lernerwirksam) zu mischen, das ist eine Grundaufgabe der konstruktivistischen Didaktik, die nur dann hinreichend erfüllt werden kann, wenn die erreichten Ergebnisse evaluiert und reflektiert werden. Nun könnten die Vertreter der Ratgeberliteratur einwenden, dass sie dies alles eigentlich auch wollen. Sie bringen solche Aussagen auf Prinzipien, machen alles damit nur leichter verständlich. Das mag auch durchaus ihre Intention sein. Aber bei näherer Hinsicht zeigt sich, dass sie dabei recht willkürlich alles mischen, was sich irgendwie gebrauchen lässt. Es zählt nicht eine durchgehend begründete Argumentation, die die einzelne Aussage oder das Prinzip mit einer Herleitung und ihrer Problematisierung verbindet, sondern allein der technische Erfolg einer praktischen Handreichung. Aber was geschieht, wenn die Prinzipien sich doch nicht so einfach in die Praxis umsetzen lassen? Ist hier nicht ein Habitus erfolgreicher, der auch hierfür eine reflexive Grundlage hat, weil er jegliche Prinzipien durch wissenschaftliches Durchdenken relativieren gelernt hat?

Der gesamte Kreislauf der Unterrichtsplanung zeigt schon in seiner Vereinfachung, wie wichtig ein didaktischer Habitus ist, der mehr als Rezepte oder Ratgeber will, wie wesentlich ein innerer Antrieb und ein Begehren bei den Lehrenden ist, sich selbst auch als Gestaltende und Forschende im eigenen Feld zu sehen, die besser ihre eigenen Übersichten fertigen, ihre eigenen Ratschläge erarbeiten und sich offen den Herausforderungen stellen. Dazu kann ihnen eine Didaktik helfen, die sie von vornherein in ihren Anstrengungen ernst nimmt, die sie aber auch fordert, Handlungen stets so umfassend zu reflektieren, dass sie nie bloß Beobachter bleiben oder ihre Akteursrolle von außen übernehmen. Lehrende sind immer auch Teilnehmer als Didaktiker, sie nehmen teil an einem Ansatz, der möglichst weitreichend reflektieren, begründen, handeln oder der eher kurzfristig umsetzen, übernehmen, durchführen will. Wird die Teilnahme so beschränkt, dann werden auch die Perspektiven des Beobachters eng und die Akteursmöglichkeiten bleiben gering. Konstruktivistische Didaktik aber will hingegen

1. eine Beobachtervielfalt mit unterschiedlichen Perspektiven und Metaperspektiven ermöglichen, nicht nur um den Überblick zu behalten, sondern auch um immer wieder tiefer blicken zu können und eigene blinde Flecken zu thematisieren;

2. eine Akteurskompetenz erzeugen, in der verschiedene Rollen eingenommen werden können, um die Lernumgebung hinreichend differenziert zu gestalten;

3. eine Teilnahmereflexion ermöglichen helfen, um kritische Distanz ebenso wie kritisch entschiedenes Engagement begründet zu entwickeln.

5 Instruktionspädagogik versus konstruktivistische Didaktik

In der Ratgeberliteratur erscheint immer wieder die Instruktionspädagogik, weil und insofern ein handlungsorientierter Unterricht zwar als Möglichkeit angegeben und auch als Chance gesehen wird, es aber kein umfassendes Konzept gibt, einen entsprechenden Einsatz auch vom Habitus her begründet zu verlangen. Hier bleibt eine Beliebigkeit, weil es eine zu geringe Herleitung und theoretische Einstellung gibt. Dabei sehe ich insbesondere drei mögliche Fehlorientierungen:

1. *Methodendominanz:* Gerne und oft wird versucht, einseitig von den Methoden her den Unterricht zu verbessern und zu reformieren. Aber Methoden, die nicht auch von der Haltung und Einstellung her, vom didaktischen Habitus ausgehend umfassend vorgelebt und situativ entwickelt werden, verkommen schnell zu leeren Hülsen und können dann sogar abschrecken und kontraproduktive Wirkungen hervorrufen. Methodisch allein lässt sich keine Didaktik erfolgreich umsetzen, weil so die Didaktik wesentlicher Dimensionen und Handlungsbereiche beraubt wird – so schön und wertvoll einzelne Methoden auch sein mögen.

2. *Prinzipienorientierung:* Reflexionen können zwar Prinzipien folgen, aber sie können nicht in ihnen aufgehen. Prinzipien sind stets zu begründen und hier gilt die Einsicht, dass das Problem stets in den Auslassungen oder den zu großen Verallgemeinerungen steckt. Eine reflexive didaktische Haltung, die sich selbst wissenschaftlich ausgebildet und praktisch erprobt hat, ist das Gegenmodell zu einer oberflächlichen Aneignung oder zu Unterrichtsprinzipien – so richtig sie im Einzelfall auch sein mögen –, die heute in der Lehrerbildung auch in Deutschland wieder stärker verfolgt werden sollte.

3. *Schematisierungen:* Alle Ratgeber, die ein Schema vorgeben oder aus denen sich vermeintlich eine klare Reihen- oder Rangfolge ableiten lässt, erzeugen immer wieder das Problem, dass sie nicht auf alle Situationen passen können. Werden sie dann passend gemacht, so führt die Schematisierung selten zu Lernerfolgen, was dann wiederum oft schuldhaft den Lernern zugeschrieben wird. Eine wissenschaftlich orientierte Didaktik widersetzt sich von vornherein jeglicher Schematisierung. Sie mag zwar auch logische Strukturen anbieten, aber sie hat diese notwendig kontextbezogen zu reflektieren.

Um nicht in diese Fehlorientierungen zu verfallen, versucht die konstruktivistische Didaktik eine Theorie und Praxis zu entwickeln, die ein umfassendes theoretisches und praxisbezogenes Angebot zur Begründung, Geltung und eigenen Reflexion von Lehr- und Lernprozessen ermöglicht. Da das gesamte Konzept hier nicht wiedergegeben werden kann, will ich mit kurzen Hinweisen schließen:

– Auf der Theorieebene ist die konstruktivistische Didaktik in den interaktionistischen Konstruktivismus eingebunden, der sich als eine Erweiterung des Pragmatismus (vgl. Garrison 2008, Hickman, Neubert, Reich 2009) versteht und der sich umfassender als andere didaktische Ansätze der Gegenwart in Deutschland in den wissenschaftlichen Diskursen auch der Postmoderne verortet und zu ihnen Stellung bezieht (vgl. Reich 1998a,b).

– In dieser Theorie wird eine kulturell begründete Perspektive eröffnet, die wesentliche Grundbegriffe auch der Pädagogik rekonstruiert und in einem neuen, veränderten Licht erscheinen lässt (vgl. Reich 2005). Dieser Anschluss an grundlegende wissenschaftliche Diskurse erscheint mir als wesentlich, um die Didaktik nicht von der allgemeinen Diskursentwicklung abzukoppeln und zu einer Theorie geringerer Reichweite zu reduzieren.

– Zur Einführung in die konstruktivistische Didaktik gibt es ein Lehr- und Studienbuch (Reich 2008), das zugleich einen Methodenpool enthält, der auch kostenlos im Internet zur Verfügung steht (http://methodenpool.de). In diesem Methodenpool sind fast alle wichtigen neueren handlungsorientierten (auch systemischen) Methoden dokumentiert und ausführlich beschrieben, die den reflektierten Didaktiker gegenwärtig zur Verfügung stehen. Aber es wird nicht die Auffassung vertreten, dass hieraus bestimmte Methoden die Lösung aller Probleme bieten. Vielmehr wird erwartet, dass der Didaktiker oder die Didaktikerin aus ihrer reflektierten Sicht, aus eigenem Begehren und einer Einschätzung der Lernvoraussetzungen Methoden und Medien immer dann und so zum Einsatz bringt, wie es seine/ ihre Haltung für erforderlich hält. Dabei sollten die Lerner stets einbezogen werden.

– Die didaktische Freiheit, die in solcher Auswahl besteht, ist ein Kernbestand für lernerwirksamen Unterricht, aber wenn wir ihre Chancen nicht nutzen, werden wir sie langfristig verlieren. Dann müssten wir allerdings auch die Didaktik als Wissenschaft aufgeben und die anstehenden Aufgaben anderen Fächern, so z. B. der pädagogischen Psychologie, anvertrauen.

– In der Breite versucht die konstruktivistische Didaktik stärker als andere Ansätze im deutschen Sprachraum zwischen den verschiedenen Sichtweisen auf Lehr- und Lernprozesse zu vermitteln und dabei sowohl die fachbezogenen, kommunikativen, sozialen als auch pädagogischen und lernpsychologischen Perspektiven miteinander zu verbinden und bewusst zu machen. Sie folgt dabei dem internationalen Trend, Lehr- und Lernprozesse konstruktivistisch – insbesondere aus der Sicht der Forschungen der neueren sozial-kognitiven Psychologie – zu begründen und zu entwickeln. Dies macht den Ansatz anspruchsvoll, aber so unterscheidet es ihn auch von einer Literatur, die „guten Unterricht" oft mit zu einfachen Mitteln erzwingen will und so doch nicht erzwingen kann.

– In der Praxis der Lehrerbildung gibt es mittlerweile vor allem in der zweiten Phase viele konkrete Beispiele, die Lehrerbildung konstruktivistisch zu entwickeln (vgl. Reich 2009). Die Wege in der Praxis zeigen, dass es durchaus möglich ist, einen anspruchsvolleren theoretischen Ansatz auch praxisbezogen einzusetzen, umgekehrt aber auch aus der Praxis heraus die Theorie ständig weiter zu entwickeln.

Literatur

Arnold, K.-H.; Sandfuchs, U.; Wiechmann, J. (Hrsg.) (2006): Handbuch Unterricht. Bad Heilbrunn

Arnold, R. (2005): Die emotionale Konstruktion der Wirklichkeit. Beiträge zu einer emotionspädagogischen Erwachsenenbildung. Baltmannsweiler

Garrison, J. (Hrsg.) (2008): Reconstructing Democracy, Recontextualizing Dewey. Pragmatism and Interactive Constructivism in the Twenty-first Century. Albany

Gudjons, H. (2003): Frontalunterricht – neu entdeckt. Integration in offene Unterrichtsformen. Bad Heilbrunn

Hepting, R. (2004): Zeitgemäße Methodenkompetenz im Unterricht. Eine praxisnahe Einführung in neue Formen des Lehrens und Lernens; mit Unterrichtsvideos auf CD-ROM. Bad Heilbrunn

Hickman, L.; Neubert, S.; Reich, K. (Hrsg.) (2009): John Dewey between Pragmatism and Constructivism. New York

Huber, A. A.; Haag, L. (2004): Kooperatives Lernen – kein Problem. Effektive Methoden der Partner- und Gruppenarbeit. Leipzig

Hugenschmidt, B.; Technau, A. (2005): Methoden schnell zur Hand. 66 schüler- und handlungsorientierte Unterrichtsmethoden. Stuttgart

Kiper, H.; Mischke, W. (2006): Theorie des Unterrichts. Weinheim u. Basel

Kliebisch, U.; Meloefski, R. (2006): LehrerSein. Pädagogik für die Praxis. Baltmannsweiler

Mandl, H.; Friedrich, H. F. (Hrsg.) (2006): Handbuch Lernstrategien. Göttingen

Meyer, H. (2004): Was ist guter Unterricht? Berlin

Meyer, H.; Paradies, L. (1998): Frontalunterricht lebendiger machen. 7. Aufl., Oldenburg

Mühlhausen, U. (2005): Unterrichten lernen mit Gespür. DVD-Beilage mit multimedialen Unterrichtsdokumenten. Baltmannsweiler

Ormrod, J. E. (2004): Human Learning. 4. Aufl., Columbus u. Ohio

Ormrod, J. E. (2006): Educational Psychology. Developing Learners. Upper Saddle River, 5. Aufl., New Jersey

Reich, K. (1998a,b): Die Ordnung der Blicke. Band 1: Beobachtung und die Unschärfen der Erkenntnis. Band 2: Beziehungen und Lebenswelt. Neuwied u.a.

Reich, K. (2005): Systemisch-konstruktivistische Pädagogik. 5. Aufl., Weinheim u. Basel

Reich, K. (2008): Konstruktivistische Didaktik. 4. Aufl., Weinheim u. Basel

Reich, K. (Hrsg.) (2009): Lehrerbildung konstruktivistisch gestalten – Wege in der Praxis. Weinheim u. Basel

Wahl, D. (2006): Lernumgebungen erfolgreich gestalten. 2. Aufl., Bad Heilbrunn

Woolfolk, A. (2005): Educational Psychology. Boston u.a.

Hilbert Meyer

Merkmale guten Unterrichts –
Ein Kriterienmix

1 Schulpolitischer Handlungsbedarf

Guter Unterricht ist auf förderliche Rahmenbedingungen angewiesen. Wenn ich Kultusminister dieses Landes wäre, würde ich versuchen, die politischen Mehrheiten für folgende förderliche Rahmenbedingungen zu organisieren:

1. flächendeckende Einführung der *sechsklassigen Grundschule* – notenfrei, aber mit Schullaufbahnempfehlung; Englisch ab Klasse 1
2. flächendeckende Einführung von *Ganztagsschulen* in den Sekundarstufen I und II; fakultativ für die Grundschule
3. Abschaffung der fünffach untergliederten Sekundarstufe I (Jahrgänge 5 bis 10) und Aufbau eines *Zwei-plus-Eins-System*: Sekundarschulen (HS/RS) und Gymnasien, ergänzt durch IGS
4. Ich würde sehr viel früher – beginnend in der Elementarstufe – sehr viel mehr *Geld für Schüler/-innen aus Risikogruppen ausgeben.*
5. Ich würde die sogenannte *pädagogische Arbeitszeit* einführen. Die Bezahlung der Lehrer wäre dann nicht mehr von der Anzahl der gehaltenen Unterrichtsstunden abhängig, sondern von der gesamten Arbeit, also auch von Sonderaufgaben für Unterrichtsentwicklung, Elternarbeit usw.
6. Ich würde den *Schulleitern mehr Rechte* geben; sie sind in Deutschland sehr wenig entwickelt. Sie sollten – wie international üblich – selbst Personal einstellen und entlassen können.
7. Die *Fortbildung* sollte *verpflichtend* gemacht, dann aber auch voll bezahlt werden.
8. Ich würde *Teamarbeit verbindlich* vorschreiben. Noch gibt es viel zu viele Einzelkämpfer unter den deutschen Lehrern.
9. Ich würde die Kopplung von Schulform und Schullaufbahn aufheben, damit *Grund-* und *Hauptschullehrer/-innen*, die besonders herausfordernde Arbeitsplätze haben, auf *A-13-Stellen* kommen können

10. Ich würde das *Referendariat mit der Master-Phase des* neu strukturierten
    Lehramtsstudiums fusionieren (und dadurch die vor 30 Jahren an der
    Universität Oldenburg erprobte Einphasige Lehrerbildung wieder einfüh-
    ren).

Leider sehe ich nirgendwo einen Kultusminister, der in der Lage wäre, politische Mehrheiten für diese durchgreifenden Maßnahmen zu beschaffen. Also
rechne ich damit, dass die Schulreform auch die nächsten fünf bis zehn Jahre
vor sich hin dümpeln wird. Das ist für mich aber kein Anlass zur Resignati-
on. Denn auch unter widrigen Umständen gibt es Gott sei dank *viele Variablen guten Unterrichts, auf die kein Kultusminister Einfluss nehmen* kann. Und
von diesen Variablen handelt mein Vortrag.

2 Mein Theorierahmen

2.1 Drei-Etagen-Haus

Der Unterrichtsprozess und seine Ergebnisse werden, wie jedermann weiß,
von sehr vielen verschiedenen Faktoren beeinflusst. Ein immer mehr akzep-
tiertes Modell für die Analyse dieser Faktoren ist das von Helmut Fend und
Andreas Helmke entwickelte „Angebots-Nutzungsmodell zur Erklärung von
Lernerfolg" (vgl. Helmke 2007).

Ich habe dieses Modell einerseits elementarisiert (Kritiker könnten sagen:
„simplifiziert"), andererseits um die Ebene der bildungspolitischen Programmatiken erweitert und dann in der Metapher eines großen Gutshauses visu-
alisiert (ausführlich dargestellt und um Zwischenetagen vermehrt in Meyer
2004, S. 162-165):

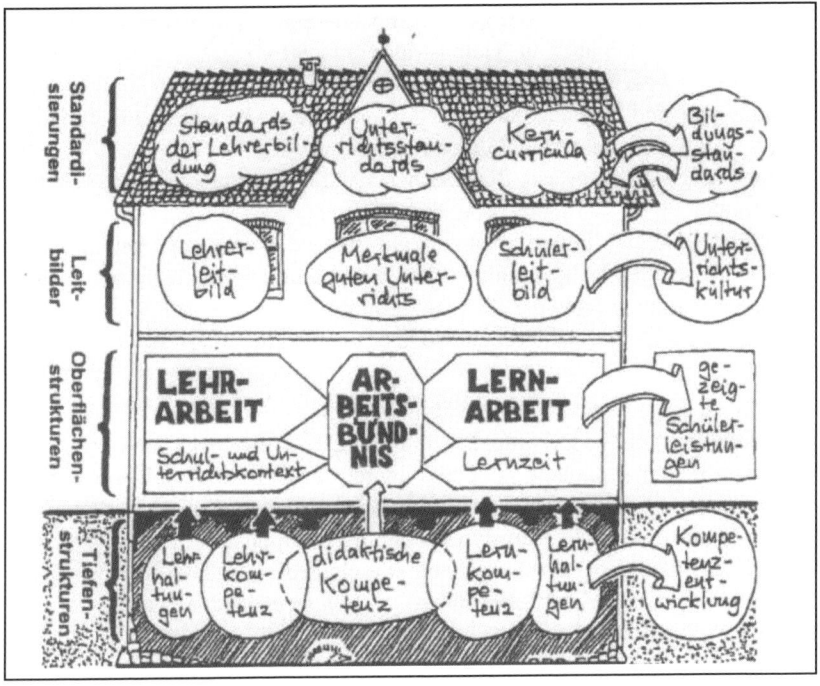

Abb. 1: Drei-Etagen-Haus

Auf jeder Etage gibt es große Repräsentationsräume, Werkräume, Schlaf-
zimmer und Rumpelkammern, die durch Treppen, Fenster, Heizungsrohre
u.a. miteinander verknüpft sind:
– Im *Kellergeschoss* sind die Lehr- und Lernkompetenzen, die Einstellungen
und Haltungen der Lehrer und der Schüler angesiedelt. Sie stellen einerseits die Voraussetzungen erfolgreicher Unterrichtsarbeit dar, ihre Weiterentwicklung ist zugleich aber auch das wichtigste Ziel des Unterrichts. Es
führt keine Treppe in das Kellergeschoss. Warum? Weil Kompetenzentwicklung grundsätzlich nicht sichtbar ist.

> ***These 1***
> Lernen ist ein unsichtbarer, nicht fühlbarer und grundsätzlich nicht
> bewusstseinsfähiger Vorgang.

Deshalb sind wir, wenn wir über Kompetenzentwicklung sprechen, immer auf Spekulationen über die Tiefenstrukturen angewiesen.

– Im *Erdgeschoss* agieren leibhaftige Menschen. Hier werden die tatsächlichen Lehr- und Lernhandlungen, aber auch die Gedanken und Gefühle erfasst, mit denen diese Handlungen begleitet werden.

– Das *Obergeschoss* erfasst die von den handelnden Personen entwickelten Leitbilder.

– Im *Dachgeschoss*, in dem man sich nur hin und wieder aufzuhalten pflegt, sind die staatlichen Programmatiken und Steuerungsversuche platziert – Standardisierungsversuche der Bildungspolitik, deren tatsächlicher Einfluss auf das Lehrer- und Schülerhandeln aber noch nicht gut erforscht ist.

2.2 Fünf Grundformen des Unterrichts oder „Ei des Kolumbus"

Unterrichten ist ein hoch komplexes Geschäft. Und die Ansprüche daran sind von Jahr zu Jahr gestiegen. Alle paar Jahre gibt es eine neue Unterrichtserfindung: Erst die Projektwochen, dann die Wochenplanarbeit, Stationen-Lernen, seit kurzem „Lernen durch Lehren" (Gruppenpuzzle u.a.). Als Anfänger kann man dabei ebenso schnell wie als Profi den Überblick verlieren. Deshalb stellen sich viele Lehrerinnen und Lehrer die Frage, was unverzichtbar und was entbehrlich ist.

Deshalb der folgende theoretische Orientierungsrahmen, den ich aus rein äußerlichen Gründen als „Ei des Kolumbus" bezeichne. Er erfasst fünf Grundformen des Unterrichts, auf die sich die bunte Vielfalt aktuell diskutierter Unterrichtsformen zurückführen lässt (vgl. Meyer 2007, S. 60ff.). Ich behaupte:[1]

These 2
»Guter« Unterricht besteht aus einer ausbalancierten Mischung der fünf Grundformen. Deshalb sollte mittelfristig eine quantitative „Drittelparität" zwischen Lehrgängen, Frei- und Projektarbeit angestrebt werden.[2]

---

[1] „Vorzeigeschulen" wie die Laborschule Bielefeld oder die Helene-Lange-Schule Wiesbaden haben diese Drittelparität bereits erreicht. Und sie erzielten beim Testen ihrer Schüler mit dem PISA-Instrumentarium sehr gute Werte – teilweise oberhalb der finnischen Ergebnisse.

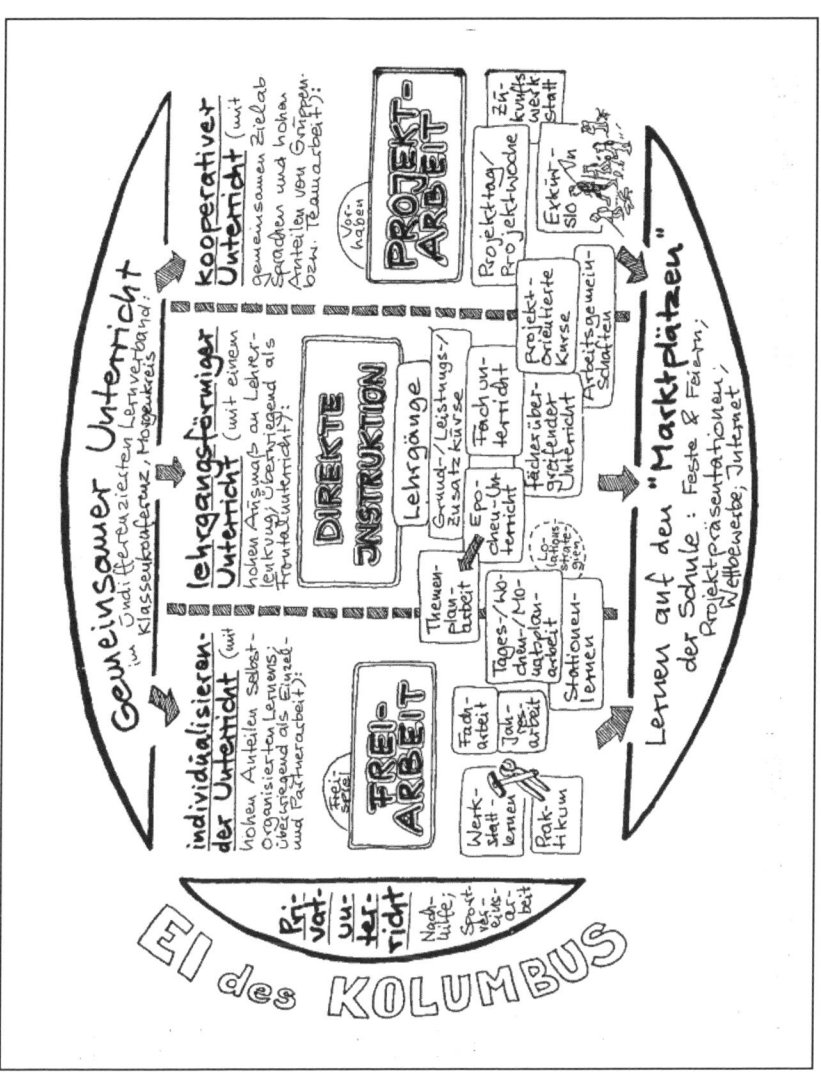

Abb. 2: Das didaktische „Ei des Kolumbus

Schulen mit anspruchsvollem Unterrichtsprogramm versuchen, alle fünf Grundformen anzubieten. Sie informieren zumeist auch detailliert darüber und sind stolz auf das durch Formenvielfalt erreichte individuelle Profil (vgl. z.B. Realschule Enger, www.rsenger.de). Auch die Hamburger Reformschule (IGS Winterhude) hat ihr Unterrichtskonzept veröffentlicht. Dabei ist der Tagesrhythmus an die ersten vier oben genannten Grundformen gekoppelt:

– Der Schultag beginnt mit einem Morgenkreis in den Stammgruppen (= Gemeinsamer Unterricht),
– danach folgt Cuba (*cultural basics*) als Variante der Direkten Instruktion,
– dann eine Phase täglicher Projektarbeit, und
– zum Tagesabschluss die zum Individualisierten Unterricht zählende Werkstattarbeit.

Wann das Verhältnis zwischen den fünf Grundformen als ‚ausgewogen' zu betrachten ist, kann aber nicht am grünen Tisch des Erziehungswissenschaftlers entschieden werden. Dies muss jede Schule vor Ort eigenständig klären. Aber eines ist aufgrund der empirischen Unterrichtsforschung schon jetzt klar. Es besteht nicht der geringste Anlass, im Blick auf alltäglichen Unterricht vor einem Zuviel an Methodenvielfalt zu warnen.

These 3

„Mischwald" ist besser als Monokultur.

2.3 Begriffsklärung: Guter Unterricht

Es ist schwerer als gedacht, eine Definition guten Unterrichts zu finden. Ein erster Zugriff könnte darin bestehen, empirische Forschungen zum Lernerfolg der Schüler als Grundlage zu nehmen. Aber dagegen bestehen grundsätzliche logische Einwände:

These 4

Aus dem, was ist, kann und darf nicht deduziert werden, was sein soll.

Deshalb der zweite Zugriff: „guter Unterricht" wird *normativ* (also auf der Grundlage einer Bildungstheorie) *gesetzt*. In der folgenden Arbeitsdefinition habe ich das im Anschluss an die deutschsprachige Didaktikdiskussion (Klafki, Blankertz, Klingberg) in meinen Worten getan (vgl. Meyer 2004, S. 20).

Arbeitsdefinition 1: Guter Unterricht ist ein Unterricht, in dem

1. im Rahmen einer demokratischen Unterrichtskultur
2. auf der Grundlage des Erziehungsauftrags
3. und mit dem Ziel eines gelingenden Arbeitsbündnisses
4. die Persönlichkeitsentwicklung aller Schülerinnen und Schüler unterstützt, sinnstiftende Orientierungen geschaffen,
5. ein Beitrag zur nachhaltigen Kompetenzentwicklung aller Schülerinnen und Schüler geleistet wird,
6. und auch ein humaner, nicht krankmachender Arbeitsplatz für die Lehrerinnen und Lehrer bereitgehalten wird.

Fazit: Wer beim Stichwort *guter Unterricht* nur an Wissens- und Könnens-vermittlung denkt, denkt zu kurz. Es geht immer auch um die Persönlich-keitsbildung und damit um die Unverfügbarkeit von Bildung und die humane Qualität des Lern- und Lebensorts Schule.

3 Meine Hauptbotschaft

3.1 Didaktisches Sechseck

Gestatten Sie mir bitte eine kurze *Belehrung* zur Allgemeinen Didaktik. Scheinbar gibt es ein großes Kuddelmuddel unterschiedlichster Konzepte der Allgemeinen Didaktik. Aber der Schein trügt, wenn genauer nachgefragt wird. Vor 30 Jahren haben sich die Allgemeindidaktiker darauf verständigt, was die wesentlichen Prozessvariablen bzw. Strukturdimensionen des Unter-richts sind (vgl. Jank, Meyer 2002, S. 62). Ich habe sie zum „didaktischen Sechseck" zusammengefasst.

Im Sechseck werden die Grunddimensionen des Unterrichts erfasst, die in jeder Sekunde, die Unterricht stattfindet, gegeben sind. Alle sechs Grund-dimensionen stehen in Wechselwirkung miteinander. Deshalb kann man das Sechseck auch als Folie benutzen, um die Vollständigkeit eigener Unter-richtsplanungen zu kontrollieren (vgl. Meyer 2007, S. 192).

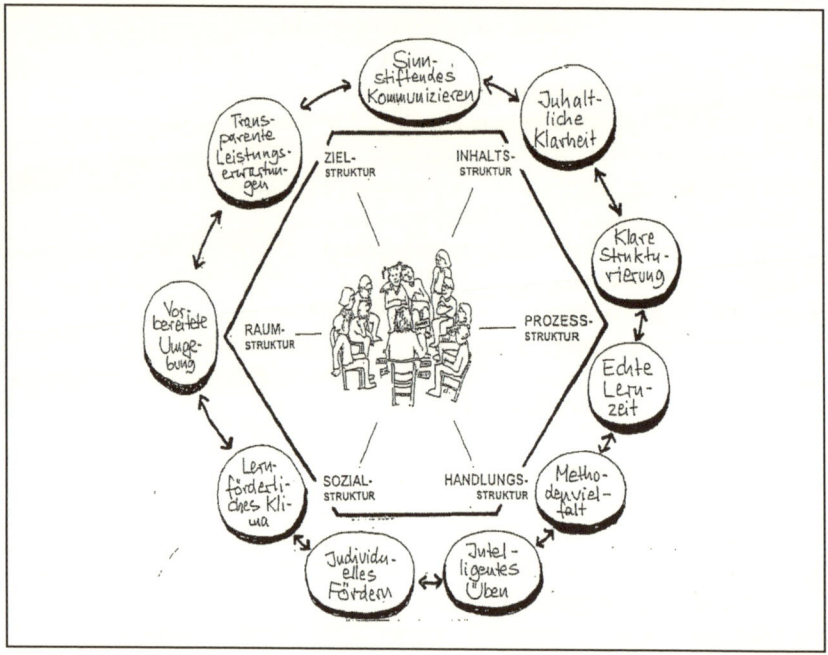

Abb. 3: Didaktisches Sechseck

3.2 Zehn Merkmale guten Unterrichts

Die empirische Unterrichtsforschung hat in den letzten zehn, fünfzehn Jahren erhebliche Fortschritte gemacht. Deshalb können wir heute sehr viel präziser als früher sagen, welche Merkmale alltäglichen Unterrichts zu dauerhaft hohen kognitiven, methodischen und sozialen Lernerfolgen beitragen. Ich habe diese Forschungsergebnisse studiert, sie didaktisch gewichtet, um zwei empirisch schlecht abgesicherte, aber m. E. wichtige Punkte ergänzt und dann zu zehn Merkmalen guten Unterrichts zusammengefasst:

1. Klare Strukturierung des Unterrichts (Prozessklarheit; Rollenklarheit, Absprache von Regeln, Ritualen und Freiräumen)
2. Hoher Anteil echter Lernzeit (durch gutes Zeitmanagement, Pünktlichkeit; Auslagerung von Organisationskram)
3. Lernförderliches Klima (durch gegenseitigen Respekt, verlässlich eingehaltene Regeln, Verantwortungsübernahme, Gerechtigkeit und Fürsorge)

4. Inhaltliche Klarheit (durch Verständlichkeit der Aufgabenstellung, Plausibilität des thematischen Gangs, Klarheit und Verbindlichkeit der Ergebnissicherung)

5. Sinnstiftendes Kommunizieren (durch Planungsbeteiligung, Gesprächskultur, Sinnkonferenzen und Schülerfeedback)

6. Methodenvielfalt und Methodentiefe (Reichtum an Inszenierungstechniken; Vielfalt der Handlungsmuster; Variabilität der Verlaufsformen; Aufbau von Methodenkompetenz)

7. Individuelles Fördern (durch Freiräume, Geduld und Zeit; durch innere Differenzierung; durch individuelle Lernstandsanalysen und abgestimmte Förderpläne; besondere Förderung von Schülern aus Risikogruppen)

8. Intelligentes Üben (durch Bewusstmachen von Lernstrategien, passgenaue Übungsaufträge und gezielte Hilfestellungen)

9. Transparente Leistungserwartungen (durch ein an den Richtlinien oder Bildungsstandards orientiertes, dem Leistungsvermögen der Schülerinnen und Schüler entsprechendes Lernangebot und zügige Rückmeldungen zum Lernfortschritt)

10. Vorbereitete Umgebung (durch gute Ordnung, funktionale Einrichtung und brauchbares Lernwerkzeug)

11. Joker (für fachdidaktische Merkmale)

3.3 Konstruktionsregeln bei der Formulierung der 10 Merkmale

Ich nenne Ihnen meine Konstruktionsregeln. Sie machen es leichter, den Katalog weiterzuentwickeln:

1. Alle zehn Merkmale haben eine äußere, der direkten Beobachtung zugängliche Seite. Und eine innere Seite, die nur durch fachkundige Interpretation zu erschließen ist.

2. Alle zehn Merkmale sind so ausgewählt und definiert worden, dass sowohl die Lehrerinnen und Lehrer als auch die Schülerinnen und Schüler dazu beitragen können, dass die Merkmalsausprägungen im Unterricht stark gemacht werden. Keines der zehn Kriterien ist ausschließlich lehrerzentriert, keines ausschließlich schülerzentriert gemeint.

3. Die Merkmale sind zwar durchnummeriert, aber dies bedeutet nicht, dass die Reihenfolge eine Wichtigkeits-Rangfolge wäre. Vielmehr handelt es sich um so etwas wie ein Puzzle aus einzelnen Bausteinen, die erst zusammengefügt ein Ganzes ergeben.

4. Die Merkmale sind fachdidaktisch gesehen neutral. Deshalb habe ich als 11. Merkmal neu den Joker eingeführt.

5. Die Merkmale sind bewusst abstrakt gehalten, damit sie nicht mit Rezepten verwechselt werden können. Sie müssen also mit Phantasie und Beharrlichkeit in konkrete Unterrichtsarrangements übersetzt werden.

6. Die Merkmale gelten meines Erachtens für alle Schulstufen und -formen und darüber hinaus für die Kindergartenarbeit, für die Universität, für eine Orchesterprobe. Das ist eine Folge ihrer Abstraktheit.

In dem Katalog sind die Erziehungsaufgaben nur ansatzweise in den Merkmalen Nr. 3 und 5 angesprochen. Dieses Versäumnis ist eine Folge der Forschungslage. Wir haben nur wenige verlässliche Informationen über die Effektivität einzelner unterrichtlicher Erziehungsmaßnahmen. Auch deshalb muss mein Merkmalskatalog weiterentwickelt werden.

Vielleicht vermissen Sie einige Variablen guten Unterrichts, die Sie persönlich für das wichtigste Merkmal guten Unterrichts halten, z.B. die Lernbereitschaft der Schüler oder die Persönlichkeitsstruktur des Lehrers.[2] Diese Variablen fehlen, weil es sich hier um Voraussetzungen des Lehrers und der Schüler handelt, die zum Gelingen des Unterrichts erforderlich sind.

3.4 Nutzungsmöglichkeiten des Zehnerkatalogs bei der Unterrichtsentwicklung

Merkmalskataloge guten Unterrichts können verschiedene Funktionen erfüllen: Sie können in der Lehrerbildung als Grundlage für die Unterrichtsanalyse genutzt werden. Sie können als Orientierungsgrundlage für die kooperative Unterrichtsentwicklung dienen und sie können bei der Schulinspektion als Referenzrahmen herangezogen werden (wie dies zurzeit insbesondere mit dem Zehnerkatalog von Andreas Helmke passiert. Ich empfehle folgende Nutzungsmöglichkeiten:

1. persönliche Stärken-Schwächen-Analyse als erster Schritt der Unterrichtsentwicklung (vgl. Meyer 2004, Guter Unterricht, S. 144)

2. Schüler-Feedback mit Hilfe der 10 Merkmale (Beispiel: Christina Sczesny, in: Meyer: Was ist guter Unterricht?)

3. Arbeit in Fachgruppen/Fachkonferenzen: fachdidaktische Konkretisierung der Merkmale und Formulierung von Entwicklungsaufgaben

4. Kollegiales Hospitieren mit Hilfe der Beobachtungsbogen zu den 10 Merkmalen

5. Strukturierte Stundennachbesprechung mit Hilfe des Zehnerkatalogs (vgl. Junghans, Feindt 2007)

---

[2] Im prinzipiell recht ähnlichen Zehnerkatalog von Andreas Helmke sind diese Merkmale enthalten (Heft 2/2006, Pädagogik).

6. Mitarbeitergespräche nach Unterrichtsbesuchen
7. Integration des *Zehnerkatalogs* in das Schulleitbild
8. Orientierungsrahmen für die Schulinspektion

4 Theorierahmen

4.1 Gelingensbedingungen oder: „Viele Wege führen nach Rom"
„Unterricht ist ein schöpferischer Prozess", schrieb lange vor der Wiederver-
einigung der DDR-Didaktiker Lothar Klingberg, um deutlich zu machen,
dass die von der Partei und vom Staat vorgegebenen gesellschaftlichen und
curricularen Normierungen nicht direkt in den Unterricht durchschlagen
können und dürfen (vgl. Jank u. Meyer 2002, S. 142).
Die Formulierung des *Zehnerkatalogs* ist deshalb das eine – die Beschreibung der Wege, die zum Starkmachen dieser zehn Merkmale beitragen können, ist etwas anderes. Wir wissen aus der didaktischen Theorie, aus der
empirischen Unterrichtsforschung und aus der Professionalisierungsfor-
schung, dass es keinen Königsweg zur hohen Unterrichtsqualität gibt. Gerade
hochqualifizierter Unterricht in *Best practice*-Klassen hat ein je individuelles
Profil, an dessen Zustandekommen die Lehrerin/der Lehrer einen entscheidenden Anteil hat.
Es gibt also keine ‚Effektivitätsautomatik' einzelner Merkmale des Katalogs.
Der eine Lehrer erzielt sehr gute Ergebnisse z.B. mit stark ausgeprägten
Merkmalen 1, 2 und 4; beim anderen Lehrer sind diese Merkmale nur mittel-
stark entwickelt, aber er hat dennoch Spitzenleistungen aufgrund stark ausge-
prägter anderer Merkmale. Zu diesem Ergebnis kommt auch die berühmte
SCHOLASTIK-Studie von Weinert, Helmke u. a (1997, S. 250). Die Merkmale guten Unterrichts sind hier nur sechse, und sie sind etwas anders ge-
schnitten, bleiben aber vergleichbar.[3] / [4]

---

[3]   Das Buch „Guter Unterricht" ist dreieinhalb Jahre alt. Inzwischen sind die ersten substantiel-
len Rezensionen erschienen. Einen genüsslich vorgetragenen klugen Verriss von A. Helmkes
Angebots-Nutzungs-Modell (s.o.) und von Meyer liefert: Andreas Gruschka: „Was ist guter
Unterricht?" In: Pädagogische Korrespondenz. Heft 36, Frühjahr 2007, S. 10-36. Das Haupt-
argument wie in den meisten Gruschka-Rezensionen: Meyer nimmt dem Leser das eigene
Denken ab, indem er die Lösungen vorkaut. Zwei ausführliche Rezensionen zur Frage, ob wir
genügend sicheres empirisches Wissen über guten Unterricht haben: Reinhard Schilmöller:
Guter Unterricht – eine Technik? In: Vierteljahresschrift für wissenschaftliche Pädagogik.
Heft 1, Jg. 2006, S. 70-88. Das Hauptargument: Meyer behauptet, dass eine „Technologie"
des Lehrens möglich sei, die aber nicht wirklich existiert und auch nicht wünschenswert ist.

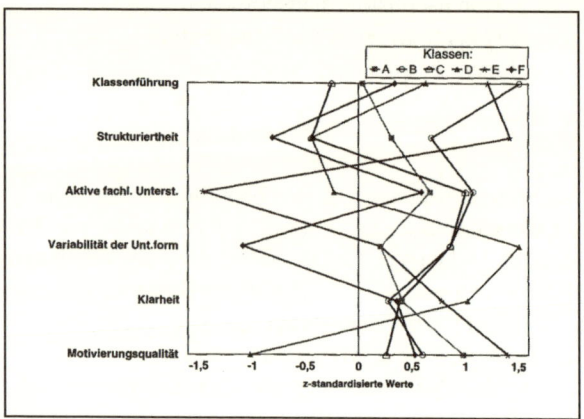

Abb. 4: Scholastik-Studie Weinert u. Helmke (1997, S. 250)

Auch in den *best practice*-Klassen gab es eine erhebliche Streuung einzelner Merkmale. Allerdings wissen wir nicht, ob die von Helmke untersuchten Lehrer/-innen vielleicht noch bessere Schülerleistungen geschaffen hätten, wenn auch die „Ausrutscher-Variablen" stark gemacht worden wären. Ich folgere daraus: Gerade Lehrerinnen und Lehrer mit sehr hohem Leistungsvermögen entwickeln ein je eigenes Profil ihres Unterrichts. Deshalb wäre es grundverkehrt, sie alle „über einen Leisten" nageln zu wollen.

> **These 5**
> Viele (*nicht:* alle!) Wege führen nach Rom!

Daraus folgt für jeden Lehrer und jede Lehrerin: Wo die Arbeit an der Qualitätsverbesserung des eigenen Unterrichts beginnen sollte, kann theoretisch nicht entschieden werden. Sie haben also die Freiheit, dort zu beginnen, wo

---

Eiko Jürgens: Lehrerarbeit zwischen Handwerklichkeit und Persönlichkeitsbildung: Wirksame Unterrichtsentwicklung ist mehr als die Befolgung von Merkmalskatalogen. In: Schulleitung Neue Länder. Aktualisierungslieferung 40. Neuwied 2007, S. 7 ff.

[4] „Aktive fachliche Unterstützung" entspricht meinem „individuellen Fördern"; „Strukturiertheit" und „Klassenführung" sind bei mir zum Merkmal 1 fusioniert.

Sie den größten Erfolg vermuten. Dabei sollten sie nach der Maxime vorgehen: „Die Stärken stärken und die Schwächen schwächen!"

4.2 „Teachers make a difference"

Vor gut dreißig Jahren schockten die empirischen Unterrichtsforscher Christopher Jencks und Mitarbeiter (1972) die Öffentlichkeit mit der – vermeintlich empirisch gut belegten – These, dass nur 2 bis 4 Prozent des Lernerfolgs der Schülerinnen und Schüler durch die Schule und die Qualität des Lehrerhandelns ausgelöst würden. „Teachers make no difference" lautete damals der Slogan gesellschaftskritisch eingestellter Bildungsforscher.

Heute kommen die Empiriker aufgrund sehr viel umfangreicherer und genauerer Studien allerdings zu deutlich positiveren Ergebnissen (zusammengefasst bei Lipowsky 2006). Der Neuseeländer John Hattie (2007) hat eine Mammut-Metaanalyse von über 50.000 Einzelstudien zur Unterrichtsqualität und zu den Effekten von Unterricht durchgeführt und kommt zu einem ganz ähnlichen Bild. Zusätzlich wird hier erläutert, welche Varianz von Lernerfolg durch die *Schulleitungen* erzeugt wird – eine in Deutschland noch weitgehend unerforschte Frage, die wegen der eher schwachen Kompetenzzuschreibungen an Schulleiter in Deutschland vermutlich nicht 1 zu 1 übertragen werden kann.

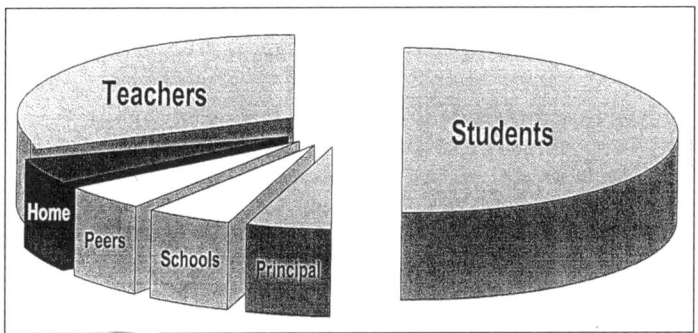

Abb. 5: Kreisdiagramm John Hattie/Percentage of Achievement Variance (2007)

Die Grafik erfasst nur die statistisch ermittelten *durchschnittlichen* Einflussstärken. Im Einzelfall können die Prozentwerte stark variieren. Zusätzlich ist zu beachten, dass kein Einflussfaktor für sich allein wirkt. Einzelne Faktoren können sich neutralisieren, aber auch gegenseitig verstärken. Ich liste einzelne Variablen auf, durch die sich die genannten Durchschnittswerte verschieben:

- Es gibt *gute und schlechte Lehrerinnen und Lehrer*. Sie sind nicht pauschal gut, mittelmäßig oder schlecht, sondern fächer- und schülerbezogen unterschiedlich gut. Einzelne von ihnen können um das drei- oder vierfach größere Lerneffekte auslösen. Es gibt aber auch Lehrer, die vorhandene Wissensbestände und erreichte Kompetenzstufen wieder zerstören (vgl. Gruehn 2000; Helmke 2003; Prenzel u.a. 2006).
- *Leistungsschwächere Schüler* sind stärker als die anderen auf eine klare Strukturierung und ein lernfreundliches Klima angewiesen. Leistungs- und motivationsstärkere kommen eher mit einem schlechten Unterrichtsklima klar und sie lernen auch dann noch eine ganze Menge, wenn der Lehrer Kompetenzdefizite hat (vgl. Lipowsky 2006, S. 56 f.).
- In *Mathematik und Naturwissenschaften* ist der Einfluss der Lehrqualität groß, weil fast alles, was zu lernen ist, neu von der Lehrerin eingebracht werden muss. In den Fächern Deutsch, Geschichte, Sport oder Musik ist der Einfluss etwas geringer, weil hier die in der Familie und im sozialen Umfeld bereitgestellte „Ausstattung" der Schüler eine größere Rolle spielt (vgl. Helmke, Schrader 2006; Lipowsky 2007).
- Der Grad der *sozialen Kopplung*, also der Zusammenhang zwischen sozialer Herkunft und Lernerfolg, ist in den einzelnen Nationen unterschiedlich groß – in Deutschland fataler Weise höher als in jeder anderen europäischen Nation (vgl. Deutsches PISA-Konsortium 2001, S. 379 ff.; Brügelmann 2005, S. 124 ff.; Prenzel u.a. 2006).
- Die *Anzahl der Schüler* je Klasse kann sich unterschiedlich auswirken. Kleine Klassen führen nicht automatisch, sondern nur dann, wenn weitere Faktoren stark gemacht werden, zu besseren Lernergebnissen (Arnhold 2005). Das Problem zu großer Klassengrößen wird oft auch den Schulleitungen vorgehalten. Deshalb sage ich: Man darf aus der Arnhold-Studie nicht ableiten, dass die Klassenstärke egal sei. Das gilt schon deshalb nicht, weil die Überlastung der Lehrer durch sehr große Klassen natürlich Rückwirkungen auf deren Zufriedenheit, auf das Niveau der leistbaren Differenzierungen u.a.m. hat. Weitere Forschungen scheinen mir dringend geboten!
- Situative Faktoren, die als „Zufälle" in den Lernprozess hineinwirken, beeinflussen den Lernerfolg: die Tagesform der Lehrerin und der Schüler, krankheitsbedingtes Fehlen von Leistungsträgern oder Rabauken, das Wetter (auf das wetterfühlige Menschen massiv reagieren), persönliche Sympathien und Antipathien usw.

Ich fasse zusammen:

> **These 6**
> Durchschnittlich *25 bis 30 Prozent* des unterrichtlichen Lernerfolgs der Schülerinnen und Schüler werden durch die Qualität des Unterrichts und die Professionalität des Lehrerhandelns herbeigeführt.

Dass das Lernpotenzial der Schülerinnen und Schüler in der obigen Kreistabelle mit durchschnittlich 50 Prozent angegeben ist, darf eigentlich niemanden überraschen. Intelligenz einerseits, Lernbereitschaft andererseits waren schon immer wichtig für den Lernerfolg. Und seit jeher ist bekannt, dass die Mehrzahl der Leistungsstarken das Lernangebot besonders intensiv nutzt – die Leistungsschwächeren kommen auch voran, aber lange nicht so schnell. Vielleicht sind einige von Ihnen dennoch unzufrieden damit, dass der Anteil der Unterrichtsqualität nicht größer ist. Das ehrt Sie, aber ich halte dagegen: 25 Prozent Lehreranteil stellt die Hälfte dessen dar, was durch „äußerliche Faktoren" im Durchschnitt bewirkt wird. Und das ist eine ganze Menge!

5 Politisierung der Didaktik

Wir befinden uns in einer Phase der Schulreform, in der das, was einmal mit Schülerorientierung gemeint war, administrativ verkürzt als „Kompetenzorientierung des Unterrichts" von oben durchgesetzt werden soll. Dadurch ist das Unterrichten insgesamt anspruchsvoller und sicherlich auch anstrengender geworden. Eine schleichende Ausweitung und Verdichtung der Lehraufgaben hat stattgefunden, die mancher Lehrerin die Lust zur Arbeit und die Luft zum Atmen genommen hat. *Noch nie ist in deutschen Schulen soviel evaluiert und gemessen worden wie heute.* Es reicht nicht, die Messinstrumente zu schärfen. Vom vielen Wiegen ist noch kein Schwein fett geworden ist, sondern davon, zur richtigen Zeit die richtige Menge Futter bekommen zu haben! Davon kann aber keine Rede sein:

– Die Art und Weise, in der wir in Deutschland mit Schülern aus Risikogruppen und Schülern mit Migrationshintergrund umgehen, ist ein Skandal.
– Die Kosten, die diese Modernisierungsverlierer dem Bildungssystem in immer wieder neuen Schleifen und Zusatzmaßnahmen verursachen, sind horrend.
– Es fehlt an Liebe, Zeit und Geld für die heranwachsende Generation.

Genau hier könnte die Mess-Euphorie der Obrigkeit eine vielleicht nicht einmal beabsichtigte politische Sprengkraft entwickeln. Wenn genaue Aufgaben- und Lernstandsanalysen im Schulalltag ergeben, dass eine „Passung" der vorgegebenen Aufgaben zu den nachgewiesenen Lernvoraussetzungen beim besten Willen nicht hinzubekommen ist, ist es die Pflicht der Lehrerinnen und Lehrer, dies den politisch Verantwortlichen mit aller Deutlichkeit und notfalls auch mit Protestmaßnahmen anzuzeigen – möglichst nicht aus einem Gefühl der Ohnmacht heraus, sondern aus professioneller Verantwortung und Stärke:

These 7
Die Lehrerinnen und Lehrer haben Anspruch auf einen nicht krankmachenden Arbeitsplatz und die Schülerinnen und Schüler auf eine schülerorientierte demokratische Schule – unabhängig von der Frage, ob sie bestimmten Mindest- oder Regelstandards genügen oder nicht.

Literatur

Baumert J. (Hrsg.) (2000): PISA 2000. Basiskompetenzen von Schülerinnen und Schülern im internationalen Vergleich. Deutsches PISA-Konsortium. Opladen

Becker, G.; Feindt, A. u.a. (2007): Guter Unterricht. Friedrich Jahresheft XXV, Seelze

Brügelmann, H. (2005): Schule verstehen und gestalten. Lengwill-Oberhofen

Gruehn, S.(Hrsg.) (2000): Unterricht und schulisches Lernen. Münster

Hattie, J. (2003): Teachers make a difference. What is the research evidence? University of Auckland, New Zealand. *Verfügbar unter: www.acer.edu.au/workshops/documents/Teachers_Make_a_Differenc e_Hattie.pdf.*

Helmke, A. (2003): Unterrichtsqualität – erfassen, bewerten, verbessern. Hannover. *(Dieses Buch liefert einen guten Überblick über den aktuellen Stand der Erforschung von Qualitäts-Indikatoren für Unterricht; es liefert kluge Reflexionsaufgaben und im Anhang eine umfangreiche Bibliografie.)*

Helmke, A. (2007): Guter Unterricht – nur ein Angebot? Interview mit H. Meyer und E. Terhart. In: Friedrich Jahresheft XXV. Seelze, S. 62f.

Helmke, A. (2006): Was wissen wir über guten Unterricht? In: Pädagogik, H. 2/2006, S. 42-45.

Jank, W.; Meyer, H. (2002): Didaktische Modelle. 5., überarb. Aufl. Berlin

Junghans, C.; Feindt, A. (2007): Lernen, über den eigenen Unterricht zu reden. In: Friedrich Jahresheft XXV. Seelze, S. 5-7

Lipowsky, F. (2006): Auf den Lehrer kommt es an. In: Allemann-Ghionda, C.; Terhart, E. (Hrsg.): Kompetenzen und Kompetenzentwicklung von Lehrerinnen und Lehrern. 51. Beiheft Zeitschrift für Pädagogik, S. 47-70

Lipowsky, F. (2007): Was wissen wir über guten Unterricht? In: Friedrich Jahresheft XXV, S. 26-30

Meyer, H. (2004): Was ist guter Unterricht? Berlin

Meyer, H. (2007): Leitfaden Unterrichtsvorbereitung. Berlin

Prenzel, M.; Baumert, J. u.a. (Hrsg.) (2006): PISA 2003. Untersuchungen zur Kompetenzentwicklung eines Schuljahres. Münster

Weinert, F. E.; Helmke, A. (Hrsg.) (1997): Entwicklung im Grundschulalter. Weinheim u. Basel

Maria B. Spychiger

Fehlerkultur und Reflexionsdidaktik

Fehler im Unterricht haben sich in den letzten Jahren einen Namen gemacht – als Fenster auf den Lernprozess, als Lernchance, als kreatives Potenzial und als Herausforderung zu Wachstum auch im Bereich der sozialen Interaktion und Kommunikation. Nach Aussage von Experten kristallisiert sich am Umgang mit Fehlern pädagogisch-didaktisches Wissen und Können von Lehrpersonen. Das daraus resultierende Konzept, Fehlerkultur in der Schule, sei ein Indiz für eine konstruktivistische Auffassung über Lehr-Lernprozesse und deren Realisierung im unterrichtlichen Handeln (Spychiger 2003, 2006; Helmke 2009). Fehlerkultur ist damit zu einem Gegenstand und Kriterium „guten Unterrichts" geworden.

Was tun Pädagoginnen und Pädagogen, die mit Fehlerkultur unterrichten? Wie gehen sie mit Fehlern um, was ist die Didaktik von Fehlerkultur? Was ist Fehlerkultur und wie funktioniert sie? Der vorliegende Beitrag schließt am aktuellen Entwicklungsstand des Konzeptes „Fehlerkultur in Schule und Unterricht" an und beleuchtet konkrete Anwendungen im Unterricht. Umgangsweisen mit Fehlern im Unterricht werden als Formen der Reflexion und Lernen aus Fehlern als reflexive Tätigkeiten identifiziert. Dieser Zugang erlaubt eine Differenzierung und Vereinfachung bisheriger Terminologien unterrichtlicher Fehlerkultur und wird mit dem Begriff „Reflexionsdidaktik" zusammengefasst.

1 Wachsende empirische Grundlagen und theoretische Entwicklungen

Der Aufbau empirischer Grundlagen zur Entwicklung des Konzeptes schulischer und unterrichtlicher Fehlerkultur wurde in den letzten 15 Jahren wesentlich in Projekten der Forschergruppe um Fritz Oser am erziehungswissenschaftlichen Departement initiiert und zu ersten Ergebnissen gebracht. Die Theoretisierung erfolgte in mehreren Etappen, wurde schrittweise in die erziehungswissenschaftliche Diskussion eingebracht und dann zusammen mit der Präsentation der wichtigsten empirischen Ergebnisse am umfassendsten im Buch „Lernen ist schmerzhaft" (Oser u. Spychiger 2005) publiziert. Zum jetzigen Zeitpunkt nimmt sich eine wachsende Zahl von Forschungsteams mit Projekten und Studierenden mit Qualifikationsarbeiten der Thematik an.[1] Die empirische Basis hat sich bereits sehr verbreitert, die theoretische Ausarbeitung des Konzepts differenziert und die Begrifflichkeit gefestigt.

Man kann davon ausgehen, dass die positive Aufnahme des scharfen Blicks auf die Bedeutung der Fehler im Unterricht und das damit einhergehende Lehrerhandeln sowie die übergeordnete Forderung nach Fehlerkultur in Schule und Unterricht damit zusammenhängt, dass sich der konkrete Umgang mit Fehlern als willkommene Konkretisierung der zunehmend etablierten konstruktivistischen Auffassung über Lehren und Lernen anbietet.

Wenn Lernen ein „aktiver, selbstgesteuerter, konstruktiver, situativer und sozialer Prozess" ist (Reinmann-Rothmeier u. Mandl 2001, S. 626) und sich weitere Adjektive wie „eigenständig" oder „entdeckend" schon länger fest mit diesem Lernverständnis verbunden haben (vgl. z.B. Beck, Guldimann u. Zutavern 1995), dann kann man sagen, dass Fehlermachen ein selbstverständlicher und integrativer Bestandteil davon ist. Schulische Fehlerkultur integriert sich sehr gut in den erziehungswissenschaftlichen Konstruktivismus und dessen Entwicklungen für einen handlungs- und schülerorientierten Unterricht.

Vor dem Hintergrund der bereits verfügbaren Darstellungen über theoretische Grundlagen, Begrifflichkeiten und Ausgestaltungen von Fehlerkultur will der vorliegende Beitrag nicht eine Einführung in Fehlerkultur sein, sondern am Corpus des einschlägigen Wissens anknüpfen und Differenzierungen vornehmen. Sie zielen insbesondere auf den Vorgang der Reflexion und der Selbstreflexion und deren Bedeutung für den Umgang mit Fehlern und die langfristige Entwicklung von Fehlerkultur im Unterricht ab, und darüber hinausgehend als Professionalisierung des Lehrberufs. Dabei wird der Unterscheidung von gegenstands-, in unserem Fall unterrichtsbezogener Reflexion und (lehr-)personbezogener Selbstreflexion einige Aufmerksamkeit beigemessen. Sie geht mit unterschiedlichen Stufen der bewusstseinsbildenden

---

[1] vgl. dazu insbesondere die Themenhefte „Fehlerkultur in Erziehung und Unterricht" der Schweizerischen Zeitschrift für Bildungswissenschaften (Nr. 1/2006) sowie „Fehler" der Zeitschrift Erwägen-Wissen-Ethik Nr. 3/2008; weiter auch die Publikation Pädagogische Professionalität als Gegenstand empirischer Forschung von Eva-Maria Lankes (2008).

Funktion einher, die Fehler kraft ihrer Eigenschaft als „Handlungsstörer" haben.[2]
Die Unterrichtsvorbereitung ist ein wichtiger Zugang zur Realisierung und Konkretisierung unterrichtlicher Möglichkeiten im Umgang mit Fehlern. Anstatt wie bisher von der Situation im Unterricht auszugehen, denkt man hier vom möglichen Aufkommen von Fehlern her. Je nachdem wie ein Unterrichtsgegenstand eingeführt und im Ablauf der Stunde entwickelt wird, ist diese unterschiedlich. Für eine Unterrichtsplanung, die den Fehler mitdenkt und als Lerngelegenheit auffasst, haben wir schon den Begriff der Fehlerermutigungsdidaktik verwendet (Oser u. Spychiger 2005) und ihn mit der Fehlervermeidungsdidaktik kontrastiert.

Der im Titel des Aufsatzes vorgelegte umfassendere Begriff der *Reflexionsdidaktik* impliziert, dass Lehrpersonen nicht nur – das sowieso – neue Wege suchen in konkret auftretenden Situationen im Unterricht, sondern auch ihren Unterricht in einer Art und Weise planen und gestalten, dass Fehler Platz haben: Sie rechnen damit, aus auftretenden Fehlern Lernsituationen zu machen. Dabei werden sie darauf achten, dass das Lernklima positiv oder wenigstens neutral bleibt, womit bereits die beiden grundlegenden Dimensionen von Fehlerkultur, die Lernorientierung und das Unterrichtsklima bei der Fehlerbearbeitung, genannt sind. Eine Lehrperson wird jedoch ebenso das Aufkommen von Fehlern zu vermeiden suchen, wo diese die Lernprozesse, kognitiver wie sozialer Art, erschweren oder gefährden würden. Auch das ist Fehlerkultur.

---

[2] vgl. Zusammenhang: Konsequenzen von Fehlern) führen zwar zu einer Intensivierung der Diskriminationsleistungen (in unserem Zusammenhang: Wissensaufbau durch Fehler), was aber noch keinesfalls bedeuten muss, dass die Aufmerksamkeit sich auf die eigenen Reaktionen lenkt. Erst bei letzterem jedoch kann die Rede von *Selbst*reflexion sein. Darauf kommen wir in Abschnitt 6 noch zurück dazu die Ausführungen von Hans Joas (1989, S. 104) über den Reflexionsbegriff bei George H. Mead. Mead hat darauf hingewiesen, dass die funktionalistische Denkpsychologie immer davon ausgeht, dass Handlungskonflikte Bedeutung und damit Bewusstsein hervorbringen, diese Denkfigur jedoch zu einfach ist: Handlungskonflikte (in unserem Zusammenhang: Wissensaufbau durch Fehler), was aber noch keinesfalls bedeuten muss, dass die Aufmerksamkeit sich auf die eigenen Reaktionen lenkt. Erst bei letzterem jedoch kann die Rede von *Selbst*reflexion sein. Darauf kommen wir in Abschnitt 6 noch zurück.

2 „Was heißt ‚peasoup'?"
Analyse einer Fehlersituation in einer Englischstunde

Zur Erarbeitung dieser Gegenstände wählen wir im Folgenden eine induktive Vorgehensweise und rollen eine Situation auf, die sich in einer weitgehend alltäglichen Lektion ereignet hat.

2.1 Beispiel: „Essen in England", eine Englischstunde in einer 9. Klasse

Es handelt sich um eine videografierte und von uns im Rahmen der Beobachtungsstudie analysierten Englischstunde in einer 9. Klasse. Ein Schüler ruft auf die Frage des Lehrers „Peasoup, was heißt peasoup?" die Antwort: „Kuchen", und ein anderer gleich darauf „Kuchensuppe". Der Lehrer kommentiert diese Falschantworten mit leicht aufgeregter bis entsetzter Stimme: „Neinnein! Pea, das ist Erbse, peasoup ist Erbsensuppe. Pie, das ist Kuchen, und pea, das ist Erbse, Erbsensuppe." – Wie ist es zu diesem Schülerfehler und der dezidierten, klaren Korrektur des Lehrers gekommen?

Das Thema der Lektion ist „Essen in England", und sie steht zu diesem Zeitpunkt in der 28. Minute. Der Lehrer hat einen didaktisch abwechslungsreichen Ablauf vorbereitet und zum Einstieg eine originale Speisekarte aus einem Londoner Restaurant an die Wandtafel geheftet. Zum Zeitpunkt, als in dieser Stunde der erste Fehler zu beobachten ist, in der 7. Minute, steht die Klasse im Halbkreis vor der Wandtafel mit Blick auf das *Menu*. Einige Schülerinnen und Schüler sind schon einmal vorgetreten und haben je etwas aus der Rubrik der Hauptspeisen laut abgelesen. Jetzt geht es weiter zu den Nachspeisen, zu den *desserts*. Evelyn meldet sich, tritt vor und liest „applepie", will auch gleich zum nächsten Angebot auf der Karte übergehen, als der Lehrer kurz dazwischen sagt: „applepie, yes, and what else?" Dabei hat er Evelyns Fehler in der Aussprache von applepie korrigiert, sie hat nämlich den zweiten Wortteil so gelesen und ausgesprochen, wie man es in der deutschen Sprache tun würde: *äppelpie*, mit einem langen „i". Schon hat sie zwei weitere Desserts vom Menu abgelesen und kehrt in den Halbkreis ihrer Kameradinnen und Kameraden zurück. Die Szene ist sehr kurz, bewegt sich nicht im Minuten-, sondern im Sekundenbereich.

Der Schluss liegt nahe, dass zwischen der applepie- und der 22 Minuten später auftretenden peasoup-Situation ein Zusammenhang besteht. Es stellt sich hier mit Blick auf das Ziel des Lernens aus Fehlern und produktiven Umgangs mit Schülerfehlern bereits die Frage, ob der Lehrer aus dem ersten Fehler eine Lernsituation hätte machen sollen. Wenn man sich vergegenwärtigt, dass seine kaum artikulierte Korrektur unbemerkt und wirkungslos über die Bühne ging, das Wort „pie" jedoch von mindestens zwei Schülern falsch gelernt wurde und die meisten wohl in dieser Sequenz gar nichts lernten, neigt man zur Auffassung, dass er hier eine Lerngelegenheit vergeben hat. Sie hat sich angeboten, der Lehrer hätte insbesondere durch die Eigenheiten der deutschen und englischen Aussprache und Schreibweise eine interessante Ausführung machen und dazu das Prinzip der Kontrastierung, das Gegenüberstellen von pie und pea, ausgezeichnet einsetzen können.

Andererseits ist in der neueren Sprachdidaktik das Prinzip des freien Sprechens wichtig geworden. Dahinter steht die Erkenntnis, dass der Prozess des Erwerbs einer Fremdsprache in einem direkten Verhältnis zurzeit steht, welche die Lernenden in der Zielsprache verbringen. Daraus geht die didaktische Anweisung hervor, so oft als möglich und sinnvoll solche Prozesse herbeizuführen und diese nicht wegen kleiner oder manchmal auch größerer Fehler zu unterbrechen und den Produktionsprozess damit womöglich zu zerstören. Die im konstruktivistischen Sinne Lernenden sind in einem sozial sensiblen Feld aktiv und sollen nicht entmutigt werden. So wäre im Einzelnen abzuwägen, ob der Gewinn durch die Bewusstseinsfokussierung auf den Fehler den Verlust des Handlungs-, in diesem Fall Sprechflusses aufwiegen könnte. Tatsächlich kommt es wohl darauf an, wie häufig und wie balanciert eine Lehrperson unterschiedliche Möglichkeiten der Intervention einsetzt.[3]

Ideen und Erkenntnisse bezüglich der Bedeutung von Fehlern und allfälligen Umgangsweisen der Lehrenden mit Schülerfehlern sind oft an spezifische Lerninhalte und ihre Fächer gebunden. Zum Beispiel gibt es für das Fach Deutsch viele Entwicklungen in der Auseinandersetzung mit Rechtschreibeund Grammatikfehlern sowie eigene Aufsatzdidaktiken. Weiter hat die Mathematikdidaktik viel zu sagen über Fehler in ihrem Fach und wie daraus gelernt werden kann, etwa im Nachvollzug von Rechenfehlern oder durch das Führen von Lernjournals.

Besonders zu erwähnen sind die Arbeiten von Stella Baruk, die ab Mitte der 80er Jahre mit der Publikation "L'âge du capitaine. De l'erreur en mathématique" (1985; 1989 zu dt. „Wie alt ist der Kapitän?") sehr viel Beachtung fanden. Es handelt sich um eine konstruktivistische Schrift, welche an mancher Stelle auf die Bedeutung von Fehlern und dem unterrichtlichen Umgang damit zu sprechen kommt. Der Titel spielt auf die unterdessen bekannte Ge-

---

[3] Unterbrechen und Fokussieren kommt besonders häufig im Instrumentalunterricht vor und die Wirkungen treten im Medium des Klangs besonders deutlich hervor. Wenn eine Lehrperson den Sinn für ein Eingreifen mit Maß bzw. für den Musizierfluss nicht hat; wird der Stundenablauf zum Hickhack des Eingreifens in musikalische Bewegungen.

schichte an, in welcher sich 26 Schafe und 10 Ziegen auf einem Schiff befinden und die Frage gestellt wird, wie alt der Kapitän sei. Untersuchungen ergaben, dass 75% der Schüler/-innen die Aufgabe lösen, indem sie Anzahl Schafe und Ziegen zusammenzählen. Baruks Arbeiten gehen weit über den fachdidakischen Aspekt hinaus. Die Autorin hält die „erreurs" in hoher Ehre, weil ihnen der Weg zur Korrektur innewohnt, und sie leitet daraus den Anspruch ab, eine „archéologie de l'erreur" anzulegen und zu verfolgen.

Mit der Fachspezifität von Fehlern wird jedoch auch evident, dass solche fehlerimmanenten Lösungswege nicht ohne weiteres oder z.T. überhaupt nicht von einem Fach auf das andere übertragen werden können. Die Möglichkeiten und Prozesse des Lernens allgemein wie des Lernens aus Fehlern besonders sind an Bereiche und Kontexte („Fächer") und die darin zentralen Zeichensysteme gebunden. Ob Lernen im Medium der Bewegung und der Körpersprache, der Musik, visueller Objekte und Zeichen handelt, ob die Operationen mit numerisch-mathematischen oder verbal-sprachlichen Symbolen erfolgen, wird je nachdem ganz unterschiedliche Vorgänge des Wahrnehmens, Verstehens und Produzierens erfordern. Die Wege, auf welche sich die Akteure begeben, sehen auf der Oberfläche womöglich sehr unterschiedlich aus. Die Reisemetapher jedoch, mit ihrem Doppelaspekt der ablaufenden Zeit und des Raums, letzterer an (Lern-)Atmosphären gebunden (vgl. dazu Böhme 1995), vermag die implizierten Prozesse des Lernens und der damit einhergehenden Entwicklung ein Stück weit doch zu vereinen.

2.2 Das Mehrebenenmodell des Unterrichts zur Analyse von Fehlerkultur
Für die Analyse von Fehlerkultur im Unterricht eignet sich das als Abb. 1 gezeigte Mehrebenen Modell des Unterrichts von Walter Herzog (2002, S. 457). Es umfasst vier Ebenen. Je nachdem, ob man die Genese oder aber die Analyse von Unterricht verfolgen will, liest sich das Modell von oben nach unten oder aber von unten nach oben. Situationen wie *applepie* oder *peasoup* lassen sich leicht der *Ebene 1* zuordnen, der Situationsebene, deren Analyseeinheit die Interaktion ist und die gegenseitige Wahrnehmung ist als Medium des Lehr-Lernprozesses figuriert. In unserem Fall manifestieren sich Interaktionen in den Dialogen der Beteiligten und werden als Fehlersituationen identifiziert.

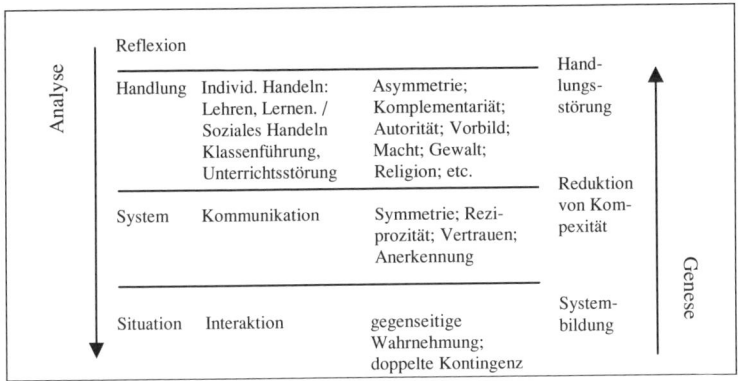

Abb. 1: Das Mehr-Ebenen-Modell des Unterrichts nach W. Herzog (2002)

Die *zweite Ebene* ist die Systemebene, gemeint ist die an einem unterrichtlichen Prozess beteiligte Gruppe in ihrer Umgebung, wie es typischerweise eine Schulklasse ist. Im Übergang und in der Verbindung von der ersten zur zweiten Ebene erfolgt Systembildung. Dieser Vorgang beschäftigt uns im Zusammenhang mit Entwicklung von Fehlerkultur insofern, als dass Systembildung bereits ein starker und wesentlicher Indikator gelungener Fehlerkultur ist. Ein schlechter, unpädagogischer Umgang mit Fehlern (auf der Ebene 1) wird sich (auf Ebene 2) in einer wenig gelingenden Systembildung manifestieren. Gelingende Fehlerkultur ist auf Wechselseitigkeit und Symmetrie in den Beziehungen der Beteiligten angewiesen, auf gegenseitige Anerkennung, auf Vertrauen. Als Medien systembildender Prozesse beschreibt Herzog das Vertrauen, transportiert durch Gespräch und Spiel.[4] Hier kann sich Reziprozität als Prinzip der Gegenseitigkeit in sozialen Beziehungen und damit als Merkmal egalitärer Beziehungen realisieren.

Die weiteren Ebenen werden im Folgenden direkt anhand von Umgangsweisen mit Fehlern im Unterricht und der Entwicklung von Fehlerkultur und ihrer Didaktik abgearbeitet.

---

[4] Es ist an dieser Stelle unbedingt die systembildende Kraft des gemeinsamen Singens und Musizierens zuzufügen, mit welcher ich in der musikpsychologischen Forschungsarbeit und musikpädagogischen Praxis so oft eindrückliche Erfahrungen mache.

3 Die System- und die Handlungsebene aus Sicht von Fehlerkultur

Im Verlaufe der Untersuchungen über Fehlerkultur haben wir oft gesehen, dass bei Lehrpersonen, die einen offenen, transparenten Umgang mit den Fehlern der Schülerinnen und Schüler haben, gut funktionierende, verlässliche Klassen entstehen. Diese Lehrerinnen und Lehrer akzeptieren nicht nur, dass ihre Schülerinnen und Schüler Fehler machen, sondern sie *anerkennen* sie und, ebenso wichtig, auch *sich selbst* als fehlbare Wesen.

Im Umgang mit Fehlern wirkt sich Anerkennung, und in unserem Fall spezifisch *Fehlbarkeits*anerkennung (vgl. dazu Spychiger 2008a) systembildend und -integrierend.[5] Für solche Prozesse haben wir mehrere eindrückliche Beispiele, ich komme weiter unten noch auf solche zurück.

Herzogs Ausführungen zur Reziprozität als Kennzeichen der Kommunikation auf der Systemebene passen sehr gut zu unseren Erfahrungen mit Fehlerkulturprozessen: Er beschreibt reziproke Beziehungen als *Investition in die Zukunft* (Herzog 2002, S. 477f). Sie sind dadurch gekennzeichnet, dass man etwas gibt, auch dann, wenn man noch nichts erhalten hat. Explizite sind sowohl Lehrende wie Lernende gleichermaßen Gebende und Nehmende; Ebene 2 ignoriert vorerst noch die Asymmetrie des pädagogischen Verhältnisses und ist in diesem Sinne das innovative Element dieses Unterrichtsmodells.

3.1 Zum systemischen Charakter von Unterricht

Herzog weist mit aller Deutlichkeit darauf hin, dass der systemische Charakter von Unterricht noch wenig in die Vorstellungen über soziale Interaktion im Unterricht eingedrungen ist. Soziale Interaktion und Kommunikation im Klassenzimmer werden oft genug als dyadisches Geschehen zwischen einer Lehrperson und einem Schüler und Kommunikation als „Lehrer-Schüler-Beziehung" konzipiert.

Auch das didaktische Dreieck des Unterrichts, sei es in seiner traditionellen Form oder in seiner konstruktivistischen Reformulierung durch Pertti Kansanen (2003), wo die Lehrperson nicht mehr als Vermittler von Wissen, sondern als Begleiter von Lernprozessen erscheint, verpasst die Realität der Gruppenprozesse, in welche Lehr-Lernprozesse im schulischen Unterricht eingebettet sind.[6] Unterricht ist geradezu ein Superbeispiel für die Kom-

---

[5] Eine ausführliche anerkennungstheoretische Diskussion von Fehlerkultur findet sich bei Spychiger, 2008.

[6] Dabei figuriert der Unterricht selber nur als eine Art Innenperspektive dieser Komplexität, sie multipliziert sich, wenn die äußeren Anforderungen und Implikationen mitdenken, die sich

plexität von Handeln in sozialen Situationen. Es ist gekennzeichnet durch doppelte Kontingenz, der Ungewissheit, welche menschliche Existenz auszeichnet und dann vorliegt, wenn zur eigenen Verhaltensunsicherheit noch diejenige eines Interaktionspartners oder einer ganzen Gruppe dazu kommt. Doppelte und mehrfache Kontingenzen machen Kommunikation notwendig und lassen soziale Systeme entstehen.

Nachdem erkannt ist, dass ein Klassenverband ein komplexes soziales System ist, ist ebenso einzugestehen, dass diese Komplexität reduziert werden muss, um Unterricht als bewältigbar erleben zu können. Ebene 3 ist der Ort des didaktischen und sozialen Handelns der Lehrperson und repräsentiert damit im Gegensatz zu Ebene 2 sozusagen die erziehungswissenschaftlich vertraute, traditionelle Diskussion. Im Unterricht manifestieren sich hier die Überzeugungen und Fähigkeiten einer Lehrperson zur Unterrichtsgestaltung. Die Art und Weise, wie sie mit Unterrichtsstörungen umgeht, wird etwa offenbaren, welchen Unterrichts- und Erziehungsstil sie ausübt und welche Resultate ihre Klassenführung hat. Anders als auf Ebene 2 gelten hier nicht Egalität und Reziprozität der Rollen von Lehrer und Schüler, vielmehr findet hier Kommunikation zwischen Ungleichen statt, ist das Verhältnis ein asymmetrisches. Die Machtverhältnisse entstehen aufgrund von Verantwortlichkeiten und strukturellen Regelungen, etwa indem die Lehrperson für ihre Arbeit bezahlt wird, nicht aber die Schülerinnen und Schüler. Sie honorieren dieses Verhältnis, indem sie es akzeptieren und dem Unterricht folgen oder aber nicht kooperieren und Unterricht verunmöglichen.

3.2 Fehlerverhinderung und -entmutigung vs. Fehleroffenheit und Fehlerfreundlichkeit

Vertiefen wir die fehlerkulturbezogene Analyse der exemplarisch vorgestellten Englischstunde. Sie wurde als vom Lehrer didaktisch abwechslungsreich vorbereitet und gestaltet bewertet. Aus Sicht von Ebene 3 fällt besonders auf, dass im Verlaufe der Stunde trotz längerer mündlicher Sequenzen nur wenige falsche Schülerantworten zu verzeichnen sind. Mit der Situation *Kuchensuppe* treten in der 28. Minute erst der vierte und damit auch schon der letzte beobachtbare Fehler in dieser Lektion auf. Sie wurde im Rahmen der Beobachtungsstudie des Fehlerprojektes analysiert und passt gut in das Bild der vorgefundenen Phänomene, vorab, dass zum Erstaunen der Forschenden durchschnittlich viel weniger Fehler zu Tage beförderten werden

---

durch die Einbettung des Unterrichts in eine öffentliche Institution und den damit verbundenen gesellschaftlichen Anforderungen ergeben.

konnten als erwartet. Für den Fremdsprachenunterricht steht zur Verdeutlichung der Aussage kein größerer Datensatz zur Verfügung; es wird jedoch der Hinweis auf das Ergebnis von 10 genau untersuchten Geschichtsstunden genügen: Sie wiesen durchschnittlich 4,5 Fehlersituationen pro Lektion auf. Wenn man in Betracht zieht, wie natürlich und häufig das Aufkommen von Fehlern und Irrtümern ist, wenn ein Stoff wie „Essen in England" noch nicht bekannt ist, sondern erarbeitet und entdeckt wird, ist dies wirklich sehr wenig. Die Auswertung von 10 Mathematikstunden ergab einen Durchschnitt von 5,1 Fehlern pro Stunde, was zwar im Vergleich zur Englischstunde 20 % mehr Fehlern entspricht, aber auch nicht wirklich eine hohe Zahl ist. Wenn man weiter dazu rechnet, dass in den meisten Fällen weit weniger als eine Minute in eine Fehlerbearbeitung investiert wird, wird vollends klar, dass der Zeitaufwand für den Umgang mit Fehlern gering ist.

Diese häufigkeits- und zeitbezogenen Analysen zum Fehleraufkommen und deren Bearbeitung verdeutlichen, dass Fehlern im Unterricht oft nicht der Status von Lerngelegenheiten zugewiesen wird.

Es geht damit eine Gestaltung von Unterricht einher, die nicht auf die Arbeit an und mit Fehlern ausgerichtet ist und die bereits deren Aufkommen verhindert. Schülerinnen und Schüler werden implizit darauf eingeschworen, auch in den Aneignungs- und Übephasen möglichst keine Fehler machen, ein Konglomerat, das wir als *Fehlerentmutigungsdidaktik* bezeichnet haben. Es ist damit gemeint, dass Lehrpersonen ihre Stunden und die einzelnen Sequenzen sehr oft so aufbauen, dass das Ziel ohne Umwege erreicht werden kann. Alles ist am Richtigen orientiert, an dessen Vorzeigen, Üben und Verstärken. Wenn Falsches trotzdem aufkommt, wird es nicht oder wenig diskutiert oder bearbeitet. Die Lehrperson vermittelt, verbal und nonverbal, diese dahinter liegende „Phlosophie". Sie korrigiert, wie im Beispiel, Fehler selbst, und dies kurz und schnell (wie im Fall von „applepie"), oder ignoriert sie gänzlich, lässt sie ohne Beachtung vorübergehen. Eine weitere fehlerentmutigende Umgangsweise besteht darin, den betreffenden Schüler oder die betreffende Schülerin zu „überspringen", das Vorgehen also, das wir als Bermuda-Dreieck bezeichnet haben (vgl. erstmals Oser, Hascher u. Spychiger 1999, S. 26f):[7] Nachdem jemand eine falsche oder nicht ganz richtige Antwort gegeben hat, springt die Lehrperson ohne jegliche Fehlerbearbeitung gleich zu einer andern Person, welche die richtige Antwort weiß.

---

[7] Ausführlich wird das Bermuda-Dreieck auch besprochen in Spychiger 1999; sowie Oser und Spychiger 2005, Kap. 9.1.

4 Konkretisierungen von Fehleroffenheit und -freundlichkeit als Reflexionsdidaktik

Demgegenüber ist Fehlerkultur auf *Fehleroffenheit* und *Fehlerfreundlichkeit* angewiesen. Erst wenn Fehler aufkommen, können sie auch bearbeitet und zu Lerngelegenheiten werden. Von Lehrerseite geht damit eine Grundhaltung der Pädagogischen Präsupposition einher, der Überzeugung also, dass Schülerinnen und Schüler lernen können, lernen werden, auch wenn sie den Beweis dafür – die Leistung – noch nicht erbracht haben (vgl. dazu Oser 1994). Dieses Zutrauen, der Glaube *im Voraus*, dass aus Fehlern gelernt werden wird, haben wir mit dem Terminus der „Fehlerermutigungsdidaktik" im Sinn gehabt und mit der „Fehlervermeidungsdidaktik" kontrastiert, als wir die folgenden Aspekte des Unterrichts dazu herausarbeiteten und beschrieben (Oser u. Spychiger 2005, S. 166 ff.):[8]

1. *Unterrichtsformen:* In gruppen- und gesprächsorientierten Formen des Unterrichts bringen sich Schülerinnen und Schüler ein. Ist die thematische Anlage so, dass ein Problem gelöst werden muss, werden Vorschläge aufkommen, die mehr oder weniger geeignet sind und als gute oder aber als weniger gute Lösungen diskutiert werden können. Ideen, die den Charakter von Fehlern haben, werden dabei als natürliche Schritte auf einem zu gehenden Weg erscheinen und können gegebenenfalls sogar als nützliches Negatives Wissen figurieren, als Wissensaufbau über Dinge, die nicht funktionieren oder falsch sind.[9] Dagegen wird im traditionellen Frontalunterricht meistens eine Vorgehensweise der Fehlervermeidung verfolgt bzw. trauen sich Schülerinnen und Schüler da sehr viel weniger, Fehler zu riskieren.

2. Damit geht einher, dass in Stunden mit hoher Lehreraktivität das *Unterrichtsklima* weitgehend durch die Lehrperson bestimmt ist. Wenn dagegen in einem partizipativen Unterricht die Schülerinnen und Schüler viel zur Entwicklung der Inhalte und den erzielten Ergebnissen beitragen, betrifft dies gleichermaßen das Unterrichtsklima.

---

[8] Die Erstellung dieser Kategorien und der Vorschlag zum Begriff der Fehlerermutigungsdidaktik gehen auf eine Arbeit der damaligen Mitarbeiterin Fabienne Mahler Jeckelmann zurück.

[9] Die Theorie des Negativen Wissens hat Fritz Oser im Laufe der 90er Jahre entwickelt. Es ist an dieser Stelle auch das Konzept der Negativen Expertise von Marvin Minsky zu erwähnen; Minsky hat in ähnlicher Weise wie Oser herausgearbeitet, dass ein Experte nicht nur sehr gut weiß wie etwas funktioniert und bestimmte Tätigkeiten auszuführen sind, sondern er weiß ebenso gut, was falsch ist, nicht zum Ziel führt und deswegen unbedingt zu unterlassen ist.

3. *Gliederung der Lerninhalte:* Eine fehlerentmutigende und -vermeidende Didaktik favorisiert typischerweise und ähnlich wie dies einst unter dem Einfluss des Behaviorismus entwickelten Programmierten Unterrichts der Fall war, kleinschrittige Vorgehensweisen. Sie führen am wahrscheinlichsten dazu, dass alles immer richtig gemacht wird oder aufkommende Fehler klein bleiben und nicht viel Bearbeitungszeit erfordern. Demgegenüber favorisiert fehleroffener Unterricht größere Einheiten, achtet auf den Bezug zu realen Lebenssituationen und lässt gegebenenfalls unterschiedliche Lösungen zu.

4. Entscheidende Unterschiede sind mit Blick auf *das Fragen im Unterricht* zu verzeichnen: Die Frageform der fehlerentmutigenden Lehrperson ist typischerweise direkt, es sind Warum- und Kontrollfragen, und nicht selten zielen sie gar nicht auf den Inhalt ab, sondern auf die Disziplinierung eines gerade unaufmerksamen Schülers oder einer schwatzenden Schülerin. Im fehleroffenen und -freundlichen Unterricht dagegen spielen Fragen eine echte, anregende und lernfördernde Rolle. Insbesondere ist er durch häufige und auf den Lerngegenstand gerichtete Fragen gekennzeichnet, welche *die Schüler-innen und Schüler* stellen.

5. Weitgehend den bisherigen Punkten entsprechend bewirkt Fehlerermutigungsdidaktik eine deutlich höhere Schüleraktivität als Fehlervermeidungsdidaktik. Sie manifestiert sich insbesondere im *Antwortverhalten:* Schülerinnen und Schüler gehen das Risiko ein, im Rahmen von auch längeren mündlichen Beiträgen Dinge zu sagen, die sie aus dem Moment entwickeln. Lehrer fragend Schülerantwort werden öfter zu Sequenzen mit dialogischem Charakter, oder es laufen Unterrichtsgespräche, an denen sich mehrere Schülerinnen und Schüler beteiligen. Deren Angst, auch einmal etwas Falsches zu sagen, ist nicht höher als der Mut, im Unterricht mitzumachen. Schülerantworten in fehler*un*freundlichem Unterricht sind dagegen kurz, Unsicherheit und Angst, etwas falsch zu machen oder zu sagen sind latent im Spiel und wirken lähmend, entrhythmisierend oder zeigen sich etwa in leisem Sprechen der Schülerinnen und Schüler.

6. Ein entscheidendes Unterscheidungsmerkmal liegt im *Umgang mit Zeit.* Während unter Fehlerentmutigungsdidaktik und prinzipieller Fehlervermeidung oft Zeitdruck aufkommt oder zum Einfordern von bestimmten Leistungen Zeitprobleme geltend gemacht werden, scheinen fehlerfreundliche Lehrpersonen irgendwie mehr Zeit zu haben. So sagt eine Lehrerin etwa in ruhigem Ton „Schau mal, hier, da ist dir ein kleiner

Fehler passiert", und arbeitet diesen mit der betreffenden Schülerin durch (während die anderen Schüler/-innen infolge der Sozialform weiter beschäftigt bleiben), oder ein Lehrer fragt (wie dies in der Reisenrad-Situation der Fall ist): „Was hast du denn da geschrieben?" und erträgt die Stille, die entsteht, während der Schüler nachliest und überlegt, warum der Lehrer dies fragt bzw. was denn da falsch sein könnte.[10]

7. Schließlich erscheint in Schulen und Unterricht mit Fehlerkultur ein Phänomen, welches unter fehlerunfreundlichen Formen weitgehend nicht existiert: Schülerinnen und Schüler beteiligen sich an der Bewertung der Lernprozesse. Sie äußern sich etwa über die Produktivität von Gruppenprozessen, stehen mit der Lehrperson im Diskurs über die Qualität ihrer Leistung oder finden sich explizit in der Rolle des Bewerters bzw. der Bewerterin ihrer eigenen Produkte, indem *Selbstbeurteilung* als integrativer Bestandteil der Beurteilung etabliert ist. Traditionelle Vorstellungen über Leistungsbeurteilung sind dagegen lehrerzentriert; sie gehen von fremdbeurteilenden Vorgehensweisen aus.

Fehleroffenheit und lernender Umgang mit Fehlern kann umfassender als *Reflexionsdidaktik* verstanden und bezeichnet werden. Diese ist in der Folge nicht einer Fehlervermeidungsdidaktik gegenüber zu stellen, weil Letzteres, das Fehlervermeiden, sehr wohl in mancher Situation angesagt ist, dann nämlich, wenn Fehler den Lernprozess hindern statt fördern oder ihre Konsequenzen zu schwerwiegend sind. Was wir mit Fehlervermeidung gemeint haben, ist treffender mit dem Begriff *Fehlerentmutigung* zu fassen. Fehleroffenheit und Reflexion dagegen konkretisieren sich im Unterricht in den hier festgehaltenen pädagogisch-didaktischen Belangen.

5 Fehler führen zu Reflexion auf der Meta-Ebene

Sucht man die Skizze einer solchen Reflexionsdidaktik bildungsphilosophisch einzuordnen und unterscheidet man hierfür mit Gary Fenstermacher (2004) die Orientierungen (1) *ausführend, vortragend* („executive approach", lehrerzentriert), (2) *unterstützend, begleitend* („facilitator approach", schüler-

---

[10] Diese Beispiele finden sich auf dem kleinen Film „9 Fehlersituationen", den wir im Rahmen des *Fehlerprojektes* zu Klassifikationszwecken anhand von realen Unterrichtssituationen erstellt haben. Die zweite Aussage stammt aus der Situation „Reisenrad", die wir bereits an mehreren Stellen beschrieben haben (erstmals Spychiger, Oser, Hascher u. Mahler 1999, S. 48). Mit dem Gegenstand der Frage im Unterricht und dem Zeitgeben haben sich etliche Studien befasst und gezeigt, dass oft wenig Zeit eingeräumt wird zum Überlegen (vgl. z.B. die DESI-Studie, Helmke 2009).

orientiert) und (3) *emanzipatorisch* („liberationist approach"), so ist die Entwicklung von Fehlerkultur mit ihren Merkmalen der Unterrichtsgestaltung, der Anerkennung von Fehlbarkeit und dem lernorientierten Umgang mit Fehlern unschwer dem letzten der drei Ansätze zuzuordnen. Er strebt eine Synthese von Wissenserwerb und Schülerorientierung an und lehnt an eine Pädagogik an, welche das Bildungsideal der Autonomie und Mündigkeit der Lernenden im Sinn hat und die Möglichkeiten zu dessen Annäherung immer wieder reflektiert.

5.1 Fehler treten als Handlungsstörungen ins Bewusstsein

Diese Prozesse führen uns zur letzten und obersten Ebene des Unterrichtsmodells, zur *Ebene 4*, die Herzog als Reflexionsebene eingesetzt hat. Hier nimmt die handelnde Person Zeit, über den Gegenstand nachzudenken. Aus der Perspektive von Unterrichtsplanung steht diese Ebene am Beginn von Unterricht. Herzog schaut jedoch von unten nach oben, „bottom-up", sodass diese Ebene als letzte der Genese von Unterricht erscheint, als Ort, wo die Betroffenen ein Time-out nehmen, um sich reflexiv mit ihrem unterrichtlichen Handeln zu befassen, im Berufsmilieu etwa als *Nachbereitung* bezeichnet.

Typischerweise gelangt die Lehrperson via Störungen auf diese letzte Ebene, dann nämlich, wenn das aktuelle Handeln auf Grenzen gestoßen ist. Da die Handlungsebene (3) die Ebene des Lehrerhandelns und der pädagogischen Asymmetrie ist, kann man die Handlungsstörungen auf dieser Analyseebene als von der Lehrperson verantwortet klassifizieren und von „Lehrerfehlern" sprechen. Es gilt dann, dass sie durch Reflexivität aufgefangen und Grundlage zur Entwicklung von Handlungsalternativen und neuem professionellen Wissen werden. Zum Beispiel ergibt die Reflexion, dass die Sozialform für den entsprechenden Unterrichtsabschnitt unglücklich gewählt war oder dass ein Arbeitsauftrag nicht klar genug erteilt wurde und deshalb zu unbefriedigenden Ergebnissen führte oder Störungen der Disziplin aufkamen. Insgesamt jedoch ereignen sich Fehler auf Ebene 3 zwangsläufig, sie entstehen im Nicht-Fit der Komplexität auf der Systemebene und dem notgedrungenen Reduktionismus auf der Handlungsebene. Die Konfrontation mit aufgetretenen Schwierigkeiten und die Einschätzung deren Schweregrade erfolgt subjektiv, in der Kognition der Lehrperson.

Fehlerfreundliche Reflexionsdidaktik resultiert aus einer Bereitschaft zur Nachbereitung von Unterricht und daraus hervorgehenden Entwürfen für Handlungsalternativen. So könnte unser Englischlehrer aus seiner „applepie und peasoup" Erfahrung möglicherweise in einer neuen Stunde mit vergleichbarer Struktur darauf kommen, diese nun so zu konzipieren, dass Fehler im Redefluss als Selbstverständlichkeit gelten, also nicht vermieden werden sollen; aber ebenso würde er deren Markierung und Bearbeitung zu einem gegebenen Zeitpunkt in der Lektion vorsehen ist und diesen Prozessen einen sicheren Platz einräumen.

5.2 Gegenstandsreflexion und Selbstreflexion

Aus Sicht von Fehlerkultur tritt für Ebene 4 des Unterrichtsmodells ein Aspekt auf, den es nun noch herauszuarbeiten gilt, nämlich die Unterscheidung zwischen Reflexion, die sich auf den fachbezogenen Unterrichtsgegenstand oder/und die darin agierenden Schülerinnen und Schüler bezieht und der Reflexion, die sich auf den Unterrichtenden selbst, auf seine Person bezieht. Es ist ein entscheidender Unterschied, ob ein Lebewesen sein Verhalten in einem Interaktionsprozess mit seinem aktuellen Gegenstand oder Interaktionspartner anpasst und optimiert, dies um zu einem befriedigenden Handlungsergebnis zu kommen, oder aber es sich in einen inneren Dialog mit sich selbst begibt.

Herzog verwendet einen pragmatischen Reflexionsbegriff, wenn er als Ursache der Reflexion im Übergang von Ebene 3 zu Ebene 4 Handlungsstörungen setzt. Man kann sich diese als Konflikte und Unebenheiten im Unterricht, in unserem Falle sehr gut auch als aufgetretene Fehler vorstellen, welche zu einer erhöhten Aufmerksamkeit und Fokussierung führen. Es handelt sich um eine „Intensivierung der Diskriminationsleistung gegenüber Reizen", wie Hans Joas in seinen Ausführungen über George H. Meads Werk als „Praktische Intersubjektivität" es allgemein ausdrückt (Joas 1989, S. 104; vgl. vorliegend Anm. 1). Diese impliziert jedoch nicht automatisch auch eine geschärfte Aufmerksamkeit gegenüber den eigenen Aktionen und Reaktionen; es ist nicht eine Selbstreflexion, sondern eine Gegenstandsreflexion.

Es liegt erst hier die spezifisch menschliche Dimension reflexiver Tätigkeit, nämlich dass diese das Potenzial zur Selbstreferenzialität hat und ausschöpft (vgl. dazu Donald 2001). Semiotisch gesprochen wird unter dieser Anlage der oder die Reflektierende zur Interpretanz seiner selbst, zum Objekt seiner Auseinandersetzung. Die Instanzen der Semiose liegen damit alle in der Person selbst.[11] Sie ist in der Lage, aus diesem selbstreflexiven Prozess Ergebnisse hervorzubringen und auf dieser Basis Entscheidungen über ihr zukünftiges Verhalten zu fällen.

---

[11] Rekurriert wird hier auf eine triadische Semiotik, wie sie insbesondere Alfred Lang (ab 1993) im Anschluss an die Konzeptionen von Charles Peirce entwickelt hat.

Reflexionsdidaktik impliziert Selbstreflexion. Eine fehlerfreundliche Lehrperson hat nicht nur verstanden, dass ihre Schülerinnen und Schüler immer Fehler machen werden und anerkennt damit deren Fehlbarkeit (vgl. dazu ausführlich Spychiger 2008a, S. 275f. und 383f.), sondern auch die Möglichkeit, dass sie selbst Fehler macht. Reflexionsdidaktik als Grundlage eines Unterrichts mit Fehlerkultur impliziert die Bereitschaft, zur Erklärung ungünstiger Handlungsergebnisse auch eigene Fehler zu erwägen, den Bedarf zu Veränderungen möglicherweise bei sich selbst zu identifizieren und gegebenenfalls sein Verhalten zu ändern. Tatsächlich geht die Einsicht in die eigene Fehlbarkeit fast zwingend aus der Selbstreflexivität hervor. Nimmt nämlich eine Person sich selbst als Ursache von Ergebnissen aller Art wahr, also als selbstwirksam, wird dies grundsätzlich Effekte erwünschter wie unerwünschter Art betreffen.

6 Fehlerkultur als Entwicklung des professionellen Selbst

So wird sich eine Lehrperson als Ursache von Handlungsstörungen wahrnehmen, wenn sie nach entsprechender Reflexion zu diesem Schluss gekommen ist. Generell werden solche Prozesse übrigens oft durch Feedback derjenigen ausgelöst, die vom Handlungsfehler der Fehlerperson betroffen sind. Lehrer Brand ist dafür ein Beispiel, es hat damit zu tun, dass die Konsequenzen von Fehlerhandlungen sich oft nicht so sehr außen manifestieren als vielmehr in den betroffenen Personen, als deren Befindlichkeit. Wenn die Wahrscheinlichkeit besteht, dass solche Ereignisse wieder eintreten, wird sich die Fehlerperson bereit oder genötigt fühlen, zukünftige solche Ereignisse zu vermeiden, will heißen, aus dem Fehler zu lernen und eine Veränderung der als dysfunktional erkannten Handlungsdispositionen einzuleiten. Falls sie den Weg dazu nicht klar sieht oder sich außerstande fühlt, ihn zu begehen, kann sie Fachhilfe beiziehen und sich beraten lassen.

6.1 Lehrpersonen als fehlbare Menschen
An anderer Stelle haben wir bereits über ein Fallbeispiel berichtet (Spychiger 2004, S. 6f), das hier wieder aufgegriffen werden soll, um die eben vorgenommene Erweiterung der theoretischen Basis zu illustrieren. Es handelt sich um Herrn Brand[12], einem Berufsschullehrer, der mit einer Klasse in eine sehr schwierige Situation gekommen war, nachdem eine Mitschülerin an einer unheilbaren Krankheit verstorben war. Die Krankheit hatte über mehre-

---

[12] Der Name ist geändert.

re Monate gedauert, während denen die Schülerin noch zur Schule kam. Bis dahin waren die Schwierigkeiten noch nicht aufgetreten, aber nach ihrem Tod hatte Herr Brand große Mühe im Kontakt mit seiner Klasse. Sie stand ihm kritisch oder sogar feindselig gegenüber. Als es schließlich zur Aussprache kam, erhielt er von seinen Schülerinnen und Schülern massive Vorwürfe: Er sei dem Problem um die kranke Mitschülerin die ganze Zeit ausgewichen. Sie hätten es nötig gehabt, im Klassenverband über ihre Gefühle und die Unsicherheit, welche diese Situation bei ihnen auslöste, zu sprechen. Er hätte dazu viel zu wenig Gelegenheit geboten. Eine schmerzliche und tragische Situation für alle Beteiligten.

Was ist da alles passiert? Der Lehrer hat den Zustand seiner Klasse nicht genügend erfasst. Er hat die Verunsicherung nicht genügend erkannt oder wahrhaben wollen, er hat die Frage „Was soll ich tun?" (vgl. Horster 2004) nicht oder zu wenig dezidiert gestellt. Er ist in dieser ungewohnten und schwierigen Situation zu wenig flexibel gewesen; es ist ihm nicht gelungen, emotionale Aspekte in der Beziehung mit seiner Klasse aufzunehmen. Es ist eine Blockierung der Kommunikation eingetreten. – Die Geschichte entstammt einer Sequenz „Lernen aus Fehlern im Laufe des Berufslebens" in einem Weiterbildungskurs zum Thema Fehlerkultur. Herr Brand bezeichnete sein damaliges Verhalten als „Fehler" und erzählte, dass er daraus sehr viel gelernt und diese Erfahrung ihn nachhaltig verändert hat: Er nahm damals die Kritik seiner Klasse an, wusste nicht wie weiter und begab sich mit dieser belastenden Erfahrung in eine Beratung. Er machte sich viele Gedanken über sich selbst und über sein Verhalten in dieser Situation. Heute sucht Herr Brand das Gespräch mit der Klasse jeweils von Anfang an, wenn Schwierigkeiten heraufziehen, und fühlt sich dabei sehr viel wohler auch in Situationen, welche bei weitem nicht so gravierend sind wie die damalige. Seine Veränderung hat nicht nur zu seiner beruflichen, sondern auch zur Entwicklung seiner Persönlichkeit beigetragen.

Bindet man diesen Prozess zurück an das Herzogsche Unterrichtsmodell, findet sich hier die zweite Ebene, die Systemebene, bestätigt, nach welcher das Lehrer-Schüler-Verhältnis ein reziprokes ist: Lehrperson wie Schüler/ -innen sind auf die wechselseitige Anerkennung ihrer Fehlbarkeit angewiesen, um als System zu funktionieren. Es ist zwar eine Bedingung und die Ausgangslage zur Entwicklung von Fehlerkultur, dass die Lehrperson ihre pädagogische Verantwortung wahrnimmt und ihren Schülerinnen und Schülern das Recht auf Fehler (etwa im Sinne von Janusz Korczak, vgl. 1965) zugesteht. Aber es würde zur Bildung eines sozialen Systems, welches auf die Prinzipien eines integrativen, demokratischen Erziehungsstils baut, nicht ausreichen. Vielmehr ist die Lehrperson darauf angewiesen, dass auch die Schülerinnen und Schüler ihr Fehlbarkeit zuerkennen und ihr Fehler ab und zu verzeihen.[13] Solche Prozesse der Systembildung haben eine evolutive, zeitbezogene Anlage: es handelt sich in diesem Fall um Monate, wenn nicht Jahre, und es ist nicht immer gegeben, dass die Früchte von solchen Lernprozessen auch wirklich von denjenigen geerntet werden können, die am konkreten „Fall" beteiligt waren. Bei Herrn Brand waren es die nachfolgenden Klassen.

Nicht zufällig hat dieses Beispiel nun weit über den Gegenstand von Unterrichtsplanung hinausgeführt. Eine reflexive Didaktik trägt dieses Potenzial von Anfang an mit sich, wenn Reflexion in der oben vorgestellten Differenzierung gedacht und das eigene Handeln und damit das eigene Selbst in die Reflexion einbezogen wird.

6.2 Wege zum professionellen Selbst
Die Reflexion der eigenen Rolle und Personeinflüsse auf das professionelle Handeln führen uns abschließend noch zum *professionellen Selbst* und zur Frage, ob die Reflexion von Fehlern schlüssig mit dessen Entwicklung in Verbindung gebracht werden kann. Man wird sie intuitiv mit dem Beispiel von Herrn Brand und anhand eigener episodischer Erfahrungen positiv beantworten; Sprichwörter wie „Aus Fehlern wird man klug" sind doch auch so gemeint, dass sie die Arbeit an der eigenen Person in den Lernprozess einschließen. Aber es ist in der Analyse von Lernen aus Fehlern begrifflich zu unterscheiden, ob eine Person ihr Situationswissen erhöht oder aber die Reaktionen in Situationen, die aus ihren persönlichen Dispositionen hervorgehen, zu modifizieren in der Lage ist. Für das professionelle Handeln von Lehrpersonen hat Alois Niggli (2005) ein Modell vorgelegt, welches dies mit Blick auf die *Rückmeldung* von Fehlern zu leisten in der Lage ist: Es geht von 3 unterscheidbaren Kompetenzbereichen professionellen Handeln aus, an welchen ein Mentee arbeiten kann bzw. welche ein Mentor via Rückmeldung zu beeinflussen versuchen wird: (a) der Bereich des praktischen Tuns, die „skills"; (b) der Bereich des theoretischen und fachlichen Wissens, das „Hintergrundwissen" und (c) der Bereich der eigenen Werte und Ziele, das Wissen über sich selbst, welchem Niggli dann erst den Begriff des „pro-

---

[13] Tatsächlich ist diese Aussage alles andere als trivial. Es ist nicht selten gerade typisch für Kinder, dass sie bestimmte Bezugspersonen idealisieren und nicht davon ausgehen, dass auch diese Fehler machen oder etwas nicht wissen. Sie wechseln die Perspektive nicht und haben in diesem Sinne eine falsche *theory of mind*.

fessionellen Selbst" zuordnet.[14] Im Rahmen der Kursarbeit mit Fachpersonen haben wir bemerkt, dass dieser letzte Bereich am schwersten zugänglich ist (vgl. dazu ausführlich Spychiger 2003). Zwar ist anhand der Kommunikations- und Erziehungsdimension der *Wertschätzung* diese Ebene oft adressiert worden und haben Mentees entsprechende Feedbacks bekommen. Wertschätzend werden jedoch vor allem gelungene Handlungen kommentiert, die Rückmeldung impliziert Anerkennung oder, in behavioristischer Absicht, Verstärkung. Es ist vergleichsweise einfach für einen Mentoren, als dispositionell identifiziertes Verhalten zu bestätigen, zu loben und damit aufzubauen. Geht es dagegen um Kritik und entsprechend um die Aufforderung zu Korrekturen an der eigenen Person, ist der Mentor bzw. die Mentorin anders gefordert, er oder sie geht damit ganz andere Risiken im Beratungsverhältnis ein.

Es kann sich in die Konfliktzone bewegen, und es braucht Mut, beraterische Klarheit und Können, auf dieser Ebene professionelles Feedback zu generieren und abzugeben. Nicht selten ist zu beobachten, dass Mentoren Feedback, das diesen Bereich adressieren sollte, lieber auf die Ebene der Skills (a) oder des Hintergrundwissens (b) transferieren. Umgekehrt zeichnet es das Beratungsverhältnis im Sinne eines pädagogischen Bezugs aus, wenn genügend Vertrauen und diagnostische Präzision vorhanden ist, dass auch in diesem heikleren Bereich ein produktives Verhältnis wirkt und auf die Herausbildung eines professionellen Selbst ausgerichtet ist.

7 Wie gut ist Fehlerkultur in Schule und Unterricht bereits?

Insgesamt erweist sich Fehlerrückmeldung als das zentrale Element von Lernen aus Fehlern. Wenn Menschen aus Fehlern und Irrtümern nicht lernen, liegt dies oft daran, dass niemand etwas sagt. Eine nicht vorhandene oder unsichere Norm kann deswegen nicht aufgebaut werden. Es kann auch sein, dass die Rückmeldung nicht angenommen wird (vgl. dazu Spychiger 2008b, S. 35). Auf jeden Fall ist Fehlerrückmeldung ein wesentlicher Kompetenzbereich lehrenden und erzieherischen Handelns. Man kann nun hinschauen, wie wir dies zu Beginn des Aufsatzes getan haben, und sich kundig machen, wie gut Lehrpersonen dies eigentlich konkret bereits tun, oder umfassender, die-

---

[14] Demgegenüber stelle ich mir vor, dass das professionelle Selbst einer Lehrperson sich erst aus allen 3 Bereichen zusammen konstituiert und dass noch eine 4. Komponente dazu kommt, nämlich die Kompetenz im Umgang mit dem System Schule, in welchem sich die Lehrperson bewegt (vgl. dazu Spychiger, Allesch u. Oebelsberger 2007).

sen Beitrag abschließend, nach so etwas wie einem allgemeinen Stand der Entwicklung unterrichtlicher Fehlerkultur fragen. Fehlerkulturforschung und entsprechende Beiträge zur Lehreraus- und weiterbildung werden oft dahingehend rezipiert, dass in unseren Schulen und dem Unterricht diesbezüglich alles falsch gemacht werde. Auch als Fachpersonen der Erziehungswissenschaften mussten wir uns im Rahmen des Fehlerprojektes diesbezüglich von den eigenen empirischen Ergebnissen belehren lassen: Es ergab etwa die Faktoranalyse über die erste Fassung des „Schülerfragebogens zum Umgang mit Fehlern in der Schule", dass das *Bloßstellen* als Lehrerreaktion auf Schülerfehler nur wenig zur Varianzaufklärung des Phänomens beiträgt; es ist in seiner Ausprägung im Vergleich zu andern Verhaltensweisen (wie zum Beispiel *Repetitionsmöglichkeiten anbieten*) vergleichsweise unbedeutend.[15]

Zwar gibt es die Schulkinder, die sich in Fehlersituationen bloßgestellt fühlen. Die Forderung aus Sicht der Fehlerkultur und Reflexionsdidaktik geht dahin, dass ihre Lehrpersonen mit solchem Verhalten möglichst umgehend aufhören. Aber es sind eben nicht so viele und es sind solche Vorkommnisse nicht so häufig, wie man dies meint. Vielmehr stimmt das Verhältnis gut überein mit den Ergebnissen der qualitativen Analysen von Fehlersituationen, wo die Anzahl von Situationen, in welchen das Unterrichtsklima wegen des Umgangs der Lehrperson mit einem Fehler an Qualität verliert, ca. 10% betragen, oder umgekehrt gesagt: In 9 von 10 Situationen erfolgen Fehlerkorrekturen in gutem oder neutralem Klima.

Diese Erfahrungen und Ergebnisse deuten darauf hin, dass die allgemein pädagogische, aber wohl auch die spezifische reflexionsdidaktische Kompetenz von Lehrpersonen gerne unterschätzt wird bzw. deren berufliche Expertise höher ist, als ihnen in weiten gesellschaftlichen Kreisen zugestanden wird. Dafür nicht untypisch ist etwa die Erfahrung, die ich vor nicht langer Zeit an einem Kurstag mit einer großen Anzahl von Lehrpersonen machte: Im Eingangsreferat habe ich die Unterrichtssituation „Reisenrad" vorgestellt (vgl. Spychiger, Oser, Hascher u. Mahler 1999, S. 48f), daran exemplarisch die Merkmale von positivem Lehrerverhalten im Umgang mit Fehlern ausgeführt und weiter auch die genauen Zahlen der oben nur angedeuteten quantitativen Ergebnisse über als „erfolgreich" und „weniger erfolgreich" klassifizierte Umgangsweisen mit Fehlern aus der Beobachtungsstudie des Schwei-

---

[15] Auch eine Untersuchung mit diesem Fragebogen an einer größeren Stichprobe von deutschen Schülerinnen und Schülern hat ergeben, dass diese die Fehlerkultur an ihrer Schule recht positiv einschätzen (vgl. Mindnich, Wuttke u. Seifried 2008, S. 161).

zer Fehlerprojektes vorgestellt. Der viel versprechende Titel eines Berichts über den Weiterbildungstag lautete „Das 'Reisenrad' als Weg zum Wissen". Danach jedoch fasste der Journalist das Gehörte und Gesehene dahingehend zusammen, dass hier ein Lehrer nicht erkannte und ungenutzt ließ, was an Lerngelegenheit und an Poesie in einem Fehler steckte. – Das genaue Gegenteil trifft für diese Situation zu! Ich habe da oft den Eindruck, dass die (älteren) Rezipienten von ihren eigenen Erfahrungen in Kindheit und Schule ausgehen und nur wenig zur Kenntnis nehmen, wie viel sich seither verändert hat (vgl. dazu ausführlich Spychiger 2008 a, Kap. 2).

Tatsächlich haben, dies wurde weiter oben ausgeführt, lange vor der Entwicklung von Fehlerkulturkonzepten für den Unterricht, die Fachdidaktiken bereits viele Beiträge, implizite und explizite, zum konstruktiv(istisch)en Umgang mit Fehlern erstellt. Sie sind in die Fachpraxis eingeflossen. Dazu hat die Entlarvung des Autoritarismus als kindverachtenden und wenig lern- und entwicklungsfördernden Unterrichtsstil ebenfalls in den letzten Jahrzehnten faktisch ein Lehrerverhalten befördert, welches dem Wesen nach fehlerfreundlich ist. Diese Veränderungen schließen den Bereich der Arbeit an der eigenen Person mit Wirkung auf das professionelle Selbst ein. Insgesamt gehen sie mit den gesellschaftlichen Prozessen einher, welche von Soziologen als *reflexive Modernisierung* bezeichnet und beschrieben werden (Giddens 1991; Beck 2007) und sich als „angewachsene Form der Individualität" manifestieren (Honneth 2002, S. 147). Man darf sich vorstellen, dass Lehrpersonen an diesen Entwicklungen nicht nur teilhaben, sondern auch wesentlich an deren Herbeiführung beteiligt sind und mit wachsender Professionalisierung noch weiter dazu beitragen werden.

Reflexive Distanz wird weder immer gelingen noch immer die gewünschten und geplanten Ergebnisse hervorbringen und schon gar nicht das einzige Mittel der professionellen Ausstattung für den Lehrberuf sein. Nicht einmal die umfassendere Entwicklung von Fehlerkultur eliminiert die Tatsache, dass die Wirkung pädagogischen Handelns keinen hohen Grad an Vorhersagbarkeit aufweist. Vielmehr erzwingt die Unmittelbarkeit schulischer und unterrichtlicher Situationen nicht selten reflexartiges Reagieren und trägt den Keim neuen Fehlermachens immer in sich. Es geht schließlich auch gerade ein großer Teil der Freude und Qualität im Lehrberuf aus dieser spezifischen Präsenz in der Situation hervor. Beides, das unsichere Ergebnis wie die beschränkte Anwendbarkeit, sprechen jedoch nicht gegen den Nutzen von Reflexionsdidaktik und Fehlerkultur, sondern für ihre Notwendigkeit.

Literatur

Baruk, S. (1985): L'âge du capitaine. De l'erreur en mathématiques. Paris

Beck, E.; Guldimann, T.; Zutavern, M. (1995): Eigenständig lernen. Kollegium 2. St. Gallen

Beck, U. (2007): Weltrisikogesellschaft. Auf der Suche nach der verlorenen Sicherheit. Frankfurt/M.

Böhme, G. (1995): Atmosphäre. Frankfurt/M.

Donald, M. (2001): A Mind so Rare: The Evolution of Human Consciousness. New York

Fenstermacher, G. D.; Soltis, J. F. (2004): Three Approaches to Teaching. New York

Giddens, A. (1991): Modernity and Self-Identity: Self and Society in the Late Modern Age. Cambridge

Helmke, A. (2009): Unterrichtsqualität und Lehrerprofessionalität. Diagnose, Evaluation und Verbesserung des Unterrichts. Seelze-Velber

Herzog, W. (2002): Zeitgemäße Erziehung. Die Konstruktion pädagogischer Wirklichkeit. Weilerswist

Honneth, A. (2002): Befreiung aus der Mündigkeit. Paradoxien des gegenwärtigen Kapitalismus. Frankfurt/M.

Horster, D. (2004): Was soll ich tun? Moral im 21. Jahrhundert. Leipzig

Joas, H. (1989). Praktische Intersubjektivität. Die Entwicklung des Werkes von G. H. Mead. 1. Aufl., Frankfurt/M.

Kansanen, P. (2003): Studying – the realistic bridge between instruction and learning. An Attempt to a Conceptual Whole of the Teaching-Studying-Learning Process. In: Educational Studies, 29, No. 2/3, S. 222-232

Lang, A. (1993): Zeichen nach innen, Zeichen nach aussen – eine semiotisch-ökologische Psychologie als Kulturwissenschaft. In: Rusterholz, P.; Svilar, M. (Hrsg.): Welt der Zeichen – Welt der Wirklichkeit. Berner Universitätsschriften. Bern, S. 55-84

Korczak, J. (1965): Wie man ein Kind lieben soll. Göttingen

Mindnich, A.; Wuttke, E.; Seifried, J. (2008): Aus Fehlern wird man klug? Eine Pilotstudie zur Typisierung von Fehlern und Fehlersituationen. In: Lankes, E.-M. (Hrsg.): Pädagogische Professionalität als Gegenstand empirischer Forschung. Münster, S. 153-163.

Niggli, A. (2005): Unterrichtsgespräche im Mentoring. Aarau

Oser, F.; Hascher, T.; Spychiger, M. B.. (1999): Lernen aus Fehlern. Zur Psychologie des ‚negativen' Wissens. In: Althof, W. (Hrsg.): Fehlerwelten. Opladen, S. 11-41

Oser, F.; Spychiger, M. B. (2005): Lernen ist schmerzhaft. Zur Theorie des Negativen Wissens und zur Praxis der Fehlerkultur. Weinheim u. Basel

Oser, F. (1994): Zu-Mutung: Eine basale pädagogische Handlungsstruktur. In: Seibert, N.; Serve, H. J. (Hrsg.): Bildung und Erziehung an der Schwelle zum dritten Jahrtausend. München, S. 773-800

Reinmann-Rothmeier, G.; Mandl, H. (2001): Unterrichten und Lernumgebungen gestalten. In: Krapp, A.; Weidenmann, B. (Hrsg.): Pädagogische Psychologie. Weinheim u. Basel, S. 601-646

Spychiger, M. B.; Oser, F.; Hascher, T.; Mahler, F. (1999): Zur Entwicklung einer Fehlerkultur in der Schule. In: Althof, W. (Hrsg.): Fehlerwelten. Opladen, S. 43-70

Spychiger, M. B.(1999): Auf dem Weg zu einer Fehlerkultur in der Schule. Ein Fernkurs in sieben Teilen. Serie 1: Wenn Wissen verschwindet wie im Bermuda-Dreieck. Die neue Schulpraxis, Vol. 69, Nr. 10, S. 8-9

Spychiger, M. B. (2003): Fehler als Fenster auf den Lernprozess: Zur Entwicklung einer Fehler-kultur in der Praxisausbildung. Journal für LehrerInnenbildung, 3, Nr. 2, S. 31-38

Spychiger, M. B. (2004): Bitter, edel oder leicht? Ausführungen zum biografischen Lernen aus Fehlern. Schriftliche Version des Beitrags zum Kongress für Bildungsforschung der DGfE, SGBF und ÖFEB. (http://www.paed-kongress04.unizh.ch/downloads/publikationen/AG43_Spychiger.pdf)

Spychiger, M. B. (2006): Editorial: Fehlerkultur – Indiz für eine konstruktivistische Auffassung des Lernens. Schweizerische Zeitschrift für Bildungswissenschaften, 28, Nr. 1, S. 5-20.

Spychiger, M. B.; Allesch, Ch.; Oebelsberger, M. (2007): Entwicklung des professionellen Selbst von Musiklehrpersonen. Forschungsbericht zum Beitrag Nr. 117245/1. Zu Hd. des Schweizerischen Nationalfonds zur Förderung der Wissenschaften.

Spychiger, M. B. (2008 a): Lernen aus Fehlern und Entwicklung von Fehlerkultur. Konzeptuelle Grundlagen und programmatische Thesen für einen pädagogischen Umgang mit Fehlern. Er-wägen-Wissen-Ethik, 19, Nr. 3, S. 274-282 u. S. 377-385 (Replik).

Spychiger, M. B. (2008b): Ein offenes Spiel: Lernen aus Fehlern und Entwicklung von Fehler-kultur. In: Caspary, R. (Hrsg.): Nur wer Fehler macht, kommt weiter. Wege zu einer neuen Lernkultur. Freiburg/Br., S. 25-48

Jutta Standop

Guter Unterricht aus der Perspektive schulischer Werteerziehung – Begründung einer allgemein-didaktischen Konzeption zur (Aus-)Bildung moralischer Urteilsfähigkeit

1 Was schulische Werteerziehung nicht ist

Schulische Werteerziehung meint nicht, dass Kinder und Jugendliche unhinterfragt moralische Grundsätze und Tugenden (wie Fleiß, Pünktlichkeit, Disziplin etc.) übernehmen sollen. Insbesondere moralisches Verhalten ist auf einen eigenen, reflektierten und fundierten ethischen Standpunkt angewiesen. Werteerziehung gelingt daher nicht durch den bloßen Einsatz von Unterrichtstechniken, sondern ist ein Prinzip, dass den gesamten Unterricht durchzieht. Ebenso ist schulische Werteerziehung nicht das Einüben sogenannten »guten Benehmens« von Schülerinnen und Schülern – angeleitet und auferlegt durch den Lehrenden –, um den eigenen Unterricht reibungsloser zu gestalten. Sicher können (unterrichtsbezogene) Handlungsweisen von Schülerinnen und Schülern sich durch eine wertorientierte schulische Erziehung verändern. Die Intention schulischer Werteerziehung liegt aber zunächst und vor allem in der *Reflexion wertorientierter Einstellungen und Haltungen.*

2 Werte in ihrer Bedeutung für die Gesellschaft und das Individuum

Werte sind Ideale, an denen wir uns in allen unseren Be-Wertungen orientieren und von denen wir uns in unserer Handlungswahl leiten lassen. Sie werden nicht durch die Ethik konstituiert, sondern begründet und hierarchisiert. Als zeitlich relativ konstante wünschenswerte Leitgedanken innerhalb einer Kulturgemeinschaft sind Werte kulturell geprägt und wirken im gleichen Maße kulturprägend. Im Laufe der kulturellen Entwicklung haben Werte eine bestimmte Form bzw. handlungsleitende Kraft angenommen. Die verschiedenen in einer Gesellschaft geltenden Werte können sich im Konflikt miteinander befinden. In der gesellschaftlichen Wahrnehmung dienen Werte aufgrund ihrer Repräsentation allgemein gültiger Standards vorrangig der Aufrechterhaltung der Strukturen des Sozialsystems. Als Voraussetzungen und Grundlagen der sozialen Normen einer Gesellschaft prägen sie die Leitbilder des allgemein Erstrebenswerten oder Abzulehnenden, sind dabei aber selbst nicht normativ bindend.

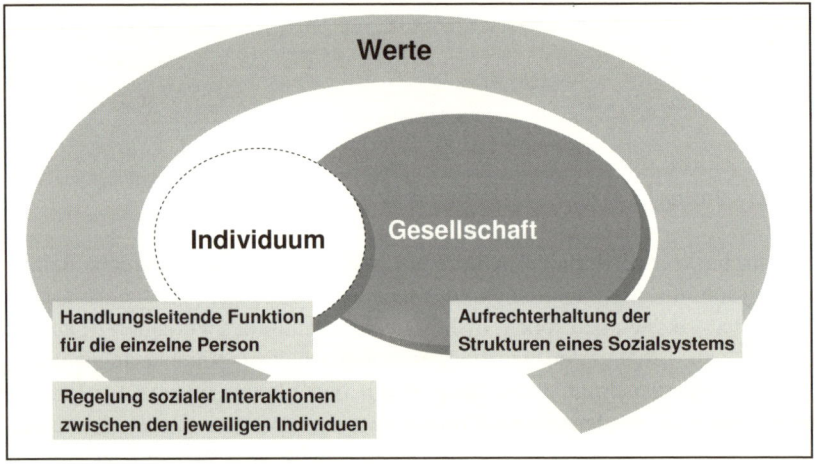

Abb.1: Wertefunktionen

Im Hinblick auf das Individuum steuern Werte die soziale Interaktion mit anderen Menschen und sind handlungsleitend für den einzelnen. Sie vermitteln Kriterien zur Bewertung von Ereignissen, Interaktionen sowie Erfahrungen und liefern Orientierungshilfen in unbestimmten, komplexen Situationen. Die das Individuum seit früher Kindheit als bedeutsame Leitbilder und Handlungsgrundsätze begleitenden Werte verlieren auch im späteren Leben nicht ohne weiteres (dauerhaft) ihre Maßgeblichkeit. Vom Heranwachsenden während seiner individuellen Sozialisation und Enkulturation internalisiert, werden sie in seine emotional-affektiven Persönlichkeitsbereiche integriert und schließlich als ureigenste Bestandteile der eigenen Persönlichkeit empfunden, als persönliche Wertvorstellungen und bis zu einem gewissen Maß als eigene Bedürfnisse, Interessen und Urteile. »Seine Werte« vermitteln dem Individuum Orientierung und (zumindest) subjektiv ein Gefühl der

Ordnung im »Chaos« der Realität. Die von ihm definierten Werte stellen daher zugleich die Motive dar, auf die das Individuum sein Handeln ausrichtet und sind somit das Bezugssystem seiner Lebensführung. Darüber hinaus sind Werte für den einzelnen Menschen

– relativ stabil über die Lebensspanne verbunden mit einem hohen Änderungswiderstand,

– abstrakt und daher situationsübergreifend relevant,

– von individuell unterschiedlicher hierarchischer Anordnung, je nach Bedeutung des einzelnen Wertes für das jeweilige Selbstkonzept

– und mit starken emotionalen Komponenten verbunden, besonders bei den Werten, die in enger Beziehung zum eigenen Lebenskonzept stehen (nach Schmitz 2000, S. 350).

3 Pluralismus, Grundwerte und moralisches Handeln

Die individuelle Bedeutungsausprägung der verschiedenen Werte bildet sich im Laufe der persönlichen Entwicklung des jeweiligen Individuums in seinem individuellen Umfeld mit seinen einzigartigen Erfahrungen. Somit sind die von einem Menschen regelmäßig für seine Handlungen genannten Beweggründe ebenso wie seine Motive und Ziele ein Ausdruck seiner Werthaltungen. Diese besondere Bedeutung der je individuellen Wertausprägung verweist zugleich auf den unsere Gesellschaft kennzeichnenden »Pluralismus«. Der Pluralismus ist charakteristisch für die verschiedenen, in einer Gesellschaft vorhandenen Wertesysteme und wird begleitet von der Notwendigkeit eines geordneten Seite-an-Seite, aber auch gemeinschaftliches Existierens vielfältiger, unterschiedlicher und oftmals sogar gegensätzlicher Haltungen und Einstellungen. Das Zugeständnis verschiedener gesellschaftlicher Wertesysteme gründet auf der Annahme, dass „der Mensch sich hinsichtlich der Ziele und Wege seiner Lebensverwirklichung vernunftgemäß selbst bestimmen kann" (Standop 2005, S. 22) und demgemäß ein „mündiges'" Mitglied der Gesellschaft ist. Pluralismus stellt sich vor diesem Hintergrund dar als das Fundament eines von bedeutenden Autoritäten und geistiger Bevormundung unabhängigen Sozialsystems.

In gleichem Maße ist das Individuum als solches von den Auswirkungen des Pluralismus betroffen. Menschliches Handeln ist stets multimotiviert, d.h. zur gleichen Zeit gelten (viele) verschiedene Werte für das Individuum (z.B. Achtung vor dem Anderen, Hilfsbereitschaft, Ehrlichkeit etc.). Die Verwirklichung einer Reihe gleichzeitig intendierter Zielsetzungen ist relativ unproblematisch. In der Mehrzahl der Fälle bilden die Ziele jedoch Antinomien, so

dass Präferenzen ausgebildet werden müssen. Die Unvereinbarkeit der konkurrierenden Ziele führt häufig dazu, dass das Individuum in eine Dilem-
masituation gerät. So kann eine Schülerin, für die die Werte »Hilfsbereitschaft« und »Fairness« gleichermaßen Gültigkeit besitzen, während einer
Klassenarbeit in Gewissenskonflikte kommen angesichts einer um Hilfe
bittenden Tischnachbarin, die ihre Aufgaben nicht lösen kann und der Tatsache, dass dies weder dem Lehrer (dem dadurch eine realistische Bewer-
tungsgrundlage genommen wird) noch den Klassenkameraden, die keine Unterstützung erhalten, gegenüber fair ist.
Der Pluralismus wirft zugleich die Frage auf, ob moralische Werte und Prinzipien relativ sind, d.h. abhängig von den jeweiligen Standpunkten, Interessen und kulturellen Konventionen der Personen. Oder ob diesem »Wert-
relativismus« verallgemeinerbare moralische Grundsätze gegenüberstehen,
die bei der Lösung praktischer Konflikte eingesetzt werden können. Wird im
Zuge der Beschäftigung mit den konkurrierenden Idealen pluraler Gesellschaften oftmals Toleranz gegenüber den Besonderheiten von (Sub-)Kulturen
gefordert, darf diese ebenso wie der Respekt vor der individuellen Gewis-
sensfreiheit nicht missverstanden werden als unverzichtbare Akzeptanz aller
Werte als »gleich gerechtfertigt« bzw. »gleichberechtigt«. So wird durch die
Anerkennung bestimmter „Werte", z.B. rassistischer Positionen, die Freiheit
anderer Menschen unbestreitbar vehement bedroht. Toleranz ist somit nur
möglich, sofern ein Grundmaß an Respekt vor dem menschlichen Leben und
Sein berücksichtigt wird. Aus diesem Grund hat die Pluralität der Wertorientierung genau da ihre Grenzen, wo der Gruppenkonsens oder die Integration
der Gesellschaft bedroht werden. Da in keiner Gesellschaft jede hypothe-
tische Werteordnung – wie Demokratie, Kommunismus, Faschismus –
gleichzeitig realisiert sein kann, ist ein absoluter Pluralismus unmöglich. Der
Aufbau einer Gesellschaft gründet auf normativen, sich gegenseitig aus-
schließenden Grundmustern (Oser u. Althof 2001).

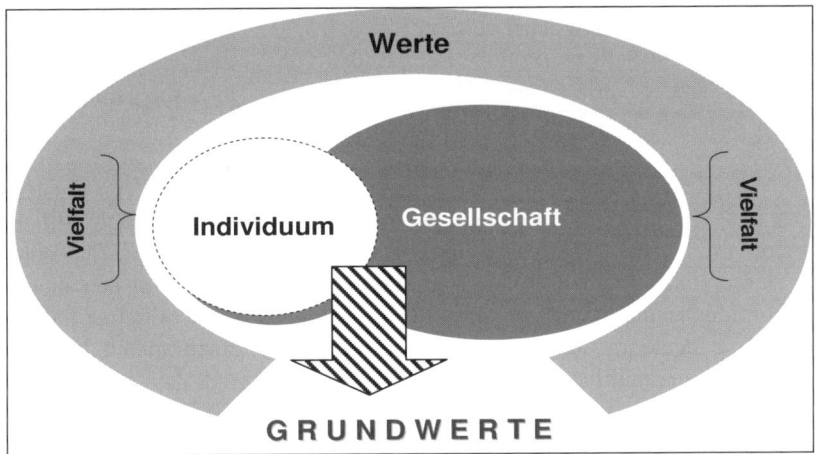

Abb. 2: Grundwerte als Grundkonsens in einer Gemeinschaft

Kennzeichnend für die Grundmuster sind »Grundwerte«, die an der Spitze der gesellschaftlichen Wertehierarchie stehen. Sie sind die Werte,
– auf denen andere Werte gründen,
– auf deren gemeinsamer Wertschätzung das Zusammenleben der Menschen gründet,
– deren Anerkennung und Wirklichkeit-Werden grundsätzlich zum Gelingen des Menschen gehören (nach Dikow 1980).
Das heißt, es ist notwendig, sich zu entscheiden. Neben der Ausbildung einer Sachurteilsfähigkeit besteht die pädagogische Herausforderung der pluralistischen Moderne daher ganz gezielt auch in der Vermittlung einer Werturteilsfähigkeit. Da ein Wert nicht immer klare Regeln für das Verhalten einschließt, kann der gleiche Wert für unterschiedliche Handlungskonsequenzen Argumentationen anbieten. Dies wiederum kann zu einem Spannungsverhältnis führen zwischen dem als richtig Angesehenen, „dem moralischen Urteil" und komplizierten Situationsparametern, denen man (häufig) zunächst einmal ausweichen möchte. Beispielsweise kann ein Mensch die Hilfsbereitschaft als einen für seine Wertehierarchie grundlegenden Wert bezeichnen und zugleich, z.B. wenn er während eines Einkaufs in der Fußgängerzone von einem anderen Menschen um (finanzielle) Hilfe gebeten wird, diesen mit den Worten abfertigen: „Hilf dir selbst, dann hilft dir Gott". Für diese Handlungsweise lassen sich viele Begründungen angeben, z.B. die Unbekanntheit des Fragenden und mögliche Zweifel über die Echtheit seiner Not. Auch ist

der Angesprochene möglicherweise in Eile und sagt sich, dass es für den Bittenden und sein Selbstwirksamkeitsempfinden von Vorteil ist, wenn er sich nicht auf andere verlässt usw. Tatsache bleibt, dass man die Hilfe unterlassen hat[1]. Oft kommt es somit zu einem Bruch zwischen Urteil und Handeln.

Die Vorstellung, Moral und Demokratie seien allein eine Frage von Einstellung und Werthaltung und es genüge, moralisch oder demokratisch sein zu wollen, um es auch wirklich zu sein, ist heute nicht mehr haltbar. Ein mündiges moralisch-demokratisches Verhalten hängt nicht nur von den moralischen Idealen und Vorsätzen eines Menschen ab, sondern von seiner Fähigkeit, diese Ideale im Alltag konsistent und differenziert anzuwenden. In zahlreichen wissenschaftlichen Untersuchungen wurde gezeigt, dass es zwischen den (moralischen) Einstellungen und Werthaltungen einerseits und dem Verhalten in kritischen Situationen andererseits kaum einen systematischen Zusammenhang gibt (u.a. Montada 1983; Stroebe u.a. 1996). Außerdem können moralische Einstellungen und Werthaltungen, wenn nötig, in fast beliebiger Weise simuliert werden. Das grundlegende Problem von Heranwachsenden (und vielen Erwachsenen) ist insbesondere das unzureichende Vermögen, moralische Werte und Prinzipien im Alltag angemessen um- bzw. einzusetzen.

So haben (fast) alle Menschen moralische Ideale oder Prinzipien (z.B. Achtung vor der Würde des Menschen, Rechtsstaatlichkeit, soziale Gerechtigkeit sowie die Freiheit der Meinung und der politischen Versammlung). Aber sie benötigen für deren Implementation im alltäglichen Handeln moralische *Fähigkeiten* und diese sind auf die besondere Unterstützung durch pädagogische Institutionen bzw. Erziehungs- und Bildungsorte wie Eltern, Schule, Hochschule etc. angewiesen. In seiner Theorie zum moralischen Handeln ist daher von Antonio Blasi (1984) als intervenierende Variable das Verantwortungsbewusstsein eingeführt worden. Verantwortlichkeit meint hier *die Anerkennung der Verpflichtung, dem eigenen Urteil entsprechend zu handeln.* Als Konsequenz eines bestimmten Urteils liegt die Handlungslast somit bei dem Individuum selbst. Das Verantwortungsbewusstsein wird begleitet von der

---

[1] Dass das Mitempfinden und Hilfeleisten von den Zuschreibungen von Verantwortung gegenüber dem Opfer abhängig sind, haben Montada und seine Mitarbeiter bereits nachgewiesen (Montada 1993, 1994). Eine Strategie der Verantwortungsabwehr nach Montada (1994) stellt beispielsweise die "sekundäre Viktimisierung" dar: dem Opfer wird eine eigene Verantwortung für die Situation zugewiesen (z.B. im Fall von Arbeitslosigkeit, Armut in der dritten Welt etc.). Die Konsequenzen bestehen in einem Rückgang von Empathie und Schuldgefühlen, von Hilfsreaktionen sowie in einer Stigmatisierung des Opfers (vgl. Keller 1994).

Selbstkonsistenz. Diese bezeichnet die Fähigkeit, in Übereinstimmung mit der eigenen Vorstellung von sich selbst als Person zu handeln. Die Anerkennung der eigenen Verpflichtung zum Handeln trägt zur Aufrechterhaltung von Selbstkonsistenz bei. Gleichzeitig ist die Bereitschaft zum Handeln angewiesen auf die sichere Verfügung über Bewältigungsstrategien, d. h. das Individuum berücksichtigt die Vielfalt der eine Situation begleitenden Faktoren und ist bemüht, Konflikte in strukturierter und wohl überlegter Art zu lösen. Die Übereinstimmung zwischen dem moralischen Urteil und der Handlung wird also um so größer sein, je mehr das Individuum über Einstellungen und Strategien verfügt, mit deren Hilfe es Störungen durch miteinander im Konflikt befindlichen Bedürfnissen begegnen kann. Daher kann Moral als das Vermögen bezeichnet werden, in Bezug auf die eigenen moralischen Ideale konsistent und in Bezug auf die jeweilige Situation angemessen zu urteilen und zu handeln.

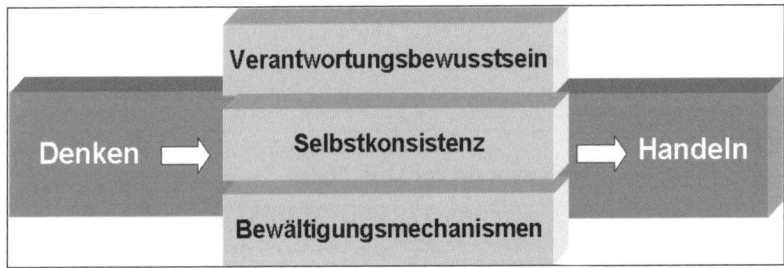

Abb. 3: Der Zusammenhang zwischen moralischem Urteil und moralischem Handeln nach Blasi

Zusammenfassend lässt sich festhalten, dass moralische Urteilsfähigkeit zentral ist für die Einhaltung von Regeln und Gesetzen, das Hilfeverhalten gegenüber Mitmenschen, die Geltung demokratischer Grundrechte, den Widerstand gegenüber angemaßter Autorität u.a.m. Da ihre erfolgreiche Realisierung sowohl auf Wissen als auch auf Fähigkeiten beruht, bedarf es zu ihrer Vermittlung einerseits des »*Was*« und andererseits des »*Wie*«.

4 Die Bedeutung der Erziehung für das Wertebewusstsein des Individuums

Betrachten wir die autonome Persönlichkeit als das grundsätzlichste Ziel der Erziehung, so ist diese gekennzeichnet dadurch, dass sie die eigenen Werteinstellungen kritisch in Frage zu stellen vermag. Sie ist sich der grundsätzlichen Direktiven ihres Verhaltens bewusst und bereit, diese zu überprüfen. Das mündige Individuum vermag seine Werteinstellungen zu vertreten, es zeigt jedoch Verständnis für den Aufforderungscharakter anderer. Werte können nicht vorgeschrieben und/oder antrainiert werden. Vielmehr ist es eine fundamentale Bedingung erfolgreicher Lebensgestaltung, dass die das eigene Leben begleitenden und stabilisierenden Werte vom Subjekt selbst gefunden und bejaht werden.

Gewöhnlich ist es für ein Individuum unbefriedigend, überhaupt bzw. irgendwie zu entscheiden, denn grundlegend für die eigene Lebenszufriedenheit ist vor allem das Gefühl, *richtig* zu entscheiden. Anscheinend haben wir das intensive Bestreben, uns statt auf unsere subjektiven, oftmals beliebigen Handlungen auf objektive, unzweifelhafte Prinzipien berufen zu können. Werte sind immer das Ergebnis einer vollzogenen Wertung, mit welcher ein Individuum sein Verhältnis einer Frage oder einer Sache gegenüber bestimmt und eine Einstellung zu ihr entwickelt. Die Bedeutsamkeit moralischer Fragen für die Beziehungen zu anderen Menschen führt dazu, dass die ganze Person in ihrer Identität betroffen ist.

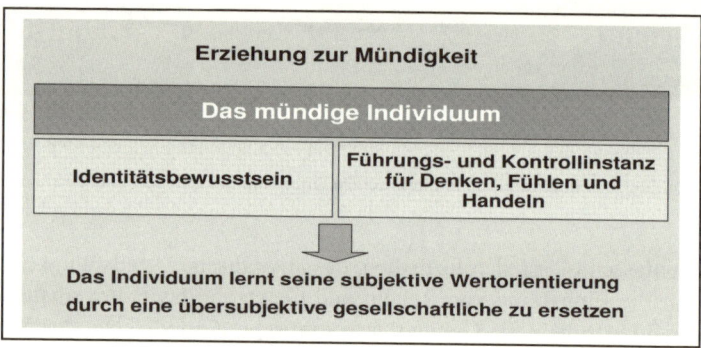

Abb. 4: Wertorientierung und Erziehung

Das mündige Individuum zeichnet sich dadurch aus, dass es neben einem Bewusstsein seiner Identität über eine Instanz verfügt, die sein Denken, Fühlen und Handeln führt und auch überprüft. Auf diese Weise lernt das Individuum, seine subjektive Wertorientierung durch eine übersubjektive gesellschaftliche zu ersetzen. Zur Erziehung gehört schließlich das Ziel integrierter menschlicher Handlungsfähigkeit aufgrund von sach-, sozial- und werteinsichtigem Verhalten und Handeln (vgl. Henz 1980). Diese drei Aspekte sollen durch schulische Werteerziehung miteinander verbunden werden. Zugleich definieren Werte Erziehung, denn

– sie gehören zu den kulturellen Inhalten, die der Erzieher dem Heranwachsenden vermitteln soll, damit dieser lebenstüchtig wird und
– sie sind für den Erzieher selbst notwendig als rationale Voraussetzungen für seine pädagogische Tätigkeit.

Erziehung als Hilfe zur Persönlichkeitsbildung ist *grundsätzlich* wertorientiert, denn sie hat den Anspruch, Orientierungshilfe sowie Werterhellung zu leisten und ihre Absicht ist die Wertverwirklichung in der autonomen Persönlichkeit. Moralische Erziehung muss das Selbst in seiner Bedeutsamkeit als Handelnden wahrnehmen und insbesondere die Selbstregelung als Maßstab aller erzieherischen Einwirkungen zugrunde legen. Das moralische Selbst und die Selbstregelung sind daher auf moralische Autonomie bzw. moralische Urteilsfähigkeit angewiesen. Zugleich ist der Einzelne, auch wenn er sich in der heutigen offenen Gesellschaft als Selbst relativ frei und ungebunden fühlt, dennoch bei der Suche nach einvernehmlichen Lösungen stets in gemeinsame Verbindlichkeiten eingebunden. Somit ist auch Autonomie zu jeder Zeit lediglich eine relative bzw. eine in gegenseitiger Abhängigkeit stehende. Gleichzeitig nimmt ihre Bedeutung zu in einer immer komplizierter und unüberschaubarer werdenden Welt, in der auch die Zahl der persönlichen Entscheidungen stetig anwächst. Insbesondere diese vielfältigen Stellungnahmen und Festlegungen auf der Grundlage pluraler Wert- und Normensysteme erfordern die Orientierung des Einzelnen nicht nur an sich selbst, sondern auch an den anderen. Der Bezug des Selbst zu seiner Lebenswelt und seinem Sinnhorizont ist daher für eine moralische Erziehung von entscheidender Bedeutung. Das Selbst muss fähig sein, selbst zu prüfen und sich zu vergewissern, was es verantworten kann bzw. als gültig ansieht und was nicht. Vor dem Hintergrund der freiheitlich und subjektiv sich entwickelnden Selbst-Gewissheiten bedarf das moralische Selbst gewisse Grundsätze, um dauerhafte moralische Wertungen bzw. Entscheidungen vornehmen zu können. Allerdings sind das moralische Selbst und die Selbstregelung auf Autonomie, genauer *moralische* Autonomie angewiesen.

Der Grundsatz der Autonomie meint in ethischer Perspektive die Selbsteinbindung in das »Gesetz«. „Da Gesetztes, also moralisch Verbindliches, nur einen Sinn hat, wenn es für *alle* Mitglieder einer Gemeinschaft gilt, also nicht für einen einzelnen, der es als lediglich „sein Gesetz" beanspruchen könnte, lässt sich der Sinn von Autonomie nur als *Bindungsbegriff* fassen, eben als *Selbsteinbindung* in das Gesetzte oder das Rechte, in das, was für alle um

ihrer Freiheit willen als verbindlich zu gelten hat. Im Vollzug der moralischen Autonomie verpflichtet sich der gute Wille selber und bindet sich selber an Regeln und Grenzen im Sinne des gemeinsamen Wohls. Autonomie
hat demnach auch mit *Selbstbeherrschtheit* und *Selbstbegrenzung* zu tun"
(Speck 1996, S. 63).

Autonomie als Ausdruck der Verantwortung und Selbstverpflichtung des
einzelnen Menschen führt zu dem Prinzip der Achtung des Anderen. Achtung
zeigt sich in einem Wahrnehmen des Anderen als Menschen mit gleicher
Unverfügbarkeit und Menschenwürde und bedeutet damit ein Bilden und
Umorientieren der eigenen Bedürfnisse auf den Anderen hin. Achtung für
den Anderen und gegenseitige Achtung müssen frei von Bedingungen sein.
Denn ebenso wie die Selbstachtung nicht uneingeschränkt von der Achtung
durch andere Menschen abhängen darf, kann auch die Achtung für andere
Menschen nicht an die Bedingung geknüpft sein, von diesen in dem Maße
geachtet zu werden, wie man es selbst wünscht. Werteerziehung in der Schule orientiert sich daher an:

1. Grundwerte-Erziehung: Eine wichtige Aufgabe der Schule im öffentlichen
   Interesse besteht in der Pflege der kulturellen Einheit, insbesondere der moralischen Grundüberzeugungen.
2. Moralischer Urteilsfähigkeit oder Mündigkeit: Neben der selbstbestimmten
   Übernahme der Grundwerte, die für unsere Gesellschaft maßgeblich sind,
   ist ein wesentlicher Schritt auf dem Weg zur Mündigkeit die Befähigung zu
   einer angemessenen Verwendung moralischer Werte und Prinzipien im Alltag.

5 Der Zusammenhang von Bildung und Werten oder:
Warum soll Schule Werteerziehung leisten?

Bildung ist nicht enzyklopädische Vielwisserei und nicht bloße Verfügung
über berufliche oder beruflich verwertbare Kenntnisse und Fähigkeiten, sondern die Prägung und Formung der Persönlichkeit durch das Gelernte. „Unsere Wertbindungen erwachsen aus der Selbstbildung, beeinflusst von Vor-
bildern und durch Beispiele, durch die Bildungsinstitutionen, durch die Verarbeitung von Erfahrungen und deren Überprüfung mithilfe hinzugewonne-
nen Wissens und dadurch, dass die Werte mit den Ansprüchen der eigenen
Lebenszeit und Lebenswelt korrespondieren" (Baumert u.a. 2002, S. 184).
Der Mensch wächst heute mit einem Vielfachen an Wahlmöglichkeiten zur
Gestaltung seiner eigenen Entwicklung gegenüber der Vergangenheit auf.
Das Individuum ist heute aber auch genötigt zu entscheiden, zu verantworten

und die Konsequenzen dafür zu tragen, welche Formen der Lebensführung es wählen, welchen Moralvorstellungen es folgen und welche Überzeugungen es vertreten will. Der Pluralismus bringt zugleich eine Unübersichtlichkeit mit sich, die das Individuum für sich selbst erst einmal ordnen lernen muss, um sich zu entscheiden. Das Verständnis schulischer Bildung orientiert sich vor dem beschriebenen Hintergrund an der Respektierung der Menschenrechte, insbesondere der Würde des Menschen und an Begriffen wie Humanität und Demokratie. Angemessene Wertbindungen kann schulische Bildung anbahnen, indem sie

– Respekt vor unterschiedlichen Wertorientierungen anbahnt,
– Gemeinsamkeiten unterschiedlicher Werttraditionen aufzeigt und
– Empathie zulässt (a.a.O.).

Werte sind – wie gesagt – keine autoritären Vorgaben, sondern gründen auf eigenverantwortlichen Entscheidungen. Die Aufgabe der Werteerziehung bzw. der Erziehung zur moralischen Urteilsfähigkeit besteht somit darin, die Schülerinnen und Schüler dergestalt zu begleiten, dass sie nicht „irgendwie" in beliebiger Weise, sondern in Berücksichtigung konkreter spezifischer Kriterien Werte ausbilden und beherzigen. Erziehung zur moralischen Urteilsfähigkeit kann erfolgreich jedoch nur in einem Raum stattfinden, der von *allen* an Schule Beteiligten konsequent auf dieses Ziel hin gestaltet wird. Dies führt zu der Bedeutung einer lebendigen Schulkultur, in der die folgenden grundlegenden Parameter das Schul- und Klassenklima beeinflussen:

– ein sozial-integrativer Führungs- und Unterrichtsstil der Lehrer/-innen;
– ein schulischer Grundkonsens bzgl. der Ordnungsregeln und der Disziplinierungsmethoden;
– die Einbeziehung der Schülerinnen und Schüler in Mitverantwortung;
– ausreichend Zeit für persönliche Gespräche;
– ein hinreichender Rückhalt der einzelnen Schüler in ihrer Klasse;
– gemeinsame Aktivitäten von Heranwachsenden und Lehrenden;
– kontinuierliche Lehrer-Eltern-Gruppen;
– Schüler-Instanzen zur Streit-Schlichtung und
– insbesondere die Bedeutung des Schulleiters und der Lehrer/innen im Sinne einer Vorbild- und Führungsfunktion.

Emotionale Wärme in Verbindung mit einem klaren Regelsystem erweist sich als der grundlegende Parameter eines Klassenklimas, das die Bedürfnisse und Erwartungen der Lernenden nach Struktur und Bindung erfüllt, so dass ihnen die Konzentration auf die Lernaufgaben möglich wird. Ein weiterer wesentlicher Faktor einer erfolgreichen schulischen Werteerziehung stellt die Person der Lehrerin bzw. des Lehrers dar. So kann das Engagement um

eine verlässliche Wertorientierung im Unterricht nur gelingen, wenn Lehrerinnen und Lehrer die anzustrebenden Werte selbst innerlich anerkennen und
vorzuleben in der Lage sind. „Die psychologischen Untersuchungen von
Bandura u.a. (1974) zum Lernen von Modellen oder auch die psychoanalyti-
schen Beobachtungen zur Identifikation zeigen, dass es gar nicht möglich ist,
als Lehrerin oder Lehrer der eigenen Wirksamkeit als Beispiel zu entkom-
men. Gewollt oder ungewollt werden die Unterrichtenden zu „Modellen", an
denen sich die Kinder und Jugendlichen orientieren. Entscheidend ist daher
ein reflektierter Umgang mit dieser Wirkung" (Standop 2005, S. 84). Auch
können die Lehrenden zu den Heranwachsenden nur einen personalen Bezug
aufbauen, wenn sie diese nicht in ihrer personalen Würde verletzen. Denn
insbesondere für eine wertorientierte Erziehung stellt der Aufbau tragfähiger
zwischenmenschlicher Beziehungen eine – wenn nicht sogar die – wesentliche Grundlage dar.

Von Lehrerinnen und Lehrern verlangt dies eine ständige Überprüfung sowohl ihres eigenen Selbstverständnisses als auch ihrer Fähigkeit und Bereitschaft, dem Heranwachsenden einerseits sein Eigenrecht auf persönliche Entfaltung zuzubilligen und ihm andererseits entsprechende emotionale und
fachliche Hilfeleistung zukommen zu lassen. Schließlich haben die Lehrpersonen die Aufgabe, zwischen den Schülerinnen und Schülern sowie den zu
vermittelnden Werten eine mehrdimensionale Beziehung herzustellen. Hierfür sind die folgenden Prinzipien (in Anlehnung an die »pädagogischen Fun-
damentalrelationen« von Henz 1971) kennzeichnend:

– Lehrende und Heranwachsende sind in gleicher Weise den Werten unterstellt;
– der Lehrende steht den Werten näher als der Heranwachsende;
– der Lehrende ist gleichermaßen den Werten und den Heranwachsenden
  verpflichtet;
– das Pädagogisch-Wesentliche ist die Begegnung von Heranwachsendem
  und Wert;
– der Lehrende fördert die Schüler-Wert-Begegnung durch Hinführung des
  Schülers zu den Werten und Annäherung an die Werte.

Ist Werteerziehung somit einerseits eine schulische Aufgabe, die eng an die
Schulkultur und das Schulprogramm gebunden ist, findet sie andererseits insbesondere über die tägliche Unterrichtsgestaltung Eingang in das Schulleben.

6 Aspekte einer Unterrichtskultur, die der Entwicklung moralischer Urteilsfähigkeit Rechnung trägt

Unterricht und Erziehung sind in Schule untrennbar, wechselseitig miteinander verbunden. Vor diesem Hintergrund bedarf die Erziehung zu wertorientierten Haltungen und Einstellungen der Ausrichtung auf einen konkreten Gegenstand. Eine Haltung ,an sich' und zu ,nichts' ist unsinnig. Denn Lehrer und Heranwachsende können nicht über ,nichts' kommunizieren, vielmehr bedarf es einer Fragestellung, eines Themas oder eines Anlasses, der nach Klärung verlangt. Insbesondere der schulische Unterricht soll die Heranwachsenden dazu befähigen, die Ebene des Vorurteils zu überwinden und zu begründeten Urteilen zu gelangen. Dort haben sie die Gelegenheit, sich in methodischer Weise mit ausgewählten Gegenständen auseinander zu setzen (ohne dass sie selbst oder ihre Mitmenschen die Folgen dieser Urteile in der Regel tatsächlich unmittelbar tragen müssen). Werten muss als ein Unterrichtsprinzip aufgefasst werden, das für jeden Unterricht gilt und nicht nur für ausgewählte Unterrichtsfächer. Die Auseinandersetzung mit wertorientierten Fragestellungen gehört demgemäß dahin, wo sie anfällt: in den jeweiligen Fachunterricht. Eine Diskussion über Stammzellenforschung, die der Sache angemessen erfolgen soll, gehört entsprechend in den Biologieunterricht. Erziehung zu moralischer Urteilsfähigkeit als ein dem gesamten schulischen Unterricht zugrunde liegendes Prinzip findet in der Begründung und Zielsetzung einer Reihe von Theorien, die zum Teil in diesem Buch vorgestellt werden, eine grundsätzliche Entsprechung. Grundlegend bei allen ist die prinzipiell positive Haltung der Lehrperson den ihr anvertrauten Schülerinnen und Schülern gegenüber, verbunden mit einer hohen Professionalität. Ist Unterricht somit der angemessene Ort für Schülerinnen und Schüler, ihre „moralische Urteilsfähigkeit" weiter zu entwickeln, unterstützen insbesondere folgende Aspekte eine dergestalt förderliche Unterrichtskultur:

6.1 Gelegenheiten zur Selbsttätigkeit

Für die Übernahme von Orientierungen bezogen auf die moralische Urteilsfähigkeit spielt die Selbsttätigkeit eine herausragende Rolle. So zeigen Erkenntnisse der Sozialpsychologie, dass nur die durch eigenes Tun und eigenes Erleben erfahrenen Werte wirklich dauerhaft zu eigenen Einstellungen werden können (Aronson u.a. 2008; Atkinson u.a. 2001).

Von Oser[2] stammt das Pädagogische Prinzip der Zu-Mutung (1994), bei der einem Schüler „zugemutet" wird, dass er mehr kann als die unmittelbare Einschätzung es vermuten lässt. Die Lehrkraft bringt dem Heranwachsenden gegenüber, der vor eine Aufgabe gestellt ist, durch Sprache, Gestik und Kontextverhalten ihre Überzeugung zum Ausdruck, dass dieser fähig ist, „eine Lösung zu finden, zu partizipieren, einen Beitrag zu leisten, Verantwortung zu übernehmen u.a.m." (a.a.O., S. 779), wodurch diese Fähigkeit höchstwahrscheinlich hervorgebracht wird. „Die Formen dieses Zum-Ausdruckbringens sind keineswegs zufällig. Sie sind auch nicht [...] nur verhaltensorientiert oder automatisch. Man kann zeigen, dass man von jemandem erwartet, dass er fähig ist, etwas zu tun. Man kann dies bewusst herbeiführen. Die Präsupposition ist also sichtbar im Kontext. Sie wirkt zusätzlich zum Aufforderungsgehalt der Situation. Es geht dabei nicht um die zum Ausdruck gebrachte Erwartung, dass das Ziel erreicht wird, sondern um die *zum Ausdruck gebrachte Erwartung, dass eine Person fähig ist, sich in Richtung des Zieles auf den Weg zu machen"* (a.a.O., Hervorheb. J. S.). Die Zu-Mutung richtet sich also auf den *Prozess* und nicht so sehr auf das Produkt der Handlungsweisen, die anvisiert werden. Dabei erhöht sich die Wahrscheinlichkeit der Verwirklichung durch die kontrafaktische Aussage. Fundament einer derartigen Beziehung ist ein Grundvertrauen des Lehrenden gegenüber dem Heranwachsenden.

6.2 Die Übernahme von Verantwortung
Wertbindungen erwachsen aus Erfahrungen vor allem der Selbstbildung und eben nicht aus rational-argumentativen Rechtfertigungen. Moralische Grundlegung ist auf die intellektuelle und die moralische Erfahrung angewiesen. Die Verantwortungsübernahme im Rahmen von Aufgaben, die für die Schulgemeinschaft bedeutsam sind (z.B. die Verwaltung der Schülerbücherei, die Ausgabe von Pausenspielen, die Betreuung des Computerraums) in Verbindung mit angeleiteter Reflexion und Beratung durch die Lehrenden, ermöglicht eine eigene auf eine konkrete und reale Sache bezogene Anschauung.

6.3 Fehler als einen grundlegenden Teil des Lernens begreifen
Die Fehlerermutigungsdidaktik bzw. die Theorie des Negativen Wissens nach Oser, Spychiger (2005) beruht auf einer konstruktivistischen Auffassung (Kobi 1994, s. a. Spychiger in diesem Buch), nach der Lernen das Ent-

---

[2] Vgl. auch die »Pädagogik des Zutrauens« von Glöckel (2004).

decken und Rekonstruieren von Welt bedeutet. In diesem Lernen ist das Feh-lermachen automatisch inbegriffen und verkörpert Lernpotential, denn Fehler ereignen sich nahezu zwangsläufig im Fortgang des Entstehens, Ent-wickelns, Erfindens und können hierbei Unterstützung leisten. Hintergrund der Fehlerermutigungsdidaktik ist die Entwicklung einer lernorientierten Hal-tung gegenüber Fehlern, die lange Zeit während des Aufbaus einer Wissens- oder Könnensstruktur nicht als defizitär angesehen werden dürfen. „Wer nur korrigiert, hat noch nicht Lernen ermöglicht. Wer nicht korrigiert, verhindert lernen. Erst die Erkenntnis des Falschen oder des Gegensätzlichen über Ab-grenzungsprozesse setzt Veränderung in Gang" (a.a.O., S. 39). Grundlegend hierbei ist, dass ein Teil des episodischen Gedächtnisses darauf gerichtet wird, dass die Heranwachsenden sich „an Situationen erinnern, damit das, was dort im Zentrum stand, abgrenzbar und geordnet behalten werden kann. Wenn Lehrpersonen einfach korrigieren, ohne diese Aspekte zu berücksich-tigen, dann stellen die Fehler, wie das Weinert (1999) dargestellt hat, Barrie-ren für das Lernen dar" (a.a.O., S. 120).

6.4 Fächerübergreifendes Unterrichten
Die Bedeutung eines Sachverhaltes lässt sich erst dann einigermaßen ein-schätzen, wenn die Sache selbst aus verschiedenen, lebensrelevanten Per-spektiven und in ganzheitlichen Zusammenhängen betrachtet wird.

6.5 Subjektive Bedeutsamkeit des Gegenstands
Im Gegensatz zum Erkennen zeichnet sich Werten dadurch aus, dass die sub-jektive Bedeutung eines Gegenstandes aktiviert wird. Können Heranwach-sende eine Sachfrage unmittelbar auf potentielle Handlungskontexte bezieh-en, werden sie hierdurch in höherem Maße zu einer Stellungnahme veran-lasst. Die Motivation zur Stellungnahme hängt zugleich von der Nähe bzw. Distanz der betreffenden Fragestellung zum Erkenntnisinteresse des Subjekts ab, also von dem jeweiligen Lebensweltbezug.

6.6 Die Berücksichtigung des Zusammenhangs von Konstruktion und
 Instruktion
Mandl (in diesem Buch) thematisiert die konstruktivistischen Grundlagen (basierend auf einem *gemäßigten* Konstruktivismus) problemorientierten Ler-nens. Dabei geht es um die Vereinbarkeit von Instruktion und Konstruktion auf der Grundlage von Problemorientierung. Grundlegend ist, dass der Ler-nende aktiv sein Wissen konstruiert und der Lehrende ihm hierfür Problem-situationen und Instrumente zur Bearbeitung des Problems zur Verfügung

stellt. Angesprochen sind alle anleitenden und unterstützenden Aktivitäten der Lehrenden – nicht nur kognitive, sondern insbesondere auch emotional-motivationale. Zur Konstruktion gehören Eigen- und Gruppeninitiative, die (kooperative) Selbststeuerung und Selbstverantwortung. Kennzeichnend dabei sind das situierte Lernen anhand authentischer Probleme, das Lernen in multiplen und sozialen Lernkontexten und das Lernen auf der Grundlage instruktionaler Unterstützung.

6.7 Voraussetzungen schaffen für ganzheitliches Lernen

Gemeint ist damit einerseits die gefühlsmäßige Eingebundenheit der Schülerinnen und Schüler. Die Erkenntnisse der Neurobiologie zeigen, dass Kognition ohne Emotion und Emotion ohne Kognition schlichtweg nicht möglich sind, sondern gerade das „typisch Menschliche" ausmachen (Standop 2002). Wertorientierter Unterricht im Besonderen kann sich daher nicht allein auf kognitive Aspekte beschränken, sondern muss zugleich die Emotionalität der Schüler ansprechen.

Andererseits wird das Prinzip der Handlungsorientierung angesprochen. Erschließt sich ein Wert zunächst über das Gefühl, kann das Individuum anschließend über die Wertgerichtetheit seines Fühlens und Wollens gedanklich reflektieren. Darüber hinaus werden aber erst durch die handelnde Verwirklichung die geistige und gefühlsmäßige Wertbezogenheit vervollständigt und ein zu den eigenen moralischen Idealen konsistentes und in Relation zur jeweiligen Situation angemessenes Urteilen und Handeln möglich.

6.8 Realitätsbezogenheit des Unterrichts

Nur die konkrete Sachbegegnung lässt anschauliche, faktische und altersangemessene Problemsituationen entstehen. Durch die Gegenwartsbedeutsamkeit dieser Situationen wird zugleich ein unmittelbarer Bezug zur jetzigen Lebenslage der Heranwachsenden (z.B. das aktuelle Zeitgeschehen) möglich.

6.9 Angst- und Repressionsfreiheit

Grundsätzlich versteht es sich von selbst, dass ein Unterricht, der zur moralischen Urteilsfähigkeit auf der Grundlage der vorab dargestellten Prinzipien erziehen will, die Würde der Heranwachsenden respektiert und ihnen mit der Achtung begegnet, die sie selbst anderen gegenüber erweisen sollen. Steht die Angst auch in diametralem Gegensatz zum seelisch-mentalen Wohlbefinden von Schülerinnen und Schülern, ist sie dennoch auch heute noch für viele ein wesentliches – vielleicht sogar zunehmendes –, im Allgemeinen belastendes Begleitgefühl im Schulalltag. Zu den Schulangst auslösenden Faktoren zählen insbesondere Leistungsdruck, Überbelastung, schlechte Noten, Lehrerforderungen, Repressalien durch Lehrerinnen und/oder Lehrer, Diffamierung und Bloßstellung aufgrund nicht erfüllter oder nicht erfüllbarer Erwartungen von Seiten der Schule sowie die Verachtung bzw. Bedrohung durch Mitschülerinnen und/oder Mitschüler (vgl. Standop 2005).

Wertorientierter Unterricht ist auf eine vertrauensvolle Beziehung zwischen den Lehrenden und Heranwachsenden sowie die freie, durch das Gefühl der Sicherheit getragene Persönlichkeitsentfaltung angewiesen, die durch Angst auslösende Faktoren oder bereits ausgeprägtes Angstverhalten gestört bzw. völlig verhindert werden. Auch für den wertorientierten Unterricht gilt deshalb die pädagogische Prämisse, eine Überforderung (wie auch Unterforderung) von Schülerinnen und Schülern auf jeden Fall zu vermeiden und den Unterricht dem jeweiligen Lern- und (moralischen) Entwicklungsstand der Heranwachsenden durch differenzierte Lernangebote anzupassen. Neben der Kenntnis und Berücksichtigung individueller Fähigkeiten sind der Einsatz sachinformativer und emotionaler Rückmeldeverfahren wichtige Elemente schülerorientierten Unterrichts, ebenso wie das Prinzip, Leistungsversagen nicht mit Tadel, Diskriminierung oder Strafen zu sanktionieren.

6.10 Differenzierung im Unterricht realisieren

Innere Differenzierung im Unterricht dient der Vermeidung von Unter- bzw. Überforderung. Allerdings folgt die Differenzierung im wertorientierten Unterricht anderen Schwerpunktsetzungen als beim fachdisziplinären Lernen, denn gerade im Rahmen der Werteerziehung geht es um die optimale Entfaltung und Förderung aller Persönlichkeitsbereiche. Differenzierung im Unterricht sollte im Rahmen der Aufteilung von Arbeitsaufgaben sowohl nach Interessenneigung als auch nach dem bevorzugten Arbeitsstil der Heranwachsenden erfolgen. Schülerinnen und Schüler sollten die Möglichkeit haben, den eigenen Bedürfnissen entsprechend arbeiten zu können (Mit welchem Partner kann ich vertrauensvoll über meine inneren Beweggründe sprechen bzw. diskutieren? Ich brauche Zeit, um meine Gedankengänge zu strukturieren und zu formulieren. Welche Fragestellungen haben für mich eine herausragende Bedeutung? Ich brauche Unterstützung durch Hilfsmittel – z.B. Bilder –, um meine Gefühle auszudrücken u.a.m.). Der Respekt vor dem Leben anderer (Menschen, Tiere, Pflanzen) ist in hohem Maße an die Erfahrung gebunden, dass das eigene Leben (physisch der Körper, psychisch und sozial die Person) respektiert wird. Im Mittelpunkt der Entwicklungen von Werthaltungen steht somit die eigene positive Erfahrung. Deutlich wird hier die große Bedeutung einer Schulkultur, in der Schülerinnen und Schüler sich als wertvolles Mitglied erleben können. Dieser Grundsatz liegt auch dem letzten hier angesprochenen Aspekt einer förderlichen Unterrichtskultur zugrunde.

6.11 Die unterrichtliche Implementation von „Meinungsstreit"

Ein gelebter Diskurs in einer Klasse gründet auf folgenden Voraussetzungen:
- Die Heranwachsenden werden an Entscheidungsfindungen beteiligt.
- Auseinandersetzungen mit realen Konflikten erfolgen offen und vertrauensvoll.
- Schülerinnen und Schülern werden Gelegenheiten geboten, einen Konflikt aus unterschiedlichen Blickwinkeln zu betrachten.
- Die Heranwachsenden erhalten Möglichkeiten, Werte miteinander zu vergleichen.
- Die Schaffung einer sozialen und physischen ‚Infrastruktur', damit sich eine Moralkultur überhaupt entwickeln kann. Der Lehrende kann Fehler bei den Heranwachsenden zulassen und ist in der Lage, diese nicht als persönliche Angriffe zu werten. Schülerinnen und Schüler bringen ihren Mitschülern die gleiche Toleranz und den gleichen Respekt entgegen, den sie auch für sich selbst einfordern. Mit anderen Worten: Auch die freie Meinungsäußerung hat genau dort ihre Grenzen, wo die Würde anderer Menschen verletzt wird (vgl. a.a.O.).

Hüther (in diesem Buch) spricht von Potentialentfaltung und nennt zwei angeborene Grundbedürfnisse des Menschen. Und zwar zum einen das *Bedürfnis zu Wachsen,* verbunden mit der Sehnsucht nach Autonomie und Freiheit, zum anderen das menschliche *Bedürfnis nach Gemeinschaft und Verbundenheit.* In diesem Spannungsfeld benötigen die Heranwachsenden einerseits eine schulische Umwelt, die ihnen Halt und Geborgenheit gibt, da sie sich dort als Mensch, so, wie sie sind, angenommen fühlen. Zugleich brauchen sie einen Freiraum, der ihnen ermöglicht, ihre Verfügungsmöglichkeiten zu erweitern, neue Handlungsweisen auszuprobieren und die Reaktion der Umwelt zu erfahren. Sollen sich Haltungen ändern, muss sich das Handeln ändern. Menschen machen die wichtigsten Erfahrungen in ihrer Beziehung zu anderen Menschen. Haltungen wiederum brauchen ein sie stabilisierendes Dach, und dieses Dach ist nach Hüther der in der Schule herrschende Geist („Du gleichst dem Geist, den du begreifst" (Goethe, Faust I)).
Deutlich wird, dass das Fundament schulischer Werteerziehung als Unterrichtsprinzip auf wesentlichen wissenschaftlichen Erkenntnissen zum Lernen aufbaut. Zugleich wird erkennbar, dass dem heutigen Lernverständnis die wichtige Einsicht zugrunde liegt, dass Lernen im konstruktiven, weltaufschließenden Sinne nur dann stattfindet, wenn der Lernende sich in seiner

personalen Würde geachtet und angenommen fühlt. Mit anderen Worten, wenn die Schulkultur sich an einem positiven Menschenbild (Fend 1998) orientiert und dieses den Schülerinnen und Schülern auch vermittelt. Die Frage stellt sich, welche Aspekte eine aktuelle Unterrichtsdidaktik charakterisieren, die speziell den Erkenntnissen der neueren Lehr-Lern-Forschung und den Erfordernissen einer schulischen Werteerziehung Rechnung trägt.

7 Wegemarken der (Weiter-)Entwicklung eines allgemein-didaktischen Modells zur Werteerziehung

Eine Weiterentwicklung von Konzepten zur schulischen Werteerziehung (u.a. unter Berücksichtigung des progressiven Ansatzes von Kohlberg 2001, 1974) sollte die aktuellen Befunde und Erkenntnisse der Lehr-Lern-Forschung wie auch der Unterrichtsforschung aufnehmen und die Ansätze um pädagogische-didaktische Aspekte erweitern. Die Akzeptanz einer pragmatisch-konstruktivistischen Lerntheorie als Handlungsgrundlage moderner pädagogisch-didaktischer Settings, in denen der Lernende sein Wissen selbst aktiv konstruiert, verdeutlicht die geringe „Erfolgsaussicht" einer Wertevermittlung nach traditioneller Unterrichtsphilosophie. Die Einsicht, dass moralische Urteilsfähigkeit vom Individuum selbst aufgebaut werden muss und nicht auf direktem Wege gelehrt werden kann, verdeutlicht unmittelbar die große Bedeutung schüleraktiver Unterrichtsformen für schulische Werteerziehung. „Obwohl passives, rezeptives Lernen keineswegs so unwirksam ist, wie zur Zeit oft behauptet wird, gibt es viele Unterrichtsziele, zu deren Erreichung ein aktives und konstruktives Lernen notwendig ist. Damit sind nicht äußere Aktivitäten gemeint; es geht vielmehr darum, dass sich Schülerinnen und Schüler mit den Lerninhalten und mit den Lernsituationen aktiv auseinandersetzen und ihr eigenes Wissen konstruktiv aufbauen" (Weinert 1999, S. 9). Ist die Entwicklung moralischer Urteilsfähigkeit auf ein Emotion und Kognition beziehungsreich und zielführend miteinander verbindendes Lernen angewiesen, verweist dies auf die Notwendigkeit, dass das Lernen bzw. der Inhalt des Lernens von den Schülerinnen und Schülern als *persönlich sinnvoll* betrachtet wird (Jürgens 2006). Schüleraktive Lehr- und Lernformen zielen auf »selbstreguliertes« Lernen (und in Weiterführung »selbstbestimmtes« Lernen). Dieses zeichnet sich durch die Fähigkeit der Lernenden aus, „sich selbständig Ziele zu setzen, dem Inhalt und Ziel angemessene Techniken und Strategien auszuwählen und sie auch einzusetzen. Ferner halten sie ihre Motivation aufrecht, bewerten die Zielerreichung während und nach Abschluss des Lernprozesses und korrigieren – wenn notwendig – Lernstrategien" (zit.

nach Artelt u.a. 2001, S. 271). Schulische Werteerziehung muss den »ganzen« Menschen ansprechen, d.h. einerseits emotional und kognitiv, andererseits als Individuum sowie als Mitglied der Gesellschaft, denn moralische Haltungen betreffen stets auch andere Menschen.

Im Zentrum des konstruktivistischen Ansatzes zur schulischen Werteerziehung steht die Verantwortung bzw. die Verantwortungsübernahme durch das Individuum. Nach den Ausführungen von Jonas (1984) ist das technologische Zeitalter gekennzeichnet durch eine Ethik, die es „mit Handlungen zu tun (hat), die eine beispiellose kausale Reichweite in die Zukunft haben, begleitet von einem Vorwissen, das ebenfalls, wie immer unvollständig, über alles ehemalige weit hinausgeht" (a.a.O., S. 9). Keine frühere Ethik hatte die globalen Bedingungen menschlichen Lebens und die ferne Zukunft, die Existenz der Gattung zu berücksichtigen. Zwar gelten noch immer die „alten Vorschriften der Nächsten-Ethik – die Vorschriften der Gerechtigkeit, Barmherzigkeit, Ehrlichkeit usw. [...] in ihrer intimen Unmittelbarkeit, für die nächste, tägliche Sphäre menschlicher Wechselwirkung. Aber diese Sphäre ist überschattet von einem wachsenden Bereich kollektiven Tuns, in dem Täter, Tat und Wirkung nicht mehr dieselben sind wie in der Nahsphäre" (a.a.O., S. 26). Wissen wird vor diesem Hintergrund „zu einer vordringlichen Pflicht über alles hinaus, was je vorher für seine Rolle in Anspruch genommen wurde, und das Wissen muss dem kausalen Ausmaß unseres Handelns größengleich sein" (a.a.O., S. 28). Im Zeitalter der globalen Vernetzung ist nicht nur die globale Ökologie, sondern auch die globale Ökonomie mit dem Handeln des Einzelnen verbunden. Nur wenn eine dauernde Wissenserweiterung stattfindet, können diese Strukturen durchschaut und bewertet werden. Intelligentes Wissen (Bildungskommission NRW 1995) wird somit zum grundlegenden Fundament ethischen Handelns, das auf einer Verantwortungsübernahme aufbaut, die nicht nur meinen direkten Nachbarn, sondern z.B. auch die Kakaobauern in Ecuador betrifft.

Abb. 5: Werteerziehung auf der Grundlage eines konstruktivistischen Lernbegriffs

In dem Modell von Abb. 5 stellt die pragmatisch-konstruktivistische Lerntheorie mit den ihr zugrunde liegenden biologischen, neurobiologischen und psychologischen Erkenntnissen die Grundbedingung für kognitives Lernen überhaupt dar. Lernen als aktive Konstruktion von Wissen wird somit als das Fundament betrachtet, auf dem schulisch organisiertes Lernen erst stattfinden kann. Darauf auf bauen die Elemente Schulkultur, Schulprogramm, Schulethos sowie Lehrerprofessionalität, die sich in ihrer Theorie an der pragmatisch-konstruktivistischen Lerntheorie orientieren und die Grundlagen der einzelnen Schule für das „schulische" Lernen der Heranwachsenden schaffen. Die Lehrerprofessionalität nimmt einen besonders wichtigen Stellenwert ein, denn die Lehrperson hat, aufgrund des bestehenden Machtgefälles zwischen ihr und dem Heranwachsenden, den größten Einfluss auf die Unterrichtsatmosphäre, die Wahl der eingesetzten didaktischen Prinzipien und Unterrichtsmethoden sowie die Auswahl der Inhalte. Schulische Werteerziehung, die z.B. die Achtung der Grundwerte von Schülerinnen und Schülern zum Ziel hat, muss stets berücksichtigen, dass diese Achtung einerseits in großem Maße über die persönliche Anerkennung durch die Lehrperson wirksam wird, die ihrerseits die Grundwerte respektiert und nach ihnen lebt. Andererseits wird auch die Schule auf ihre Grundwertebezogenheit durch die Heranwachsenden beurteilt. Es kommt somit nicht nur auf die Frage an, welche Grundwerte in der Schule vermittelt werden, sondern insbesondere darauf, nach welchen Grundwerten die Schule selbst geleitet oder in der Schule ‚gelebt‘ wird. Angesprochen ist das Schulethos, das geprägt ist durch die Schulleitung und die Lehrenden. Dabei geht ein wegweisender »ideeller und praktisch-ethischer« Impuls von der Schulleitung aus. Zugleich ist die Grundwertebezogenheit der Schule ein Aspekt, der im Schulprogramm umfassend und nachdrücklich dargestellt werden sollte u.a. im Leitbild, um für alle der Schule Angehörigen Verbindlichkeit zu erhalten.

Schließlich bedarf eine schulische Werteerziehung, die den Zielen der Ausbildung moralischer Urteilsfähigkeit, der Reflexion eigener Haltungen und Einstellungen, der Entwicklung zur Mündigkeit und letztlich der Übernahme von Verantwortung dienen soll, eines Lernens, das durch Selbstregulierung, Ganzheitlichkeit und Handlungsorientierung gekennzeichnet sowie sinnstiftend ist. Sollen Schülerinnen und Schüler die Möglichkeit haben, einerseits ihre individuellen Lebenswege finden und wählen zu können, andererseits von und mit anderen lernen und mit ihnen gemeinsam handeln zu können, müssen in Schule sowohl Individualität als auch Vielfalt und Gemeinsamkeit gleichermaßen erfahrbar sein. Gemeint sind dabei die realen Einflussmöglichkeiten von Kindern und Jugendlichen auf den Schulalltag, auf den Unterricht und nicht zuletzt der gegenseitige Respekt, den sich die Erwachsenen und die Heranwachsenden zubilligen (Standop 2005). Moralische Urteilsfähigkeit muss in einer entsprechenden Schulkultur erfahrbar und anwendbar sein – im Sinne *des Übens eines spezifischen Könnens*, das die Heranwachsenden erwerben sollen (Bollnow 1978).

Für eine moralische Erziehung sind äußere Lernanreize (z.B. Noten) nicht nur nicht akzeptabel, sondern in hohem Maße schädlich. Entwicklung und Handlungsbefähigung der Heranwachsenden als Leitbilder werden ausschließlich getragen von der inneren Motivation und dem Gefühl der persönlichen Bedeutsamkeit für die Kinder und Jugendlichen. Im steten Wandel des Menschenbildes bzw. des Schülerbildes lässt sich feststellen, dass zunehmend stärker Demokratiefähigkeit und Mündigkeit als Erziehungsideale den Umgang mit den Heranwachsenden prägen. Gemeinsam mit den Erkenntnissen der Lehr-Lern-Forschung hat in diesem Prozess das Subjekt mit seiner ihm eigenen Weltsicht immer mehr an Bedeutung gewonnen. Über die Erkenntnis und Beachtung der eigenen Bedürfnisse scheint sich (wieder) die

Einsicht durchzusetzen, dass nur über die gleichzeitige Beachtung der Bedürfnisse anderer – sei es Mensch oder Natur – das eigene und gemeinsame Wohlergehen auf Dauer sichern lässt. Dazu bedarf es einer Werteerziehung, die das Paradigma der eigenaktiven Konstruktion von Wissen (in Komplementarität mit der Instruktion, vgl. Reinmann u. Mandl 2006; Jürgens 2006; Sacher 2006) explizit in ihr (allgemein-didaktisches) Konzept aufnimmt und durch entsprechende Unterrichtsverfahren realisiert.

Literatur

Aronson, E.; Wilson, T. D.; Akert, R. M. (2008): Sozialpsychologie. München

Atkinson, R. L.; Atkinson, R. C.; Smith, E. E.; Bem, D. J.; Nolen-Hoeksema (2001): Hilgards Einführung in die Psychologie. Heidelberg u.a.

Artelt, C. u.a. (2001): Selbstreguliertes Lernen. In: Deutsches PISA-Konsortium (Hrsg.): PISA 2000. Basiskompetenzen von Schülerinnen und Schülern im internationalen Vergleich, S. 271-298

Bandura, A. (Hrsg.) (1974). Psychological modeling: conflicting theorie. New York

Baumert, J.; Fried, J.; Joas, H.; Mittelstraß, J.; Singer, W. (2002). Manifest. In: Killius, N.; Kluge, J.; Reisch, L. (Hrsg.): Die Zukunft der Bildung. Bildungskommission NRW. Frankfurt/M., S. 171-225

Blasi, A. (1984): Moral identity; its role in moral functioning. In: Kurtines, W. M.; Gewirtz, J. L. (Hrsg.): Morality, moral behavior and moral development. New York

Bollnow, O. F. (1983): Anthropologische Pädagogik. Bern u. Stuttgart

Bollnow, O. F. (1978): Vom Geist des Übens. Eine Rückbesinnung auf elementare didaktische Erfahrung. Freiburg/Br. u.a.

Dikow, J. (1980): Grundwerte in der Schule. In: Pöggeler, F. (Hrsg.): Grundwerte in der Schule. Auf der Suche nach neuer Verbindlichkeit. Freiburg/Br. u.a., S. 13-21

Gesell, A.; Ilg, F. L. (1968): Jugend: die Jahre von zehn bis sechzehn. 3. Aufl., Bad Nauheim

Glöckel, H. (2004). Pädagogik des Zutrauens. Ein Arbeitsbericht. In: Pädagogische Rundschau, 58, S. 467-476

Fend, H. (1998): Qualität im Bildungswesen. Weinheim u. München

Henz, H. (1980): Wertorientierung in der Erziehung. In: Pöggeler, F. (Hrsg.): Grundwerte in der Schule. Auf der Suche nach neuer Verbindlichkeit. Freiburg/Br. u.a., S. 104-132

Henz, H. (1971): Lehrbuch der systematischen Pädagogik. 3., neubearb. Aufl., Freiburg u.a.:

Holzkamp, K. (1995): Lernen. Subjektwissenschaftliche Grundlegung. Frankfurt u. New York

Jonas, H. (1984): Das Prinzip Verantwortung. Frankfurt/M.

Jürgens, E. (2006): Lebendiges Lernen in der Grundschule. Weinheim u. Basel

Keller, M. (1996): Verantwortung und Verantwortungsabwehr. In: Zeitschrift für Pädagogik, Nr. 1, S. 71-81

Kobi, E.E. (1994): Fehler. In: Die neue Schulpraxis, 64 (2), S. 5-10

Kohlberg, L. (2001): Moralstufen und Moralerwerb. Der kognitiv-entwicklungstheoretische Ansatz (1976). In: Edelstein, W.; Oser, F.; Schuster, P. (Hrsg.): Moralische Erziehung in der Schule (S. 35-61). Weinheim u. Basel

Kohlberg, L. (1974): Zur kognitiven Entwicklung des Kindes. Frankfurt/M.

Mandl, H. (2003): Problemorientiertes Lernen und Lehren. In: Praxis Schule 5-10, 14 5, S. 9-11

Montada, L. (1994): Injustice in harm and loss. In: Social Justice Research 7, S. 5-28

Montada, L. (1993): Fallen der Gerechtigkeit: Zur Begründung der Umverteilungen von West nach Ost. In: Montada, L. (Hrsg.): Bericht über den 38. Kongress der Deutschen Gesellschaft für Psychologie in Trier 1992, Bd. 2 Göttingen, S. 31-48

Montada, L. (1983): Moralisches Urteil und moralisches Handeln – Gutachten über die Fruchtbarkeit des Kohlberg-Ansatzes. In: Bundesministerium der Verteidigung (Hrsg.): Wehrpsychologische Untersuchungen, 18 (2), Kap. 18

Reinmann, G.; Mandl, H. (2006): Unterrichts- und Lernumgebungen gestalten. In: Krapp, A.; Weidenmann, B. (Hrsg.): Pädagogische Psychologie. Weinheim u. Basel, S. 613-658

Oser, F. (1994): Zu-Mutung: Eine basale pädagogische Handlungsstruktur. In: Seibert, N.; Serve, H. J. (Hrsg.): Bildung und Erziehung an der Schwelle zum dritten Jahrtausend. München, S. 773-800

Oser, F.; Althoff, W. (2001). Moralische Selbstbestimmung. 4. Aufl., Stuttgart

Oser, F.; Spychiger, M. (2005): Lernen ist schmerzhaft. Zur Theorie des Negativen Wissens und zur Praxis der Fehlerkultur. Weinheim u. Basel

Sacher, W. (2006): Didaktik der Lernökologie. Lernen und Lehren in unterrichtlichen und medienbasierten Lernarrangements. Bad Heilbrunn

Schmitz, B. (2000): Werte und Emotionen. In: Otto, J. H.; Euler, H. A.; Mandl, H. (Hrsg.): Emotionspsychologie. Ein Handbuch. Weinheim u. Basel, S. 349-359

Speck, O. (1996): Erziehung und Achtung vor dem Anderen: Zur Moralischen Dimension der Erziehung. München u.a.

Standop, J. (2005): Werteerziehung. Einführung in die wichtigsten Konzepte der Werteerziehung. Weinheim u. Basel

Standop, J. (2002): Emotionen und kognitives schulisches Lernen aus interdisziplinärer Perspektive. Frankfurt u.a.

Stroebe, W.; Eagly, A. H.; Ajzen, I. (1996): Individuelle Unterschiede im Verhalten: Das sozialpsychologische Forschungsprogramm. In: Pawlik , K. (Hrsg.): Grundlagen und Methoden der Differentiellen Psychologie. Enzyklopädie der Psychologie, Themenbereich C, Serie VIII, Bd. 1. Göttingen u.a., S. 241-267

Weinert, F. E. (1999): Qualität und Leistung – brauchen wir eine neue Lernkultur? In: Forum E, 52 (2), S. 8-12

Gerald Hüther

Auf dem Weg zu einer anderen Schulkultur: Die Bedeutung von Geist und Haltung aus neurobiologischer Sicht

Von Albert Schweitzer stammt der bemerkenswerte Hinweis, das Heil der Welt liege nicht in neuen Maßnahmen, sondern in einer anderen Gesinnung. Nachdem wir im letzten Jahrhundert erleben mussten, welch unvorstellbares Leid von selbsternannten Heilsbringern und der Verbreitung ihres Ungeistes ausgegangen ist, bleibt es nur zu allzu verständlich, dass uns heute noch immer die Zunge den Dienst versagt und im Gehirn heftige Alarmreaktionen in Gang gesetzt werden, wenn wir diesen Hinweis von Albert Schweitzer zu lesen und zu verstehen versuchen.

Den Begriff Gesinnung haben wir längst in der Rumpelkammer unseres Sprachzentrums in einer tief liegenden, kaum mehr zugänglichen Furche des Brocca-Areals vergraben. Dort würden wir ihn auch gern weiter ruhen lassen, ebenso wie die anderen beiden Begriffe, die so eng mit dem zusammenhängen, was Gesinnung meint: der Haltung, die eine Person in ihrem Verhalten zum Ausdruck bringt und dem Geist, der es Menschen in Gemeinschaften ermöglicht, gemeinsame Erfahrungen zu machen, gemeinsame Ziele zu verfolgen, ein Gefühl von Zugehörigkeit zu erleben.

Es ist unangenehm und erzeugt beträchtlichen Widerstand, diese bereits weitgehend dem Vergessen anheim gegebenen oder – wo das nicht gelang – doch jahrzehntelang so tapfer verdrängten und vom tagtäglichen Leben und Zusammenleben abgespaltenen Begriffe wieder aus der Mottenkiste hervorzuholen. Aber zum Glück verfügen wir ja über ein zeitlebens lernfähiges Gehirn. Und wir können damit denken und tun, was wir wollen. Wir können bei dem, was wir denken und tun, auch bei dem, was wir am liebsten nicht denken wollen und nicht zu tun bereit sind, Fehler machen. Wir müssen sogar immer wieder Fehler machen. Denn nur aus unseren Fehlern können wir lernen, wie wir sie künftig vermeiden.

Ich möchte Sie daher einladen, gemeinsam mit mir darüber nachzudenken, ob es möglicherweise ein Fehler war, die Begriffe Geist und Haltung aus unserem Sprachschatz zu verbannen, und damit auch aus unserem Leben und unserem Zusammenleben in der Familie, im Kindergarten, in unseren Schulen und allem, was danach kommt. Denn eines wird auf der Ebene all dieser Gemeinschaften inzwischen unübersehbar (und ist auch nicht mehr länger zu verdrängen): Wenn sich niemand um den Geist kümmert, der in einer menschlichen Gemeinschaft herrscht, kommt über kurz oder lang ein anderer Geist, und dann ist es fortan dieser von irgendwoher eingewanderte Ungeist, der das Zusammenleben in der jeweiligen Gemeinschaft zunehmend bestimmt, der das Denken, Fühlen und Handeln der Mitglieder dieser Gemeinschaft beherrscht und damit auch all die Haltungen hervorbringt, die die Mitglieder einer solchen Gemeinschaft in diesem geistigen Klima zwangsläufig entwickeln.

Der Crash des Banken- und Finanzsystems bietet uns ja eine gute Gelegenheit, noch einmal sehr ernsthaft darüber nachzudenken, wie sehr alles und was alles aus dem Ruder läuft, wenn sich ein Ungeist innerhalb einer Gemeinschaft ausbreitet, der die Haltungen der Mitglieder dieser Gemeinschaft bestimmt. Was für unser Finanzsystem gilt, gilt freilich ebenso für unser Bildungssystem.

Und was für die in dieses Finanzsystem eingebundenen Banken gilt, gilt auch für die in unser Bildungssystem eingebundenen Schulen. Es lohnt sich also vielleicht doch, sich genauer anzuschauen, welcher Geist gegenwärtig in unseren Schulen herrscht und mit welchen Haltungen Schulleiter, Lehrer und Schüler vor allem in den besonders gut an den Geist unseres Bildungssystems angepassten und von ihm abhängig gewordenen Schulen unterwegs sind. Wie schön, dass uns bei dieser Betrachtung inzwischen auch die neueren Erkenntnisse aus der Hirnforschung zu Hilfe kommen.

1 Tausendmal probiert, und tausendmal ist nichts passiert: Die Grenzen der Machbarkeit

Das aus dem letzten Jahrhundert stammende und an der Funktionsweise von Maschinen orientierte Denken hat uns dazu verleitet, auch Menschen wie Maschinen zu betrachten. Dazu zählen auch die Lehrerinnen und Lehrer. Deshalb wurden sie – so gut es ging – auf ihr Funktionieren hin optimiert: In der Lehrerausbildung und durch Fortbildungsmaßnahmen mit dem Ziel, sie mit dem für ihre Funktion erforderlichen Wissen und Können auszustatten.

Anschließend wurde durch – mehr oder weniger geeignete – Wartungsmaßnahmen dafür gesorgt, dass sie möglichst lange funktionstüchtig blieben. Ebenso wie die Lehrer sind auch die Schüler Menschen. Und weil sie ebenfalls als durch geeignete Maßnahmen zu optimierende Maschinen betrachtet wurden, gab es immer neue Bildungspläne, Beschulungsvorgaben, Unterrichtsgestaltungsvorschriften, Lernzielvereinbarungen und unzählige andere Maßnahmen, die, von den Lehrern kompetent eingesetzt, dazu führen sollten, dass diese Schüler gebildet wurden. PISA lässt grüßen…

Das Dumme an all diesen, wie auch an allen noch kommenden Maßnahmen ist nur, dass man durch Maßnahmen keine Haltungen verändern oder hervorbringen kann, weder auf Seiten der Lehrpersonen noch auf Seiten derjenigen, die von diesen Lehrpersonen belehrt, beschult oder unterrichtet werden. Jedenfalls nicht die Haltungen, derer es bedürfte, damit das Lehren und Lernen in der Schule gelingen kann.

2 Auch wenn nichts passiert, passiert etwas: Druck erzeugt Spannungen

Wie uns die Hirnforscher inzwischen mit Hilfe ihrer neuen bildgebenden Verfahren zeigen, lernt das Gehirn immer. Allerdings nicht immer das, was es soll. Es lernt vor allem durch am eigenen Leib gemachte Erfahrungen. Und nun dürfen Sie dreimal raten, was ein Lehrer oder ein Schüler für Erfahrungen sammelt, die sich dann in seinem Frontallappen in Form komplexer Netzwerke verdichten und als erworbene Haltungen verankert werden, wenn sich Lehrer wie Schüler als Objekte irgendwelcher, von oben verordneter, von ihnen nicht immer zu verstehender und noch seltener selbst zu gestaltender Maßnahmen erleben...

Richtig, sie entwickeln eine Haltung, die man weder sehen noch messen kann, die manche lauthals äußern, andere stillschweigend ertragen. Zum Ausdruck kommt diese Haltung auf vielfältige Weise. Aber das gemeinsame Merkmal all dieser Haltungen und das aus diesen Haltungen erwachsende Verhalten ist offenkundig: Sie machen immer neue, noch effizientere Maßnahmen erforderlich. Sie vergiften die Atmosphäre in der Schule und sie töten ihren Geist – falls es dort je einen gab.

Damit schaffen sie Raum für den Einzug eines anderen Geistes, beispielsweise eines Verwaltungsgeistes, eines Pflichterfüllergeistes oder eines Klagegeistes. Und der erzeugt dann die entsprechenden, zu diesem Geist passenden Haltungen. So entsteht ein sich selbst stabilisierendes, von oben durch einen Ungeist und von unten durch dazu passende Haltungen wechselseitig gestütztes System. Das fällt so schnell nicht zusammen. Das verändert sich auch nicht. Und es bringt immer nur das Gleiche hervor: Unglückliche Lehrer und unglückliche Schüler. Wer aber nicht das bekommt, was er zum Glücklichsein braucht, nimmt sich das, was ihm mit der Verheißung des Glücklichmachens angeboten wird: Ersatzbefriedigungen. Jedenfalls solange er sich auf dieses Spiel einlässt. Wer das nicht kann, weil er noch eine andere Haltung hat – wird entweder krank oder zum Initiator und Inspirator, und damit zur Keimzelle eines Kulturwandlungsprozesses. Der beginnt dann zwangsläufig auch nicht oben, sondern unten. Und er wird auch nicht getragen durch neue Maßnahmen, sondern durch eine andere Gesinnung.

3 Haltungen entstehen durch Erfahrungen

Noch einmal: Das Gehirn lernt durch Erfahrungen. Und die wichtigsten Erfahrungen machen Menschen in ihrer Beziehung zu anderen Menschen. Im Gegensatz zu all dem im Lauf des Lebens, auch in der Schule und nun oft auch schon im Kindergarten auswendig gelernten Wissen, bilden diese in der Beziehung zu den Phänomenen der äußeren Welt (die primär eine von anderen Menschen gestaltete Welt ist) vor allem bei der Lösung von Problemen (die meist von anderen verursacht werden) und bei der Bewältigung von Herausforderungen (die von anderen geschaffen werden) gemachten Erfahrungen die Grundlage für alle späteren Bewertungen. Diese eigene Bewertung ist bestimmend dafür, was wie wahrgenommen und interpretiert und worauf dann auf welche Weise reagiert oder nicht reagiert wird. Diejenige Hirnregion in der unsere Erfahrungen strukturell verankert werden und die wir als Grundlage für unsere Bewertungen aktivieren, können die Hirnforscher inzwischen recht gut in der jüngsten und komplexesten Region unseres Gehirns, dem präfrontalen Cortex, lokalisieren.

Alle Erfahrungen, die wir machen und die zur Bahnung und Strukturierung dieser sich im präfrontalen Cortex herausbildenden neuronalen Netzwerke führen, sind dadurch gekennzeichnet, dass sie „unter die Haut" gehen. Es kommt also immer dann, wenn wir eine neue Erfahrung machen, zu einer gleichzeitigen Aktivierung kognitiver Netzwerke (was war los, was habe ich wahrgenommen, wie habe ich reagiert, mit welchem Effekt?) und emotionaler Netzwerke (wie hat sich das angefühlt, wie ist es mir ergangen, was habe ich empfunden?).

Diese simultane Aktivierung emotionaler und kognitiver Netzwerke führt dazu, dass die betreffenden Netzwerkstrukturen aneinander gekoppelt, miteinander verbunden werden. Erfahrungen sind also niemals nur kognitiv oder nur emotional, sondern immer gleichzeitig kognitiv und emotional verankert. Wiederholt gemachte Erfahrungen verdichten sich dabei auf eine Metaebene zu einer Art Integral über alle bisher gemachten, ähnlichen Erfahrungen. Dieses so abgespeicherte „Erfahrungsintegral" bildet dann die Grundlage für das, was wir „Haltung", „innere Überzeugung" oder eben sehr verstaubt auch „Gesinnung" nennen. Haltungen sind also immer durch eigene, am eigenen Leib und unter emotionaler Aktivierung gemachte Erfahrungen entstanden. In engen emotionalen Beziehungen können Haltungen auch von anderen Menschen (engen Bezugspersonen) übernommen werden.

4 Haltungen verändern sich durch neue Erfahrungen

Genau deshalb, weil unsere Haltungen auf erfahrungsbedingten emotional-kognitiven Kopplungsphänomenen beruhen, sind sie so schwer veränderbar. Weder gelingt es, die Haltung eines Menschen durch kognitive Strategien zu verändern (überreden, belehren, unterrichten etc.). Noch sind emotionale Strategien (Bestrafung, Belohnung, Umarmung, Zuwendung) geeignet, einmal erworbene Haltungen eines Menschen zu verändern. Im ersteren Fall wird nur der kognitive Anteil des für die Haltung verantwortlichen Netzwerkes aktiviert, der emotionale Anteil hält das betreffende Netzwerk jedoch in seiner gekoppelten Struktur gefangen. Im letzteren Fall wird nur der emotionale Anteil des betreffenden Netzwerkes erregt, nicht aber der daran gekoppelte kognitive Anteil. Deshalb bleibt auch die Strategie des „Küssens und Umarmens" (sogenannte „Kuschelpädagogik") wirkungslos, wenn es darum geht, die Haltung eines Menschen zu verändern. Angesichts dieser Situation wird das Dilemma begreiflich, vor dem jeder Schulveränderer steht: Das, was zu verändern wäre, sind die Haltungen (der Schulleiter, der Lehrer, der Schüler und auch der Eltern). Aber genau die lassen sich durch all die Verfahren, die seit Generationen bisher eingesetzt worden sind, um zu erreichen, dass Menschen sich so verhalten, wie das aus was für Gründen auch immer als wünschenswert erschien, nicht verändern. Durch gutes Zureden nicht, durch kluge Ratschläge nicht, nicht durch Bestrafung oder Belohnung, noch nicht einmal durch liebevolle Zuwendung und emotionale Umarmungen. All das, was bisher immer wieder versucht worden ist, um Menschen zu verändern, funktioniert also nicht, wenn es darum geht, einen Menschen zu einer Änderung seiner Haltung, seiner inneren Überzeugung, seiner Gesinnung zu bewegen. Das Einzige, was geeignet wäre, Haltungen zu verändern, ist genau das, was wir in unserer vom Machbarkeitswahn und von Effizienzdenken geprägten Welt am wenigsten beherrschen: andere Menschen einzuladen, zu in-

spirieren, sie zu ermutigen, noch einmal eine neue Erfahrung zu machen.
Weil ja individuell erworbene Haltungen durch entsprechende Erfahrungen
entstanden sind, können andere Haltungen auch nur durch andere Erfahrungen gemacht und im Hirn verankert werden. So einfach ist das. Und doch
so schwer für all jene, die nicht in der Lage sind oder die Fähigkeit verloren
haben, andere Menschen einzuladen, zu inspirieren, zu ermutigen, eine neue
Erfahrung zu machen. Denn um andere Menschen einladen, inspirieren, ermutigen zu können, muss man diese Anderen mögen, müssen einem diese
Anderen wichtig sein, ebenso wie das, wozu man sie gern einladen, inspirieren und ermutigen möchte. Dienstleister und Pflichterfüller sind dazu einfach
nicht in der Lage. Sie haben eine dafür nicht geeignete Haltung.

5 Haltungen brauchen ein sie stabilisierendes Dach, und dieses Dach ist der in einer Schule herrschende Geist

Was die Haltung auf der Ebene des Individuums bewirkt, bewirkt der Geist
auf der Ebene einer Gemeinschaft. Genau so, wie die individuellen Haltungen, die ein Mensch im Lauf seines Lebens aufgrund seiner dabei gemachten
Erfahrungen ausgebildet hat, so entscheidend dafür sind, wie und wofür der
Betreffende sein Gehirn benutzt und damit auch nutzungsabhängig strukturiert, so ist es der innerhalb einer Schulklasse, innerhalb einer Schule oder
innerhalb einer anderen Gemeinschaft herrschende Geist, der darüber bestimmt, welche Erfahrungen die einzelnen Mitglieder dieser Gemeinschaft
machen können und welche Haltungen sie innerhalb dieses geistigen Erfah-
rungsraumes entwickeln. Äußerlich erkennt man den Geist einer Schule an
dem dort herrschenden Klima. Und wenn das Klima in einer Schule oder
einer Schulklasse immer kälter wird, muss sich jeder Einzelne, Lehrer wie
Schüler, dort zwangsläufig wärmer anziehen.
Ebenso wenig, wie sich eine lernförderliche, die Entfaltung individueller Potenziale ermöglichende Haltung bei Lehrern und Schülern durch Maßnahmen herstellen lässt, kann man einen diese Haltung hervorbringenden und
stabilisierenden Geist durch irgendwelche Regelungen, Vorschriften oder
Appelle erzeugen. Damit ein solcher anderer Geist, also ein günstiges Klima
für das Lehren und Lernen in einer Schule entstehen kann, muss sich jemand
um diesen Geist kümmern.
Dazu müssten in der Schule und im Unterricht Erfahrungsräume geschaffen
werden, die die Herausbildung eines solchen „guten Geistes" der gegenseitigen Wertschätzung, Achtung und Unterstützung, der Leistungs- und Lernbereitschaft, des Herausforderns und des Förderns und des miteinander Le-

bens und Lernens, also im weitesten Sinn der Potenzialentfaltung auf Seiten der Lehrer wie auch auf Seiten der Schüler ermöglichen. Ein solcher Potenzialentfaltungsgeist kann freilich nur dann in einer menschlichen Gemeinschaft entstehen, wenn das Zusammenleben und das gemeinsame Lernen nicht mehr von Angst, Leistungsdruck und Wettbewerb bestimmt werden. Und innerhalb dieses Druck erzeugenden Wettbewerbssystems sind es zwangsläufig immer diejenigen, die am wenigsten verängstigt, unterdrückt und von anderen abhängig geworden sind, also die stärksten, authentischsten Persönlichkeiten, die den Geist einer Schule bestimmen.

Das sollte eigentlich der Leiter oder die Leiterin einer Schule sein. Aufgrund ihrer besonderen Stellung, ihrer langen Erfahrung, ihrer starken Persönlichkeit und ihrer bewusst zum Ausdruck gebrachten Haltungen müssten sie am ehesten in der Lage sein, andere einzuladen, zu inspirieren und zu ermutigen, eine neue Erfahrung zu machen. Sie könnten am leichtesten die entsprechenden Rahmenbedingungen für solche neuen Erfahrungen schaffen. „Supportive Leadership" nennt man diese neue Führungskultur in der Wirtschaft. Und das heißt nichts anderes, als das derjenige, der mehr Einfluss, Verantwortung und Erfahrung besitzt, alles was in seiner Macht steht, auch wirklich tut, um die Potenziale seiner Mitarbeiter zur Entfaltung zu bringen.

Leider ist dieser Führungsstil auch in Wirtschaftsunternehmen noch nicht allzu weit verbreitet. Aber überall dort, wo er bereits praktiziert wird, sprechen die Erfolge für sich. Die alte Ressourcenausnutzungskultur verwandelt sich dann nämlich in eine zukunftsfähige Potenzialentfaltungskultur. Und wo wäre genau das dringender erforderlich als in unseren Schulen? Denn das ist ja eine weitere wichtige Erkenntnis der Neurobiologie: Die Potenziale, mit denen jedes Kind auf die Welt kommt und die in Form eines immensen Überangebots synaptischer Verknüpfungsangebote in seinem Gehirn bereitgestellt werden, sind weitaus größer, als das, was nach seiner „erfolgreichen" Beschulung davon übrig bleibt. Hier geht also unglaublich viel Potenzial verloren. Hier wäre also noch einiges zu tun. Aber wie packen wir das an? Wie bringen wir einen Potenzialentfaltungsgeist und die entsprechenden Haltungen in unsere Schulen?

6 Ein praktisches Beispiel für die Veränderung von Geist und Haltung in Schulen „von oben": Neue Lernkultur in Kommunen

Es gibt eine ganz Reihe von Schulen, in denen es einem engagierten Schulleiter oder einer Schulleiterin tatsächlich gelungen ist, die Rolle eines „supportive Leaders" zu übernehmen und die für einen Kulturwandel bzw. für die

Entstehung eines neuen Geistes erforderlichen Rahmenbedingungen zu schaffen. Was sich daraus entwickelt hat, sind Inseln des gelingenden Lehrens und Lernens. Hier geschieht endlich das, was Bildung in Wirklichkeit ausmacht: begeisterte Selbstbildung. Nicht die passive Aneignung von Wissen, sondern das Wecken eines Geistes, der neue Erkenntnisse und neues Wissen aktiv hervorbringt.

Aber auch Inseln des Gelingens bleiben anfällig für Störungen. Vor allem dann, wenn sie noch sehr klein sind und weit und breit kein festes Land in Sicht ist, wenn sie also nicht in ein übergeordnetes System mit einem entsprechenden Potenzialentfaltungsgeist eingebettet sind. Das könnte beispielsweise die jeweilige Kommune sein, in der diese Schule beheimatet ist. Man müsste deshalb versuchen, nicht einzelne Schulen, sondern eine ganze Kommune in eine solche Insel einer neuen Lernkultur zu verwandeln. Im Rahmen eines vom Thüringer Kultusministerium initiierten Modellprojektes (www. nelecom.de) werden in bisher vier solcher „Pilotkommunen" die Kindergärten und Schulen geöffnet für das, was es in der jeweiligen Kommune für Kinder und Jugendliche zu entdecken und zu gestalten gibt. Dabei geht es um mehr als um Mitbestimmung und Mitgestaltung des kommunalen Lebens. Es geht um eine neue Kultur des sich Einbringens, des miteinander Wachsens und des gemeinsam über sich Hinauswachsens, nicht nur der nachwachsenden Generation, sondern möglichst vieler Mitglieder der gesamten Kommune. In diesen neuen Geist eingebettet, würden die Schulen davon automatisch mit erfasst und mit getragen. Ziel dieses Modellprojektes ist also ein Kulturwandlungsprozess, der nicht von einzelnen Schulen, sondern von dem übergeordneten System der gesamten Kommune in Gang gebracht wird.

7 Ein simpler Vorschlag für die Veränderung von Geist und Haltung in Schulen „von unten": Die Verwandlung von Schulklassen in Lerngemeinschaften

Stellen Sie sich vor, wir würden die Entstehung eines „Klassengeistes" in neu zusammengestellten Schulklassen nicht dem Zufall überlassen, sondern bewusst und gezielt Rahmenbedingungen dafür schaffen, dass sich ein „Potenzialentfaltungsgeist" in diesen Klassen entwickeln kann. Die Schüler solcher Klassen wären dann nicht länger wie bisher gezwungen, den überwiegenden Teil der Unterrichtszeit damit zu verbringen, ihre jeweiligen Rollen innerhalb des sozialen Beziehungsgefüges der Klasse zu finden und zu stabilisieren.

Sie wären auch nicht länger wie bisher üblich gezwungen, ihr schwaches Ego auf Kosten anderer Mitschüler aufzuwerten, hätten Verständnis für eigene

Schwächen und die Schwächen Anderer und könnten ihre eigenen Stärken und die besonderen Fähigkeiten anderer Mitschüler wertschätzen. Und sie hätten ein gemeinsames Ziel: Ihre Schulzeit optimal zu nutzen, um sich Bildung anzueignen. Eine solche Klasse wäre dann ein Team mit einem Teamgeist, der in der Lage ist, Berge zu versetzen.

In solchen Klassen zu unterrichten, wäre ein Genuss für jeden engagierten Lehrer. Mühelos ließe sich der Unterrichtsstoff vermitteln und erweitern. Solche Klassen, die einen derartigen Potenzialentfaltungsgeist entwickeln, gibt es. Jeder Lehrer kennt sie und behält sie noch jahrelang in Erinnerung. Aber bisher überlassen wir ihre Entstehung dem Zufall. Warum eigentlich? Weshalb nehmen wir unsere Funktion als Erwachsene nicht konsequent wahr und kümmern uns darum, dass ein solcher Geist und die durch diesen Geist geprägten Haltungen in unseren Schulklassen entstehen können? Gäbe es mehrere solche von einem Potenzialentfaltungsgeist erfassten Schulklassen, würde sich womöglich dieser Geist in der gesamten Schule ausbreiten. Wirtschaftsunternehmen holen sich professionelle Teambilder in ihre Betriebe. Schulen könnten das auch. Unter www.sinn-stiftung.eu finden Sie entsprechende Angebote.

Literatur

Bergmann, W.; Hüther, G. (2006): Computersüchtig. Kinder im Strudel der Medien. Düsseldorf
Gebauer, K.; Hüther, G. (2001): Kinder brauchen Wurzeln. Düsseldorf
Gebauer, K.; Hüther, G. (2002): Kinder suchen Orientierung. Düsseldorf
Gebauer, K.; Hüther, G. (2003): Kinder brauchen Spielräume. Düsseldorf
Gebauer, K.; Hüther, G. (2004): Kinder brauchen Vertrauen. Düsseldorf
Hüther, G. (1997): Biologie der Angst. Göttingen
Hüther, G. (1999): Die Evolution der Liebe. Göttingen
Hüther, G. (2001): Bedienungsanleitung für ein menschliches Gehirn. Göttingen
Hüther, G. (2004): Die Macht der inneren Bilder. Göttingen
Hüther, G.; Bonney, H. (2002): Neues vom Zappelphilipp. Düsseldorf
Hüther, G.; Krens, I. (2005): Das Geheimnis der ersten neun Monate. Düsseldorf
Hüther, G.; Nitsch, C. (2008): Wie aus Kindern glückliche Erwachsene werden. München
Hüther, G.; Roth, W., von Brück (Hrsg.) (2008): Damit das Denken Sinn bekommt. Freiburg
Prekop, J.; Hüther, G. (2006): Die Schätze unserer Kinder. Düsseldorf

Gerhard Roth

Die Bedeutung von Motivation und Emotionen für den Lernerfolg

1 Informationsverarbeitung – ein problematisches Konzept

Konzepte der Pädagogik und Didaktik greifen in aller Regel Vorstellungen aus Wissenschaftsdisziplinen auf, die sich mit Wahrnehmung, Lernen, Gedächtnisbildung und Motivation beschäftigten. Das erfolgreichste solcher Konzepte ist das in der kognitiven Psychologie entwickelte Modell der *Informationsverarbeitung* (vgl. Anderson 1996)

Das Grundkonzept hierbei lautet: Der Lehrer sendet sprachlich verfasste bedeutungshafte Informationen aus, die in das informationsverarbeitende System des Schülers eindringen, dort in ihrer Bedeutung entschlüsselt, mit Vorwissen verbunden und nach bestimmten Denkregeln verarbeitet werden, um dann als Wissen im Langzeitgedächtnis abgelegt und von dort gegebenenfalls, z.B. in einer Prüfung, abgefragt zu werden. Lernen wird hier als *Instruktion*, d.h. als Verarbeitung und Abspeichern des angebotenen Wissens aufgefasst, und es gilt dann nur, die hierbei beteiligten Mechanismen zu optimieren. Ich will demgegenüber drei Behauptungen aufstellen, die überraschend klingen, aber neuro- und kognitionswissenschaftlich gut belegt werden können:

1. Wissen kann nicht übertragen werden; es muss im Gehirn eines jeden Lernenden neu geschaffen werden.
2. Wissensentstehung findet unter Rahmenbedingungen statt und wird durch Faktoren gesteuert, die zum großen Teil unbewusst ablaufen und deshalb nur indirekt beeinflussbar sind.
3. Die wichtigsten dieser Faktoren sind *Motivation* und *Emotionalität* auf Seiten des Lehrenden wie des Lernenden.

2 Die Konstruktion von Bedeutung

Wir haben im alltäglichen Leben das unabweisliche Gefühl, dass in der Kommunikation zwischen den Teilnehmern sprachliche Bedeutungen ausgetauscht werden. Eine bloße Aneinanderreihung sinnloser Laute und Zeichen würden wir nicht als Kommunikation und Wissensaustausch ansehen. Und doch trifft es zu, dass dasjenige, was der Sprecher oder Schreibende produziert und an das Ohr des Zuhörers und in das Auge des Lesers dringt, lediglich physikalische Ereignisse (Schalldruckwellen beim Hören, Verteilungen dunkler Konturen auf hellem Hintergrund beim Lesen) sind, die als solche überhaupt *keine Bedeutung* haben. Ein Angehöriger einer fremden Volksgruppe stößt Laute aus, und ich habe keine Ahnung, welche Bedeutung sie haben, ob es sich überhaupt um Worte handelt und nicht um affektive oder musikalisch-rhythmische Äußerungen. In antiken Ausgrabungsstätten finden wir Zeichen und wissen oft lange Zeit nicht, ob diese Zeichen Zufallsprodukte, Ornamente oder Schriftzeichen darstellen. Wer des Lesens unkundig ist, wird Buchstaben kaum von Fliegendreck unterscheiden können.

Die Erklärung hierfür liegt klar auf der Hand: Damit physikalische Ereignisse *überhaupt* als bedeutungtragende Zeichen, als Sprachsymbole, erkannt werden können, muss das Gehirn des Empfängers über ein entsprechendes Vorwissen verfügen, d.h. es müssen *Bedeutungskontexte* vorhanden sein, die den Zeichen ihre Bedeutung verleihen. Bedeutungen können somit gar nicht vom Lehrenden auf den Lernenden direkt übertragen, sondern müssen vom Gehirn des Lernenden konstruiert werden. Dabei ist wichtig zu beachten, dass die meisten Konstruktionen von Bedeutung in unserem Gehirn hochautomatisiert und völlig unbewusst ablaufen, und selbst wenn sie bewusst erlebt werden, sind sie in aller Regel nicht unserem Willen unterlegen.

Ein konkretes Beispiel: Wenn ein Lehrer zu seinen Schülern *spricht*, so produziert er Schalldruckwellen, die an das Innenohr und schließlich – in Nervenimpulse umgewandelt – in das Gehirn der Schüler eindringen. Dort werden sie im Bruchteil einer Sekunde einer komplizierten Analyse nach Frequenzen, Amplituden und zeitlichen Beziehungen der Schwingungen und Schwingungsüberlagerungen unterzogen und dann als menschliche Sprachlaute identifiziert. Danach werden sie sofort in Hirnzentren gelenkt, die zumindest beim Menschen angeborenermaßen für Sprache zuständig sind, nämlich in das Wernicke- und das Broca-Areal. Hier werden nacheinander Phoneme und Phonemgruppen, primäre Wortbedeutungen, syntax- und grammatikabhängige Wortbedeutungen (vorwiegend linke Hirnrinde) sowie Sprachmelodie und affektiv-emotionale Bestandteile der Sprache (vorwiegend rechte Hirnrinde) analysiert (Hemford und Konieczny 2002; Price u.a. 2005; Scott 2008). Jedes auf diese Weise als Wort, Wortgruppe und Satz identifizierte Ereignis wird – für uns unbewusst – dann mit Inhalten des *Sprachgedächtnisses* verglichen, und es werden diejenigen bereits vorhandenen Bedeutungen aktiviert oder neu zusammengestellt, die den größten Sinn machen. Hierbei wird meist auch der weitergehende Bedeutungs- und Handlungskontext einbezogen. In Fällen, in denen der Bedeutungs- und Handlungskontext eindeutig ist, mag diese Bedeutungskonstruktion blitzschnell gehen. Der Lehrer steht mit hochrotem Kopf vor einer tobenden Klasse und schreit: „Ruhe!". Da braucht das Gehirn des Schülers nicht viel zu konstruieren, was der Lehrer meint. Bei langen gelehrten Vorträgen von Kollegen hingegen fragt man sich häufig: „Was meint er? Worauf will er hinaus? Was ist überhaupt das Problem?", weil im Zuhörer das nötige Vorwissen und der Bedeutungskontext nicht klar sind, der im Gehirn des Kollegen herrschten, als er seine Sätze formulierte.

Existieren ein bestimmtes Vorwissen und ein bestimmter Bedeutungskontext *nicht* im Gehirn des Hörers oder Lesers, so findet auch keine Bedeutungskonstruktion statt oder zumindest nicht die, welche der Sprecher intendierte. Nur in dem Maße, in dem in etwa dasselbe Vorwissen und derselbe Bedeutungskontext in den Gehirnen des Sprechers und des Zuhörers, des Lehrenden und des Lernenden herrschen, entstehen auch ungefähr dieselben Bedeutungen. Da diese Bedeutungskonstruktionen meist völlig unbewusst vonstatten gehen und wir sie entsprechend nicht wahrnehmen, haben wir die Illusion, die dann bewusst wahrgenommenen Sprachbedeutungen kämen direkt vom Sprecher und Kommunikation sei die Übertragung von Bedeutungen.

Fazit: Neues Wissen entsteht im Gehirn des Lernenden durch das teils bewusste, teils halbbewusst-intuitive, teils unbewusste Zusammenfügen bereits vorhandenen Wissens. Der Lehrende kann diesen Prozess nicht direkt steuern oder gar erzwingen, sondern nur durch Rahmenbedingungen, die noch genannt werden, erleichtern.

3 Das limbische System

Die unbewusst ablaufenden Prozesse der Bedeutungs- oder Wissenskonstruktion sind von vielen Faktoren abhängig, von denen die meisten durch ein System vermittelt werden, das in der kognitiven Psychologie lange Zeit überhaupt nicht existierte, nämlich das limbische System. Dieses System vermittelt Affekte, Gefühle und Motivation und ist auf diese Weise einer der Hauptkontrolleure des Lernerfolgs. Die wichtigsten Anteile des limbischen

Systems sollen hier nur stichwortartig erläutert werden (ausführlich in Roth, 2003 und 2009). *Limbische Teile der Großhirnrinde* (präfrontaler, orbitofrontaler und cingulärer Cortex) sind die Ebenen der bewussten Emotionen und Motive, der bewussten kognitive Leistungen, der Fehlerkontrolle, Risikoeinschätzung und der Handlungs- und Impulskontrolle. Die *Hippocampus-Formation* ist der Organisator des deklarativen, d.h. bewusstseinsfähigen Gedächtnisses (episodisches Gedächtnis, Faktengedächtnis, Vertrautheitsgedächtnis). Hier wird festgelegt, was in welchen Netzwerken der Großhirnrinde und in welchem Kontext in welcher Weise abgespeichert wird. Die *Amygdala* (Mandelkern) ist Ort der unbewussten emotionale Konditionierung, insbesondere der Vermittlung negativer Gefühle (Stress, Furcht), und des unbewussten Erkennens und Verarbeitens emotional-kommunikativer Signale (Gestik, Mimik, emotionaler Stimmgehalt). Das *mesolimbische System* (ventrales tegmentales Areal, Nucleus accumbens) ist Ort der Belohnung durch hirneigene Opiate und anderer „Belohnungsstoffe" sowie der *Belohnungserwartung* durch die Ausschüttung von Dopamin. Die *neuromodulatorischen Systeme* steuern über die Ausschüttung bestimmter Stoffe Aufmerksamkeit, Motivation, Interesse und Lernfähigkeit, und zwar Noradrenalin (allgemeine Aufmerksamkeit, Erregung, Stress), Dopamin (Antrieb, Neugier, Belohnungserwartung), Serotonin (Dämpfung, Beruhigung, Wohlgefühl) und Acetylcholin (gezielte Aufmerksamkeit, Lernförderung). Diese *neuromodulatorischen* Systeme stehen ihrerseits unter Kontrolle der Amygdala, des mesolimbischen Systems, des Hippocampus und des limbischen Cortex und wirken ihrerseits auf sie ein.

Die genannten limbischen Zentren bilden das *zentrale Bewertungssystem* unseres Gehirns (LeDoux 1998, 2000; Roth 2003 a). Dieses System bewertet alles, was wir erleben und was durch uns und mit uns geschieht, in zwei Schritten: Die Wahrnehmungsinhalte, d.h. auch die vom Lehrenden ausgesendeten Reize, werden auf einer frühen und unbewussten Stufe der Verarbeitung danach bewertet, ob die einlaufende Reize hinreichend neu und hinreichend wichtig ist, damit sich das kognitive und emotionale System überhaupt weiter damit beschäftigen soll. Dies erfordert natürlich eine sehr schnelle Überprüfung durch die kognitiven und emotionalen Gedächtnismechanismen, die zum Beispiel in der so genannten N100-Welle des ereigniskorrelierten Potenzials (EKP) zum Ausdruck kommen (vgl. Kolb und Wishaw 1993). Sind die Informationen unwichtig, gleichgültig ob bekannt oder neu, dann werden sie sofort „verworfen"; sind sie bekannt, aber wichtig (vor dem Hintergrund des schnell abgefragten Vorwissens), dann werden in der Regel bereits vorhandene Routinen aktiviert, welche die Informationen adäquat weiterverarbeiten, und häufig erleben wir dies nicht bewusst oder nur mit begleitendem Bewusstsein. Werden die Informationen aber als neu *und* wichtig eingestuft, so treten in aller Regel bewusst-vorbewusst und unbewusste Verarbeitungsmechanismen parallel in Aktion, die u.a. die sogenannte P300-Welle des EKP hervorrufen. Hier liegt eine komplexe Interaktion von Hippocampus, limbischen Zentren und Neocortex vor.

Der zweite Schritt besteht in der Bewertung der verarbeiteten Informationen bzw. der daraus sich ergebenden Reaktionen und Verhaltensweisen danach, ob sie gut/vorteilhaft/lustvoll waren und entsprechend wiederholt werden sollten, oder schlecht/nachteilig/schmerzhaft und entsprechend zu meiden sind. Dieser Prozess wird parallel von corticalen und subcorticalen limbischen Zentren durchgeführt und legt die resultierende Bewertungen im *emotionalen Erfahrungsgedächtnis* nieder, das teils bewusst, teils vorbewusst oder unbewusst arbeitet. In jeder Situation wird vom limbischen System geprüft, ob diese Situation bereits bekannt ist bzw. einer früheren sehr ähnelt, und welche Erfahrungen wir damit gemacht haben, und es werden die damit gekoppelten positiven oder negativen Gefühle aktiviert. Dabei kommen die *Details* der Geschehnisse nicht aus den limbischen Zentren im engeren Sinne selbst, sondern werden über das deklarative Gedächtnis vom Hippocampus hinzugefügt.

Dieses System entscheidet insofern auch grundlegend über den Lernerfolg, als es bei jeder Lernsituation fragt: „Was spricht dafür, dass Hinhören, Lernen, Üben usw. sich tatsächlich lohnen?" Dies geschieht überwiegend aufgrund der vergangenen, meist unbewusst wirkenden Erfolgs- und Misserfolgserfahrungen. Kommt das System zu einem positiven Ergebnis, so werden über die genannten neuromodulatorischen Systeme in der Großhirnrinde vorhandene Netzwerke als Träger bereits vorhandenen Wissens so umgestaltet, dass neues Wissen entsteht. Entscheidend hierbei sind Geschwindigkeit und Ausmaß, mit denen passende Gedächtnisinhalte abgerufen und kombiniert und damit neue Wissens-Netzwerke geschaffen werden.

4 Faktoren, die beim Lehren und Lernen eine wichtige Rolle spielen

Lehren und Lernen werden von einer ganzen Reihe sehr unterschiedlicher Faktoren bestimmt. Hierzu gehören vor allem:

1. die Motiviertheit und Glaubhaftigkeit des Lehrenden;
2. die individuellen kognitiven und emotionalen Lernvoraussetzungen der Schüler;
3. die allgemeine Motiviertheit und Lernbereitschaft der Schüler;

4. die spezielle Motiviertheit der Schüler für einen bestimmten Stoff, Vorwissen und der aktuelle emotionale Zustand sowie
5. der spezifische Lehr- und Lernkontext

4.1 Die Motiviertheit und Glaubhaftigkeit des Lehrenden

Emotionspsychologen und Neuropsychologen haben herausgefunden, dass zu Beginn einer jeden Begegnung und eines jeden Gesprächs die *Sympathie* und *Glaubhaftigkeit* des Partners eingeschätzt wird. Dies geschieht innerhalb weniger Sekunden, zum Teil noch schneller, und meist völlig unbewusst über eine Analyse des Gesichtsausdrucks (besonders Augen- und Mundstellung), der Tönung der Stimme (Prosodie), der Gestik und der Körperhaltung. Dies ist natürlich eine radikal subjektive Einschätzung und sagt nichts über das *Expertentum* der beurteilten Person aus. Beteiligt an dieser schnellen Abschätzung von Glaubhaftigkeit und Sympathie sind vor allem die Amygdala und der insuläre Cortex (besonders rechtsseitig) sowie der rechte temporalparietale Cortex (Gesichterwahrnehmung) und der orbitofrontale Cortex (Adolphs et al. 1998; Adolphs und Tranel 2000; Todorov et al. 2008). Unbewusst wahrgenommener emotional gesteuerter Körpergeruch, der Furcht und Unsicherheit vermittelt, könnte auf kurze Körperdistanz ebenfalls eine Rolle spielen; auch dies wird in der Amygdala verarbeitet und kann völlig unbewusst geschehen (Aggleton 2000).

In der Lernsituation ist dies genauso. Schüler stellen schnell und zumindest im ersten Schritt unbewusst fest, ob der Lehrende motiviert ist, seinen Stoff beherrscht und sich mit dem Gesagten identifiziert. Dem Lehrer sind die von ihm ausgesandten Signale meist nicht bewusst, und er kann sie deshalb nicht oder nur nach großem Training willentlich steuern (manche Schauspieler und Demagogen scheinen dies zu können). Wenn also ein in vielen Jahren des Lehrerdaseins ermüdeter, unmotivierter Lehrer Wissensinhalte vorträgt, von denen er selbst nicht weiß, ob sie überhaupt noch zutreffen, so ist dies in den Gehirnen der Schüler die direkte Aufforderung zum Weghören. Umgekehrt kann ein sehr engagierter Lehrer seine Schüler für nahezu jeden beliebigen Stoff begeistern.

4.2 Die individuellen kognitiven und emotionalen Lernvoraussetzungen der Schüler

Lernen ist, wie eingangs dargestellt, ein aktiv-konstruktiver Prozess der Bedeutungserzeugung und nicht des bloßen Abspeicherns von Information, und dieser Prozess läuft in einzelnen Gehirnen viel unterschiedlicher ab, als wir in der Regel wahrhaben wollen. Jeder weiß, dass es krasse Unterschiede in den

Gedächtnisleistungen gibt (Schacter 1996; Markowitsch 2002). Der eine kann 200 Telefonnummern und sonstige Zahlenkombinationen auswendig aufsagen, kann sich aber Namen nicht gut merken oder verirrt sich häufig, hat also ein schlechtes räumliches Gedächtnis. Bei anderen ist es genau umgekehrt. Diese Unterschiede in den verschiedenen Gedächtnisleistungen sind weitgehend genetisch bedingt und lassen sich nur in engen Grenzen und meist durch Anwendung von so genannten Eselsbrücken verbessern. Diese funktionieren nach dem Prinzip, dass Gedächtnisleistungen, in denen eine Person gut ist (z.B. räumliche Orientierung oder bildliche Vorstellungskraft) mit solchen Gedächtnisleistungen gekoppelt werden, in denen diese Person schlecht ist (z.B. Zahlengedächtnis). So kann man es lernen, Ziffern mit einfachen Bildern automatisch zu verbinden, und sich somit viel leichter Zahlenkombinationen merken. Ebenso gibt es krasse Unterschiede in spezifischen Lernbegabungen: der eine ist sehr gut in Mathematik, mäßig gut in Sprachen und schlecht in bildender Kunst, und auch hier ist mit Übung nur wenig zu machen. Ebenso gibt es durchaus unterschiedliche Lernstile: Der eine lernt am besten durch Zuhören, der andere muss etwas gelesen haben, der dritte das Ganze zu Hause noch einmal überdenken usw. Verursacht wird dies durch die Tatsache, dass Lernfähigkeit und Gedächtnis hochgradig modular (d.h. in viele Schubladen gegliedert) organisiert sind, und dass die Leistungsfähigkeit dieser Module individuell stark variiert.

Dies bedeutet, dass jeder Lehrer eigentlich den Lern- und Gedächtnisstil eines jeden seiner Schüler genau kennen müsste, um seine Tätigkeit daran optimal anzupassen – eine in der Schulrealität fast unlösbare Aufgabe. Immerhin könnte der Lehrer einen bestimmten Stoff vielgestaltiger als üblich präsentieren, z.B. sowohl sprachlich als auch bildhaft-anschaulich und schließlich in Frage und Antwort, und somit zumindest die Haupttypen des Lernens ansprechen. Auch wäre schon ein genaueres Wissen darüber, wie stark Lern- und Gedächtnisstile inter-individuell variieren, sehr hilfreich. Viele Lernschwierigkeiten von Schülern beruhen darauf, dass in der Schule in aller Regel ein bestimmter Wissensvermittlungstyp, nämlich derjenige des sprachlich vermittelten Lernens, dominiert, der keineswegs allen Schülern „liegt".

Neben diesen hochgradig genetisch determinierten und daher wenig veränderbaren Faktoren gibt es Einflüsse auf den Lernerfolg, die vorgeburtlich oder frühkindlich festgelegt werden und dann fast ebenso schwer zu beeinflussen sind. Dies betrifft vor allem das bereits erwähnte System der Neuromodulatoren, das die allgemeine Aktivität und Aufmerksamkeit regelt und durch Neuromodulatoren wie Dopamin (anregend, antreibend), Serotonin (dämpfend) und Acetylcholin (aufmerksamkeitssteuernd) sowie eine Reihe

von Neuropeptiden charakterisiert ist (Kandel et al. 1996). Dieses System bestimmt die allgemeine Fähigkeit, Dinge und Geschehnisse der Umwelt in
ihrer Bedeutung erfassen zu können, und es liegt auch der allgemeinen Lernfähigkeit und Lernbereitschaft zugrunde. Es bildet sich vornehmlich teils vorgeburtlich, teils in der frühen Mutter-Kind-Beziehung aus und ermöglicht es
dem Säugling und Kleinkind, die Gefühle und Intentionen der Mutter zu erfassen und danach das eigene Ich auszubilden, Impulskontrolle einzuüben
und die Grundzüge sozialer Interaktion und des Einfühlungsvermögens (*Empathie*) auszubilden (Eliot, 2001).

4.3 Die allgemeine Motiviertheit und Lernbereitschaft der Schüler

Wie bereits erwähnt, existiert im Gehirn ein System, das vor jeder Situation,
in der eine Person etwas tun soll, prüft, ob das verlangte Verhalten Beloh-
mung verspricht (bzw. Unlust vermeiden hilft). Im vorliegenden Fall heißt
dies, dass die *Lernsituation* dem Schüler in irgendeiner Weise attraktiv erscheinen muss. Hierüber wird die allgemeine Lernbereitschaft gesteuert, und
zwar über Aufmerksamkeit und die Ausschüttung spezifischer lernfördernder
Stoffe wie Noradrenalin, Dopamin und Acetylcholin. Diese Stoffe bestimmen
über Afferenzen aus dem Cortex, der Amygdala, dem Hippocampus, dem
basalen Vorderhirn, dem Locus coeruleus und dem dorsalen Raphe-Kern es-
senziell die Aktivität des Nucleus accumbens und damit das Belohnungs-
gedächtnis und die entsprechende Belohnungserwartung (zur Dopaminge-
steuerten Belohnungserwartung siehe Schultz 1998; Tobler et al. 2005; zur
lernfördernden Aktivität des Nucleus accumbens Schwarting 2003). Das Gehirn des Schülers entwickelt im Zusammenhang mit schulischem Lernen
schnell *Belohnungserwartungen*, die erfüllt oder enttäuscht werden können
Dies bedeutet, dass ein Kind bei seinen Eltern und der weiteren Umgebung
früh die Erfahrung machen muss, dass Lernen etwas Schönes und Nützliches
ist. Dies drückt sich dann in generell erhöhter Lernbereitschaft und Motiviertheit aus. Werden Lernen und Schule früh als mühselig und lästig empfunden oder „heruntergemacht", so muss man sich nicht wundern, dass sich
bei den Kindern erst gar keine Lernmotivation einstellt.
Ebenso ist ein leichter, anregender Stress generell lernfördernd. Hierbei wird
im Gehirn der Neuromodulator Noradrenalin ausgeschüttet, der in geringen
Dosen das Gehirn allgemein aufnahmebereit macht, indem er u.a. auf Hippocampus und Nucleus accumbens einwirkt (s. vorhergehenden Absatz). In den
Augen der Verhaltensphysiologen und Lernpsychologen ist es deshalb nach-
teilig, wenn Lernen zu entspannt und „kuschelig" ist und ohne jegliche Anstrengung auf niedrigstem Niveau passiert. *Lernen muss als positive Anstren-*

gung und Herausforderung empfunden werden. Starker Stress hingegen, verbunden mit Versagensangst und Bedrohtheitsgefühl gegenüber dem Lehrenden, führt zu starker Hemmung des Lernerfolges (hierzu Roth 2003). Das
Gehirn stellt über ein spezielles „Monitor-System" (zingulärer Cortex) auch
fest, wenn eine Belohnung (z.b. in Form eines Lobes) verdient oder unver-
dient war, und stellt sich sofort hierauf ein. Es muss klare Regeln der Bewertung des Lernerfolges geben, die der Schüler nachvollziehen kann. Besonders kritisch für den Lernerfolg sind starke emotionale Zustände während der
sogenannten Konsolidierungsphase, d.h. während des Übergangs vom Kurz-
zeit- in das Langzeitgedächtnis (vgl. Markowitsch 2000).

Während im Allgemeinen mittelstarke positive wie negative Ereignisse während des Lernvorgangs den zu lernenden Inhalt akzentuieren und damit die
Verankerung im Langzeitgedächtnis erleichtern können (Übersicht bei Roth,
2003b), kann es bei starken positiven wie negativen Erlebnissen während
oder kurz nach dem Lernereignis einerseits zu einem „Einbrennen" des Lerninhalts (sozusagen „huckepack" mit dem emotionalen Ereignis) kommen und
sich somit ein „Blitzlichtgedächtnis" („flashbulb memory"; Brown and Kulik 1977; Pillemer 1984; Bohannon 1988; Schacter 1996; Schacter und Curran 2000) ausbilden, zum anderen aber zu einer „dissoziativen Amnesie", d.h.
vollständigen Unterdrückung des zuvor Gelernten (Comer 1995; Markowitsch et al. 1998; Schacter and Kihlstrom 1989).

Dies ist für das schulische Lernen in doppelter Hinsicht von großer Bedeutung. Zum einen erklärt es die lernbehindernde Wirkung starker emotionaler
Erlebnisse, z.B. des Anschauens von „Horror-Videos") am Nachmittag oder
Abend überwiegend bei männlichen Schülern. Zum anderen zeigt es aber
auch, dass sich ein besonders „lebhafter" bzw. „aufregender" Unterricht auch
negativ auf den Lernerfolg auswirken kann. Die emotionalen Gedächtnisinhalte können dabei die Konsolidierung der kognitiven Gedächtnisinhalte
beeinträchtigen.

4.4 Die spezielle Motiviertheit der Schüler für einen bestimmten Stoff, Vorwissen und der aktuelle emotionale Zustand

Interesse und Motiviertheit drücken sich aus im Aktivierungsgrad des no-
radrenergen Systems, das die allgemeine Aufmerksamkeit erhöht (leichter
Erwartungsstress), des dopaminergen Systems (Neugier, Belohnungserwartung) und des cholinergen Systems (gezielte Aufmerksamkeit, Konzentration). Diese Systeme machen die Großhirnrinde und den Hippocampus bereit
zum Lernen und fördern die Verankerung des Wissensstoffes im Langzeitgedächtnis. Wie dies genau passiert, ist nicht bekannt. Bekannt ist hingegen,

dass die Stärke des emotionalen Zustandes, den der Schüler als Interesse, Begeisterung, Gefesseltsein empfindet, mit der Gedächtnisleistung positiv korreliert (s. o.).

Was den Schüler im Einzelnen interessiert, kann – wie bereits erwähnt – außerordentlich unterschiedlich sein. Dieses spezielle Lerninteresse kann genetisch determiniert, frühkindlich festgelegt oder später erworben sein. Jeder von uns weiß: Was einen brennend interessiert, das lernt man „im Fluge", während das, was einen nicht fesselt, schwer zu lernen ist.

Das Wissensgedächtnis hat sehr viele Module oder „Schubladen", die jeweils in den sensorisch „zuständigen" Hirnarealen lokalisiert sind, im Prinzip zwar unabhängig voneinander arbeiten können, aber im Normalfall eng miteinander vernetzt sind (Markowitsch 2002; Rösler u. Heil 2003). Dabei werden unterschiedliche Aspekte eines bestimmten Lerninhalts (Personen, Geschehnisse, Objekte, Orte, Namen, Farben, der emotionale Zustand, die Neuigkeit usw.) in unterschiedlichen Schubladen abgelegt, aber diese unterschiedlichen Aspekte bleiben untereinander verbunden und bilden ein *Bedeutungsfeld*. Entsprechend gilt: In je mehr Gedächtnis-Schubladen ein Inhalt parallel abgelegt ist, desto besser ist die Erinnerbarkeit, denn das Abrufen eines bestimmten Aspektes befördert die Erinnerung anderer Aspekte und schließlich des gesamten Wissensinhalts. Je mehr Wissensinhalte einer bestimmten Kategorie bereits vorhanden sind, desto besser ist die Anschlussfähigkeit. Deshalb ist es ratsam, Dinge im ersten Schritt anschaulich und alltagsnah darzustellen, so dass die Kinder sich etwas dabei vorstellen können. Das ist nicht nur unterhaltsam, sondern erhöht auch die Anschlussfähigkeit der neuen Inhalte an die bereits vorhandenen.

In diesem Zusammenhang erklärt sich die Alltagsweisheit: „Aller Anfang ist schwer!" Dinge, die für den Lernenden neu, d.h. nicht anschlussfähig sind, fallen durch die Gedächtnisnetze hindurch, weil sie nirgendwo Brücken zu bereits vorhandenem Wissen bilden können. Sie werden dann zu einem mühsam gelegten Bodensatz, aus dem dann erste Bedeutungs-Netzwerke werden können. Gibt es hingegen schon weit ausgebreitete Gedächtnisnetzwerke, so wird jeder neue Inhalt schnell und gut abrufbar verankert (Schacter 1996).

4.5 Der spezifische Lehr- und Lernkontext

Der Lernerfolg hängt nicht nur vom Grad des Vorwissens, der Aufmerksamkeit und des Interesses ab, sondern auch vom *Kontext*, in dem Lernen stattfindet. Die moderne Gedächtnisforschung zeigt, dass bei jedem Inhalt, der als solcher gelernt wird, auch mitgelernt wird, *wer* diesen Inhalt vermittelt (das sogenannte Quellengedächtnis) und wann und wo das Lernen (Orts- und Zeitgedächtnis) stattfindet (Schacter 1996). Dieser Kontext ist mitentscheidend für den Lernerfolg und wird zusammen mit dem Wissensinhalt abgespeichert. Entsprechend kann schon der Lernkontext (Person, Zeit, Ort) förderlich oder hinderlich für das Abrufen eines Wissensinhaltes sein (hierzu Roth 2003 b). Lerninhalte, die in schäbigen Klassenzimmern, in einer konfliktträchtigen und furchteinflößenden Umgebung von lustlosen Lehrern vermittelt werden, haben deshalb eine geringere Chance, dauerhaft im Gedächtnis verankert zu werden. Bekannt ist hier der Zusammenhang zwischen Lernerfolg und positiv wie negativ besetzten Lernorten ebenso wie der allgemeine emotionale Zustand, in dem sich der Lernende gerade befindet (*mood-dependent learning* und *mood-dependent recall*; Ellis and Moore 1999; Parrot and Spackman 2000).

5 „Selbstorganisiertes" und exploratives Lernen

Über selbstorganisiertes Lernen ist in letzter Zeit sehr viel geschrieben worden, wobei hierbei vieles von älteren Reformschul-Konzepten übernommen wurde (Herold und Landherr, 2003). Abgesehen davon, dass Lernen als Wissenskonstruktion trivialerweise stets selbstorganisiert ist (s. oben), ist die *aktive Aneignung* des Lernstoffes ein überaus wichtiger Teil des Lernerfolges. Aus Sicht der Neurobiologie kommt es hier zu einem Durchdringen kognitiver und exekutiver Prozesse bei der Konsolidierung („learning by doing"). Zum einen ist dies dadurch erklärlich, dass sich Areale, die „rein kognitiv" beim Lesen, Zuhören und Nachdenken im okzipitalen, temporalen und (prä)-frontalen Cortex aktiviert werden, mit exekutiven, d.h. auf das eigene Handeln bezogenen Arealen im parietalen Cortex verbinden (vgl. Schacter 1996; Rösler u. Heil 2003). Das *deklarativ* Erlernte wird hierbei durch *prozedurale* Gdächtnisanteile bekräftigt. Gleichzeitig erhöht sich beim eigenen Handeln und Explorieren der Grad der Aufmerksamkeit, der direkt mit dem Lernerfolg korreliert ist. Hierbei werden sowohl das parietale räumlich-exekutive als auch das präfrontale kognitiv-exekutive Aufmerksamkeitssystem aktiviert (Posner u. Dehaene 1994). Das explorative Lernen ist natürlich auch stark gelenkt vom Neugierverhalten, das wiederum eng mit dem dopaminergen System verbunden ist. Neugierde stellt eine besondere Art von Selbstbelohnung für Wissenserwerb dar und ist begleitet von einer starken Aktivierung des Frontalhirns. Das Frontalhirn ist, besonders im Bereich des sogenannten Arbeitsgedächtnisses, reich an Rezeptoren für Dopamin, was als eine Grundlage für Kreativität und Unternehmungsgeist angesehen wird (Fuster 2002).

6 Schlussbetrachtung

Der Lernerfolg hängt im Wesentlichen von drei Faktoren ab. Zum ersten ist es die Art und Weise, wie die Lerninhalte vermittelt werden. Hierüber habe ich in diesem Aufsatz nicht gesprochen. Zum zweiten sind es die Glaubwürdigkeit, die fachliche und didaktisch-pädagogische Kompetenz und die Empathiefähigkeit des Lehrers, welche die Rahmenbedingungen für das Lernen der Schüler bilden, d.h. die Konstruktion von neuem Wissen in seinem Gehirn befördern. Schließlich ist es der Emotions- und Motivationszustand des Schülers und sein Vorwissen, der dies ebenfalls beeinflusst. Diese beiden letzteren Faktoren wirken teils additiv, teils interaktiv-multiplikativ. Dies bedeutet: Ein hochmotivierter und „begeisternder" Lehrer wird einem wenig motivierten Schüler ohne großes Vorwissen nur wenig, aber vielleicht doch etwas beibringen können, und umgekehrt wird ein hochmotivierter, intelligenter und zudem fleißiger Schüler auch aus einem schlechten Unterricht noch Nutzen ziehen, indem er sich Dinge „zusammenreimt", aber die Kombination von beidem hat eine über-additive Wirkung, da sich Motivation des Lehrers und des Schülers gegenseitig verstärken. Für den dritten (hier nicht weiter behandelten) Faktor, d.h. die Art, wie Unterricht konkret gestaltet wird, gilt dasselbe. Hier geht es darum, die kognitiven Bedingungen und Ressourcen, zum Beispiel die spezifische Funktion des Arbeitsgedächtnisses, der Aufmerksamkeit, der Gedächtniskonsolidierung, der individuellen Intelligenz und des Lernstils genau zu beachten, die alle stark von den beiden anderen genannten Faktoren beeinflusst werden.

Hohe kognitive Leistungen finden im Gehirn des Lehrenden ebenso wie des Lernenen immer nur dann statt, wenn die grundlegende emotinal-motivationale Frage positiv beantwortet wird „Welches ist *für mich* der Sinn dessen, was ich gerade tue?"

Literatur

Adolphs, R.; Tranel, D.; Damasio, A. R. (1998): The human amygdala in social judgement. Nature 393, S. 470-474

Adolphs, R.; Tranel, D. (2000): Emotion, recognition, and the human amygdala. In: Aggleton, J. P. (Hrsg.): The Amygdala. A Functional Analysis. New York u. Oxford, S. 587-630

Aggleton, J. P. (2000): The Amygdala. A Functional Analysis. New York u. Oxford

Anderson, J. R. (1996): Kognitive Psychologie. Heidelberg u.a.

Bohannon, J. N. (1988): Flashbulb memories for the space shuttle disaster: A tale of two stories. Cognition 29, S. 179-196

Brown, R.; Kulik, J. (1977): Flashbulb memories. Cognition 5, S. 73-99

Cahill, L.; McGaugh, J. (1998): Mechanisms of emotional arousal and lasting declarative memory. Trends in Neurosciences 21, S. 294-299

Comer, R. J. (1995): Klinische Psychologie. Heidelberg

Curran, T. (2000): Memory without remembering and remembering without memory: Implicit and false memories. In: The New Cognitive Neurosciences, Gazzaniga, M. S. et al., S. 829-840

Eliot, L. (2001): Was geht da drinnen vor? Die Gehirnentwicklung in den ersten fünf Lebensjahren. Berlin

Ellis, H. C.; Moore, B. A. (1999): Mood and memory. In: Handbook of Cognition and Emotion. Dagleish, T., Power, M.J., S. 193-210

Fuster, J. M. (2002): Frontal lobe and cognitive development. J. Neurocytol. 31, S. 373-385

Hemford, B. und L. Konieczny (2002): Sätze und Texte verstehen und produzieren. In: Müsseler, J.; Prinz, W. (Hrsg.): Allgemeine Psychologie. Heidelberg, S. 589-642

Herold, M.; Landherr, B. (2003): SOL – Selbstorganisiertes Lernen. Ein systemischer Ansatz für den Unterricht. Hohengehren

Kandel, E. R.; Schwartz, J. H.; Jessell, T. M. (1996): Neurowissenschaften. Heidelberg

Kolb, B.; Wishaw I. Q. (1993): Neuropsychologie. Heidelberg

LeDoux, J. (1998): Das Netz der Gefühle. Wie Emotionen entstehen. München u. Wien

LeDoux, J. (2000): Emotion circuits in the brain. Annu. Rev. Neurosci. 23, S. 155-184

Markowitsch, H. J. (2000): The anatomical bases of memory. In: The New Cognitive Neurosciences. Gazzaniga MS et al., Hrsg. Cambridge, Mass., S. 781-795

Markowitsch, H. J. (2002): Dem Gedächtnis auf der Spur. Vom Erinnern und Vergessen. Darmstadt

Parrot, W. G.; Spackman, M. P. (2000): Emotion and memory. In: Lewis, M.; Haviland-Jones, J. M. (Hrsg.): Handbook of Emotions. New York u. London, S. 476-499

Pillemer, D. B. (1984): Flashbulb memories of the assassination attempt on President Reagan. In: Cognition 16, S. 63-80

Posner, M. I.; Dehaene, S. (1994): Attentional networks. Trends in Cognitive Sciences 17, S. 75-79

Rösler, F.; Heil, M. (2003): The principle of code-specific memory representations. In: Kluwe, R.H.; Lüer, G.; Rösler, F. (Hrsg.): Principles of Larning and Memory. Basel u.a., S. 71-91

Roth, G. (2003): The principles of emotional learning. In: Kluwe, R.H.; Lüer, G.; Rösler, F. (Hrsg.): Principles of Larning and Memory. Basel u.a., S. 51-68

Roth, G. (2003): Fühlen, Denken, Handeln. Frankfurt

Roth, G. (2009): Persönlichkeit, Entscheidung und Verhalten. Warum es schwierig ist, sich und andere zu ändern. Stuttgart

Schacter, D. L. (1996): Searching for Memory. The Brain, the Mind, and the Past. New York

Schacter, D. L. und Kihlstrom, J. F. (1989): Functional amnesia. In: Boller, F.; Grafman, J, (Hrsg.): Handbook of Neuropsychology. Vol. 3, Amsterdam, S. 209-231

Schultz, W. (1998): Predictive reward signals of dopamine neurons. In: Neurophysiology 80, S. 1-27

Schwarting, R.K. W. (2003): The pinciple of memory consolidation and its pharmacological modulation. In Principles of Larning and Memory. In: Kluwe, R.H.; Lüer, G.; Rösler, F. (Hrsg.): Principles of Larning and Memory, Basel u.a., S. 137-153

Tobler, P. N.; Fiorillo, C. D.; Schultz, W. (2005): Adaptive coding of reward value by dopamine neurons. In: Science 307, S. 1642-1645

Todorov, A.; Said, C. P.; Engell, A. D.; Oostenhof, N. N. (2008): Understanding evaluation of faces on social dimensions. In: Tends in Cognitive Sciences 12, S. 455-460

Aljoscha Neubauer

Intelligenzforschung

1 Begriffsklärung

Der Begriff *Intelligenz* (vom lateinischen *intelligentia* bzw. *intellegere*) beschreibt nach der lateinischen Bedeutung die Fähigkeit, etwas „mit Sinn und Verstand wahrnehmen, einsehen, begreifen, verstehen, richtig beurteilen". In der empirischen Psychologie wird der Begriff Intelligenz zumeist reserviert für kognitive Fähigkeiten, also für das „gut urteilen, gut verstehen und gut denken" (Binet et al. 1905, S. 177) und auch für die Fähigkeit zur Erfassung und Herstellung von Bedeutungen, Beziehungen und Sinnzusammenhängen. Der Begriff *Begabung* wird dagegen breiter definiert; hierzu rechnet man nicht nur die kognitiven Begabungen, sondern auch kreative Begabungen, soziale oder emotionale Begabungen, praktische Begabungen und – als speziellere Fähigkeit – die musikalische Begabung. Obgleich es in der populären Publizistik Tendenzen gibt, einige dieser Begabungen auch als ‚Intelligenz' zu bezeichnen (z.B. emotionale Intelligenz, vgl. Goleman 1997; kinästhetische, spirituelle, ökologische u.a. Intelligenzen in Gardners Theorie der multiplen Intelligenzen; vgl. Gardner 1991), wird dieser Tendenz zur ‚Ausdünnung' des Begriffes Intelligenz von Seiten der wissenschaftlichen Psychologie häufig widersprochen.

Der Begriff *Intelligenz* solle somit reserviert bleiben einerseits für eindeutig kognitive Begabungen (zu denen sprachliche, mathematische und figuralräumliche Fähigkeiten, aber auch eine Reihe anderer speziellerer Begabungen gerechnet werden), andererseits allenfalls Verwendung finden für Begabungsformen, für die sich in empirischen Studien korrelative Zusammenhänge mit kognitiver Intelligenz nachweisen lassen. Dies ist in systematischer Form bislang jedoch nur für die praktische Intelligenz der Fall, während für Kreativität und soziale oder emotionale Begabungen widersprüchliche Befunde existieren. In einigen Studien hat man gefunden, dass Kreativität und/ oder soziale und emotionale Intelligenz mit kognitiver Intelligenz positiv korrelieren, d.h. eine hohe Ausprägung in dem einen Merkmal geht mit hoher

Ausprägung im anderen Merkmal einher, während andere Untersuchungen praktisch keine statistischen Zusammenhänge nachweisen konnten. Diese heterogenen Befunde waren teilweise auch durch messtechnische Aspekte bedingt, wie beispielsweise Ähnlichkeit der Aufgaben in einem verbalen Intelligenztest vs. in einem Test für soziale Intelligenz. Wer vermag schon zuverlässig sagen, ob eine Frage wie „Was machen Sie, wenn Sie im Kaufhaus als erster Feuer oder Rauch bemerken?" eher sprachliches oder eher soziales Verständnis erfasst? Halten wir aber vorerst fest, dass die kognitive Intelligenz, um die es hier gehen soll, im Folgenden aus historischer, definitorisch-deskriptiver, messtechnischer, verhaltensgenetischer und neurowissenschaftlicher Perspektive behandelt werden soll.

2 Kurze Historie der Intelligenzforschung

Als Pionier der Erforschung der *kognitiven Intelligenz* kann der Universalgelehrte Francis Galton betrachtet werden, der einerseits versuchte, die Vererbung von ‚Genie' durch die Analyse von Häufungen in Familien mittels Stammbaummethode zu demonstrieren, der andererseits aber auch in seinem Londoner Anthropometrischen Laboratorium für jedermann eine Messung ‚for the measurement in various ways of human form and faculty' (Amelang et al. 2006, S. 29) anzubieten, die etwas über die Begabung aussagen sollte. Da sich die hierzu eingesetzten sehr simplen Tests zur Messung von Reizwahrnehmungen etc. nicht als korreliert mit Indikatoren des Erfolgs einer Person zeigten, entwickelten Binet und Simon 1905 im Auftrag des französischen Familienministeriums wesentlich komplexere Tests zur Erfassung von Gedächtnis, Vorstellungskraft, Aufmerksamkeit, Verständnis, um so die Zuweisung von Kindern in die Regel- vs. Sonderschule besser absichern zu können. Diese Binet-Simon-Tests für Kinder lösten in der Folge eine Welle an weiteren Entwicklungen so genannter psychometrischer Intelligenztests aus, durch welche im Laufe des 20. Jahrhunderts eine Vielzahl von Intelligenztests für verschiedenste Altersgruppen (von Kindergartenkindern bis zum Gerontobereich), für allgemeine Intelligenzdiagnostik oder auch spezielle Anwendungsgruppen (Personen mit reduziertem Sprachverständnis, Retardierte, Hochbegabte u.a.) bereitgestellt wurden.

3 Was ist Intelligenz?

Wie wird Intelligenz in der Psychologie definiert? Intelligenz gilt als *generelle Denkfähigkeit*, die sich im Umgang mit verschiedenartigen kognitiven Fragen oder Problemstellungen zeigen sollte. Personen hoher Intelligenz sollten schneller lernen, das erworbene Wissen flexibler einsetzen und auch besser abstrakte Konzepte verstehen können. Intelligenz entsteht aber nicht gleichsam im ‚luftleeren Raum'; so weist Rindermann (2003) darauf hin, dass „Kinder [...] mit zunehmendem Alter nicht intelligenter [werden], weil sie älter werden, sondern weil sie länger durch Schulunterricht gefördert werden". Oder anders ausgedrückt: „In einer Gesellschaft, in der es keine Schule, keine Schrift und keine Mathematik gibt, kann sich keine Intelligenz entwickeln" (Neubauer u. Stern 2007).

So haben Studien herausgefunden, dass Schulunterbrechungen und vorzeitiger Schulabbruch negative Effekte auf den IQ haben; Ähnliches gilt für spätere Einschulungszeitpunkte. Beispielsweise haben Untersuchungen an sogenannten „Grenzalterskindern" in der BRD gezeigt, dass Kinder, die nach dem 01.04. geboren (vs. vor 01.04. geborene) wurden – wenn man sie später im gleichen Alter untersucht – durch die kürzere Schulzeit einen niedrigeren IQ aufweisen. Das ist aber ein Effekt, der sich mit zunehmendem Alter deutlich verringert und für Erwachsene wohl nur mehr von geringer Relevanz sein dürfte.

Noch kurzfristiger sind die messbaren negativen Effekte des Sommerurlaubs auf den gemessenen IQ bei Schulkindern. Der Verlust von ca. drei IQ-Punkten nach den langen Sommerferien dürfte nach einigen Wochen Schulbesuch wieder kompensiert sein. Letztlich zeigen alle diese Befunde aber, dass Intelligenz, trotz eines relativ hohen genetischen Einflusses (s.u.) doch auch in Grenzen veränderbar ist. Im Einklang mit später zu referierenden Befunden aus der Gehirnforschung gilt gerade im Hinblick auf kognitive Leistungen die ‚use it or loose it'-Hypothese: Wer sein Gehirn nicht zum Denken benutzt, erfährt Einbußen an dessen zentraler Kapazität zum Denken.

4 Intelligenzmodelle/Intelligenztests

Bislang war nur von kognitiver Intelligenz als einem homogenen Konstrukt die Rede. Tatsächlich werden aber in sogenannten strukturellen Intelligenzmodellen durchaus verschiedene Teilleistungen unterschieden (z.B. verbal, rechnerisch, visuell-räumlich). Obgleich eine Unterscheidung verschiedener Intelligenzkomponenten eine wichtige Rolle spielt, besteht doch weitestgehende Einigkeit, dass diese und andere Teilfähigkeiten positive Korrelationen miteinander aufweisen. Erst diese Erkenntnis erlaubt es, dass man aus den verschiedenen intellektuellen Teilleistungen auch einen „Generalfaktor" ableiten kann, der gleichsam als *Integral* der allgemeinen kognitiven Leistungsfähigkeit einer Person betrachtet werden kann. Diese allgemeine Intelligenz wie auch die Teilfähigkeiten können zuverlässig mit Intelligenztests gemessen werden, deren Entwicklung auf eine rund hundertjährige Tradition zurückgeht. Intelligenztests können heute zu den messgenauesten Verfahren in nichtdeterministischen Wissenschaftsdisziplinen (Sozial- und Wirtschafts-wissenschaften, Medizin, etc.) gezählt werden. Nur wenige andere sozial-wissenschaftliche Messungen erreichen das Niveau an Messgenauigkeit im Sinne von Zuverlässigkeit (Reliabilität) und Gültigkeit (Validität) wie Intelli-genztests.

Es konnte vielfach gezeigt werden, dass Intelligenztests bedeutsame Progno-sen über den Erfolg von Menschen in Schule, Ausbildung und Beruf erlauben und daher – natürlich in Kombination mit anderen Informationen – auch zur Abschätzung des kognitiven ‚Potentials‘ eines Menschen geeignet sind. Eine bedeutsame Rolle spielt dies in verschiedensten Bereichen schulischer Leis-tungen, wo man beispielsweise mittels Intelligenztests sogenannte „under-achiever" identifizieren kann (Kinder und Heranwachsende, die ihr hohes intellektuelles Potential nicht in schulische Leistungen umsetzen, sondern im Gegenteil oft sehr schlechte schulische Leistungen zeigen).

Andere Einsatzgebiete, wo Intelligenztests die Vorhersage späterer Leistun-gen erlauben, sind der sekundäre Bildungsbereich (Universitäten, Hochschu-len etc.), die Berufsberatung und auch das weite Feld der beruflichen Perso-nalauswahl, wo Intelligenztests auch im Vergleich zu anderen psychologi-schen Testverfahren oft am meisten Informationen liefern.

So hat sich die psychologische Intelligenzforschung über weite Strecken des 20. Jahrhundert auf die Beschreibung der Intelligenz und ihrer Komponenten konzentriert – und dabei einerseits gute empirische Gründe für einen Gene-ralfaktor (*g*-Faktor) gefunden: Da verschiedene Teilfähigkeiten wie sprachli-che, mathematische, räumliche u.a. Begabungen immer mittelhoch korreliert sind, macht die Berechnung eines Gesamtwerts, wie er im IQ zum Ausdruck gebracht wird, durchaus Sinn.

Andererseits erlaubt eine differenzierte Betrachtung der *Intelligenzstruktur* (z.B. ob jemand eher sprachlich oder mathematisch begabt ist) noch bessere Vorhersagen, ob jemand in einem bestimmten Bereich bzw. Berufssparte mehr oder weniger Erfolg haben wird.

5 Ursachen für individuelle Unterschiede in der Intelligenz

Der Frage, wodurch Intelligenzunterschiede zwischen Menschen zustande kommen, ob hierfür eher die Gene oder eher Umwelteinflüsse verantwortlich sind, hat man sich erst in den vergangenen 30 Jahren näher gewidmet. Durch sogenannte verhaltensgenetische Zwillings- und Adoptionsstudien hat man herausgefunden, dass Unterschiede zwischen Menschen in kognitiver Intelli-genz ungefähr zu rund 50% durch die genetische Ausstattung und zu 50% durch Umwelteinflüsse bedingt sind (ein Überblick bei Plomin u.a. 1999).

Das bedeutet, dass jeder Mensch zwar von seinen Eltern ein genetisches Potential ‚mitbekommt', dass aber Einflüsse von Elternhaus, Schule, Freundeskreis, Bildung etc. auch einen beträchtlichen Einfluss darauf ausüben können, wie intelligent jemand später einmal als Erwachsener sein wird. Immer wieder wird dabei in der einschlägigen Forschung auch die große Bedeutung des Faktors ‚Schule' hervorgehoben (für eine populärwissenschaftliche Darstellung siehe Neubauer u. Stern 2007): Wie bereits oben erwähnt, zeigt sich, dass wer länger und mit weniger Unterbrechungen in die Schule ging, später als Erwachsener ‚messbar' intelligenter ist. Wer in der Schule Unterricht höherer Qualität erhalten hat, wird als Erwachsener eine höhere Intelligenz aufweisen (so lassen sich beispielsweise in Deutschland recht hohe Zusammenhänge zwischen Intelligenztestergebnissen und dem Abschneiden im PISA-Test nachweisen).

6 Intelligenz – die Perspektive der Gehirnforschung

Aus der Perspektive der Gehirnforschung lässt sich festhalten, dass die meisten Befunde dafür sprechen, dass ‚intelligentere Gehirne' beim Problemlösen effizienter arbeiten. Mit sogenannten bildgebenden Verfahren wurde gezeigt, dass Gehirne von intelligenteren Menschen bei gleichen Aufgabenanforderungen weniger Aktivierung bzw. weniger Gehirnstoffwechsel zeigen, also gleichsam ihr Gehirn weniger stark ‚anstrengen müssen'; in der einschlägigen Literatur wird dieses Phänomen als neurale Effizienz bezeichnet. Dies wird einerseits mit einer effektiveren Verschaltung (synaptische Verbindungen), und andererseits mit besseren ‚Isolierungen' der Kabel im Gehirn erklärt. Intelligentere Menschen haben mehr weiße Substanz (d.h. mehr bzw. stärker myelinisierte Axone) und mehr graue Substanz (mehr Neuronen, Synapsen, Dendriten). Das Ausmaß an grauer und weißer Substanz ist dabei zwar einerseits relativ stark erblich bedingt (Schätzungen liegen bei 80 %, schwanken aber stark zwischen Gehirnarealen), andererseits scheint aber – wie Untersuchungen aus unserem Labor zeigen – die Effizienz der Gehirnnutzung auch lernabhängig zu sein: Unterschiede in der Gehirnaktivierung zwischen mehr oder weniger intelligenten Gehirnen zeigen sich nämlich nur bei neuartigen, unvertrauten kognitiven Aufgaben, nicht aber bei Aufgaben, in denen man gut trainiert ist. Bei letzteren sind die weniger intelligenten Gehirne gleich effizient wie die intelligenteren (vgl. auch Neubauer u. Stern 2007, für eine Einführung in die Thematik). Diese Befunde demonstrieren auch die große Plastizität, d.h. Veränderbarkeit des menschlichen Gehirns. Bis vor etwa 10 Jahren ist man noch davon ausgegangen, dass das menschliche Gehirn sich postnatal nur in den ersten zwei bis drei Lebensjahren verändert bzw. verändern lässt.

Dementsprechend bildete sich ein Mythos über ein ‚window of opportunity‘, welches sich in Bezug auf die Gehirnentwicklung danach wieder schlösse, weshalb das Baby bzw. Kleinkind in diesen Jahren möglichst reichhaltig stimuliert werden müsse. Was in den ersten zwei Jahren versäumt wurde, sei später kaum mehr aufzuholen. Bahnbrechende Befunde der Gehirnforschung in den vergangenen 10 Jahren haben dieses Bild nachhaltig erschüttert, durch zweierlei Befunde: Einerseits jene zur ontogenetischen Gehirnentwicklung, andererseits jene zur Veränderung des Gehirns durch Lernerfahrungen.

7 Gehirnentwicklung

Gehirnentwicklung ist nach neuesten neuroanatomischen Studien, die teils post mortem, teils mittels des Kernspintomographen gewonnen wurden, ein lebenslanger Prozess. Dieser Prozess verläuft je nach Art der Gehirnstruktur, die man betrachtet, durchaus unterschiedlich.

Bezüglich der Anzahl der Neuronen, also Nervenzellen selber war man bis vor wenigen Jahren noch der Ansicht, dass der ‚Satz‘ an Neuronen mit dem wir auf die Welt kommen, nicht vermehrt werden kann und dass im Laufe des Lebens nur nach und nach Neuronen ‚sterben‘. Inzwischen gibt es Hinweise auf sogenannte adulte Neurogenese, also die Fähigkeit des Gehirns, auch nach der Geburt noch Neuronen neu zu bilden, allerdings vermutlich nur in eng umschriebenen Arealen des Gehirns, wie dem bekannten Hippocampus, einer Struktur die nachweislich stark mit Lernvorgängen assoziiert ist und mit räumlichem Gedächtnis. So hat eine berühmte Studie von Maguire u.a. (2000) zeigen können, dass bei Londoner Taxifahrern, die einen strengen Aufnahmetest mit Kenntnis von rund 10.000 Straßennamen bestehen müssen, der rechte posteriore Hippocampus größer ist als bei einer sonst weitestgehend vergleichbaren Gruppe von Nicht-Taxifahrern.

Viel erstaunlicher ist aber der Befund, dass es auch einen positiven Zusammenhang zwischen der Größe dieses Areals gab und der Dauer/Erfahrung mit dem Taxifahren, d.h. mutmaßlich vergrößert sich dieses Gehirnareal umso mehr, je mehr räumliche Navigationserfahrung die Taxifahrer gemacht hatten. Derartige Befunde gibt es in der Zwischenzeit aus vielen Bereichen. Immer wieder konnte dabei auch gezeigt werden, dass z.B. ein mehrwöchiges Training in einer präzise definierten Domäne (so unterschiedliche Fertigkeiten/Kompetenzen wie Jonglieren, Sprachenlernen, für eine große Medizinprüfung lernen wurden hier untersucht) zu messbaren Veränderungen in der grauen Substanz (gemessen mit dem Kernspintomographen) führte. Es ist allerdings nicht eindeutig was diese Änderungen bedeuten, da die im Scanner sichtbare graue Substanz nicht nur Neuronen sondern auch die Anzahl der synaptischen und dendritischen Verbindungen reflektiert.

Gerade was die Synapsen (die Schaltstellen zwischen den Neuronen) betrifft, ist es – und damit zurück zur Gehirnentwicklung – durchaus nicht so, dass wir im Laufe des Lebens immer mehr Synapsen ausbilden; vielmehr ist die ontogenetische Entwicklung dadurch gekennzeichnet, dass das Gehirn bis zur Pubertät ein stetiges Wachstum an Synapsen zu verzeichnen hat; danach kehrt sich dieser Prozess um und das Gehirn wird gleichsam ‚ausgemistet‘, ein Prozess, der auch als ‚neural pruning‘ bezeichnet wird und der das Gehirn letztendlich ‚energietechnisch‘ effizienter machen soll.

Schließlich ist ein dritter wichtiger Prozess für die Gehirnentwicklung zu benennen, der Prozess der Myelinisierung der Axone. Axone sind die langen Fasern, die verschiedene Gehirnareale miteinander verbinden. Diese sind mehr oder weniger stark mit einer Art Isolierschicht ummantelt, dem Myelin (eine aus Lipiden und Proteinen bestehende Substanz, die im Scanner weiß erscheint, daher auch die Bezeichnung weiße Substanz) und die im Hinblick auf die Schnelligkeit und Zuverlässigkeit der Leitung der elektrischen Signale von großer Bedeutung ist.

Diese Myelinisierung ist aber nicht von Geburt an vorhanden, sondern wird auch erst im Laufe des Lebens aufgebaut, ein Prozess, der sogar bis zum 30. oder 40. Lebensjahr andauern dürfte und auf Verhaltensebene dazu führt, dass Informationen schneller verarbeitet werden können; erst ca. ab dem 65. oder 70. Lebensjahr ist ein Abbau des Myelins zu beobachten, der auch mit einer Abnahme der Verarbeitungsgeschwindigkeit einhergeht.

Auch was das Myelin betrifft scheint dieser ontogenetische Verlauf nicht ausschließlich oder primär genetisch bedingt zu sein; erste Befunde zeigen, dass eine verstärkte Beanspruchung eines spezialisierten Gehirnareals auch ebendort zu einer verstärkten Myelinisierung führt.

Unser Gehirn erscheint also sowohl strukturell bzw. neuroanatomisch in Grenzen veränderbar; vor allem mehren sich aber auch die Befunde, dass die Nutzung des Gehirns (im Sinne der effizienten Aktivierung von Gehirnarealen) stark übungsabhängig ist. Eine diesbezügliche Überblicksstudie von Kelly u. Garavan (2005) resümiert rund zwei Dutzend Studien, die die Gehirnaktivierung vor und nach einem Training bestimmter teils kognitiver, teils sensorischer, teils motorischer Fertigkeiten und Fähigkeiten analysiert haben. Zumindest in der kognitiven Domäne ist dabei ein Befundmuster vorherrschend, dass man als frontal-posterior shift bezeichnet; die Gehirnaktivierung verlagert sich von den im Stirnhirn eingelagerten Regionen in die hinteren Gehirnareale; und dies ist auch mit einer Effizienzsteigerung in der Leistung verknüpft. Im frontalen Kortex sind nämlich überwiegend Arbeitsgedächtnisfunktionen eingelagert, die man benötigt wenn man – mit Anstrengung – neuartige, unvertraute Aufgaben bewältigen muss. In den hinteren Teilen des Gehirns sind hingegen eher die Langzeitgedächtnisinhalte eingelagert, die in der Regel ohne größere Mühen abgerufen werden können; umso leichter, je besser der jeweilige Lerninhalt ge- bzw. überlernt wurde. Alle berichteten Befunde legen nahe, dass unser menschliches Gehirn viel stärker ein auch formbares Organ zu sein scheint, dessen Nutzung wesentlich seine Form bzw. Ausgestaltung bestimmt ('use it or loose it'). Diese grundlegende Erkenntnis über die neurale Plastizität haben – gemeinsam mit einer Vielzahl anderer Befunde aus der Gehirnforschung auch zu einer naheliegenden – obgleich aus wissenschaftlicher Perspektive noch verfrüht erscheinenden – Vorstellung einer Neuropädagogik bzw. Neurodidaktik geführt. Zwar werden auf diesem Gebiet teilweise Schlussfolgerungen abgeleitet, die aktuell nicht wirklich hinreichend durch Befunde aus der Gehirnforschung untermauert erscheinen. Nichtsdestoweniger seien abschließend einige der wichtigsten Empfehlungen für erfolgreiches Lernen aus der Neurodidaktik wiedergegeben, die mir aus der Perspektive der Gehirnforschung hinreichend belegt erscheinen: Sie gehen im Wesentlichen zurück auf die 'zehn Gebote für gehirngerechtes Lernen' nach Hans Schachl (2005):

Für einen erfolgreichen didaktischen Aufbau ist es wichtig, vor der Vermittlung von Detailwissen einen Überblick über das zu Vermittelnde zu geben. Das Gehirn kann dann nach schon vorhandenen „Speicherplätzen" suchen bzw. neue anlegen. Dadurch wird neu einlagernde Information besser mit bereits abgespeicherter Information vernetzt; falls dies nicht möglich ist, kann gleichsam ein neuer 'Unterordner' im Gehirn angelegt werden. In diesem Zusammenhang spielt es auch eine große Rolle, dass Lerninhalte in der richtigen Reihefolge vermittelt werden. Auch hier gilt wiederum das Prinzip der Vernetzens: Erst ein „roter Faden", der sich logisch durch die aufeinander folgenden Lernschritte zieht, bewirkt, dass im Gehirn neue Informationen wirklich mit dem dazu passenden alten Bereich vernetzt werden und damit „sinnvoll" werden. Eine dritte wesentliche Empfehlung in diesem Zusammenhang bezieht sich schließlich auf die Sinnhaftigkeit fächerübergreifenden und projektorientierten Lernens. Wie erwähnt, arbeitet das menschliche Gedächtnis in netzwerkartiger Form. Inhalte werden umso stabiler abgespeichert, mit je mehr Knotenpunkten sie im Gehirn verknüpft sind. Inhalte, die vielfach angebunden sind, werden nachweislich besser gemerkt als solche, die eher isoliert abgespeichert werden. So könnte im Sinne fächerübergreifenden Lernens z.B. im Rahmen einer Projektwoche ein bestimmtes Thema (z.B. Wasser) aus verschiedensten Perspektiven behandelt werden: aus chemischer Perspektive, biologischer, aber auch literarischer oder fremdsprachlicher, um nur ein Beispiel zu nennen. Vernetzen heißt aber auch, Inhalte über verschiedene Sinnesmodalitäten zu vermitteln: Wie sieht Wasser in verschiedenen Aggregatszuständen aus, wie fühlt es sich an, kann man es 'begreifen', wie klingt es? Kann man Wasser auch 'riechen'? Dabei sollten

Schüler selbst etwas tun und es anderen erklären. Wer anderen etwas lehrt, lernt am leichtesten. Unterricht, der diese Prinzipien berücksichtigt – und damit zur motivationalen Basis des Lernens – wird den Lernenden leichter die Frage nach dem ‚Wozu' eröffnen. Wenn mir klar ist, warum ich mich mit einer Sache beschäftigen soll/will, bin ich ‚lernbereiter' und für die vermittelten Inhalte eher ‚auf Empfang geschaltet'! Wenn das Interesse geweckt ist, wird Lernen lustvoll. Neugierde ist die beste Voraussetzung, um Neues aufzunehmen und zu behalten. Persönliches Interesse schafft jene positiven Gefühle, die zu einer Dopaminausschüttung in den Motivationszentren des Gehirns führen und die eine unverzichtbare Basis für effizientes Lernen darstellen. Umgekehrt behindern Angst und Stress den Weg der Information ins Gedächtnis (wegen der Aktivierung der Amygdala). Für eine dauerhafte Speicherung und den erfolgreichen Abruf von Informationen aus dem Gedächtnis sind positive Gefühle notwendig.

Über alle diese emotionalen und motivationalen Effekte, die erst durch die moderne Gehirnforschung Beachtung gefunden haben, dürfen nichtsdestoweniger einige altbekannte, grundlegende Mechanismen des Lernens, die bereits vor der Ära der modernen Gehirnforschung bekannt waren, durch diese aber zusätzlich erhärtet wurden, nicht vergessen werden. So ist der Effekt des Wiederholens nun auch neurophysiologisch nachweisbar, dahingehend, dass neuronale Schaltkreise im Gehirn umso stabiler werden, je öfter sie betätigt werden. Dabei ist aber weniger stures, mechanisches Auswendiglernen, sondern vielmehr variables Wiederholen hilfreich.

Psychologische wie auch neurophysiologische Studien haben zudem gezeigt, dass eine möglichst rasche Rückmeldung über die Richtigkeit des Gelernten überaus bedeutsam ist: Wenn der Speicherungsprozess gehirnphysiologisch noch im Gang ist, sind „Reparaturen" leichter möglich als nach erfolgter Fixierung. Ein Umlernen ist nachweislich schwieriger als Neulernen. Die Rückmeldungen sollten allerdings im Einklang mit den oben erwähnten Motivationseffekten in einem positiven emotionalen Klima erfolgen. Schon die Lernpsychologie hat gezeigt, dass positives Feedback (Verstärkung) effizienter ist als Bestrafung. Zudem ist es wichtig, beim Lernen auch entsprechende Pausen vorzusehen. Die chemischen Prozesse, die im Gehirn beim Lernen ablaufen, benötigen eine gewisse Zeit; und dieser Prozess kann umso besser ablaufen, je weniger er durch andere informationale Inputs von außen gestört wird, vor allem wenn diese aufgrund hoher Ähnlichkeit mit dem gerade Gelernten in Konkurrenz treten. Vereinzelte Studien habe gezeigt, dass Ruhe, aber auch ‚bewegte Tätigkeiten' förderlich sind für die Konsolidierung des Gelernten.

Das hier Dargelegte gilt gleichermaßen für Personen unterschiedlichster Begabung bzw. Intelligenz. Inwieweit aus der Perspektive begabungsabhängige neurowissenschaftliche Ratschläge für erfolgreiches Lernen gegeben werden könnten, ist eine bislang völlig ungeklärte Frage. Hier eröffnet sich ein spannendes neues Forschungsfeld an der Schnittstelle von Pädagogik, Gehirnforschung und der Differentiellen Psychologie als jenem Fach, welches sich mit den psychologischen Unterschieden zwischen den Menschen beschäftigt.

Literatur

Amelang, M.; Bartussek, D.; Stemmler, G.; Hagemann, D. (Hrsg.) (2006): Differentielle Psychologie und Persönlichkeitsforschung. Stuttgart

Asendorpf, J. (Hrsg.) (2004): Psychologie der Persönlichkeit: Grundlagen. Berlin

Mihaly C. (1995): Die außergewöhnliche Erfahrung im Alltag. Die Psychologie des flow-Erlebnisses. Stuttgart

Gardner, H. (1991): Abschied vom IQ. Die Rahmen-Theorie der vielfachen Intelligenzen. Stuttgart

Goleman, D. (1997): Emotionale Intelligenz. München

Kelly, A. M. C.; Garavan, H., (2005): Human functional neuroimaging of brain changes associated with practice. Cereb. Cort. 15, S. 1089-1102

Heller K. A.; Mönks, F. J.; Passow, H. (Hrsg.) (2000): International Handbook of Research and Development of Giftedness and Talent. Oxford

Maguire, E. A.; Gadian, D. G.; Johnsrude, I. S. et al. (2000): Navigation-related structural change in the hippocampi of taxi drivers. PNAS 97, S. 4398-4403

Neubauer, A.; Stern, E. (2007): Lernen macht intelligent. Warum Begabung gefördert werden muss. Berlin u. München

Plomin, R.; DeFries, J. C.; McClearn, G. E.; Rutter, M. (1999): Gene, Umwelt und Verhalten – Einführung in die Verhaltensgenetik. Bern

Rindermann, H. (2003): Entwicklung und Förderung kognitiver Fähigkeiten. In: Uslucan, H. H.; Born, A. (Hrsg.): Studientexte Entwicklungspsychologie. Köln, S. 95-145.

Salovey, P.; Mayer, J. D. (1990: Emotional intelligence. In: Imagination, Cognition, and Personality 9, S. 185-211

Schachl, H. (2005): Was haben wir im Kopf? Die Grundlagen für gehirngerechtes Lernen. Linz

Schulze, R.; Freund, P. A.; Roberts, R. D. (Hrsg.) (2005): Emotionale Intelligenz: Ein Internationales Handbuch. Göttingen

Stern, E.; Guthke, J. (Hrsg.) (2001): Perspektiven der Intelligenzforschung. Lengerich

Titus Guldimann

Adaptive Lehrkompetenz – das Wissen der Lehrpersonen über guten Unterricht

1 Problemstellung

1.1 Aus Sicht der Unterrichtspraxis

Was ist guter Unterricht? Dieser Frage ging Claudio, ein 11-jähriger Schüler einer fünften Jahrgangsklasse, im Rahmen einer Projektwoche nach. In einem Briefwechsel mit mir erkundigte sich Claudio über meine Tätigkeit als Lehr- und Lernforscher. Ein Auszug aus dem Brief von Claudio:

„Für mich ist es ein guter Unterricht, wenn alle Kinder mitdenken und mitmachen können. Ein guter Lehrer oder eine gute Lehrerin ist für mich jemand, der streng ist aber doch nett. Ich kann gut lernen, wenn alle Kinder beim Arbeiten für sich selber schauen und wenn wir miteinander Gruppenarbeiten machen. Ich habe in der Klasse eine Umfrage gemacht zum Thema ,Lernen'. Zu jeder Frage haben die Kinder aus meiner Klasse Antworten geschrieben. Ich lege Ihnen die Umfrage bei. Jetzt habe ich noch ein paar Fragen an Sie: Nützen diese Forschungen etwas, die Sie machen? […]"

Neben der berechtigten Frage nach dem Nutzen von Forschung äußert sich Claudio über sein Bild von gutem Unterricht und von den Bedingungen guten Lernens. Im Anhang legt er die Ergebnisse seiner Umfrage bei, aus denen ich einzelne Schülerantworten ausgelesen habe: „Ich lerne am besten..."

– *wenn es mir die Lehrerin gut erklärt. (Larissa)*

– *wenn alle ruhig sind und niemand stört, wenn ich mich fest auf die Arbeit konzentriere. (Ehat)*

– *wenn der Unterricht sehr vielseitig ist und etwas kompliziert ist, wenn mich die Sache fordert und mir das Ganze etwas bringt. (Dominic)*

– *wenn es ruhig ist im Schulzimmer und das, was ich lernen muss, nicht kompliziert ist. (Nadja)*

– wenn ich mich gut konzentrieren kann und wenn ich im Stützunterricht bei Frau S. arbeiten darf. (Ilharia)
Die Antworten dieser Schülerinnen und Schüler sind exemplarisch für die unterschiedlichen Ansprüche und Lerneigenschaften der Schülerinnen und Schüler. Zudem: Oft kaum beachtet ist das Wissen der Schüler/-innen über hilfreiche und fördernde Lernbedingungen. Die Schüler/-innen verfügen über ein metakognitives Wissen über fördernde Lernbedingungen im Unterricht. Für jede Lehrperson sind diese Äußerungen in ihrer Vielfalt eine Herausforderung und eine Chance. Umgang mit Heterogenität oder Vielfalt wird häufig idealisiert und durch organisatorische Maßnahmen eingeschränkt. Die Bildung von vermeintlich homogenen Jahrgangsklassen ist zwar verständlich aus der Sicht der Lehrpersonen, sie trägt jedoch vielerorts der Vielfalt und den unterschiedlichen Lernvoraussetzungen und -bedingungen der Schüler/-innen nicht Rechnung. Was hier Claudios Umfrageergebnisse zeigen, ist oft eine der größten unterrichtlichen Herausforderungen für Lehrpersonen: die Vielfalt der Schülerinnen und Schüler, verbunden mit dem Anspruch, allen gerecht zu werden.

Dieser Anspruch bedeutet eine Überforderung der Lehrperson und die Gefährdung im Sinne eines Burnouts. Die Lehr- und Lernforschung ist bis anhin auf diese Herausforderung ohne Antwort geblieben. Der Einbezug der Schülerinnen und Schüler bei der Gestaltung der Lehr-Lernbedingungen ist jedoch auch eine Chance, die von den Lehrpersonen zu wenig genutzt wird. Die Vielfalt der Schülerinnen und Schüler ist eine der zentralen Herausforderungen für die Lehrpersonen, auf welche die Lehr-Lern-Forschung kaum Antworten gibt.

1.2 Aus Sicht der Unterrichtsforschung
Die Unterrichtsforschung als junge Forschungsdisziplin hat innert kurzer Zeit einige bemerkenswerte Ergebnisse hervorgebracht. So zeigt beispielsweise die Scholastikstudie von Weinert und Helmke (1997), dass unterschiedlichste Unterrichtsmuster zu Lernerfolg führen können. Die Klarheit und Strukturiertheit des Unterrichts, die Klassenführung und das Aktivitätsniveau der Klasse bilden wichtige Indikatoren für lernwirksamen Unterricht.
Im Weiteren haben Ergebnisse aus der Unterrichtsforschung Merkmale des guten Unterrichts definiert (vgl. Carroll 1963; Rutter 1979; Wang 1993). Diese Forschungsergebnisse zählen verschiedene bedeutsame Merkmale von gutem Unterricht auf. Neben der Klarheit und Strukturiertheit des Unterrichts werden die Kenntnis der Sachinhalte, die Klarheit der Vermittlung, die Vielfalt der Methoden und die konsequente Klassenführung und Zeitnutzung

immer wiederum betont, ebenso werden die Förderung des eigenständigen Lernens, die anspruchsvollen und transparenten Ziele und Erwartungen sowie die individuelle Passung und das lernfördernde Klima als zentrale Merkmale guten Unterrichts aufgezählt. Offen bleibt dabei die Frage nach dem Fachbezug, der Kombination und der Ausprägung dieser Merkmale. Selbstverständlich können nicht alle Merkmale vollständig und umfassend erfüllt werden. Doch die Lehrperson, die im Blick auf eine Klasse eine Mathematiklektion vorbereitet, fragt sich, was diese Unterrichtsmerkmale für sie bedeuten. Zudem soll nur kurz auf weitere kritische Punkte verwiesen werden:

– In den meisten Fällen beziehen sich die unterrichtsbezogenen Merkmalskategorien auf den kognitiven Lernerfolg. Musische, kreative oder überfachliche Kompetenzen wie Problemlösefähigkeiten oder eigenständiges Lernen werden ausgeblendet.

– Wird im Alltagsverständnis der Person bzw. der Persönlichkeit der Lehrerin und des Lehrers große Beachtung geschenkt, so wird sie in der Lehr- und Lernforschung ausgeblendet.

– Die Merkmale guten Unterrichts sind oft additive Aufzählungen, die in ihrer Kombination nicht weiter ausgeführt und erörtert werden. Vereinfacht fragt sich dann die Lehrperson: Ist umso mehr umso besser?

Die Erforschung guten Unterrichts ist grundsätzlich auch eine Frage des Gütekriteriums. Was heißt gut? Für welches Bildungsziel? Gut für wen: heißt das Wechselwirkung zwischen den Schülerinnen und Schülern, den Schülern und der Klasse oder der Lehrperson und den einzelnen Schülerinnen und Schülern? Gut für welche Situation? Gut für eine Promotion oder gut für die Berufs- und Lebensbewältigung? Gut, meint das, gemessen an den individuellen Lernvoraussetzungen der Schüler/-innen, oder meint das gut für die Schule oder die Gesellschaft? Die Frage der Gütekriterien wird oft in der Einleitung oder bei der Diskussion der Forschungsberichte erwähnt, in der Anlage der Forschung zeigt sich ein traditionelles Verständnis des Lernzieles im Sinne der kurzfristigen Lernerfolge.

2 Das Konzept ‚Adaptive Lehrkompetenz'

Schulisches Lernen erfolgt in einem Setting, in dem die Lehrperson und die Schülerinnen und Schüler Lernprozesse organisieren mit dem Ziel des Wissenserwerbs, dem Erwerb von Fertigkeiten oder der Entwicklung von Kompetenzen. Wenn dieses Lehr-Lern-Geschehen für möglichst viele Schülerinnen und Schüler mit verschiedenem Vorwissen, unterschiedlichen Lernvoraussetzungen und mit je unterschiedlich verlaufenden Lernprozessen er-

folgreich abläuft, sprechen wir von gutem Unterricht. Nachhaltig wirken sich die Lernprozesse dann aus, wenn sie zu anwendbarem Wissen führen, das dem Handeln und Problemlösen dient und Voraussetzungen für den Erwerb und die Differenzierung von neuem Wissen schafft. Eine Lehrperson, die es schafft, das Lehr-Lern-Geschehen unter bestmöglicher Berücksichtigung der
– inhaltlichen Anforderungen des Unterrichtsinhaltes (Sachkompetenz),
– der Vielfalt der Wissens- und Lernvoraussetzungen und der Lernverläufe der Schülerinnen und Schüler sowie der situativen Aspekte des Lernens (diagnostische Kompetenz),
– der Möglichkeiten und Chancen der didaktischen Gestaltung der Lernsituation (didaktische Kompetenz),
– der pädagogischen Maßnahmen zur Führung einer Schülergruppe oder Klasse (Klassenmanagement)
erfolgreich zu orchestrieren, verfügt über eine gut entwickelte und differenzierte adaptive Lehrkompetenz. Adaptive Lehrkompetenz besteht aus dem Zusammenspiel der vier Dimensionen:
– Sachkompetenz,
– diagnostische Kompetenz,
– didaktische Kompetenz und
– Klassenführungskompetenz.
Ausgerichtet auf das Ziel, den Lernenden das Verstehen des Unterrichtsgegenstandes zu ermöglichen, werden diese vier Dimensionen von der Lehrperson geeignet koordiniert. Eine Lehrperson mit adaptiver Lehrkompetenz hat wie der Dirigent eines Orchesters die Möglichkeit, die notwendigen Elemente für die gelungene Aufführung eines Werkes so zu orchestrieren, dass sich die einzelnen Komponenten zu einem Ganzen fügen, das mehr ist als die Summe der einzelnen Teile. Auf die Schulsituation übertragen bedeutet dies, dass es der mit hoher adaptiver Lehrkompetenz ausgestatteten Lehrperson gelingt,
– bei aller Individualität und Heterogenität der Schülerinnen und Schüler,
– in genauer Kenntnis des Unterrichtsinhalts,
– unter Ausschöpfung eines didaktischen Repertoires und
– durch Führung und Begleitung des Lernenden, einer Lerngruppe oder Schulklasse
den Unterricht so zu gestalten, dass möglichst viele Schülerinnen und Schüler ihren Voraussetzungen und Möglichkeiten entsprechend lernen und verstehen können. Eine Lehrperson mit adaptiver Lehrkompetenz schafft optimale Voraussetzungen für einen „guten Unterricht".

Sind die einzelnen Dimensionen von adaptiver Lehrkompetenz zu gleichen Teilen für das Gelingen eines guten Unterrichts verantwortlich? Ist es das besondere Zusammenspiel dieser Dimensionen, das zu optimalen Lehr-Lern-Prozessen im schulischen Lernen führt? Welche Auswirkungen haben Schwächen in den einzelnen Dimensionen? Haben diese Dimensionen in jeder Phase des Unterrichts dieselbe Bedeutung, oder sind sie etwa in den für die Lehrerausbildung als relevant unterschiedenen Phasen des Planens von Unterricht und des Handelns im Unterricht unterschiedlich stark beteiligt (z.B. Alter, Berufserfahrung, Schulstufe)? Wie kann der Erwerb bzw. die Entwicklung der Dimensionen in der Aus- und Weiterbildung von Lehrpersonen gefördert werden? Solche Fragen stehen im Zusammenhang mit dem Konzept „Adaptive Lehrkompetenz". Erste Antworten und Klärungen wurden in der Studie von Beck et al. (2008) empirisch untersucht.

Das Attribut „adaptiv" verdeutlicht den Prozesscharakter des Konzepts. Eine adaptive Lehrperson ist sensibilisiert für die Wahrnehmung von Verschiedenartigkeit bei den Lernvoraussetzungen, den Lern- und Problemlöseverhaltensweisen ihrer Schülerinnen und Schüler. „Adaptiv-Sein" bedeutet, Unterschiede bei den Lernenden und Schlüsselmomente in Lehr-Lern-Prozessen wie Nicht-Verstehen, Abschweifen oder Störungen wahrzunehmen und mit angemessenen didaktischen Maßnahmen darauf zu reagieren.

„Adaptiv-Sein" bedeutet aber auch, Situationsmomente und Handlungsalternativen im Lehr-Lern-Geschehen – sowohl in der Unterrichtsplanung als auch während des Unterrichts – zu antizipieren und bereit zu sein zu reagieren, wenn eine Handlungsanpassung an eine neue Situation erwünscht bzw. erforderlich ist. Maßgebend für solche Anpassungen ist jeweils das Lernen der Schüler als Individuen. Adaptive Lehrkompetenz bildet die Grundlage für pädagogische, psychologische und didaktische Maßnahmen und für eine subjektorientierte Betrachtungs- und Handlungsweise der Lehrperson beim Unterrichten.

2.1 Adaptive Lehrkompetenz und Metakognition

Das Wissen, auf das die Lehrperson für ihr adaptives Unterrichten zurückgreift, kann als metakognitives Wissen über das Lernen der Klasse und der Schülerinnen und Schüler bezeichnet werden. Es ist diese Metakognition, die es der Lehrperson möglich macht, die vier Dimensionen Sachkompetenz, diagnostische, didaktische Kompetenz und Klassenführungskompetenz untereinander zu koordinieren, dass bei den Schülerinnen und Schülern das Verstehen einer Sache möglich wird. Stellvertretend für den noch nicht oder erst teilweise eigenständig lernenden Schüler übernimmt es der Lehrer, dessen

Lernen im Sinne der Metakognition zu steuern und zu überwachen. Ziel der Lehrperson ist jedoch, dass die Schülerinnen und Schüler ihren Wissensaufbau (Sachkompetenz) zunehmend selber steuern und dass sie zunehmend auch ihre Lernfortschritte selber beurteilen können (diagnostische Kompetenz). Zudem sollen sie in der Lage sein, selber Lernsettings einzurichten, die Lernerfolg erwarten lassen (didaktische Kompetenz). Zum eigenen metakognitiven Wissen gehört auch, dass die Schülerinnen und Schüler eigenständiger die geeigneten Rahmenbedingungen für ihr Lernen herstellen und aufrechterhalten. Dieser Selbstmanagementkompetenz entspricht auf der Seite der Lehrperson die Klassenführungskompetenz.

2.2 Planungs- und Handlungskompetenz

Adaptive Lehrkompetenz umfasst neben den vier Dimensionen auch das Planungs- und Handlungswissen. Bei der Unterrichtsplanung wird auf der Grundlage des Sachwissens und dem Wissen über die Klasse und deren Schülerinnen und Schülern Unterricht vorbereitet. Diesem adaptiven Planungswissen kommt beim unterrichtlichen Handeln eine handlungssteuernde Funktion zu. Dabei wird bei der Planung ein idealtypischer Unterrichtsverlauf antizipiert. Dieser Verlauf wird bei der Unterrichtsdurchführung entsprechend der unterrichtlichen Situationsauffassung und dem Handlungswissen (z.B. Routinen) der Lehrperson modifiziert, d.h. situationsgebunden adaptiert. Deshalb sprechen wir bei der Unterrichtsvorbereitung von adaptiver Planungskompetenz. Entsprechend bezeichnen wir das im Unterricht verwendete lern- und verstehensbezogene Wissen zur situationsbezogenen Anpassung des Unterrichts als *adaptive Handlungskompetenz*.

2.3 Voraussetzungen für adaptive Lehrkompetenz

Von einer Lehrperson mit hoher adaptiver Lehrkompetenz werden entsprechend den unterschiedenen vier Dimensionen unterschiedliche Kompetenzen vorausgesetzt:

– reichhaltiges, flexibel nutzbares Sachwissen, in dem sich die Lehrperson leicht und rasch geistig bewegen kann (Sachkompetenz);

– die Fähigkeit, bezogen auf den jeweiligen Unterrichtsgegenstand die Lernenden bezüglich ihrer Lernvoraussetzungen und -bedingungen (Vorwissen, Lernweisen, Lerntempo, Lernschwächen usw.) sowie ihrer Lernergebnisse zutreffend einschätzen zu können (diagnostische Kompetenz);

– reichhaltiges methodisch-didaktisches Wissen und Können, wozu auch gehört, dass die Lehrperson die Vor- und Nachteile der einsetzbaren didaktischen Möglichkeiten und die Bedingungen kennt, unter denen diese Erfolg versprechend eingesetzt werden können (didaktische Kompetenz) sowie – die Fähigkeit, eine Klasse so zu führen, dass sich die Lernenden als Voraussetzung für den Lernfortschritt und Lernerfolg aktiv, anhaltend und intensiv (time on task) mit dem Unterrichtsgegenstand auseinandersetzen können (Klassenführungskompetenz).

2.4 Bedeutung der Sachkompetenz

Jemand, der sich in einer Sache sehr gut auskennt, ist besser in der Lage, die Sache gegenüber Lernenden flexibel zu „vertreten" und sich beim Wissensaufbau adaptiv auf die Lernenden mit ihren Stärken und Schwächen zu beziehen. Reichhaltiges, differenziertes und klar strukturiertes, transparent gewordenes Sachwissen mit hoher operativer Beweglichkeit (im Sinne Piagets und Aeblis) ist deshalb eine notwendige Voraussetzung für die adaptive Planungs- und die adaptive Handlungskompetenz. Für Weinert, Schrader und Helmke (1990, S. 190 f.) umfasst dieses Sachwissen die Kenntnis des zu vermittelnden Stoffes und entspricht damit dem bereichsspezifischen Wissen, über das Experten des jeweiligen Inhaltsbereichs verfügen. Es umfasst deklarative wie prozedurale Anteile, d.h. sowohl die Kenntnis von Konzepten und Fakten als auch von Algorithmen und Heuristiken. Darüber hinaus enthält es Annahmen über die Lehrziele, die Schwierigkeiten des Stoffes und den curricularen Aufbau der zu vermittelnden Inhalte.

2.5 Diagnostische Kompetenz

Auf Grund ihrer diagnostischen Kompetenz ist es der Lehrperson möglich, die Lernvoraussetzungen und den aktuellen Lernstand seitens der Schüler (Vorwissen, allgemeine kognitive Fähigkeiten, fachspezifische Fähigkeiten) zu ermitteln. Je zutreffender die Diagnose ist, desto adaptiver kann das anschließende unterrichtliche Angebot gestaltet und desto angepasster kann das Lernen begleitet und unterstützt werden. Mit ihrer diagnostischen Kompetenz ist die Lehrperson auch in der Lage, die Lernfortschritte der Schüler adaptiv zu beurteilen. Abhängig von dieser Beurteilung gestaltet sich der weitere didaktisch adaptive Unterricht.

Weinert, Schrader und Helmke (1990) verstehen unter diagnostischem das personenbezogene Wissen „[...] die Kenntnis, die der Lehrer über seine Schüler hat. Es umfasst sowohl das allgemeine Wissen über Schüler bestimmter Alters- und Schulstufen, deren typische Leistungsfähigkeiten und die bei ihnen zu erwartenden Schwierigkeiten als auch das Wissen über Besonderheiten, Stärken und Schwächen der eigenen Klasse und der einzelnen

Schüler. Auch das diagnostische Wissen lässt sich durch Schemata unterschiedlichen Allgemeinheitsgrades charakterisieren, die von Schemata über Schüler im Allgemeinen bis hin zu ganz speziellen Personenschemata reichen. Die Art und Weise, wie diese Schemata organisiert sind, dürfte eine wesentliche Bedingung für die Effizienz der Wissensnutzung sein. Die Schemata steuern nämlich die Informationsaufnahme im Unterricht, beeinflussen die Interpretationen und Schlussfolgerungen des Lehrers über das Verhalten der Schüler und sind damit eine wichtige Determinante seiner Urteilsbildung und deren Genauigkeit (S. 191)."

Einer der Zusammenhänge zwischen Sachkompetenz und diagnostischer Kompetenz lässt sich wie folgt kennzeichnen: Wer einen Sachverhalt sehr gut kennt, kann besser voraussagen, wie sich bei jemandem, für den der Sachverhalt neu ist, der Wissensaufbau vollziehen wird. Ebenso kann jemand, der die Voraussetzungen der Lernenden hinsichtlich Interesse, allgemeine kognitive (Intelligenz) und bereichsspezifische (fachliche) Fähigkeiten und vorhandenes Vorwissens kennt, Schwierigkeiten im Lernprozess antizipieren. Fachdidaktische Kenntnisse lassen fachspezifisch förderliche und hinderliche Voraussetzungen und Bedingungen für das Lernen erkennen. Dank solcher Diagnosen kann der Lernprozess durch entsprechend adaptiv gestaltete didaktische Arrangements besser gefördert werden. Die Lernenden können in ihren Lernprozessen gezielter begleitet und unterstützt werden. Zu erwartende fachspezifische Schwierigkeiten der Lernenden lassen sich voraussehen und es ist möglich abzuschätzen, wie viel Zeit für das Lernen voraussichtlich beansprucht wird. Je besser jemand die Eigenschaften eines Lernenden kennt und aus allgemeiner kognitiver und metakognitiver sowie fachbezogener Perspektive beurteilen kann, desto besser kann er im Voraus abschätzen, wo das Verstehen der Sache schwer und wo es leicht fallen kann. In der Folge vermag er Sachverhalt und Lernenden adaptiver und damit lernförderlicher aufeinander zu beziehen.

Nach Schrader (1997, S. 675 f) gibt die Diagnose Aufschluss darüber, welche der vermittelten Lehrziele beherrscht und welche noch nicht beherrscht werden. Diese Information zeigt dem Lehrer, welche Ziele im Unterricht erneut behandelt werden müssen, geben also gewissermaßen Aufschluss über den Standort eines Schülers innerhalb des Curriculums. Sie informieren den Lehrer darüber, was zu unterrichten ist, geben aber keinen gezielten Aufschluss darüber, wie zu unterrichten ist. Zu diesem Zweck müssen Informationen über allgemeine Lernvoraussetzungen und Eignungsmerkmale, die den Lernerfolg in bestimmten Lernsituationen und bei bestimmten Unterrichtsformen determinieren (aptitudes), vorhanden sein. Solche allgemeinen Lernvoraussetzungen sind vor allem allgemeine und spezifische kognitive Fähigkeiten, motivationale Merkmale und kognitive Stile.

2.6 Didaktische Kompetenz

Ziel didaktischer Maßnahmen ist es, Lernenden (Sach-)Einsicht bzw. den (eigenständigen) Aufbau von Handlungs-, Wissens- und Denkstrukturen zu ermöglichen, denen qualitativ die folgenden vier Gütemerkmale (Reusser 1995, S. 101) entsprechen:
- Transparenz der aufgebauten Strukturen,
- geistige Beweglichkeit in den aufgebauten Strukturen,
- Stabilität und
- Anwendungsfähigkeit.

Lehrpersonen, die über ein reichhaltiges Repertoire an didaktischen Formen verfügen und die viel reflektierte Unterrichtserfahrung haben, können ihren Unterricht adaptiver gestalten als solche mit weniger Wissen um das didaktische Repertoire. Für Weinert, Schrader und Helmke (1990) betrifft dieses Wissen „den methodischen Aspekt der Stoffvermittlung. Darunter fällt das implizite und explizite Wissen des Lehrers, wie der Unterricht aufgebaut und gestaltet werden sollte, um bestimmte Ziele zu erreichen. Angenommen wird, dass die erfolgreiche Durchführung einer Unterrichtsstunde auf Grund eines mentalen Plans erfolgt. Dieser setzt sich aus verschiedenen Aktivitätsstrukturen oder Episoden zusammen, die die zentralen Segmente des Unterrichts markieren. Die schemaartige Organisation dieser Handlungselemente bedeutet u.a., dass die zugrunde liegende Wissens-Struktur Leerstellen aufweist, die zur Realisierung eines konkreten Handlungsablaufs gefüllt werden müssen (z.B. durch geeignetes Sach- und Personenwissen). Eine wichtige Rolle für effektives Handeln spielen dabei Unterrichtsroutinen, die eine effiziente Bewältigung häufig auftretender Situationen und Anforderungen gestatten und den Handelnden mental entlasten (S. 190)."

Nach bisherigen Forschungsergebnissen hat sich das auf den ersten Blick im Widerspruch zu reformpädagogischen Idealen stehende Unterrichtsverfahren der direkten Instruktion bewährt. Entgegen kritischen Einwanden geht es um „das Gegenteil eines bornierten Paukunterrichts" (Helmke u. Weinert 1997, S. 135), wenn das Lernen der Schüler stark durch den Lehrer gesteuert wird. „Er gibt die Ziele vor; zerlegt den Unterrichtsstoff in kleine überschaubare Einheiten; vermittelt das notwendige Wissen; stellt Fragen unterschiedlicher Schwierigkeit, so dass der jeweils antwortende Schüler die richtige Lösung mit großer Wahrscheinlichkeit finden kann; er sorgt für ausreichende Übung; kombiniert in zweckhafter Weise Klassen-, Gruppen- und Individualarbeit;

kontrolliert beständig die Lernfortschritte der einzelnen Kinder und hilft in möglichst unauffälliger Art bei der Vermeidung oder Überwindung von Lernschwierigkeiten" (Helmke u. Weinert 1997, S. 136). Adaptive Lehrkompetenz bedeutet in didaktischer Hinsicht eine empiriegestützte Beurteilung von unterschiedlichen Unterrichtsverfahren und ihre darauf abgestützte adaptive Verwendung im Unterricht, je nach den vorhandenen Bedingungen und den angestrebten Zielen.

2.7 Klassenführungskompetenz

Mit der Kompetenz, eine Klasse zu führen, schafft eine Lehrperson die Grundvoraussetzungen und setzt die Rahmenbedingungen, damit systematisches Lernen im Unterricht überhaupt möglich ist. Untersuchungen zur Klassenführung von Berufseinsteigenden und erfahrenen Lehrpersonen zeigen in Bezug auf die Klassenführung die Wechselwirkung zwischen adaptiver Planungs- und adaptiver Handlungskompetenz: Während sich die Novizen in ihrer Klassenführung auf disziplinarische Maßnahmen konzentrieren, gelingt es den erfahrenen Lehrpersonen auf Grund ihrer adaptiven Planungskompetenz, Konflikte in der Klassenführung gar nicht erst aufkommen zu lassen, weil der Unterricht durch sorgfältige Planung sachlich und in Bezug auf die Lernenden gut strukturiert ist, adäquates Lernmaterial bereitgestellt ist und rechtzeitig und konsequent die erwünschten Verhaltensregeln in der Klasse etabliert wurden (Helmke 2002).

Weinert, Schrader und Helmke (1990) sprechen von klassenführungsbezogenem Wissen: „Die Klassenführung betrifft die Organisation des Unterrichts, das heißt die Sicherstellung von Rahmenbedingungen für eine effektive Stoffvermittlung. Dabei geht es besonders um die Herstellung einer störungsfreien Unterrichtsatmosphäre und um die schnelle Beseitigung aufgetretener Störungen. Bei dem dafür erforderlichen Managementwissen dürfte es sich um hochgradig proceduralisierte Wissensbestände handeln, die über kognitive Auslöseschemata für typische Ereignisse und Ereignisabfolgen im Klassenzimmer handlungsrelevant werden (Doyle 1979). Explizites deklaratives Wissen dürfte dabei von untergeordneter Bedeutung sein. Konkret handelt es sich um Wissen darüber, welche förderlichen und beeinträchtigenden Ereignisse bei bestimmten Unterrichtsformen und -abläufen mit welcher Wahrscheinlichkeit zu erwarten sind, welche Konsequenzen sie vermutlich haben, ob Anzeichen für Störungen enthalten sind und wie die damit verbundenen Probleme am besten gelöst werden können (vgl. Doyle 1986; Kounin 1976)" (S. 190).

2.8 Orchestrierung der Dimensionen Sachkompetenz, diagnostische und didaktische Kompetenz sowie der Klassenführungskompetenz

2.8 Orchestrierung der Dimensionen Sachkompetenz, diagnostische und didaktische Kompetenz sowie der Klassenführungskompetenz

Zusammenfassend kann gesagt werden, dass adaptive Lehrkompetenz die Fähigkeit einer Lehrperson bezeichnet, ihren Unterricht so auf die individuellen Voraussetzungen und Möglichkeiten der Lernenden anzupassen, dass möglichst günstige Bedingungen für individuell verstehendes Lernen entstehen und beim Lernen aufrechterhalten bleiben. Dafür braucht es die situations- und kontextsensitive Orchestrierung der vier dargestellten Dimensionen. Im Fokus der Aufmerksamkeit der Lehrperson stehen die individuellen Lernprozesse der Schülerinnen und Schüler, die optimal in Gang gesetzt, in Gang gehalten, unterstützt und in Bezug auf ihr Ergebnis möglichst förderlich für das weitere Lernen beurteilt werden. Mit dieser hohen Subjektorientierung stellt adaptive Lehrkompetenz eine Idealvorstellung für die Planung und Durchführung von Unterricht dar. Dieses Ideal ist für die Lehrperson beim konkreten Planen und bei der Durchführung des Unterrichts wegleitend. Die praktische Umsetzung kann jedoch selten in der vollen Ausprägung der Idealvorstellung

erfolgen. Unter Berücksichtigung der vorhandenen realen Gegebenheiten des Lehrens und Lernens in der Schule ist die Lehrperson mit hoher adaptiver Lehrkompetenz darum bemüht, diesem Ideal möglichst nahe zu kommen.

3 Studie zur adaptiven Lehrkompetenz

3.1 Zielsetzung der Studie

3.1 Zielsetzung der Studie

Zur Überprüfung des Konzepts ‚Adaptive Lehrkompetenz' wurde ein Forschungsprojekt (vgl. Beck et al. 2008) durchgeführt, dass auf folgende Erkenntnisse zielt:

– Beschreibung der adaptiven Lehrkompetenz von Lehrerinnen und Lehrern im naturwissenschaftlichen Unterricht

– Konstruktion und Evaluation von Messinstrumenten zur Erfassung von adaptiver Lehrkompetenz im naturwissenschaftlichen Unterricht

– Intervention zur Förderung adaptiver Lehrkompetenz durch ein fachspezifisch-pädagogisches Coaching

– Erfassung der Wirkung des fachspezifisch-pädagogischen Coachings auf die adaptive Lehrkompetenz der Lehrpersonen

– Erfassung der Wirkung der adaptiven Lehrkompetenz auf die Verstehensleistungen der Schülerinnen und Schüler

Diese Ziele wurden in zwei Studien (I und II) in einem quasi-experimentellen Forschungsdesign unter Feldbedingungen überprüft. Das Setting der beiden

Studien wurde in einer quasi-experimentellen Feldstudie integriert und mit denselben Probanden durchgeführt:

– Studie I: Analyse der Struktur und Wirkung adaptiver Lehrkompetenz
– Studie II: Überprüfung der Veränderbarkeit der adaptiven Lehrkompetenz durch die Intervention und deren Wirkung auf die Leistungen der Schülerinnen und Schüler

3.2 Exkurs: Förderung der adaptiven Lehrkompetenz durch fachspezifisch-pädagogisches Coaching (Content-Focused Coaching)

Für die Förderung der adaptiven Lehrkompetenz wurde ein Ansatz gesucht, welcher sowohl den vier Dimensionen als auch der Adaptivität Rechnung trägt. Unserer Auffassung nach berücksichtigt das fachspezifisch-pädagogische Coaching (Content-Focused Coaching, West u. Staub 2003; Staub 2001) wesentliche Elemente zur Förderung der adaptiven Lehrkompetenz. Der Ansatz zeichnet sich durch drei zentrale Aspekte aus: (a) die Fokussierung auf die Lernprozesse der Lernenden im Unterricht, (b) die Mitverantwortung und Mitgestaltungsmöglichkeit des Coachs bei der Vorbereitung und Durchführung von Unterricht und (c) die Ausrichtung auf die jeweiligen spezifischen fachlichen und fachdidaktischen Inhalte des betreffenden Unterrichts. Aus diesen Gründen hat Fritz Staub, einer der beiden Autoren des Content-Focused Coachings, die Ausbildung und die Intervention zur Förderung von adaptiver Lehrkompetenz begleitet. Besonders wichtig bei diesem Ansatz ist, dass das individuell ausgerichtete Coaching einer Lehrperson mittels aktiver Teilnahme und Mithilfe des Coachs sich einerseits auf die konkreten Unterrichtstätigkeiten vor, während und nach der Lektion bezieht und dass andererseits die spezifischen fachlichen und fachdidaktischen Inhalte fokussiert werden. Form und Inhalt sind stringent. Zudem spricht der Coach nicht nur mit der Lehrperson über ihren Unterricht, sondern ist direkt im Unterricht beteiligt und hilft der Lehrperson auf diese konkrete und handlungswirksames Wissen und Können generierende Weise, ihren Unterricht und ihr Wissen über unterrichtliches Handeln zu entwickeln bzw. weiter zu entwickeln. Indem der Coach auch an der Unterrichtsvorbereitung und -durchführung beteiligt ist, findet das Coaching vor allem vor und während des Unterrichtens statt.

3.3 Forschungsdesigns

Für die beiden Studien ‚Analyse der Struktur und Wirkung adaptiver Lehrkompetenz' (Studie I) und ‚Veränderbarkeit der adaptiven Lehrkompetenz
durch die Intervention und deren Wirkung auf die Leistungen der Schülerinnen und Schüler' (Studie II) wurde das folgende Forschungsdesign entwickelt (vgl. Abb. 1).

	Interventionsgruppe	Kontrollgruppe (18 Klassen)
	(32 Klassen)	
2 Monate	Vortests	
	Videotest, Vignettentest, Fragebogen für Lehrpersonen, Fragebogen für Schü- lerinnen und Schüler, Leistungstest in Naturwissenschaften	
7 Monate	Intervention	Individuelle Weiterbildung
	Kurs ‚Adaptive Lehrkompetenz' (2 Tage) und fachspezifisch- pädagogisches Coaching (9 Termine à je ca. 3 Stunden)	
2 Monate	Nachtests	
	Unterrichtsreihe mit vorgegebenen Lernzielen (zum Thema Keimung von Samen) mit Messung des Leistungszuwachses bei den Schülerinnen und Schü- lern sowie des Fachwissens und der Diagnosekompetenz bei den Lehrpersonen	
1 Monat	Videotest, Vignettentest, Fragebogen für Lehrpersonen, Fragebogen für Schü- lerinnen und Schüler, Leistungstest in Naturwissenschaften	

Abb. 1: Überblick über das Forschungsdesign.
Anmerkung: 27 Lehrpersonen unterrichten auf der Primarstufe (4. und 5. Klassenstufe); 23 Lehrpersonen auf der Sekundarstufe I (7. und 8. Klassenstufe). Eine Lehrperson der Kontrollgruppe
hat nur die Vortests durchgeführt.

3.4 Ergebnisse zur Studie I: Struktur und Wirkung des Konzeptes der adaptiven Lehrkompetenz

Als Maß für die Ausprägung der adaptiven Lehrkompetenz stützen wir uns
auf die Ergebnisse der Vignette (adaptive Planungskompetenz) und des Vi-
deotests (adaptive Handlungskompetenz). Auf der Basis der Ergebnisse aus
dem Nachtest wurden die getesteten Lehrpersonen mittels hierarchischer
Clusteranalyse zwei Gruppen mit ähnlichen Ausprägungen in den einzelnen
erfassten Dimensionen der adaptiven Lehrkompetenz zugeteilt. Das in der
Abbildung 2 dargestellte Clusterprofil veranschaulicht die Ausprägungen in

den einzelnen Dimensionen. Die Lehrpersonen der Gruppe ‚hohe adaptive Lehrkompetenz' (AL hoch) umfasst 17 Lehrpersonen und zeichnet sich in allen Teilbereichen durch höhere Werte aus als die Gruppe ‚niedrige adaptive Lehrkompetenz' (AL niedrig). Einzig bei den diagnostischen Handlungskompetenzen erreichen die Lehrpersonen der Gruppe mit hohen adaptiven Lehrkompetenzen weniger als 50 Prozent der Maximalpunktzahl. Sie schneiden aber dennoch hoch signifikant besser ab als die Gruppe ‚niedrige adaptive Lehrkompetenz'. Die geringste Differenz findet sich mit 14 Punkten bei der Klassenführung ($t = 2.89$, $df = 47$, $p = .006$).

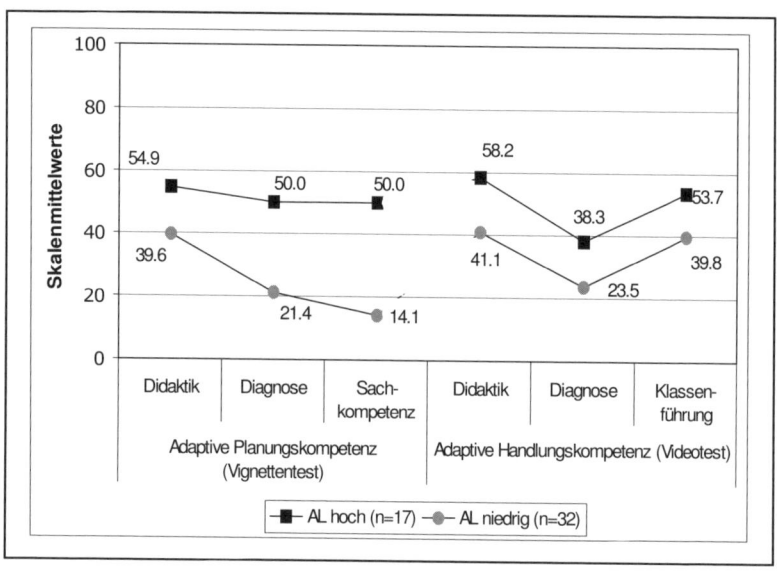

Abb. 2: Skalenmittelwerte für die beiden Gruppen der adaptiven Lehrkompetenz (Clusterprofil)

Die Bildung der beiden Gruppen anhand der Clusteranalyse wird in den folgenden Analysen als dichotomes Merkmal zur Unterscheidung von Lehrpersonen mit hoher bzw. niedriger adaptiver Lehrkompetenz verwendet.

3.5 Adaptive Lehrkompetenz und Lernerfolg

Die Hypothese lautete: Die Klassen, welche von Lehrpersonen mit hoher adaptiver Lehrkompetenz unterrichtet werden, haben einen höheren Lernerfolg als die Klassen von Lehrpersonen mit niedriger adaptiver Lehrkompetenz. Für die Prüfung der Hypothese wurde der Lernerfolg der auf Grund der Clusteranalyse gebildeten Gruppen von Lehrpersonen mit hoher bzw. niedriger adaptiver Lehrkompetenz miteinander verglichen. Der Leistungszuwachs wurde durch einen Test zu Beginn und am Ende der Unterrichtsreihe ‚Keimung von Samen' untersucht. In Bezug auf den Leistungszuwachs während der Unterrichtsreihe ‚Keimung von Samen' finden sich signifikante Unterschiede zwischen den Klassen von Lehrpersonen mit hoher bzw. niedriger adaptiver Lehrkompetenz.

3.6 Das Verhältnis der adaptiven Planungs- zur adaptiven Handlungskompetenz

Die Hypothese lautete: Die adaptive Planungskompetenz der Lehrpersonen korreliert mit ihrer adaptiven Handlungskompetenz. Die Planungskompetenz der Lehrpersonen wurde mit der Vignette und die Handlungskompetenz mit dem Videotest erhoben. Die adaptive Planungskompetenz der Lehrpersonen korreliert signifikant mit der adaptiven Handlungskompetenz. Der differenzierte Vergleich der didaktischen und der diagnostischen Kompetenzen zeigt folgende Ergebnisse: Die didaktischen Kompetenzen der Lehrpersonen bei der Planung von Unterricht und bei der Handlung korrelieren signifikant. Die diagnostischen Kompetenzen bei der Planung und bei der Handlung korrelieren ebenfalls signifikant.

3.7 Ergebnisse zur Studie II: Intervention zur Veränderung der adaptiven Lehrkompetenz und deren Wirkung auf die Leistungen der Schülerinnen und Schüler

Die Haupthypothese der Studie II lautete: Die Lehrpersonen der Interventionsgruppe entwickeln ihre adaptive Lehrkompetenz stärker als diejenigen der Kontrollgruppe. Es wurden zwei Bereiche adaptiver Lehrkompetenz gemessen: adaptive Planungskompetenz mit dem Vignettentest und adaptive Handlungskompetenz mit dem Videotest. Die Ergebnisse lauten wie folgt: Die adaptive Planungskompetenz nimmt bei den Lehrpersonen beider Gruppen (Interventions- und Kontrollgruppe) zwischen dem Vor- und Nachtest zu. Die Interventionsgruppe hat einen Zuwachs von 14.0, die Kontrollgruppe von 7.8 Punkten zu verzeichnen. Im Vortest wurde von beiden Gruppen durchschnittlich höchstens ein Drittel der möglichen Punktzahlen erreicht; im

Nachtest bis zu 45 Prozent. Beide Gruppen zeigen einen ebenfalls statistisch signifikanten Zuwachs für die Dimensionen Diagnose und Didaktik. Zur Überprüfung der Interventionseffekte auf die adaptive Planungskompetenz zeigt sich ein signifikanter Interventionseffekt für die adaptive Planungskompetenz zugunsten der Interventionsgruppe (vgl. Abb. 2). Dies bedeutet, dass der Zuwachs an Nennungen von Aspekten guten Unterrichts und adaptiver Begründungen für die Interventionsgruppe deutlich höher ausfällt als für die Kontrollgruppe.

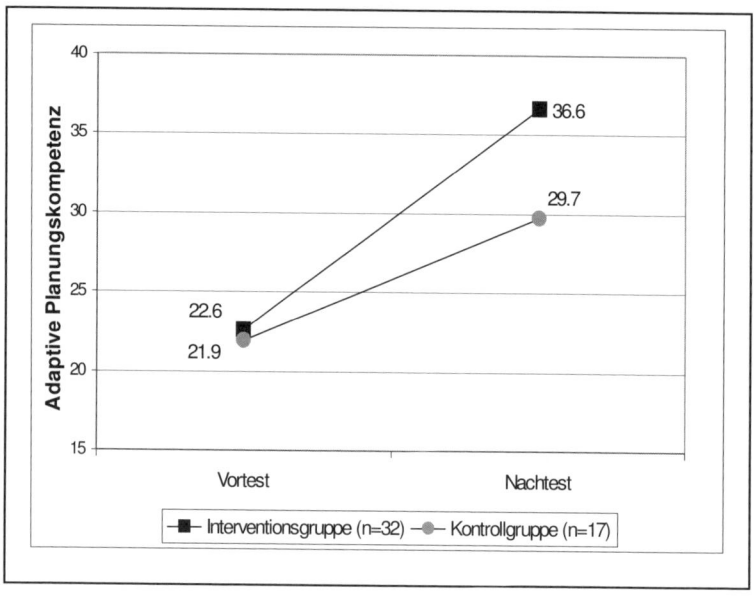

Abb. 3: Interventionseffekt für die Gesamtskala der adaptiven Planungskompetenz

Der Interventionseffekt für die adaptive Handlungskompetenz (gemessen mit dem Videotest und bestehend aus den Dimensionen Didaktik, Diagnostik und Klassenführung) ist nicht signifikant. Die Lehrpersonen beider Gruppen entwickeln ihre adaptive Handlungskompetenz in ungefähr demselben Maße. Auch für die einzelnen Dimensionen zeigen sich keine signifikanten Effekte. Alle Interventionseffekte weisen jedoch in die erwartete Richtung. Am meisten Varianz wird bei der didaktischen Handlungskompetenz erklärt. In Bezug auf die unterrichtete Schulstufe, die Berufserfahrung und das Geschlecht der Lehrperson ergeben sich keine bedeutsamen Unterschiede für die Entwicklung der adaptiven Handlungskompetenz. Um die Hypothese zu klären, müssen die beiden Bereiche der adaptiven Lehrkompetenz, die adaptive Planungs- und Handlungskompetenz, einzeln betrachtet werden. Die Hypothese wird bezüglich der adaptiven Planungskompetenz bestätigt, bezüglich der adaptiven Handlungskompetenz verworfen.

Zur Prüfung des Lernzuwachses als Folge der Intervention lautete die Hypothese: Die Schülerinnen und Schüler der Interventionsgruppe zeigen nach der Intervention im Leistungstest Naturwissenschaften einen größeren Leistungszuwachs als diejenigen der Kontrollgruppe. Die Ergebnisse des Tests in Naturwissenschaften der Primarstufe und Oberstufe zeigen, dass sich die Interventions- und Kontrollgruppe im Vortest nicht signifikant unterscheiden. Der Leistungszuwachs aller Schülerinnen und Schüler (Interventions- und Kontrollgruppe zusammen) fällt dagegen signifikant aus. Für die Hypothese besonders bedeutsam ist aber der Nachweis eines statistisch signifikanten Interventionseffektes: Die Leistungssteigerung der Interventionsgruppe ist im Vergleich zu jener der Kontrollgruppe signifikant. Betrachtet man die Resultate nach Stufen, sind es die Schülerinnen und Schüler der Interventionsgruppe der Oberstufe, die im Vergleich zur Kontrollgruppe ihren Leistungszuwachs signifikant verbessern. Die Ergebnisse auf Klassenebene verdeutlichen, dass die Schülerinnen und Schüler beider Gruppen zwischen den zwei Messzeitpunkten ihre naturwissenschaftlichen Kompetenzen erweitern konnten, die Schülerinnen und Schüler der Interventionsgruppe aber einen signifikant größeren Leistungszuwachs erreichten als ihre Kolleginnen und Kollegen der Kontrollgruppe. Weder beim Kriterium Schulstufe (Vergleich Primarstufe – Oberstufe) noch beim Kriterium Berufserfahrung (Vergleich Junglehrpersonen – Lehrpersonen mit mehr als sechs Jahren Berufserfahrung) lassen sich signifikante Unterschiede erkennen. Das Fazit zu dieser Hypothese lautet: Die Schülerinnen und Schüler der Interventionsgruppe zeigen im Leistungstest Naturwissenschaften den größeren Leistungszuwachs als die Schülerinnen und Schüler der Kontrollgruppe. Die Hypothese wird somit bestätigt.

4 Fazit

Adaptive Lehrkompetenz resultiert aus dem wechselseitigen Zusammenspiel der Sachkompetenz, der diagnostischen und didaktischen Kompetenz sowie der Klassenführung. Der Begriff der Adaptivität beschreibt den Umstand, dass diese Kompetenzen einer Lehrperson auf Grund ihrer subjektiven Wahrnehmung der Lernvoraussetzungen und der Heterogenität der Klasse planungs- bzw. handlungswirksam werden. Diese Annahme wird durch die empirischen Ergebnisse gestützt, korrelieren doch die diagnostische und die didaktische Kompetenz sowie die Klassenführung signifikant. Die mittleren Korrelationen zwischen den Lehrkompetenzen weisen jedoch darauf hin, dass es sich um unterschiedliche Kompetenzen und nicht um eine ganzheitliche Lehrkompetenz handelt.

Die vier Kompetenzen sind für den Lehr-Lernprozess von unterschiedlicher Bedeutung. Im Unterschied zur Sachkompetenz sind die didaktische und diagnostische Kompetenz sowie die Klassenführung allgemeine Kompetenzen des Unterrichtens und somit übertragbar auf verschiedene Formen und Inhalte von Unterricht. Nicht umsonst bezeichnet Oser (Oser u. Oelkers 2001) damit Gruppen von professionellen Standards des Lehrberufs. Das wesentliche Merkmal der Sachkompetenz ist dagegen ihre Fachspezifität. Diese unterschiedlichen Geltungsbereiche machen es auch verständlich, dass die Sachkompetenz mit den drei anderen Kompetenzen nicht korreliert. Nach Ansicht der Lehrpersonen ist die über Wissenstest erfasste Sachkompetenz jedoch bedeutsam für adaptiven Unterricht. Die Einschätzung der Bedeutung der Sachkompetenz durch die Lehrpersonen korreliert denn auch mit den drei anderen Kompetenzen.

Über das Zusammenspiel und die Gewichtung der Dimensionen lassen sich auf Grund unserer Studie keine eindeutigen empirischen Aussagen machen. Aus den Daten lassen sich jedoch plausible Erklärungen ableiten. Die hohe Korrelation zwischen der diagnostischen und didaktischen Kompetenz verweist auf das enge Zusammenspiel der beiden Dimensionen. Diagnose löst ein bestimmtes didaktisches Handeln aus. Das didaktische Handeln wird in seiner Auswirkung diagnostiziert und führt wiederum zu didaktischem Handeln. Die Bedeutung der beiden Dimensionen für den Unterricht ist unterschiedlich. Die diagnostische Kompetenz gibt der Lehrperson Informationen über den aktuellen Lernstand der Schülerinnen und Schüler. Ein Bewertungsmaßstab für die Diagnose sind die Lernziele. Die diagnostische Kompetenz gibt der Lehrperson Aufschluss über die Qualität des Lernergebnisses und des Lernprozesses, nicht jedoch über die didaktischen Konsequenzen.

Diese resultieren aus der didaktischen Kompetenz der Lehrperson. Die didaktische Kompetenz ist eine notwendige, aber keine hinreichende Bedingung für erfolgreichen Unterricht. Die diagnostische Kompetenz verstärkt die Wirkung der didaktischen Kompetenz. Schrader (1997) kommt in Bezug auf das Verhältnis von didaktischer und diagnostischer Kompetenz zum Schluss, dass didaktische Handlungen dann lernwirksamer sind, wenn die Lehrperson über hohe diagnostische Kompetenzen verfügt. Diagnostische Kompetenzen verstärken somit die Lernwirksamkeit der didaktischen Kompetenzen. Sowohl mit der Klassenführung als auch mit der didaktischen Kompetenz wird Unterricht gesteuert, aber mit verschiedenen Mitteln und zu unterschiedlichen Zwecken. Bei der Klassenführung wird beabsichtigt, dass sich die Klasse als Gruppe auf Grund bestimmter Anweisungen und Regeln in erwünschter Weise verhält. Im Unterricht bedeutet dies, dass sich die Schülerinnen und Schüler möglichst störungsfrei verhalten und intensiv lernen. Auf Grund ihrer didaktischen Kompetenz schafft die Lehrperson Situationen, in denen Schülerinnen und Schüler lernen können. Durch die Herstellung geeigneter Lehr-Lernsituationen steuert sie das Verhalten der Schülerinnen und Schüler mit dem Ziel, Lernen möglichst für alle zu ermöglichen. Unsere Studie zeigt tendenziell, dass Lehrpersonen mit weniger Dienstjahren eher mit der Klassenführung steuern, Lehrpersonen mit längerer Berufserfahrung dagegen eher auf Grund ihrer didaktischen Kompetenz. Die Klassenführung und die didaktische Kompetenz stehen somit in einem kompensatorischen Verhältnis zueinander.

Der Vergleich der vier Kompetenzen untereinander zeigt, dass die diagnostische Kompetenz bei der adaptiven Planungs- und Handlungskompetenz am wenigsten ausgeprägt ist. Diese Erkenntnis deckt sich mit dem Ergebnis aus PISA 2000 (Baumert, Klieme et al. 2001), gemäss dem bei den Lehrpersonen ein Defizit bei der diagnostischen Kompetenz besteht. Dabei stellt sich grundsätzlich die Frage, was unter diagnostischer Kompetenz verstanden wird. Allgemein umfasst die pädagogische Diagnostik „[…] alle diagnostischen Tätigkeiten, durch die bei einzelnen Lernenden und den in einer Gruppe Lernenden Voraussetzungen und Bedingungen planmäßiger Lehr- und Lernprozesse ermittelt, Lernprozesse analysiert und Lernergebnisse festgelegt werden, um individuelles Lernen zu optimieren" (Ingenkamp 1988, zit. in Jäger et al. 1992, S. 131). Diese allgemeine Definition lässt sich in drei diagnostische Teilhandlungen unterteilen:

a) Erkennen einer subjektiv bedeutsamen Abweichung von einer erwarteten Leistung einer Klasse, einer Schülergruppe oder einer einzelnen Schülerin oder eines einzelnen Schülers.

b) Durchführen von bestimmten Diagnosehandlungen mit dem Ziel, das nicht optimale Lernverhalten zu analysieren und besser zu verstehen und didaktisch angemessen darauf reagieren zu können.

c) Ableiten von unterstützenden Maßnahmen zur Überwindung der Lernschwierigkeiten und zur Förderung der Lernstärken (Förderdiagnostik).

Die drei Teilhandlungen können in der Abfolge rekursiv betrachtet werden: vom Erkennen, über die Analyse und Verstehen bis zur Ableitung von unterstützenden Maßnahmen. Die Folgen und Wirkung der getroffenen Maßnahmen werden wiederum überprüft und Abweichungen diagnostiziert.

In der vorliegenden Studie wurde die diagnostische Kompetenz bei der Planung mit der Vignette und bei der Handlung mit dem Videotest erhoben. Bei beiden Erhebungen wurden das Erkennen einer subjektiven Abweichung von einer erwarteten Leistung als auch das Verstehen erfasst. Die Ableitung von unterstützenden Maßnahmen erfolgt dann auf der Basis der didaktischen Kompetenz.

Das Konzept der adaptiven Lehrkompetenz ist mehr als eine andere Beschreibung für Unterricht mit hoher Qualität. Auch wenn das differenzierte Zusammenspiel der vier untersuchten Dimensionen durch diese Forschungsstudie noch nicht restlos aufgeklärt werden konnte, brachte sie doch Aufschluss darüber, dass mit dem Konzept der adaptiven Lehrkompetenz etwas erfasst wird, das sowohl für die Schule als auch für die Aus- und Weiterbildung von Lehrerinnen und Lehrern neue Impulse geben kann. Dass Lehrpersonen mit hoher adaptiver Lehrkompetenz wesentlich dazu beitragen können, dass die Lernenden trotz ihrer individuellen Unterschiede mehr lernen und besser verstehen können als dies in homogeneren Klassen der Fall ist, zeigt interessante Perspektiven für den Umgang mit Heterogenität. Die Bedeutung der adaptiven Planungskompetenz und die Wirkung des fachspezifisch-pädagogischen Coachings eröffnen neue Perspektiven für die berufswissenschaftliche Aus- und Weiterbildung von Lehrpersonen.

Literatur

Baumert, J.; Klieme, E.; Neubrand, M.; Prenzel, M.; Schiefele, U.; Schneider, W.; Stanat, P.; Tillmann, K.-J.; Weiss, M., (Hrsg.) (2001): PISA 2000. Basiskompetenzen von Schülerinnen und Schülern im internationalen Vergleich. Opladen

Beck, E.; Baer, M.; Guldimann, T.; Bischoff, S. u.a. (2008): Adaptive Lehrkompetenz. Pädagogische Psychologie und Entwicklungspsychologie, 63

Bromme, R. (1985): Was sind Routinen im Lehrerhandeln? Unterrichtswissenschaft, 13

Carroll, J. B. (1963): A model of school learning. In: Teacher College Record, 64, S. 723-733

Doyle, W. (1986): Classroom Organization and Management. In: Wittrock, M. C. (Hrsg.): Handbook of Research on Teaching, 3. Edn., New York u. London

Doyle, W. (1979): Making managerial decisions in classrooms. In: Duke, D. L. (Hrsg.): Classroom management. Yearbook of the National Society for the Study of Education. Chicago

Helmke, A.; Weinert, F. E. (1997): Bedingungsfaktoren schulischer Leistungen. In: Weinert, F. W. (Hrsg.): Enzyklopädie der Psychologie, Bd. 3: Psychologie des Unterrichts und der Schule. Göttingen u.a., S. 135 f.

Helmke, A. (2002): Kommentar: Unterrichtsqualität und Unterrichtsklima: Perspektiven und Sackgassen. Unterrichtswissenschaft, 30

Ingenkamp, K. (1988): Lehrbuch der Pädagogischen Diagnostik. Weinheim u. Basel

Jäger, R. S. (Hrsg.) (1992): Psychologische Diagnostik. München

Kounin, J. S. (1976): Techniken der Klassenführung. Bern u. Stuttgart

Oser, F.; Oelkers, J. (Hrsg.) (2001): Die Wirksamkeit der Lehrerbildungssysteme. Von der Allrounderbildung zur Ausbildung professioneller Standards. Chur u. Zürich

Reusser, K. (1995): Allgemeine Didaktik I: Grundlagen und Grundformen des Unterrichtens. Vorlesungsskript. Zürich, S. 101

Rutter, M.; Maughan, B.; Mortimore, P.; Ousten, J.; Smith, A. (1979): Fifteen thousand hours. Secondary schools and their effects on children. London

Schrader, F.-W. (1997): Lern- und Leistungsdiagnostik im Unterricht. In: Weinert, F. E. (Hrsg.): Enzyklopädie der Psychologie, Bd. 3: Psychologie des Unterrichts und der Schule. Göttingen, S. 675f.

Staub, F. C. (2001): Fachspezifisch-pädagogisches Coaching: Theoriebezogene Unterrichtsentwicklung zur Förderung von Unterrichtsexpertise. Beiträge zur Lehrerbildung, 19

Wang, M. C.; Haertel, G. D.; Walberg, H. J. (1993): Toward a Knowledge Base for School Learning. Review of Educational Research, 63, S. 249-294

Weinert, F. E.; Schrader, F.-W.; Helmke, A. (1990): Unterrichtsexpertise – Ein Konzept zur Verringerung der Kluft zwischen zwei theoretischen Paradigmen. In: Alisch, L.-M.; Baumert, J.; Beck, K. (Hrsg.): Professionswissen und Professionalisierung. Braunschweiger Studien zur Erziehungs- und Sozialarbeitswissenschaft. Bd. 28, S. 173-206. Braunschweig

West, L.; Staub, F. C. (2003): Content-Focused Coaching. Transforming Mathematics Lessons. Portsmouth NH

Autorenspiegel

Guldimann, Titus, geb. 1954, Prof. Dr.; war Primarlehrer an schweizerischen Schulen; führte Projekte des Schweizerischen Nationalfonds zu den Themen Eigenständiges Lernen, Lehrkompetenz und Standards in der Lehrerbildung durch; tätig in verschiedenen Bildungskommissionen; heute Professor und Prorektor an der Pädagogischen Hochschule St. Gallen.
E-Mail: Titus.Guldimann@phsg.ch

Hüther, Gerald, geb. 1951, Prof. Dr.; arbeitete von 1979-1989 am Max-Planck-Institut für experimentelle Medizin zu Hirnentwicklungsstörungen; Professor an der Universität Göttingen; zgl. Leiter der Abteilung für neurobiologische Grundlagenforschung an der psychiatrischen Universitätsklinik. Forschungsschwerpunkte: Evolution des Bewusstseins, Einfluss der Ernährung auf das Gehirn, Auswirkungen von Stress auf Gehirn und Verhalten.
E-Mail: Ghuethe@gwdg.de

Jürgens, Eiko, geb. 1949, Prof. Dr.; war 14 Jahre lang als Lehrer in Bremerhaven tätig; 1991-1994 Professor an der Universität zu Köln; seit 1994 Professur für die Theorie der Schule und des Unterrichts, insbes. Primarstufe und der Sekundarstufen, an der Universität Bielefeld; Forschungsschwerpunkte: Schul- und Unterrichtsforschung, Schultheorie, Allgemeine Didaktik und schulpädagogische Grundfragen, Pädagogische Diagnostik.
E-Mail: Eiko.Juergens@uni-bielefeld.de

Mandl, Heinz, geb. 1937, Prof. Dr. (em.); war von 1958-1967 Referendar u. Lehrer an Grund- und Hauptschulen in München und Freising; ab 1975 Lehrer im Hochschuldienst; 1978-1990 Professor an der Universität Erlangen, dann Professur für Empirische Pädagogik und Pädagogische Psychologie an der Universität München; zahlreiche Gastprofessuren im Ausland; Forschungsschwerpunkte: Wissensmanagement, Transfer von Wissen, Selbstgesteuertes und Kooperatives Lernen.
E-Mail: Heinz.Mandl@psy.lmu.de

Meyer, Hilbert, geb. 1941, Prof. Dr. (em.); war als Lehrer von 1964-1967 im Raum Oldenburg (Oldb.) tätig; 1972 Promotion; 1975 Ernennung zum Professor für Schulpädagogik an der Universität Oldenburg; bis 1985 Mitarbeit an der Einphasigen Lehrerausbildung; Forschungsschwerpunkte: Schulentwicklung, Unterrichtsmethoden, Lehrer/-innenbildung.
E-Mail: Hilbert.Meyer@uni-oldenburg.de

Meyer, Meinert A., geb. 1941., Prof. Dr. (em.); studierte Lehramt für Gymnasium, Haupt- und Realschule; 1992 Gastprofessor für Fachdidaktik/Anglistik an der Technischen Universität Berlin; anschließend Professor mit Schwerpunkt Gymnasium an der der Universität Halle-Wittenberg; 1996-2007 Professur mit Schwerpunkt Allgemeine Didaktik an der Universität Hamburg; Forschungsschwerpunkte: Bildungsgangforschung, Allgemeine Didaktik in ihrer historischen Entwicklung, Fachdidaktik Englisch und Philosophie.
E-Mail: Meinert.Meyer@uni-hamburg.de

Neubauer, Aljoscha, geb. 1960, Prof. Dr.; erhielt nach seiner Assistenz an der Universität Graz (1987-1994) und Arbeiten zur Intelligenz des Menschen 1997 den William Stern-Preis für herausragende Leistungen zur Differentiellen Psychologie; seit 1998 Professor und Institutsleiter an der Universität Graz; Forschungsschwerpunkte: Begabung und Intelligenz, Persönlichkeitspsychologie, Psychologische Diagnostik.
E-Mail: Aljoscha.Neubauer@uni-graz.at

Reich, Kersten, geb. 1948, Prof. Dr.; studierte Lehramt sowie Psychologie, Pädagogik und Philosophie; nach Promotion 1976 und Habilitation 1978 zunächst als Referendar in Berlin tätig; 1979 Berufung zum Professor der Universität zu Köln; seit 1986 wiss. Auslandsaufenthalte in Großbritannien, den USA und in China. Forschungsschwerpunkte: Interaktionistischer Konstruktivismus, Internationale Lehr- und Lernforschung.
E-Mail: Kersten.Reich@uni-koeln.de

Roth, Gerhard, geb. 1942, Prof. Dr.; seit 1976 Professor für Verhaltensphyiologie an der Universität Bremen; ab 1989 ebd. Direktor des Instituts für Hirnorschung; daneben Gründungsdirektor des Hanse-Wissenschaftskollegs und seit 2003 Präsident der Studienstiftung des deutschen Volkes; Forchungsschwerpunkte: kognitive und emotionale Neurobiologie bei Wirbeltieren, theoretische Neurobiologie, Neurophilosophie.
E-Mail: Gerhard.Roth@uni-bremen.de

Sacher, Werner, geb. 1943, Prof. Dr. (cm.); war nach dem Lehramtsstudium Hauptschullehrer von 1966-1974; anschließend Mitarbeit am Staatsinstitut für Schulpädagogik in München; Studienrat im Hochschuldienst bis 1980; 1990/1991 Professor an der Universität Augsburg; dann bis 2008 Professur an der Universität Erlangen-Nürnberg; Forschungsschwerpunkte: Pädagogische Diagnostik, Pädagogische Historiografie, Medienpädagogik und Mediendidaktik.
E-Mail: Werner.Sacher@uni-erlangen.de

Scheunpflug, Annette, geb. 1963, Prof. Dr.; von 1988-1990 im Vorberei-
tungsdienst für das Lehramt an Grundschulen in Bayern; 2000-2001 Professorin für Bildungsforschung der Universität Gießen; seit 2001 Professur
für Allgemeine Pädagogik an der Universität Erlangen-Nürnberg; Forschungsschwerpunkte: Evolutionäre Erziehungswissenschaft, Pädagogische
Anthropologie, Lernen in der globalisierten Welt.
E-Mail: Annette.Scheunpflug@ewf.uni-erlangen.de

Spychiger, Maria B., geb. 1958, Prof. Dr.; mehrjährig an der Musikhochschu-
le Luzern und Pädagogischen Hochschule Bern; gemeinsam mit F. Oser Entwicklung einer Didaktik der Fehlerermutigung; seit 2008 an der Hochschule
für Musik und Darstellende Kunst Frankfurt/M. als Professorin für Musik-
pädagogik; Forschungsschwerpunkte: Fehlerkultur, musikbezogene Bil-
dungsphilosophie, musikalische Entwicklung im Lebenslauf.
E-Mail: Maria.Spychiger@hfmdk-frankfurt.de

Standop, Jutta, geb. 1964, Dr.; war nach dem Referendariat sechs Jahre Leh-
rerin an zwei Kölner Grundschulen; seit 1998 wiss. Mitarbeiterin, ab 2001
wiss. Assistentin an der Universität Bielefeld; Forschungsschwerpunkte:
Werteerziehung, Lehr-Lern-Forschung, Allgemeine Didaktik, Didaktik der
Hausaufgaben, Berufsethisches Lehrerverhalten.
E-Mail: Jutta.Standop@uni-bielefeld.de